Hôtels Seiler
ZERMATT
Hôtel Mont-Cervin
Hôtel Victoria
Hôtel Mont-Rose
Hôtel Beau Site
Buffet de la Gare
Hôtel Ryffelalp sur Zermatt
Hôtel Lac Noir sur Zermatt

Seiler Hotel
VICTORIA
Zermatt
1620 m
Switzerland

Alexandre Seiler & Cie
ZERMATT & BRIGUE

ZERMATT
HOTEL MONT CERVIN

Hotels Seiler
ZERMATT

Seiler, Gletsch

Les Hôtels
ZERMATT

SEILER HOTELS
ZERMATT

Seiler
HOTELS

Hôtels Seiler, Zermatt

1855
SEILER CATHREIN
IN COLUMNIS NITITUR DOMUS

SOCIÉTÉ DES
Hôtels Seiler
ZERMATT
Hôtel Mont-Cervin
Hôtel Victoria
Hôtel Mont-Rose
Buffet de la Gare
Hôtel Ryffelalp sur Zermatt
Hôtel Lac-Noir sur Zermatt

seiler

Hotels SEILER Zermatt

HOTEL DU MONT-ROSE
ALEXANDRE SEILER
ZERMATT

Hôtels SEILER Zermatt

Grand Hôtel Mont-Cervin
LIFT
ZERMATT (Valais Suisse)

Hotel Ryffelalp
ZERMATT (Valais, Suisse)

SEILER, FRÈRES
Propriétaires
qui tiennent aussi l'hôtel du Glacier du Rhône

HOTEL DU LAC NOIR
ALEXANDRE SEILER
ZERMATT

HOTEL DU MONT-CERVIN
ALEXANDRE SEILER
ZERMATT

SEILER
SINCE 1855

HÔTELS SEILER
ZERMATT

A. SEILER
ZERMATT

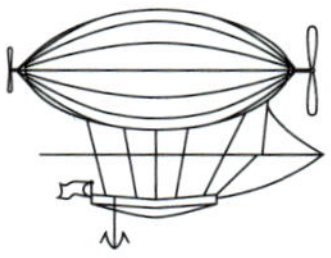

Stephan Seiler

DIE SEILER-SAGA

Eine Hoteliersfamilie prägt den Tourismus im Oberwallis

HIER UND JETZT

«Es kommt nicht von ungefähr, dass genau in der Mitte des vergangenen Jahrhunderts – im Jahr 1850 – die beiden grössten Hotelierdynastien in der Schweiz, diejenige der Seiler in Zermatt und die der Badrutt in St. Moritz, ihren Anfang nahmen. Es bedurfte der Männer wie Johannes Badrutt und Alexander Seiler, die – jeder für sich und unabhängig voneinander – mit weitsichtigem Blick erkannten, welch ausschlaggebende Bedeutung und welche grosse Zukunft die Hotellerie in der Schweiz mit der Zunahme des Fremdenverkehrs haben musste. Ihrer persönlichen Initiative, ihrem privaten Opfermut und ihrem Weitblick haben wir es zu verdanken, dass das Hotelgewerbe der Schweiz sich in so kurzer Zeit zu seiner heutigen Blüte entwickelte; ihnen und anderen Pionieren kommt auch das Verdienst zu, dass das Gastgewerbe und die Hotellerie in der schweizerischen Volkswirtschaft heute eine so hervorragende Rolle spielen.»

Schweizerköpfe der Gegenwart, Band 1, S. 153, Zürich 1945

Inhnhalt

Vorwort 13

Die Seilers aus Blitzingen im Goms 14

Jugend- und Wanderjahre des späteren Hotelpioniers 1820–1850 19

Reisen in unwirtlichen Gegenden 21
Die ersten Walliser Berggasthäuser 26
Kaplan Joseph Seiler: Bruder und Ratgeber 30
Lehre als Seifensieder in Munderkingen 32
«Mach brav Kerzen, dann wird Hoffnung leuchten» 37
Joseph Seiler am Mailänder Seminar 40
Die Pension Seiler in Blitzingen 42

Zermatt, das fast unbekannte Bergdorf 1850–1855 47

Alexander Seilers erster Besuch in Zermatt 49
Konkurrenz von Staatsrat Clemenz 52
Gründung der Hotelunternehmung Seiler 53
Der Bau des Hotel Riffelberg 58
Erster Ausbau des Hotel Monte Rosa 60
Verkauf des Sittner Seifengeschäfts 64

Das Goldene Zeitalter des Alpinismus 1855–1865 69

Vom Wegweiser zum Bergführer 71
Die Rolle der Frauen 74
Catharina Seiler und der Elisabethenverein Brig 81
Kauf und Ausbau der Herberge in Gletsch 83
Mobilmachung 1859 89
Edward Whymper reist erstmals nach Zermatt 91
Thomas Stuart Kennedy's Wintererfahrungen 94
Aus dem Ryffelhaus wird das Hotel du Ryffel 96
Die Reise nach England 97
Trauer um die Brüder Joseph und Franz 102
Der Kampf ums Matterhorn 104
Triumph und Tragödie 105
Hotel-Gästebücher: Zeugen der Geschichte 112

Technische Fortschritte und sozialer Wandel 1865–1870

Gründung des SAC – Sektion Monte Rosa ... 117
Der Kauf des Hotel Mont Cervin ... 120
Queen Victoria besucht den Rhonegletscher ... 122
Mühsames Reisen auf beschwerlichen Wegen ... 123
Die Idee einer Eisenbahnlinie Visp–Zermatt ... 129
Die Zermatter Post- und Telegrafenstation ... 130

Zwischen touristischem Aufschwung und dörflichem Zwist 1870–1890 ... 135
Der Burgerrechtsstreit 1870 –Das neue Burgergesetz ... 135
Das Hotel Glacier du Rhône wird verpachtet ... 140
Erste Erkenntnisse über die Höhenkrankheit ... 148
Die Gesellschaft Cathrein-Clausen--Seiler ... 151
Der Burgerrechtsstreit 1874 – Ein Bergdorf in Aufruhr ... 155
Mark Twain besucht Zermatt und den Riffelberg ... 161
Die Burgergemeinde eröffnet das Hotel Zermatt ... 163
Alexander Seiler gründet den ersten Walliser Hotelierverein ... 167
Bergschicksale und Solidarität ... 168
Das Grand Hotel Riffelalp ... 170
Der Burgerrechtsstreit 1887 – Das Urteil ... 176

Hotels werden erweitert, Bahnen eröffnet 1890–1895 ... 191
Eine Bahn auf das Matterhorn? ... 192
Alexander Seilers Tod und sein Vermächtnis ... 198
Catharina Seiler führt die Hotelunternehmung ... 203
Erster Versuch der Einführung einer Wintersaison ... 206
Und es wurde Licht ... 207
Politiker von Weltformat in Zermatt ... 209
Andreas Seiler verunglückt am Matterhorn ... 210
Pachterneuerung und höchste Bahn Europas ... 214
Die römischen Münzen vom Theodul ... 222
Hôtel d'Angleterre in Brig ... 223
Catharina Seilers plötzlicher Tod ... 225

Die zweite Generation Seiler 1895–1910 ... 231
Eröffnung der Gornergratbahn ... 231
Das Riffelalp-Tram ... 235
Gründung des Zermatter Kurvereins ... 238
Der erste Skikurs für Bergführer in der Schweiz ... 247
Das Seiler-Denkmal in Zermatt ... 249
Ballonflug und der Ring des Spelterini ... 252
Gründung des «Türkenbunds» ... 257

Moderne Mobilität und Pioniere 1910–1930 261

Hermann Seiler wird Stadtpräsident von Brig 264
Die Verbindung zur Engelberger Hoteliersfamilie Cattani 266
Sozialwerke: Kreisspital Brig und Heim St. Josef 275
Gründung der Seiler Hotels AG 279
Der Streit um den Rhonegletscher 281
Wintersport in Zermatt – ein weiterer Anlauf 286
Das Pachtende mit der Gemeinde Zermatt 289
Chávez' Flug über die Alpen 292
Alexander Seiler – Nationalrat, Verkehrspolitiker und Bauernvertreter 295
Die Geburtsstunde von «Schweiz Tourismus» 296
Hermann Seiler – Staatsrat, Verbandspolitiker und Wintersportpionier 301
Erfolgreiche Lancierung und Etablierung der Zermatter Wintersaison 302
Prominenz, Krisenjahre und Finanzsanierungen 312

Die Seiler Hotels in dritter und vierter Generation 1930–2020 321

Aufschwung, Schicksalsschläge und andere Tragödien 322
Das Ende des Hotel Victoria 330
Obere Matten für ein «Linsenmus» 331
Wiederaufbau der Riffelalp 333
Treue Mitarbeitende in Zermatt und Gletsch 335
Das Ende einer Epoche in Gletsch 337
Abschied einer 170-jährigen Familientradition auch in Zermatt 342

Anhang 345

Anmerkungen 345
Bibliografie 347
Bildnachweis 349
Autor 350
Dank des Autors 351
Stammbaum der Familie Seiler ....

HOTELS SEILER
ZERMATT
FRANÇOIS GOS
HOTELS SEILER
ZERMATT

Vorwort Roland Flückiger-Seiler

Bei meinen Forschungen zur Hotel- und Tourismusgeschichte im Wallis stiess ich immer wieder auf den Namen Alexander Seiler (1820–1891), der im späten 19. Jahrhundert den Tourismus im Oberwallis prägte. Aus dem einfachen Bergbauernkind aus Blitzingen im Goms wurde binnen weniger Jahre ein erfolgreicher Hotelier. Sein Bruder Joseph, Kaplan in Zermatt, hatte ihn 1848 angefragt, ob er ein Gasthaus auf dem schönen Aussichtspunkt Riffel in den Sommermonaten übernehmen würde. Die allererste Begegnung mit dieser imposanten Gegend war entscheidend für Alexanders späteres Leben. An seinem grossen Erfolg war seine Frau Catharina Cathrein (1834–1895) massgeblich beteiligt. Ihre Vorfahren waren aus dem Tirol ins Wallis eingewandert, kauften 1871 im Aletschgebiet zusammen mit Alexander Seiler und Felix Clausen das Hotel Jungfrau am Eggishorn und brachten es zu grossem Ansehen. Ausserdem wurden Alexander und sein jüngerer Bruder Franz um 1860 auch in Gletsch, zuoberst im Goms, Eigentümer der noch heute bestehenden Hotels Glacier du Rhône und Belvédère.

In den erfolgreichsten Zeiten ihrer Tätigkeit standen alleine in Zermatt über 700 Angestellte auf der Lohnliste der Familie Seiler. Auch deshalb erntete Alexander statt Anerkennung immer öfters Neid und Missgunst. So war die Frage der von ihm angestrebten Einbürgerung in Zermatt eine fast endlose Geschichte, die während 18 Jahren alle juristischen und politischen Instanzen bis auf Bundesebene durchlief und erst kurz vor seinem Tod durch das Bundesgericht in Lausanne positiv zu seinen Gunsten entschieden wurde.

Später verband sich einer seiner Söhne, Hermann Seiler, mit der Familie Cattani, die über fünf Generationen hinweg die touristische Entwicklung Engelbergs geprägt hatte. Vater Alexander Seiler bleibt als dominante und höchst erfolgreiche Persönlichkeit in der Schweizer Tourismusgeschichte in Erinnerung. Dass eine richtige Strasse nach Zermatt gebaut wurde, und heute eine Bahn nach Zermatt fährt, ist vor allem ihm zu verdanken. Zudem waren später seine Söhne Joseph, Alexander und Hermann massgeblich dafür verantwortlich, dass auch eine Bahnverbindung zu ihren Hotels im Goms gebaut wurde. Die 1911 eröffnete Brig-Furka-Disentis-Bahn (BFD), heute Matterhorn Gotthard Bahn (MGB), geht wesentlich auf ihre Initiative zurück und ist bis heute die einzige transalpine Eisenbahnlinie in der Schweiz.

Sein Urenkel Stephan Seiler hat sich der Aufgabe angenommen, die Geschichte der Familie Seiler aufzuarbeiten. Mit viel Engagement tauchte er in die Geschichte seiner Vorfahren ein und stellte sie anhand des wertvollen Privatarchivs dar. Ein Dank geht deshalb an ihn, aber auch an Bruno Meier vom Verlag Hier und Jetzt, der diese einmalige Saga der Schweizer Tourismusgeschichte in sein Buchprogramm aufgenommen hat.

Die Seilers aus Blitzingen im Goms

Die Geschlechter «Seiler», «Seyler» und «Seyller» gehen auf drei Oberwalliser Familien ohne offensichtlich erkennbare verwandtschaftliche Beziehungen zurück. Eine Familie Seyler stammt aus dem Gebiet des Simplon und wird erstmals 1511 mit der Person Johann Seyler als «Bote auf dem Walliser Landrat» erwähnt. Eine zweite stammt aus Raron. Der dritte und wahrscheinlich bedeutendste der drei Stämme breitete sich schon ab dem 13. Jahrhundert im Goms aus.

Der Familienname Seiler dürfte sich mit grosser Wahrscheinlichkeit von der entsprechenden Berufsbezeichnung, der Fabrikation von «Seilen» oder, etwas weiter hergeholt, vielleicht auch von der Herstellung von «Säulen» ableiten, wie es das Familienwappen der Blitzinger Seiler andeutet. Dieses zeigt drei Säulen auf grünen Hügeln vor blauem Hintergrund und wurde später mit dem Leitspruch der Familie «In Columnis Nititur Domus» ergänzt, was in etwa «Ein Haus ruht auf Säulen» bedeutet. Das Seiler-Wappen entstammt vermutlich einer frühen Allianz mit der Familie des berühmten Kardinals Schiner von Mühlebach, einem Gommer, der 1522 nur knapp nicht zum Papst gewählt wurde. Im Jahr 1515 führte dieser Schiner die Schweizer Söldnertruppen in der Schlacht von Marignano in den Tod und beendete damit die eidgenössische Grossmachtpolitik.

Im Jahr 1945 beauftragte Alexander Seilers Schwiegertochter Elisabeth Seiler-Cattani den Reckinger Historiker Abbé Adrian Garbely (1910–1948), mit Sorgfalt einige Daten und Fakten über den Ursprung der Gommer Seiler zusammenzutragen, damit das kulturelle Erbe der Hoteliersfamilie an die Nachkommen weitergegeben werden könne. Mit nicht einmal 38 Jahren starb Garbely jedoch im November 1948, noch bevor er seine genealogische Arbeit abschliessen konnte. Teile seiner Nachforschungen sind dennoch im Familienarchiv Seiler erhalten geblieben:[1]

Ernen: Bereits im 14. Jahrhundert wird ein Walliser «Seiler» urkundlich erwähnt. Am 15. Oktober 1376 wird Johann, «dictus Seyler», in Ernen als Zeuge in einer Streitigkeit mit der Gemeinde Selkingen vernommen. Er fällt 1419 in der Schlacht von Ulrichen, als ein Heer von 13 000 Bernern über die Grimsel ins Obergoms einfiel, Siedlungen plünderte und schliesslich eine empfindliche Niederlage erlitt, die sie zum Rückzug bewog.

Selkingen: Am 15. November 1402 wird ein «Jakob Seyler» als einer der Selkinger Vertreter in einem Vertrag mit Wald und Niederwald genannt, in dem es um eine Wasserleitung aus dem Walibach geht. Etwa hundert Jahre später, am 7. August 1507, erwähnt Hilarius Walther von Selkingen einen «Jakob Seiler» in seinem Testament, in welchem er ihm einen schwarzen Mantel vermacht. Es ist anzunehmen, dass dies ein direkter Nachfahre des oben genannten Jakob Seyler ist, was vermuten lässt, dass die Gommer Seiler ursprünglich in Selkingen beheimatet waren.

Familienwappen Seiler Blitzingen/Zermatt.

Ritzingen: Vermutlich übersiedelten einige Seiler anschliessend nach Ritzingen, denn schon am 24. November 1508 kaufen die Erben eines Jakob Seiler Güter auf Ritzinger Gebiet. Der etwa hundert Jahre später geborene Bartholomaeus Seiler wird daraufhin Burger von Ritzingen. Die Ritzinger machten in ihrer Burgerschrift vom 9. Mai 1555 nämlich den Erwerb des Ritzinger Burgerrechts all jenen zur Pflicht, die auf Ritzinger Gebiet Liegenschaften besassen.

Allianzwappen Seiler-Schiner, ca. 1720.

Ulrichen: Ab 1582 ist der Familienname Seiler durch einen «Kaspar Seiler» auch in Ulrichen nachweisbar; dieser war vermutlich von Ritzingen dorthin gezogen. Am 29. Dezember 1587 beurkundet der Notar Heinrich Imahorn im Hause Peter Seyllers in Ulrichen einen Akt, in dem dieser alles verkauft, was er in Ritzingen von seiner Tante Katharina Seyller geerbt hat. Am 4. Januar 1641 erwerben die zwei Brüder Christian und Johann Seiler, Söhne des Jakob, mit 40 Pfund, zwei ledernen Feuereimern und einem Lagel Wein das Ulricher Burgerrecht. Mit Christian Seiler, geboren 1810 in Ulrichen, steigt auch dieser Zweig in das Gastgewerbe ein: Er erbaut in den 1850er-Jahren das Gasthaus zum Griesgletscher (heute Hotel Nufenen), welches nach seinem Tod von Sohn Joseph und Tochter Pauline Seiler (1863–1923) übernommen wird. Ihr Bruder, Hauptmann Eduard Seiler (1856–1931), zieht von Ulrichen nach Münster, wo er heiratet und von der Familie von Riedmatten das Hotel Croix d'Or et Poste erwirbt. Der Gastwirt amtet ausserdem als Regierungsstatthalter, Präfekt und Grossrat im Goms. Seine älteste Schwester Sophie Seiler (1852–1900) wiederum heiratet den bekannten Hotelier Emil Cathrein (1847–1916), Schwager von Alexander Seiler, Gründer der Hotels Zermatt und Gletsch der Seilers aus Blitzingen. Die Heirat belegt familiäre Verbindungen der Seilers mit den verschiedenen Gasthäusern von Zermatt, Gletsch, Blitzingen, Oberwald, Münster und am Eggishorn.

Allianzwappen Seiler-Cathrein «In Columnis Nititur Domus», ca. 1857.

Blitzingen: Für Blitzingen ergaben Abbé Garbelys Nachforschungen vor 1530 überraschenderweise keine Treffer. Aber am 15. Januar 1531 heiratet ein «Martin Seiler» die Blitzingerin Verena Egx, Tochter des Paul, Witwe des Notars Georg Zwingisen, und am 1. Mai 1532 wird Anna Folken, Frau des Thomlin Seyler, als Gutsbesitzerin auf Blitzinger Gebiet genannt. Möglicherweise liess sich dann der eine oder andere der Söhne in Blitzingen nieder zwecks Bewirtung der mütterlichen Liegenschaften. Etwas später findet sich auch eine Aufzeichnung über einen «Johan Seiler» von Blitzingen, der 1545 als

Wappen von Blitzingen.

Zeuge in Ernen aussagen musste. Die Blitzinger Seiler scheinen von Anfang an ziemlich angesehene Leute gewesen zu sein. So trat bereits am 30. Mai und am 10. Juni 1549 an Beratungen der Zenden-Statuten ein «Jakob Seiler» als Vertreter der Gemeinden Blitzingen und Niederwald auf. Es ist von der Erhaltung des alten Glaubens, vom Landrecht und von fremden Kriegsdiensten die Rede.

Die verwandtschaftlichen Beziehungen der Seiler aus Blitzingen, Selkingen und Ritzingen deuten vielleicht das Folgende an: Am 24. Mai 1590 kauft nämlich «Wilhelm Seiler» einen Spycher in Selkingen, und ein Jahr später, am 27. Juni 1591, wird ein Seiler gleichen Namens als Gutsbesitzer auf Blitzinger Gebiet genannt. Am 7. Juni 1597 werden einem «Willo Seyler» eine Kuh und drei Klauen Alprecht auf der damaligen Ritzinger Walabachalpe zugesprochen. In der Pfarreigründungsurkunde von Niederwald vom 3. März 1666 und am 29. Mai 1669 wird ein «Johann Seyler» genannt, an der Kirchweihe vom 31. Juli 1678 ein «Martin Seiler». Bei der Verteilung der Richinenalpe am 2. Juli 1681 zwischen Bellwald und Blitzingen-Niederwald ist Martin Seiler wieder Vertreter der Blitzinger. In den folgenden Jahrzehnten gibt es mehrere Seiler, die in Blitzingen ansässig sind, so Martin, Valentin und der genannte Johann Joseph Seiler (1732–1805), Urgrossvater des Hoteliers Alexander Seiler, von dem in diesem Buch die Rede ist. Auch Alexanders Vater Christian Seiler (1788–1856) amtete viele Jahre als Gemeindevorsteher von Blitzingen.

Das älteste noch vorhandene Geburts-, Ehe- und Sterberegister von Niederwald, zu dem Blitzingen bis zur Pfarreigründung 1877 gehörte, beginnt bedauerlicherweise erst im Jahr 1793. Die vorherigen Bücher fielen beim Pfarrhausbrand 1793 den Flammen zum Opfer. Bei der Pfarreigründung von Blitzingen im Jahr 1877 spielte der Hotelier Seiler eine bestimmende Rolle, indem er die Gründung der neuen Pfarrei kurz nach dem Tod seines Vaters grosszügig finanziell unterstützte.

Biel und Mühlebach: Der 1666 geborene Christian Seiler von Blitzingen, ein Sohn des Theodul, heiratet am 19. März 1704 Katharina Jost von Biel. Ihr Sohn Josef Ignaz Seiler wird in der Bieler Burgerschrift vom 28. November 1780 als eingekaufter Burger genannt, aber es wird ausdrücklich vermerkt, dass seine Vorfahren schon 1643 ins Bieler Burgerrecht aufgenommen worden sind. Seine Bieler Nachkommen starben 1918 mit dem Tod von Maria Seiler, Frau des Ludwig Carlen von Reckingen, aus.

Die Seiler von Mühlebach gehen auf jeden Fall auf jene von Blitzingen zurück, liessen sich diese doch um 1700 in Mühlebach nieder. Sie versippten sich anschliessend mit den Schinern und gaben einen Zweig nach Lax ab, der aber heute ausgestorben ist. Auch sie waren angesehene Leute, so vertrat Johann Seyler am 14. Juli 1754 die Mühlebacher und Christian Seyler war Gewalthaber und Vertreter der Laxer bei Verhandlungen über das Weibelamt der Kirche Ernen.

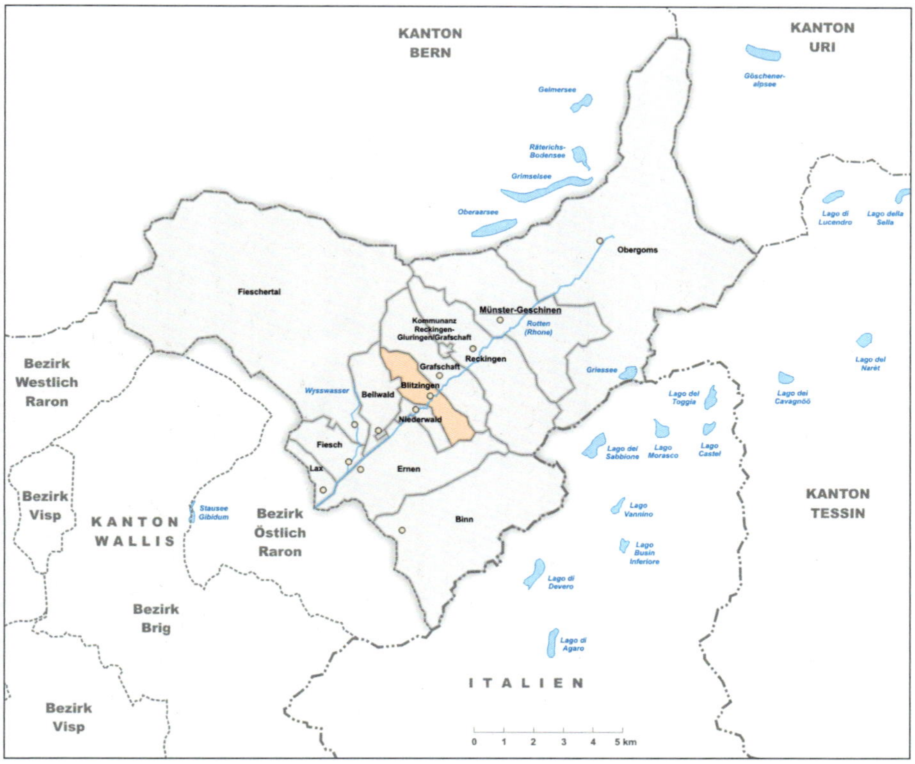

Am 1. Januar 2017 fusionierte die Munizipalgemeinde Blitzingen mit den Gemeinden Münster-Geschinen, Niederwald und Reckingen-Gluringen zur neuen Gemeinde Goms.

Simplon/Raron/Niedergesteln: Die Frage, ob die Seiler aus dem Dorf Simplon und die Seiler aus Raron/Niedergesteln von den Gommer Seiler abstammen, kann nicht abschliessend beantwortet werden, möglich aber ist es. Am 27. November 1530 tritt ein «Hans Seiler», Sohn des Johann von Simplon, in Ernen im Goms als Zeuge von Willo zer Weren von Simplon für die Erbschaft seiner Frau Katharina Huber auf, die vielleicht von Mühlebach war. Der zweite Zeuge ist Hans Huber aus Mühlebach. Daraus geht hervor, dass die Frau von Willo zer Weren eine Gommerin war, und vielleicht stammte sie aus Mühlebach. Weshalb bringt Weren gerade Hans Seiler aus Simplon als Zeuge mit? Hatte dieser im Goms vielleicht noch Verwandte? War Hans Seilers Vater oder Grossvater aus dem Goms? Auf jeden Fall lässt obiger Akt vom 27. November 1530 vermuten, dass es einmal einen gemeinsamen Stamm gegeben hat.

AUBERGE SEILER

Jugend- und Wanderjahre des späteren Hotelpioniers 1820–1850

Nach dem Zusammenbruch des französischen Empire unter Napoleon im Jahr 1813 marschierten die Österreicher im Wallis ein. Am 4. August 1815 folgte das Wallis, ebenso wie die Kantone Genf und Neuenburg, einem Beschluss des Wiener Kongresses und trat der Eidgenossenschaft bei, womit die Schweiz ihre heutige territoriale Grösse erreichte. Im April gleichen Jahres brach im fernen Indonesien der Vulkan Tambora aus – einer der gewaltigsten je registrierten Vulkanausbrüche. Die klimatischen Folgen breiteten sich über den ganzen Globus aus. Das Jahr 1816 ging anschliessend als «Jahr ohne Sommer» in die Geschichte ein, mit kalter, nasser Witterung auch in grossen Teilen Amerikas und Europas, was vielerorts zu Ernteverlusten, Hunger und Elend führte. Zwei Jahre später verursachten grosse Überschwemmungen im Wallis den Tod von 44 Personen. Wieder ein paar Jahre später suchte eine gewaltige Lawine die Gommer Dörfer Biel und Selkingen heim und tötete 52 Menschen; in Selkingen wurden 12 und in Biel 34 Häuser vollständig zerstört. Als Folge dieser dramatischen Umstände und von Armut getrieben begann 1819 im Wallis wie auch in der übrigen Schweiz eine erste transatlantische Auswanderungswelle nach Südamerika. In diese Zeit voller Entbehrungen, geprägt von Naturkatastrophen, Armut, Krankheit und Tod, wurde in der Hundert-Seelen-Gemeinde Blitzingen am 21. Februar 1820 Alexander Seiler (1820–1891), der spätere Walliser Hotelpionier, als drittältestes von sechs Kindern geboren.[2] Die Familie Seiler war weder arm noch reich. Sie besass zwar ein ansehnliches dreistöckiges Wohnhaus am nördlichen Ende des kleinen Dorfplatzes und einen kleinen Landwirtschafts- und Schreinereibetrieb, konnte über ihre eigenen täglichen Bedürfnisse hinaus aber nur sehr bescheidene Einkünfte erzielen.

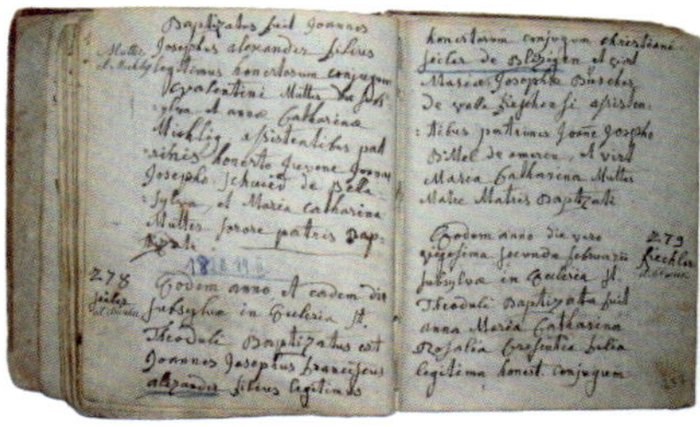

Das Geburtsdatum von Alexander Seiler wird in offiziellen Quellen sowohl mit dem 21. Februar 1819 als auch mit dem 21. Februar 1820 (laut Grabstein) angegeben. Doch der Eintrag im Taufbuch von Niederwald (unterste Zeile links) deutet darauf hin, dass das korrekte Datum der 19. Februar 1820 ist.

Der Ort Blitzingen, ein typisches Gommer Bergbauerndorf, lag beinahe im Zentrum des Zenden Goms und war früher Versammlungsort des Gommer Zendenrates, einer Art Landsgemeinde, welche einmal im Jahr, meistens am 1. Mai, auf der «Hoitstatt» tagte, einer Wiese westlich der Kirche. Der Hügel hinter der Wiese, wo jeweils die Gommer Fahne aufgezogen wurde, heisst heute noch «Chastebiel» oder «Bannerhubel». Als Zenden bezeichnete man ab dem Mittelalter die territorialen, politisch organisierten Unterteilungen des Wallis, ein alter Begriff, der ab 1850 durch Bezirk ersetzt wurde. Heute existieren im Wallis 13 solcher Bezirke, die im Kantonswappen durch die 13 Sterne repräsentiert sind. Zu Blitzingen gehört auch das jenseits der Rhone

Links: Pension Seiler in Blitzingen, um 1900.

Vater Christian Johann Joseph Seiler (1788–1856) und Mutter Maria Josepha Seiler-Bürcher (1791–1877).

gelegene Bodmen und die drei Weiler Ammern, Gadmen und Wiler am südlichen Berghang. Urkundlich werden die fünf Orte zum ersten Mal bereits zwischen 1340 und 1374 erwähnt. Jede der fünf Dorfschaften bildete damals eine selbstständige kleine Kommune mit eigenen Wäldern, Weiden und Alprechten. Im Jahr 1830 hatte Gadmen 17, Ammern 16 und Wiler gar nur 13 Einwohnerinnen und Einwohner. Kirchlich gesehen gehörte Blitzingen bis 1666 zur Pfarrei Ernen. Bei der langwierigen Abtrennung der Pfarrei Niederwald von Ernen bestellte Bischof Adrian IV. von Riedmatten den Domherrn Guntern zu seinem Kommissär. Nach jahrelangen Querelen, in die der päpstliche Nuntius in Luzern persönlich eingreifen musste, wurde Niederwald-Blitzingen am 3. März 1666 eine selbstständige Pfarrei.[3] 1818 entstand das Rektorat Blitzingen, welches wiederum im Jahr 1877 zu einer eigenständigen Pfarrei erhoben wurde.[4]

Alexanders Vater, Christian Johann Joseph Seiler (1788–1856), war im Gommertal ein angesehener Mann, Gemeindevorsteher, Vormund, Kleinbauer und Zimmermann. Alexanders Mutter Maria Josepha, geborene Bürcher (1791–1877), stammte aus dem nahen Fieschertal und ist im Gemeinderegister als Hebamme eingetragen. Die Lebensweise der Familie unterschied sich kaum von derjenigen der übrigen Bergtalbewohner im 19. Jahrhundert. Sie waren Selbstversorger; der Wald lieferte dem Zimmermann Holz für Herd und Ofen, und vom Ertrag aus dem Ackerbau und der Haltung einiger Nutztiere deckten sie ihre spärlichen Bedürfnisse. Vater Christian war ein guter, aber auch strenger Papa, der seine drei Söhne lebenstüchtig erzog. Der älteste Sohn Joseph sollte studieren und, wie damals in vielen katholischen Familien üblich, Priester werden. Daher mussten die anderen Geschwister vorerst tatkräftig auf dem elterlichen Hof mitarbeiten.

Mit seinen zwei Brüdern Joseph (1817–1863) und Franz (1827–1865) sowie den drei Schwestern Josepha (1815–1888), Katharina (1823–1904) und Rosina (1830–1909) verbrachte der aufgeweckte Alexander eine ziemlich unbekümmerte Kindheit; er liebte die Natur und die Freiheit der Berge. In den Sommermonaten war er meist als Hirtenbub auf den umliegenden Gommer Alpen beschäftigt, aber manchen Sommer zog es den jungen Burschen bereits über den Griespass bis ins nahe Italien, wo er im Pomat (Val Formazza) bei einem Bauern Schafe und Ziegen hütete, sich auch sonst nützlich machte und dabei seinen ersten Batzen eigenes Geld verdiente. Den Schulunterricht, welcher in den Bergdörfern überwiegend vom Dorfpfarrer gegeben wurde, konnten die Kinder nur in den Wintermonaten besuchen, da sie in der übrigen Zeit von morgens bis abends auf Hof und Feld mitarbeiten mussten. Die Kantonsregierung unternahm zwar erste Anstrengungen, die Schulbildung auch in den abgelegenen Walliser Bergtälern zu verbessern, gleichzeitig wollte sie aber das beschwerliche Landleben der meist bedürftigen Bauernfamilien nicht weiter belasten. Man schätzt, dass um das Jahr 1850 der Analphabetismus in den Walliser Bergdörfern fast neunzig Prozent betrug. Ende des 19. Jahrhunderts war noch immer fast die Hälfte der Bergbevölkerung des Schreibens und Lesens unkundig.

Reisen in unwirtlichen Gegenden

Der junge Alexander ging seinem Vater zuweilen auch bei den Zimmermannsarbeiten zur Hand und eignete sich so Grundkenntnisse des Schreinerberufs an. Vielleicht führten ihre Wege sie dabei auch schon bis hinauf an die Rhonequelle, wo im Jahr 1830 die beiden Herren Joseph Anton Zeiter (geb. 1791), ein Gastwirt aus Obergesteln, und ein Franz Kreuzer aus Oberwald gerade im Begriff waren, ein erstes bescheidenes Gasthaus zu erbauen. In einem dreistöckigen Haus aus Stein, mit hölzernem Giebeldach, waren ein halbes Dutzend heizbare Schlafkammern mit zwölf Betten geplant. Laut Vertrag aus dem Jahr 1829 mit der Gemeinde Oberwald, die den Bau der Herberge mit einem Kredit von 600 Franken und zusätzlichen 200 Franken für die Verbesserung des Säumerwegs von Oberwald nach Gletsch mitfinanzierte, durften die Erbauer das Gasthaus für zwanzig Jahre abgabefrei betreiben, danach fiel dieses wieder an die Gemeinde zurück.[5] Unmittelbar hinter dieser Herberge befanden sich drei kleine Thermalquellen; es sind die höchstgelegenen des Wallis, die bereits Horace Bénédict de Saussure (1740–1799) erwähnte. In Marc- Théodore Bourrits «Beschreibung der Penninischen und Rhätischen Alpen» (1782) liest man: «Am Fusse der Grimsel fanden wir die warme Quelle, auf die uns vorher Professor de Saussure aufmerksam gemacht hatte.»[6]

«Descending the Furca», Lithografie von George Barnard, 1843. «Dieser Teil des Passes ist der schlimmste vom ganzen, da er aufgrund des schmelzenden Schnees, der im allgemeinen in der Nähe des Gipfels liegt, sehr steil, rutschig und schlammig ist. Der Reisende sollte gut auf seine Schritte achten, sonst könnte er durch einige der zahlreichen Schneebrücken fallen, die der Fluss darunter bildet.»

Lange Zeit waren in dieser abgelegenen Region nur vereinzelte Gemsjäger, Kristallsucher und ein paar Säumer unterwegs, welche im Sommer Warenhandel zwischen dem Berner Oberland, dem Goms und dem Urserental betrieben. Ins Wallis wurde vor allem Salz eingeführt, aus dem Wallis wurden unter anderem Wein, Käse und Felle exportiert. Eine Reise durch das Wallis war bis ins 19. Jahrhundert noch ein ziemlich gefährliches Abenteuer und ohne ortskundige Führer nicht unbedingt empfehlenswert. Die Wege waren in einem bedenklichen Zustand. Es kam sogar vor, dass lokale Wirte gewisse Abschnitte unpassierbar machten und damit die Reisenden zwangen, auf einem Umweg an ihrem Gasthaus vorbeizukommen:

> «Eben an der gefährlichsten Stelle, wo der Fusspfad manchmal sich am Abgrunde windet, fanden wir diesen Fusspfad wie muthwillig verdorben. Das Pferd musste auf einem Umweg oben zwischen Klippen durchgeführt werden, und nicht ohne Grauen gelangten wir über diese Stelle. Nachher versicherte uns der Urner Führer, der Wirth von Obergesteln im Wallis habe absichtlich die gefährliche Stelle mit Schaufel und Hacke noch gefährlicher gemacht, um die Reisenden, die von der Furka nach der Grimsel gehen, zu nöthigen, über Obergesteln dahin zu kommen.* Ein solcher Banditenstreich, verübt von einem Wirth, von einem Manne also, der unter Garantie der Regierung heilige Pflichten der Gastfreundschaft gegen die Fremden zu

erfüllen hätte, solch ein Banditenstreich ist kaum glaublich … (*Ein Wirth von Obergesteln war es, der vor 40 Jahren sich an dem kranken, unvergesslichen Saussure versündigte. Hoffentlich ist dieser Wirth nun gestorben, und hat nicht am Fusspfad der Meyenwand ein zweites Denkmal seiner Humanität gesetzt. Siehe Voyage dans les Alpes par de Saussure, III. 479).»[7]

Jacob Samuel Wyttenbach (1748–1830).

Übernachten konnte man meist nur in einem Stall oder einer Sennhütte am Rande eines Gebirgspfads. In den Talgegenden beschränkte sich das Angebot für die müden Reisenden auf wenige primitive Herbergen und auf einige düstere Schankstuben, in denen zudem meist prekäre hygienische Zustände herrschten. Von einer schlimmen Erfahrung erzählt der Berner Theologe und Naturforscher Jacob Samuel Wyttenbach (1748–1830) in seinem Buch «Reise durch das Wallisland», nachdem er 1771, aus Bern kommend, zu Fuss über die Grimsel hinunter nach Obergesteln ins Goms gewandert war. Voller Erwartung und mit grossem Appetit setzte er sich im dortigen Wirtshaus an den Tisch und wartete ungeduldig auf sein Abendessen:

«Man trug verschiedene Gerichte auf, die alle einen so unerträglichen und widrigen Geruch hatten, dass es unmöglich gewesen wäre, das Geringste davon zu geniessen. Endlich kam der Braten: ich verschnitt ihn in der süssen Hoffnung, meinem hungrigen Magen nun etwas verschaffen zu können; aber – was war es? – ein stinkendes Murmelthier mit weissen Maden und Knoblauch durch und durch gespikt; und gleichwol meinte der Wirth, er habe diesen kostbaren Bissen schon seit drey Wochen aufgespart, um ihn bey guter Gelegenheit recht an den Mann bringen zu können. Der Salat war gewiss mit ranzigem Leinöl angemacht, einmal abscheulich, und nach Cloaken riechend. Fragen Sie ja nicht mehr, wo Hannibal seinen Essig, die Felsen der Alpen zu sprengen, hergenommen, sondern sagen nur allen Commentatoren, die sich mit dieser Untersuchung den Kopf brechen, er habe dazu Wein von Obergestelen herbeyschaffen lassen … Dennoch mussten wir etwas zu essen haben; zum Trinken floss die milchweisse Rhone an unserm Hause vorbey. Guter Rath war theuer. Wir fragten zu allem Glücke nach Eyern, die man uns nach einer Stunde, aber hart wie ein Stein gesotten, auftrug, und diese krönten unsre Mahlzeit.»[8]

Von dieser Gegend hörte man bis Ende des 18. Jahrhunderts selten lobende Worte. Auch der britische Geistliche und Geschichtsschreiber William Coxe (1747–1828), der auch als Kaplan von König Georg III. diente und bekannt war für seine vielen Reiseberichte, schilderte seine Reise über die Furka ins Goms im August 1776. Erschöpft traf er in Obergesteln ein und notierte: «Der Besitzer einer bescheidenen Hütte, die als Gasthaus fungierte, deutete auf einen grossen Käse und erklärte, dass dies sein einziger Vorrat an Nahrungsmitteln sei; er diente als sein Brot, sein Fisch und sein Fleisch. Da wir in Obergesteln keine bessere Unterkunft fanden, setzten wir unsere Reise fort nach Münster […].»

Nicht viel besser sah es in den Schlafkammern aus. Hans Rudolf Schinz von der Naturforschenden Gesellschaft in Zürich berichtet 1773 von seinem Nachtlager in Sitten:

Folgende Doppelseite: Gletsch und Rhonegletscher, 1856.

> «Man fing an sich auszukleiden und entdeckte die Betten, und da fand man alle voll von Ungeziefer, voll der anmuthigsten Insekten; Wanzen waren darin ohne Zahl, daneben allerlei andere kleine Thierchen, ein jedes nach seiner Art, Männchen und Weibchen. Da ging es allgemein an ein Fluchen. Man wusste nicht, was machen ... Die in dem einen Zimmer wagten es indessen doch, und legten sich in die Betten. Wir in unserm Zimmer hielten lange Rath, endlich rückten wir zwei Tische zusammen und lagen darauf, die Knechte unter dem Tisch auf dem blossen Boden, der so garstig aussah, als eine Speicheltrucke. Morgens um 3 Uhr gingen wir weiter; es war die unerträglichste Nacht, die ich in meinem Leben gehabt. Die einen, die in den Betten geschlafen, mit geschwollenen Händen und Beinen, aufs erbärmlichste von den Wanzen und Schnaken geplagt, wir ebenso müde, als wir gestern waren.»[9]

Der deutsche Dichter Johann Wolfgang Goethe beklagt sich 1779 in seinen Briefen aus der Schweiz ebenfalls bitterlich über das lästige Ungeziefer: «Ich lag kaum im Bette, so kam mir vor, als wenn ich über und über mit einer Nesselsucht befallen wäre; doch merkte ich bald, dass es ein grosses Heer hüpfender Insekten war, die den neuen Ankömmling blutdürstig überfielen.»[10]

Wenig schmeichelhaft äussert sich auch der deutsche Reiseschriftsteller Carl Gottlob Küttner (1755–1805) über das damalige Gastgewerbe im Oberwallis: «Mir ist wohl, dass ich aus dem traurigen Winkel des Oberwallis heraus bin, wo man weder Brod, noch erträgliche Betten, noch sonst etwas haben kann, Milch und Käse ausgenommen.»[11] Ein Reisender aus Preussen namens Braunschweiger war ebenfalls nicht sehr erfreut, als er 1787 in Oberwald «in einer elenden Hütte» übernachtete und befürchtete, seine Weiterreise würde sich wegen einer heranziehenden Schlechtwetterfront um Tage verzögern: «Wir wären sehr unglücklich, wenn wir hier einige Tage rasten müssten. Sancte Petre, ora pro nobis!»[12] In seinem Buch «Promenade durch die Schweiz», das im Jahr 1793 bei Benjamin Gottlob Hoffmann erschien, bemerkt der Autor: «Wir sind hier nach zwei mühevollen Tagen froh und heiter, preisen uns glücklich, nicht noch in jener schmutzigen Herberge in Oberwald, Wallis, weilen zu dürfen.»[13]

Die ersten Walliser Berggasthäuser

Dennoch kamen immer mehr abenteuerlustige Forscher, Gelehrte und Künstler aus dem In- und Ausland ins Oberwallis. Diese waren während ihren beschwerlichen Exkursionen durch die einsame Bergwelt auf ein Bettlager und Verpflegung angewiesen. Ins Reisetagebuch des deutschen Philosophen Georg Wilhelm Friedrich Hegel (1770–1831) ging die Gegend ein als eine, «die an Öde und Traurigkeit alles übertrifft, was wir bisher sahen», und auch Goethe beschreibt das Gebiet anlässlich seiner Überquerung des verschneiten Furkapasses im Spätherbst 1779 in seinen Briefen aus der Schweiz als die «ödeste Gegend der Welt, wo man rückwärts und vorwärts auf 3 Stunden keine lebende Seele weiss». Dennoch wurde die Weggabelung in Gletsch

Gletsch ca. 1835. «The Rhone glacier», Stahlstich von Frommel und Winkles Karlsruhe, Kunst Verlag.

ganz allmählich zu einem zentralen Knotenpunkt, an dem sich die beiden Alpentransitwege von Ost nach West über die Furka und von Nord nach Süd über die Grimsel kreuzten. Und die Situation für die Reisenden verbesserte sich zusehends: Die sehnlichst erwartete Eröffnung des ersten richtigen Gasthauses am Fusse des Rhonegletschers durch Anton Zeiter erfolgte wohl im Sommer 1831 und symbolisierte damit den zaghaften Beginn des Gastgewerbes in den abgeschiedenen Walliser Hochtälern.[14] Zudem bot der mächtige Rhonegletscher, der damals noch einen grossen Teil des Tals zwischen den Gelmer- und den Gerstenhörnern im Westen und dem Gallenstock im Osten ausfüllte und mit seiner Gletscherzunge bis auf wenige Schritte an die zeitersche Herberge heranreichte, den Durchreisenden ein gewaltiges Naturschauspiel. Bis zum Ende des 19. Jahrhunderts waren die eindrücklichen Eismassen im Talgrund Gletsch die grosse Attraktion; sie zogen Besucherinnen und Besucher aus der ganzen Welt in ihren Bann.

Im Sommer 1839, wenige Jahre nach der Eröffnung des Gasthauses in Gletsch durch Anton Zeiter, erhielt auch der Zermatter Dorfarzt Joseph Lauber (1787–1868) vom Staatsrat die Erlaubnis, sein kleines Wohnhaus nebenbei als Gasthaus zu betreiben. Dies auch deshalb, weil es den Geistlichen nur noch dort erlaubt war, Fremde zu beherbergen, wo keine anderen Wirtshäuser vorhanden waren. «Bei dem Arzte könne man Herberge finden, hatte man uns gesagt, dem Pfarrer sei es verboten, jemanden aufzunehmen.»[15]

Horace Bénédict de Saussure (1740–1799), Kupferstich von Ambroise Tardieu nach dem Porträt von St. Ours.

Vor dieser Zeit hatten die wenigen Reisenden im Wallis mit etwas Glück nur beim jeweiligen Dorfpfarrer Obdach gefunden. Der Erstbesteiger des Montblanc, der Genfer Naturforscher Horace Bénédict de Saussure (1740–1799), kam 1789 über den Theodulpass nach Zermatt und bestimmte dabei erstmals die Höhe des Matterhorns mit 4505 Metern. Der Empfang im Dorf war ernüchternd, nicht einmal der Pfarrer wollte ihm etwas zu essen verkaufen, geschweige ihm Unterkunft gewähren. Saussure fand nur dank geschicktem Verhandeln seines Führers Jean-Baptiste Erin ein notdürftiges Quartier. So schrieb Saussure selbst: «Nous eumes une peine extrême à trouver une maison où l'on voulut nous loger; les cabaretiers étoient ou absents où de mauvaise volonté. Le Curé qui loge quelquefois les voyageurs, nous fit répondre qu'il ne voulait rien nous vendre. Enfin, notre brave guide Jean-Baptiste Erin, chez qui nous avions logé aux chalets du Breuil, & que je recommande à ceux qui feront ce voyage, força un cabaretier à nous recevoir.»[16]

Ab 1812 führte der Zermatter Dorfpfarrer Ignaz Gottsponer ein Gästebuch in seiner Pfarrei; es dokumentierte nicht mehr als zehn bis zwölf Besucher pro Jahr, welche damals den Gegenwert von etwa einem Franken pro Nacht für Kost und Logis zu berappen hatten; Wein inbegriffen.[17] Für die Geistlichen jedoch boten die vereinzelten Gäste eine willkommene Abwechslung und eine eher seltene Gelegenheit, sich in verschiedensten Sprachen über Neuigkeiten aus fernen Städten auszutauschen. Die Bergbevölkerung bestaunte die meist seltsam gekleideten Fremden, als wären sie Wesen aus einer anderen Welt, und die Mehrheit der Ortsansässigen verhielt sich gegenüber den Auswärtigen noch lange argwöhnisch, ja vielfach sogar feindselig. Dies bekam auch der Botaniker Abraham Thomas (1740–1824) bei einem Aufenthalt in Zermatt zu spüren, als man seine Reisegruppe für Schafdiebe hielt und vom Pfarrer verlangte, die Fremden wieder aus dem Dorf hinauszuschicken.[18] In einem seiner Briefe um das Jahr 1810 schrieb Thomas über Zermatt: «Le peuple de ces vallées est simple, laborieux, religieux, hospitalier et fidèle, mais méfiant envers les étrangers. Aussi je recommande aux voyageurs de faire connaissance avec MM. les curés, ou avec les personnes les plus considérées de l'endroit, afin de s'attirer, par eux, la confiance d'un peuple à moitié sauvage, d'un peuple souvent trompé par des voyageurs ou déçu dans ses espérances par des malheurs.»[19]

Die Skepsis gegenüber den Auswärtigen in den Bergregionen wich nur langsam. Für die in einfachsten Verhältnissen lebende Bevölkerung war es schwer verständlich, was die Fremden in ihrer abgeschotteten Gegend überhaupt zu suchen hatten. Die Einheimischen hatten weiss Gott andere Sorgen, als sich fremden Reisenden anzunehmen. Wie konnten diese feinen Herren, die in der Stadt ja alle Annehmlichkeiten hatten, sich in diese unwirtliche Gegend verirren? Wenn Mineralogen mit dem Hammer an Felsen klopften und sich die Taschen mit Gestein vollstopften, vermuteten sie, es seien Schatzsucher. Botaniker und Pflanzensammler wurden als Alchimisten angesehen, und die anderen waren möglicherweise Agenten einer fremden Regierung,

die ihnen bald ihr Land streitig machen könnten. Die beste Meinung von den Fremden war, dass diese einfach nur Narren seien. Die Zermatter äusserten sich deshalb zu dieser Zeit meist nicht immer schmeichelhaft über die neuen Gäste; allzu gross waren die Unterschiede zwischen den einfachen Bergbauern und den vielfach doch ziemlich blasierten feinen Herrschaften aus fremden Welten. 1835 schreibt Carl Vogt, der in Begleitung des Geologen Louis Agassiz eine Tour ins Wallis und nach Zermatt unternahm:

«Le Mont Cervin»: Friedrich Salathé (1793–1858), Graveur; Johann Heinrich Meyer (fils) (1802–1877), Zeichner.

> «Es ist hier sehr primitiv; ich meine in den südlichen Alpentälern. Man sieht Holzhäuser mit gestampften Lehmböden, mit Schindeln- und Moosdächern. Der einzige Mensch, der an diesen Orten schreiben und lesen kann, ist der Ortspfarrer. Er ist den Leuten alles: Notar, Richter und Arzt. Er ist der Inbegriff alles Wissens und Könnens und bei ihm kehrt man ein, wenn man übernachten will. Die Dörfler wechseln, wenn sie überhaupt Hemden haben, diese nur zwei Mal im Jahr, an Ostern und an Weihnachten. In Zermatt fanden wir Unterkunft in einem nicht ganz wettersicheren Heuschober, wir waren froh, dass es nicht regnete.»[20]

Die beiden oben genannten Herbergen in Gletsch und Zermatt boten den Reisenden in den Walliser Seitentälern, abseits der Durchgangsstrassen des Rhonetals, die ersten gewerblich betriebenen Unterkunftsmöglichkeiten, und sie blieben noch lange Zeit ohne jede Konkurrenz.[21] Noch ahnte der zwanzigjährige Jüngling Alexander Seiler nicht, dass er und seine zwei Brüder Franz und Joseph in wenigen Jahren genau diese beiden Wirtshäuser besitzen und damit den Grundstein für ein späteres Hotelimperium legen würden.

Kaplan Joseph Seiler: Bruder und Ratgeber

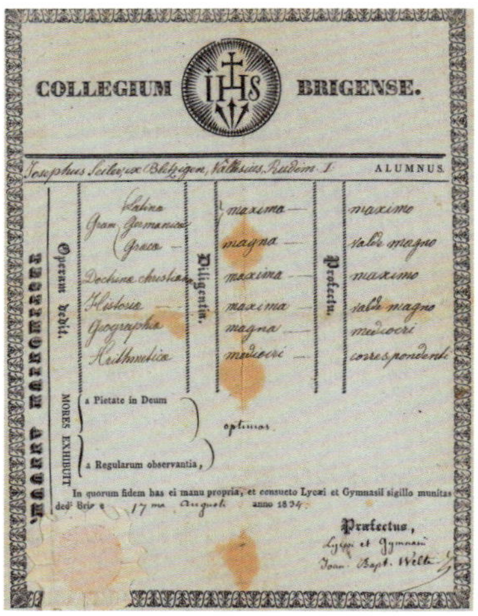
COLLEGIUM IHS BRIGENSE.

Josephus Seiler, ex Blitzigen, Vallesius, Rudim. I ALUMNUS

Operam dedit.

	Diligentia.	Profectu.
Latinæ, Germanicæ, Græcæ	maxima	maximo
	magna	valde magno
Doctrinæ christianæ	maxima	maximo
Historiæ	maxima	valde magno
Geographiæ	magna	mediocri
Arithmeticæ	mediocri	correspondenti

MORES EXHIBUIT a Pietate in Deum, a Regularum observantia, optimos

In quorum fidem has ei manu propria, et consueto Lycæi et Gymnasii sigillo munitas ded[i] Brigæ 17ma Augusti anno 1834.

Præfectus, Lycæi et Gymnasii Joan. Bapt. Welte

Schulzeugnis vom 17. August 1834 für Joseph Seiler, Kollegium Brig.

Alexanders älterer Bruder Joseph schloss im Jahr 1837 das Kollegium in Brig mit Bravour ab und verbrachte die nächsten Jahre als Student im Sittener Seminar, wo er Philosophie und Latein studierte. Alexander selbst absolvierte vermutlich zu jener Zeit seine militärische Grundausbildung bei den Walliser Truppen. Später würde er sich bei der Armee noch bis zum Offizier im Grad eines Hauptmanns und Kommandanten einer Füsilier-Kompanie hinaufarbeiten.

Der Streit der Walliser um ihre Verfassungsreform im Jahr 1839 mündete allmählich in eine Art Bürgerkrieg. Zu Beginn des Jahres 1840 machte das Wallis eine der schwierigsten Perioden seiner ganzen Geschichte durch. Unruhen und Kriegswirren überzogen das Land. Die Liberalen schossen auf die Konservativen, die Oberwalliser feuerten auf die Unterwalliser. Joseph sorgte sich deshalb um seinen Bruder Alexander und bat seinen Freund Kaplan Zipp um Rat bei der Suche nach einer geeigneten Ausbildung fernab der Walliser Unruhen. Dieser war früher eine Zeit lang in Blitzingen als Ortspfarrer tätig gewesen und lebte nun im deutschen Hayingen. Kurze Zeit darauf war eine Lehrstelle bei Meister Joseph Ertle, Seifensieder zu Munderkingen in Deutschland, organisiert. Joseph half bei den Reisevorbereitungen sowie bei der Beschaffung der nötigen Reisepapiere. In Fiesch stellte der Präsident des Zenden Goms, Clemens Wellig, Alexander am 29. des Weinmonats 1841 einen Passierschein aus: Es ist ein einfaches Stück Papier, gefaltet, ohne Bild.

Das Signalement des Passinhabers lautete: «Alter: 21 Jahre, Grösse: 5 Schuh 4 Zoll [ca. 163 cm], Angesicht: gewöhnlich, Haare: braun, Augenbrauen: braun, Augen: blau, Kinn, Nase & Mund: proportioniert, die Nase leicht gedreht». Am unteren Ende des Dokuments steht der Vermerk: «Der Präsident des Zendens Goms ersucht hiermit sämtliche Behörden und Beamte, denen die Handhabung der öffentlichen Ordnung und allgemeinen Sicherheit obliegt, frei und ungehindert durchreisen zu lassen den Jüngling Alexander Seiler. Seines Berufs: Seifensieder, gebürtig: von Blitzingen, wohnhaft: daselbst, sich verfügend nach Munderkingen im Württembergischen, in der Absicht sich da aufzuhalten und Arbeit zu suchen.»

Kaplan Zipp aus Hayingen empfahl Alexander, über Einsiedeln zu reisen, er habe bereits den Herrn Eberle im Wirtshaus Zum Goldenen Apfel informiert, wie er in einem Brief an Alexanders Bruder Joseph schreibt:

Die Spezialitätenbäckerei Goldapfel in Einsiedeln (SZ) ist die älteste Lebkuchenbäckerei der Schweiz.

«Lieber Hans Joseph! Der Seifen-Fabrikant erwartet mit Vergnügen den Alexander recht bald. Da ich aber bald nach Ihrer Abreise auch meinen Posten ziehen musste, so findet der Alexander mich in Hayingen 3½ von Riedlingen nach Zwiefalter Kloster von da noch eine kleine Stunde bis Hayingen. Ich schrieb sogleich an Herrn Eberle Goldenen Apfel Wirth in Einsiedeln, in der Meinung er werde über Einsiedeln gehen, wo er dann vernehmen wird, dass er zu mir kommen, dann werde ich mit ihm selbst nach Munderkingen kommen.»

Ausgestattet mit drei Goldmünzen Reisegeld, die er von seinem Vater erhielt, und einer vagen Wegbeschreibung, verabschiedete sich Alexander von seiner Familie. Bruder Joseph ermunterte ihn: «Ich sage dir abermals, sei guten Mutes und lass es dir nicht schwerfallen, das liebe Blitzingen zu verlassen.» So verliess der 21-Jährige im Oktober 1841 sein Heimatdorf voller Zuversicht und machte sich auf die Walz in Richtung Südbaden. Sein langer Fussmarsch führte ihn der Rhone entlang das Goms hinauf zum Rhonegletscher, wo er vermutlich seine erste Nacht auf Wanderschaft in der Herberge des Anton Zeiter an der imposanten Rhonequelle verbrachte. Wie von Kaplan Zipp empfohlen, reiste er anschliessend über Einsiedeln, wo Zipp ihn im Wirtshaus zum Goldenen Apfel bereits angekündigt hatte.

Nach Alexanders Abreise bewarb sich sein Bruder Joseph im Jahr 1841 auf eine öffentliche Ausschreibung für ein Stipendium am Mailänder Seminar Collegium Helveticum, ein Gesuch, das noch fast zwei Jahre lang unbeantwortet bleiben sollte. 1842 verpflichtete sich Österreich, das damals noch über die Lombardei regierte, den Schweizer Katholiken 24 finanzierte Freiplätze am Seminar zur Verfügung zu stellen. Diese Stipendien waren sehr begehrt, und die Freiplätze wurden rege benutzt. Immer wieder schrieb Joseph verzweifelte Briefe an den Stadtratspräsidenten von Brig und an den Bischof von Sitten. Am 15. und am 16. Juli 1843 wies er auch auf seine bescheidenen finanziellen Mittel hin:

> «Ich bin Mitte September 1841 von unserem hochwürdigen Bischoff laut einem wirklich noch in Besitz habenden Brief zur Auswahl in eben dieses Mailand-Seminar erkoren worden. Unwillkürliche Hindernisse sperrten mir den Eintritt, aber immer auf des Bischoffs erhaltene Gunst steuernd, wollte ich der Zeit der Beschwichtigung abwarten, und nun folge ich diesem Strahl der Hoffnung wie ein in der Düsterheit Eingesperrter aber hervorgeladener. Elend mir! Sollte ich auf Wolken in der Luft schwimmend jetzt treten. Ich würde in jeder Rücksicht meine hl. Begierde nach einer benötigten Priesterbildung derbe einzubüssen haben. [...] Wenn ich auch im Maass der Geistes- und Herzens-Gaben den edlen Jünglingen, die sich vorweisen werden, hinten stehe; so weiss ich, dass ich vor allem einen traurigen Vorzugsgrund für mich habe; es ist jener der Fürstlichkeit. Die sparsam beschiedenen Mittel meiner Eltern sind ungeachtet aller ihrer und meiner Häuslichkeit erschöpft, so dass ohne schwere Verschuldung meine Priestererziehung im Lande hier nicht vorandringen kann.»

Lehre als Seifensieder in Munderkingen

Seifensieder 1847.

Während man Seife in ländlichen Gebieten noch bis ins 19. Jahrhundert hinein zu Hause selbst siedete, entwickelte sich die Seifensiederei in den Städten ab dem späten Mittelalter als neuer Handwerksberuf. Der Herstellungsprozess blieb sich über viele Jahrzehnte hinweg fast gleich. Es wurde überwiegend Tierfett verarbeitet. Der Talg wurde durch das Schmelzen des Fettgewebes gewonnen und anschliessend unter Zusatz von Kaliumkarbonat (Pottasche) unter stundenlangem Umrühren gesiedet. Das Ergebnis dieses Prozesses war eine gallertartige Schmierseife, die dann abgefüllt und bis zur Erstarrung aufbewahrt wurde. Feinseifen für die Oberschicht waren eleganter geformt und enthielten zusätzliche Farbstoffe sowie Parfums und Bimsstein. Seifensieder stellten aus dem überflüssigen Fett zumeist Talglichter und Kerzen gewissermassen als Nebenprodukte her. Diese waren bis zum Aufkommen von Petroleumleuchten eine günstige Lichtquelle. Kerzen aus Bienenwachs gaben zwar ein besseres Licht und rochen viel angenehmer, sie waren damals aber sogar für den Mittelstand fast unbezahlbar.

Alexander nutzte seine Zeit im liberalen und von demokratischen Strömungen geprägten Königreich Württemberg. Er war vielseitig interessiert, lernte schnell und erwarb sich dort auch erste kaufmännische Kenntnisse. Der älteste uns noch erhaltene Brief des jungen Alexander datiert vom 21. Dezember 1841 und wurde aus Munderkingen an seinen Bruder, den «Wohlgebohrenen Herrn Seiler, Student in Sitten, Canton Wallis in der Schweiz» adressiert:

> «Bester treuester Bruder, Mit grosser Sehnsucht und unglaublicher Freude habe ich dein Brief erhalten, da ich grad beim Kaplan war. Ganz besonders freute es mich zu erfahren das die Eltern und Geschwister gesund sind. Herzlich liebender Bruder, nun muss ich dich darüber in Kenntnis setzen, wie es mir in Deutschland geht, es geht mir gut und bin gesund Gott sei Dank ...

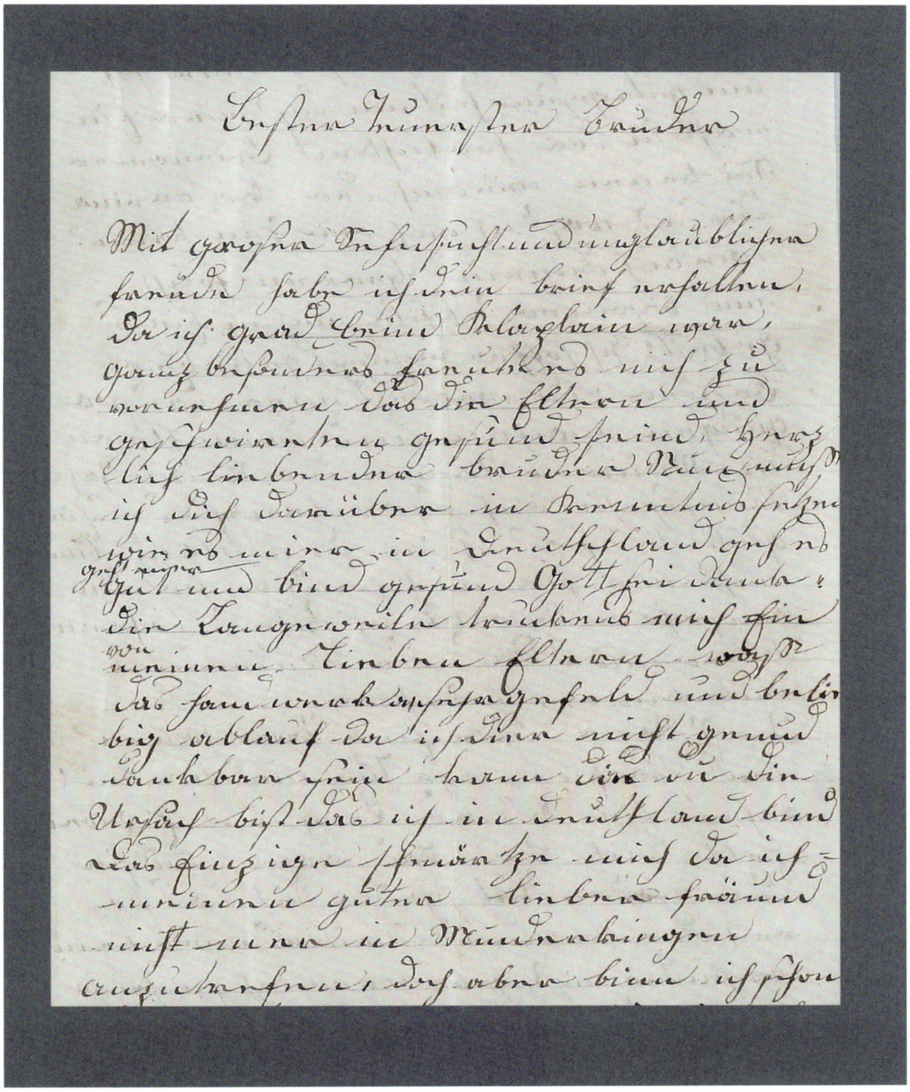

Brief von Alexander Seiler vom 21. Dezember 1841 an seinen Bruder Joseph (Ausschnitt).

Ich kann dir nicht genug dankbar sein, dass du die Ursache bist dass ich in Deutschland bin. Das Einzige schmerzte mich da ich meinen guten lieben Freund nicht mehr in Munderkingen anzutreffen, doch aber bin ich schon bekannt wie wenn ich ein Jahr hier wer. Den Metzger kenne ich sehr gut, dem Herr Meister habe ich schon den Grossteil Lehrgeld bezahlt nämlich 13 neue Taler, der Vater hatte mir 3½ Ludor mitgeben. Die Reise hat mich 60 Batzen gekost und ein par Stüfel 40 Batzen. Die fier Fünf-Francken-Stück, wo du mir geschickt hast, habe ich erhalten und sage dir Dank dafür.

Ich hoffe innigst geliebter Bruder, du werdest mir das Vergnügen machen und den Eltern in meinem Namen der neuen Jahrs Wunsch hinauf schreiben, dass es ein Glück sei, dass ich in Deutschland bin, nicht nur hier für mich, sonders für die ganze Familie, weil ich vieles lernen kann und dass die Mutter sich unbekümmert sein soll. Dein dich liebender Bruder Alexander Seiler, in Munderkingen, den 21. Christmonat 1841. PS: Die Weihnachtsfeier Tage geh ich zu dem Herr Kaplan, ich griese dich viel tausend Mahl.»

Folgende Doppelseite: Passierschein von Alexander Seiler.

Schweizerische Eidgenossenschaft.

No. ... de Controlle.

Preis 10 Batzen.

RESP. VALLES

Republik und Kanton

Wallis

IM NAMEN DER REGIERUNG.

Signalement.

Unterschrift

Der Präsident

No. 7966. Vis: nach ...

Schaffhausen 21 Novbr 18..

SCHAFFHAUSEN. CANTONS POLIZEY

Nach Zürich

Constanz den 25ten Mai 1842

Grosh. Polizey Bureau

GR. BAD. BEZIRKS AMT KONSTANZ

CANTON THURGAU

TAEGERWEILEN

Vis = ...

den 28 May 1842

Canton Bern

Grenz Posten

CENTRAL POLIZEI DIRECTION

BERN

Le porteur du présent, après un retour chez lui continue son voyage à l'étranger.
Bon pour Berne.
Sion le 3 août 1842
Pr le Département de Justice et Police
du Canton du Valais
Le Secrétaire
Bonvin

Canton Bern
Grenz Posten

No 1899

No 7839 Gesehen in Bern
den 18
Central Polizei Direction.

CENTRAL POLIZEI DIRECTION BERN

CANTON POLICEY DIRECTION

No 10,527 Gesehen in Basel
den 11. Sept. 1842.
nach Zürich
Policey Direction

POLIZEY-DIRECTION BASEL

HORGEN

Ansicht des in der Nähe von Ulm liegenden Munderkingen.

Nach fünf Monaten Lehrzeit in der Seifensiederei zu Munderkingen beendete Alexander seinen Aufenthalt bei Meister Ertle am 15. April 1842 und erhielt von diesem ein vorzügliches Attest:

«Zeugnis

Vorzeiger dies Alexander Seiler, aus Blitzingen gebürtig, wird von dem Unterzeichneten beurkundet, dass derselbe vom 12. Nov. 1841 bis den 15. April 1842 die Seifensiederei erlernet habe. Derselbe hat sich während seiner Lehrzeit durch Fleiss, Treue und in physischer als auch moralischer Beziehung, nicht nur sehr tätig, sondern musterhaft betragen, dass ihm das volle Zutrauen geschenkt werden kann, dass er das zu leisten im Stande ist, was in dieser kurzen Zeit von einem jungen Menschen kaum verlangt werden kann. Ich erteile ihm volle Zufriedenheit und empfehle ihn aller Orten, dass er sein Auskommen finden möge. Zur Bekräftigung dessen ist ihm dieses Zeugnis von dem Unterzeichneten eigenhändig unterschrieben worden.

Lehrherr Joseph Ertle, Seifensieder-Meister,
Munderkingen den 15. April 1842

Die Echtheit der Unterschrift des Ertle und das gute Betragen des Lehrlings während seines Aufenthaltes da hier beurkundet. Munderkingen am 15. April 1842, Stadtschultheissen-Amt, Zimmer.»

Zwei Wochen später, am 6. Mai 1842, erschien Alexander reisefertig auf dem Stadtschultheissenamt, wo ihm in seinem Reisepapier bestätigt wird: «Inhaber hat sich seit letztem Visa da hier bei Seifensieder Ertle, wo er die Seifensieder Profession erlernte, mit gutem betragen aufgehalten. Munderkingen am 6. Mai 1842. Stadtschultheissen-Amt, Zimmer.»

Zahlreiche Stempel in seinem Reisepass belegen seinen weiteren Weg: Nach einem kurzen Abschiedsbesuch bei Kaplan Zipp in Hayingen machte er einen Abstecher über Ehingen nach Ulm, dann führte ihn sein Weg zu Fuss

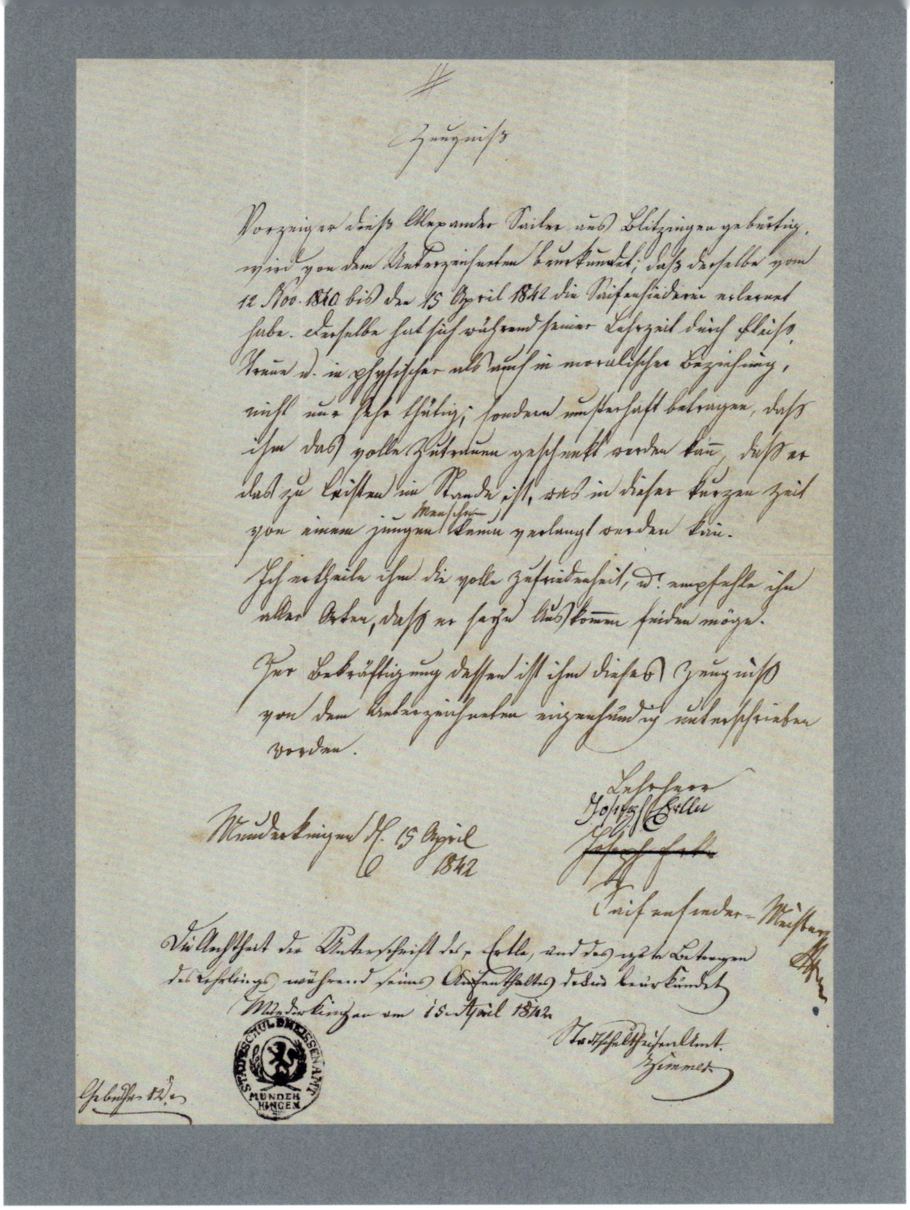

Alexanders Ausbildungszeugnis zum Seifensieder vom 15. April 1842, ausgestellt von Meister Ertle und beglaubigt durch das Schultheissenamt der Stadt Munderkingen..

über Konstanz, Tägerwilen, Zürich, Luzern, Bern bis nach Sitten zurück in die Schweiz. Auch zwischen den Kantonen innerhalb der Schweiz gab es damals strenge Grenzkontrollen, das Reisepapier musste überall vorgezeigt und abgestempelt werden.

«Mach brav Kerzen, dann wird Hoffnung leuchten»

Während einiger Monate zog Alexander Seiler nun also durch die ganze Schweiz: Er trieb Handel mit dem württembergischen Zündholzfabrikanten Johann Grauer; mit dem Metzgermeister Sebastian Wanner wollte er Kälberhäute gegen Mägen tauschen; einem Schuster in Munderkingen gab er den Auftrag, so viele Stiefel wie möglich zollfrei ins Wallis zu schicken, er würde diese innerhalb von zwei Monaten mit gutem Geld bezahlen können, versicherte er. Kaum war er zu Hause im Wallis angekommen, wanderte er wieder zurück, über den Grimselpass nach Kandersteg gegen Norden, bis er, wie er in einem Brief vom 16. September 1842 selbst schreibt, beinahe die ganze

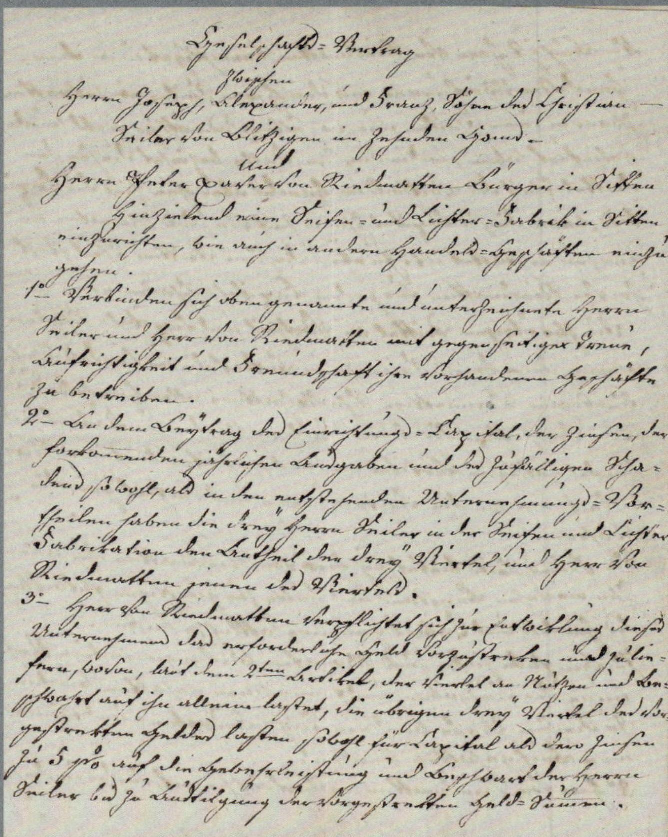

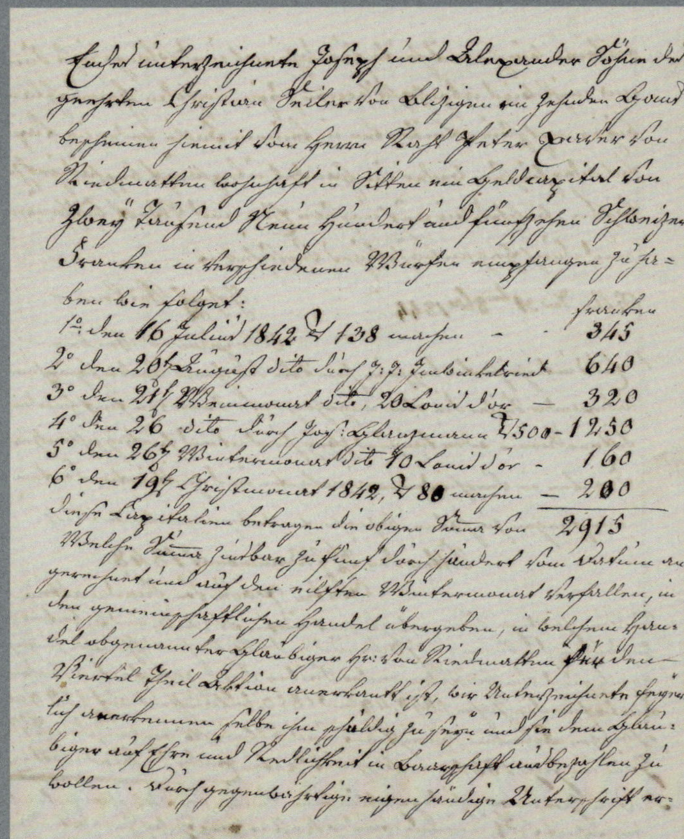

Links: Gesellschaftsvertrag der Gebrüder Seiler mit Riedmatten für ihre Seifenfabrik in Sitten vom 16. Juli 1842; rechts: Kredite von Xavier Riedmatten über insgesamt 2915 Franken (1842).

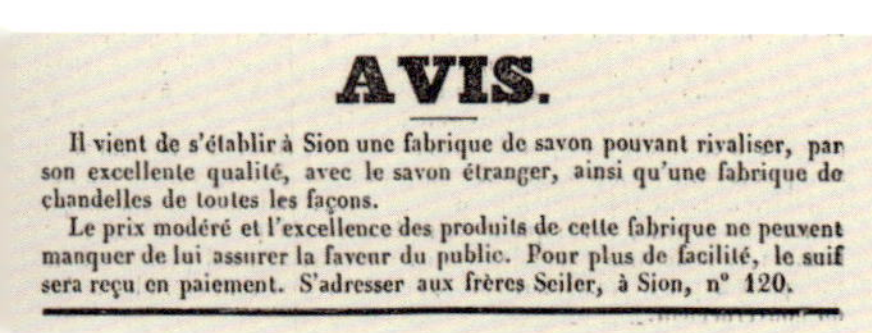

AVIS.

Il vient de s'établir à Sion une fabrique de savon pouvant rivaliser, par son excellente qualité, avec le savon étranger, ainsi qu'une fabrique de chandelles de toutes les façons.

Le prix modéré et l'excellence des produits de cette fabrique ne peuvent manquer de lui assurer la faveur du public. Pour plus de facilité, le suif sera reçu en paiement. S'adresser aux frères Seiler, à Sion, n° 120.

Die Brüder Seiler kündigen die Eröffnung ihrer Seifenfabrik an (18. Februar 1843).

Schweiz «ausgelaufen» sei. Im Haus zum Sonnenberg in Wädenswil erweiterte er während eines vierwöchigen Aufenthalts in der «Kemisch Fabrik» bei Johann Jakob Sträuli (1792–1867) sein Wissen über die Kerzen- und Seifensiederei für 50 Batzen Lohn die Woche. Neue, geheimnisvolle Verfahren wollte er sich dort aneignen.

Im Frühsommer 1842 erreichte ihn dort in Wädenswil ein Brief seines Bruders Joseph aus Sitten. Dieser teilte ihm mit, er habe bereits in Vispbach mit einem Valentin Albrecht gesprochen, in Brig sei er mit dem Eisenkrämer Cathrein über Schmalz, Öl- und Ascheeinkauf und mit dem Lichterfabrikanten Brindlen über Kerzenmuster in Kontakt. Und weiter schreibt Joseph voller Zuversicht: «Cathrein, der Eisenkrämer muntert uns sehr auf, gab mir auch an, wo wir hingehen sollen, um Öl einzukaufen. Er selbst verkaufe zwar keine Seife, aber sobald wir gesotten, so nehme er gleich ein paar Zentner und versuche es damit.»

Hier stiess Alexander das erste Mal auf den Namen Andreas Cathrein (1798–1875), der für ihn später einmal so bedeutsam werden würde. Cathrein sollte künftig nicht nur ein treuer Geschäftspartner, sondern 15 Jahre später gleich auch noch sein Schwiegervater werden. Cathrein, Eisenhändler und späterer Briger Regierungsstatthalter, riet Alexander «Mut, Ausdauer»; «sich durchsetzen, arbeiten», ermahnte Vater Christian aus Blitzingen; von Sitten aus ermunterte Joseph mit brüderlichem Optimismus: «Das Los sei geworfen, die Werkstatt gemietet, der Stadtrat gnädig.» [22]

Sein Bruder Joseph hatte in Sitten inzwischen wertvolle Vorarbeit geleistet. Er hatte Kontakte geknüpft, und es war ihm sogar gelungen, den Sittner Ratsherrn Peter Xavier von Riedmatten als stillen Teilhaber für das Projekt zu gewinnen: Der geplanten Seifensiederei stand nun nichts mehr im Weg. Am 16. Juli 1842 trafen sich die drei Seiler-Brüder Joseph, Alexander und der erst 15-jährige Franz mit Peter Xavier von Riedmatten in Sitten und unterzeichneten dort ihren ersten gemeinsamen Gesellschaftsvertrag «hinzielend eine Seifen & Lichter-Fabrik in Sitten einzurichten wie auch in anderen Handels-Geschäften einzugehen», wobei von Riedmatten das nötige Kapital zu fünf Prozent Zins bereitstellte und sich einen Viertel des allfällig zu erstehenden Gewinns sicherte. Die vier Gesellschafter verpflichteten sich, die Geschäfte «mit gegenseitiger Treue, Aufrichtigkeit und Freundschaft zu betreiben».

Bald darauf wurde der Pottasche-Ofen in der Rue des Vâches, der heutigen Rue de la Porte-Neuve in Sitten, eingeheizt, und die Seifen- und Kerzenproduktion lief an. Doch der Anfang gestaltete sich weit schwieriger als erwartet, und bereits wenige Wochen nach Geschäftseröffnung plagten die jungen Unternehmer erste Geldsorgen. Wiederum war es der Student Joseph, der aufmunternde Worte an seinen zweifelnden Bruder Alexander richtete:

> «Ayent, den 25. [Sommer 1842]: Werther Bruder! Eben habe ich Gelegenheit dir ein paar Zeilen zu übersenden, um dir Muth einzusprechen, denn dessen brauchst du, wie ich aus deinem Briefe sehe. Nicht verzweifeln! Ich habe Seifenerde gefunden, nach Wunsch, womit ich dir Seife fabrizieren will, dass du sie auch um 29 oder 35 Fr. geben kannst, und zwar mit gutem Profit. Daher wäre es mir schon lieb, wenn du einmal heraufkämest, um dir den Ort, und das heilsame Fett zeigen zu können.
> Du bekümmerst dich so sehr um Geld, dass du nicht zahlen könnest. Auch dessen gibt es noch. Ich will dem Herrn Aymon etwa 50–60 Fr. begehren. Zudem haben wir mehr denn 500 Fr. zu ziehen jetzt bald. Somit nur nicht verzweifeln, wenn es auch Augenblicke gibt, wo man in die Enge getrieben wird, so muss man nie verzweifeln. Übrigens verkauft sich auch noch alle Tage fast etwas, so dass einige Batzen eingehen. Schreibe aber dem Herrn Pfarrer in Niederwald, dass er dir die Rechnungs-Überlassung in Bälde überschicke, damit man den Englert damit etwa ausweisen könnte.
> Bringe oder schicke mir die Rechnung vom Ettren in Glis, die du mitgebracht hast einmal; das Papier ist in meinem Koffer. Trachte auch von der Wirtin in Bach das einzuziehen und von dem Mädchen in Brämis. Ferner will ich dir die

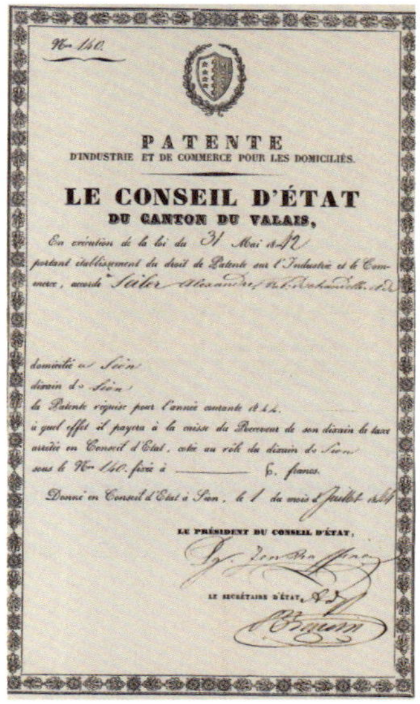
PATENTE
D'INDUSTRIE ET DE COMMERCE POUR LES DOMICILIÉS.
LE CONSEIL D'ÉTAT
DU CANTON DU VALAIS,

PATENTE
D'INDUSTRIE ET DE COMMERCE POUR LES DOMICILIÉS.
LE CONSEIL D'ÉTAT
DU CANTON DU VALAIS,

Handelspatent für Seifen und Kerzen, Sitten 1844; unten: Handelspatent Sitten 1845; neben Seifen und Kerzen neu auch für den Vertrieb von Lebensmitteln.

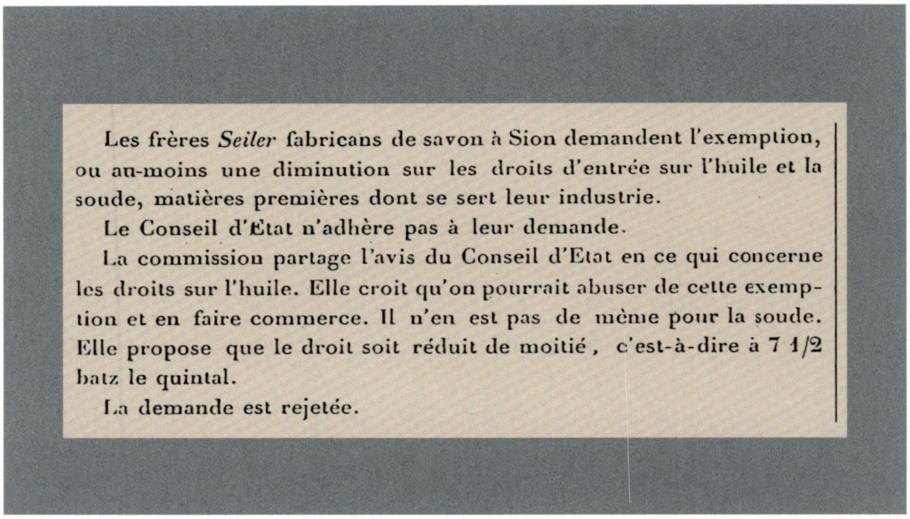

Les frères *Seiler* fabricans de savon à Sion demandent l'exemption, ou au-moins une diminution sur les droits d'entrée sur l'huile et la soude, matières premières dont se sert leur industrie.

Le Conseil d'Etat n'adhère pas à leur demande.

La commission partage l'avis du Conseil d'Etat en ce qui concerne les droits sur l'huile. Elle croit qu'on pourrait abuser de cette exemption et en faire commerce. Il n'en est pas de même pour la soude. Elle propose que le droit soit réduit de moitié, c'est-à-dire à 7 1/2 batz le quintal.

La demande est rejetée.

Bericht Ratsprotokoll – *L'Écho des Alpes*, 22. Mai 1843, Sitten.

Rechnung von Herrn Preux ausziehen, wenn ich nächstens hinunterkomme. Fasse dann also Muth und denke, dass du einen Bruder hast mit Geist und Bruderliebe begabt, der im Stande ist, sich für die Seinigen aufzuopfern, wenn es deren Wunsch und Glück fordert. Gehabt euch Wohl und grüsse mir die Leute in Mayen. Mache brav Kerzen, dann wird Hoffnung leuchten. Dein dich liebender Bruder Joseph.»

Joseph schien bei Geldgeber von Riedmatten erfolgreich interveniert zu haben, denn zwischen dem 16. Juli und dem 19. Dezember 1842 erhielten die drei Brüder von demselben nochmals Kredite über insgesamt 2915 Franken zur Überbrückung ihrer finanziellen Engpässe – ausbezahlt in 268 Sittner Kronen, 30 Louis D'or und 640 Franken. Bis ins Jahr 1850 herrschte in der Schweiz ein recht unübersichtliches Durcheinander von verschiedensten Währungen. Man bezahlte mit einer Vielzahl von in- und ausländischen Gold- und Silbermünzen, denn erst mit dem Bundesgesetz vom 7. Mai 1850 wurde der Schweizer Franken zur einheitlichen nationalen Währung.

Angesichts ihrer prekären finanziellen Lage stellten die Brüder Seiler im Mai 1843 eine wenig Erfolg versprechende Petition an den Grossen Rat des Kantons Wallis mit der Bitte um Erlass oder Reduktion der Importsteuern auf die Rohstoffe, welche sie für ihre Seifenproduktion benötigten. Die Petition wurde jedoch schon in der Sitzung vom 22. Mai 1843 abgewiesen.

Joseph Seiler am Mailänder Seminar

Im Herbst 1843, nach fast zwei Jahren Wartezeit, wurde dem Student Joseph Seiler endlich sein langersehntes Stipendium für das Collegium Helveticum zugesprochen. Er übersiedelte kurz darauf in die Lombardei ans Mailänder Seminar, wo er noch im gleichen Jahr ein vierjähriges Theologiestudium begann. Am 16. November 1843 schrieb Joseph seinem Bruder Alexander das erste Mal aus Mailand, nicht ganz ohne Stolz:

«Lieber Bruder! Der Abschied und die Entfernung von dir ist mir gewiss ebenso schwergefallen als dir; bloss der Gedanke, dass nun Eltern und Anverwandte einmal dadurch befriediget, beruhiget und erfreut seien, gab mir Mut und Stärke, mich nicht ganz niederschlagen zu lassen. Erkannt habe ich noch beim Abschied, dass du mich liebhast, und meinen Verlust empfandest. Doch sei guten Mutes, nach 7 Monaten kann ich wieder zurückkehren in die Vakanz, welche 4 Monate dauert. Indessen gib mir recht oft Nachricht von deinen Geschäften, dies wird mir Ablenkung und Trost verschaffen, hin und da ein Briefchen von dir zu erhalten. Dass ich glücklich dahier angelangt, kannst du aus dem Briefe an die Mama abnehmen. Damit die Eltern beruhiget seien, so schreibe ihnen und melde ihnen meine Ankunft, ich kann eben nicht alle Tage Briefe schreiben, werde es dann aber später auch tun.
Wenn viele Leute einem die Langeweile nähmen könnten, so würde man hier gewiss keine bekommen; allein oft ist dies gerade das Gegenteil. Ich bin hier stets von mehreren Hundert umgeben und alles marschiert nach einer militärischen Ordnung; auch sind wir alle schwarz und ganz wie die Jesuiten gekleidet. Noch einmal, lebe wohl, und indem ich euch alle im Hause herzlich tausendmal Grüsse, verbleibe ich stets mit wahrhafter Bruderliebe, Dein Joseph Seiler.»

Nach Josephs Abreise war Alexander in Sitten in seiner kleinen Fabrik praktisch auf sich allein gestellt. Er kümmerte sich um die Herstellung und den Vertrieb seiner Seifen und Kerzen, baute aber auch einen lebhaften Handel mit anderen Produkten aller Art auf: Er bereiste die ganze Region bis in die entferntesten Walliser Seitentäler, tauschte Waren, kaufte von den Bauern Käse, Butter und Wolle, besorgte Salzfuhren, handelte mit Gewürzen, Kühen, Schafen und bald auch mit italienischem Wein aus Domodossola, den ihm sein Bruder Joseph von Mailand aus organisierte. Sogar mit der Schnapsbrennerei versuchte sich der junge Alexander. Nur dank solch zusätzlicher Aktivitäten konnte die junge Firma überleben, denn das Hauptgeschäft mit Seifen und Kerzen lief auch nach einigen Jahren nicht befriedigend.

Strasse in Sion, publiziert in London by Geo, Ivy Lane 1835.

Von Mailand kamen immer wieder gut gemeinte brüderliche Ratschläge, ebenso wie moralischer Tadel, als der angehende Geistliche Joseph von Alexanders Frauengeschichten hörte:

«Wenn ich aber dem Sagen der Leute im Oberwallis Glauben beimessen soll, so könnte es wohl seyn, dass ich dich in einer anderen Umgebung anzutreffen hätte. Man fragte mich sogar, ob Du noch ledig wärest. Die Mutter ist deinetwegen nicht wenig bekümmert, denn es wurde ihr von jemand gesagt, dass sie sich in Acht nehmen und dich ermahnen sollte, sie wissen, dass du manche Nacht im Zimmer von jener Schneiderin geschlafen habest. Die Mutter klagte mir dieses mit tränenden Augen. Ach! sagte sie, wie leicht könntest du so in ein Unglück fallen. Wahrlich manchem ist dies schon geschehen ohne dass er vorher daran gedacht. So des Nachts bei einer jungen Weibsperson allein verweilen, wahrlich, da geschieht nichts Gutes; wenigstens ist man in der nächsten Gelegenheit zur Sünde, die an und für sich selbst schon sündhaft ist. Mancher tugendhafte Jüngling hat schon so Schiffbruch gelitten.

In Brig fragte mich das Weib vom Clemens, was Du denn habest, dass Du nun immer so traurig und melancholisch darein schauest; der Du früher sonst so fröhlich und aufgeräumt gewesen seiest. Ich sagte ihr häusliche Sorgen möchten wohl vieles beitragen. [Es] soll jemand gesagt haben, Du habest schon die Tochter vom Wirt in Niederwald und dann sie zum Narren gehalten; Du verdienst, dass Dir etwas auf die Nase falle, wegen Deiner Unbeständigkeit. So spricht man von Dir im Oberwallis. Du kannst Dir nun vorstellen welchen Eindruck dieses alle auf mich gemacht; ich, der aus Liebe zu Dir gerne alles aufopfere und selbst deswegen hierher ins Seminarium gegangen bin. Ich glaube nie, dass Du mit einem solchen Mädchen glücklich sein könntest. Jedoch, eher dass Du Dich durch Deine Aufführung etwa in ein Unglück und in bösen Ruf setzest und durch nächtliches Auslaufen und Herumschwärmen Deinen Geschwistern ein böses Beispiel gebest, lieber will ich Dich vermählt wissen; wenn Du nimmer ohne Weib fröhlich werden oder leben kannst. Am Schlusse bitte ich Dich noch, dass Du öfters die heiligen Sakramente besuchst. Ich habe bemerkt, dass du selten oder gar nimmer beichten gehest. Freilich, wenn man sich mit Liebhabereien abgibt, so fürchtet man zum Beichtstuhl zu treten, weil man dann Sachen sagen muss, die einen erröten und von denen man will losgesprochen werden. Nimm von diesem allen so viel, als Dich angeht und denke es sind Worte deines wohlmeinenden Bruders, der es mit mir und meinem Seelenheil zum Besten meint und nur in dieser Absicht so zu mir spricht. Im Übrigen bin ich mit Dir sehr zufrieden und wünsche Dir alles mögliche Wohlergehen; ich bin glücklicher und freue mich mehr als Du glaubst, wenn ich eine gute Nachricht im Handel oder im Hauswesen von Dir erhalte. Lebe wohl und zürne nicht Deinem Dich stets liebenden Bruder Joseph.»

Die Pension Seiler in Blitzingen

On offre à vendre du fromage de Conche, gras et frais, à un prix très modéré, en gros ou en détail. Ceux qui en désireront pourront s'adresser à M. Alexandre Seiler, à Sion, N° 120.

Anzeige in der *Gazette du Simplon*, 19. August 1846: Alexander versucht per Zeitungsannonce Käse aus dem Goms in Sitten zu verkaufen.

Da inzwischen alle drei Seiler-Söhne ihr Heim in Blitzingen verlassen hatten, entschlossen sich die Eltern um das Jahr 1845, ihr Blitzinger Wohnhaus in eine Gastwirtschaft umzuwandeln, und stellten dafür ein Gesuch für eine Schankbewilligung. Der erste Stock, zu dem eine grosse Steintreppe hinaufführte, diente von nun an als geräumige Wirtsstube, der zweite Stock blieb die Wohnstube der Familie und die Dachzimmer wurden gelegentlich einzelnen Gästen als Unterkunft angeboten. Im kühlen Keller lagerten in grossen Holzfässern auserlesene Landweine sowie ein besonders feuriger Walliser Wein, den Alexander seinem Vater aus Sitten lieferte. Im Gegenzug bezog Alexander in Blitzingen würzigen Gommer Käse, den er in Sitten zu verkaufen versuchte. Die kleine Blitzinger Pension Seiler war bald weitherum bekannt und wurde in der Folge noch während Jahrzehnten von Alexanders Schwestern Josepha, Katarina und Rosina geführt. Kleine Feste, Versammlungen und sogar Tagungen wurden dort abgehalten. Das Haus entwickelte sich zu einem beliebten Treffpunkt des alten Bezirks Goms und blieb fast sechzig Jahre lang bestehen. Der Blitzinger Ortschronist Joseph Schwick schrieb noch 1975 über

Postkarte Pension Seiler Blitzingen, ca. 1920.

die Pension Seiler: «Ich kann mich noch recht gut daran erinnern, wie ich damals als Schulknabe aufmerksam den mehrstimmigen Liedern zugehört und die interessanten Wortgefechte der damals tonangebenden Gommer Pädagogen Otto Biederborst von Ritzingen und Abraham Jentsch aus Niederwald belauscht habe.»[23]

René Morax (1873–1963), ein junger Theaterschriftsteller aus Morges, suchte im Jahr 1900 eine passende Bleibe im Goms, um die Walliser Legende «La Nuit des Quatre Temps» auf Papier zu bringen. Er wurde fündig und verbrachte einen ganzen Winter in Blitzingen in der Pension Seiler:

> «Alte, liebwerte Erinnerungen binden mich an das kleine Dorf des Gommertales, mit seiner Kirche und seinem Turm mit zwiebelförmiger Kuppel, mit einigen an der Strassenkrümmung, zwischen zwei Lawinenzügen aufgestellten von der Sonne gebräunten, schwarzbraunen Häuschen. Dort haben wir – mein Bruder und ich – vor dreißig Jahren im alten Hause der Familie Seiler einen glücklichen Winter verlebt. Josef Seiler empfahl uns seinen Tanten – den Schwestern des rühmlichst bekannten grossen Hotelbesitzers Alexander Seiler – welche ausnahmsweise zusagten, uns als Kostgänger aufzunehmen. Und in diesem Chalet des 16. Jahrhunderts mit seinen am reinlichen Getäfel angebrachten Zinnkannen und Zinnplatten, mit seinen Zimmern, mit weißen Vorhängen peinlicher Sauberkeit geschützt, und mit zahlreichen alten, ins Gelbliche übergehenden Photographien verziert, wurden wir durch die alten Tanten – so wie wir sie selbst nannten – sorgsam gepflegt und gewissenhaft verhätschelt. Sie zählten 75 und 78 Jahre. Die jüngere Tante, Rosina, klein und runzelig, war die strebsamere. Sie besorgte mit einer oft kränklichen Magd aus Ernen die Haushaltung. – Wir wurden wie verwöhnte Kinder behandelt, und fast jede Mahlzeit gab zu Diskussionen Anlass, weil die guten Gastgeberinnen unserer Verdauungskunst mehr zumuteten als sie eigentlich in Wirklichkeit zu leisten vermochte.»[24]

Links: Gedenktafel am Ort des abgebrannten Seiler'schen Stammhauses in Blitzingen. Rechts: Blitzingen am 13. September 1932, am Tag nach dem verheerenden Dorfbrand.

Das kleine Gasthaus in Blitzingen war in diesem Sinne der eigentliche Ursprung der Seiler'schen Gastgebertradition, und es dürfte mit Bestimmtheit eines der Argumente gewesen sein, weshalb sich wenig später auch die Söhne Alexander und Franz nach der mühsamen Seifensiederei in Sitten lieber dem Erfolg versprechenden Gastgewerbe zuwandten.

Nach dem Tod der jüngsten Schwester Rosina im Jahr 1909 blieb das Seiler'sche Stammhaus in Blitzingen lange Zeit praktisch verwaist. Wiesen, Äcker, Ställe und Scheunen der Familie verkauften die Erben zwischen 1919 und 1921; das Elternhaus blieb aber vorerst noch im Besitz der Familie, da Hermann, der jüngste Sohn, es erwarb. Beim verheerenden Blitzinger Dorfbrand in der Nacht vom 12. auf den 13. September 1932 brannte es dann mit 35 anderen Gebäuden komplett nieder. 16 Familien verloren dabei ihr gesamtes Hab und Gut, 90 Personen wurden auf einen Schlag obdachlos. Das Feuer war kurz nach Mitternacht ausgebrochen. Da die Telefonzentralen damals in der Nacht noch nicht besetzt waren, schlugen lediglich die Kirchenglocken und ein zufällig vorbeifahrender Motorradfahrer Alarm. Dieser organisierte

Hermann Seiler (Mitte, ohne Hut) bei der Einweihung des neu erbauten Dorfkerns Blitzingen am 12. November 1933.

einen Lastwagen, welcher in den umliegenden Dörfern Feuerwehrleute und Freiwillige für den Löscheinsatz einsammelte.

Da der Schaden grossteils nicht versichert war, stellte Alexanders jüngster Sohn, alt Nationalrat Dr. Hermann Seiler, ein überregionales Hilfskomitee zusammen, an dem sich auch das Schweizerische Rote Kreuz beteiligte. Unter Seilers Leitung sammelte das Hilfskomitee in kürzester Zeit fast eine halbe Million Franken für den Wiederaufbau. Darüber hinaus übertrug die Familie Seiler der Gemeinde Blitzingen das Grundstück, auf dem einst das Seiler'sche Stammhaus stand, als Schenkung. Schon ein Jahr später, kurz vor Wintereinbruch, waren die Arbeiten fertiggestellt und die neuen Häuser konnten am 12. November 1933 feierlich der leidgeprüften Bevölkerung übergeben werden. Heute erinnert beim ehemaligen Standort des abgebrannten Seiler-Hauses eine Gedenktafel an die tragische Schreckensnacht und an den Wiederaufbau des Blitzinger Dorfkerns.[25]

Zermatt, das fast unbekannte Bergdorf 1850–1855

Am 28. Mai 1847 wurde Joseph Seiler in Mailand zum Priester geweiht. Nur allzu gern hätte der frisch ausgebildete Theologe einen guten Posten in seiner Walliser Heimat angetreten. Zu seinem Verdruss aber wurde das von Jesuiten geführte Kollegium Spiritus Sanctus in Brig aufgrund des Sonderbundkriegs noch im selben Jahr geschlossen. Die Regierung verwies die Jesuiten des Landes und diese mussten die Stadt Brig in der kalten Winternacht vom 28. November 1847 fluchtartig verlassen.

Kaplan Joseph Seiler (1817–1863).

Joseph wurde daher vom Bischof statt nach Brig in das abgelegene und noch weitgehend unbekannte Bergdorf Zermatt beordert. Dort sollte er von nun an als Kaplan walten und die Kinder in der Schule unterrichten. Vom einsamen Zermatter Kaplanhaus aus unterstützte Joseph aber weiterhin tatkräftig seinen unglücklichen Bruder, der soeben zusammen mit drei besiegten Walliser Bataillons als Offizier von einem unrühmlichen Feldzug aus dem Sonderbundskrieg nach Sitten zurückgekehrt war, wo die wirtschaftliche Lage düster aussah.

Die Unruhen im Wallis brachten das Seifen- und Kerzengeschäft in arge Nöte, und der stille Teilhaber Xavier von Riedmatten drängte bereits ungeduldig auf die Begleichung seiner Ausstände. All diese Begebenheiten beeinträchtigten die Entwicklung der jungen Firma. Es reichte geradeso zum Überleben, sodass der betrübte Alexander in einem Brief an Joseph resigniert festhielt: «Ich halte mich für den unglücklichsten Menschen der Welt.» Sein Bruder Joseph antwortete aus dem tief verschneiten Zermatt wiederum mit aufmunternden Zeilen:

> «Zermatt, den 16. Jänner 1848
> Lieber Bruder!
> Ich bin gestern Abend in den Besitz deines Briefes gekommen, die Neuigkeiten, die darin enthalten sind, sind allenthalben nicht sehr befriedigend. Was die Politik anbetrifft, so muss man sich deswegen nicht zu sehr grämen und abhämen, denn dadurch gewinnen wir nichts und verbessern wir nichts; es kann sich dieses alles wieder ändern, eher als man glaubt. Was die Geschichte mit Herrn de Riedmatten anbetrifft, so lässt man ihn toben und rasen, bis er ausgetobt und ausgerastet hat; deswegen steht man von seinem Guthaben nicht ab und das wird wohl zu meistern sein, wie anderes, sonst werde ich ihm selbst schreiben, das gilt, und wenn dies nichts fruchtet, [werde ich ihn,] wenn ich im Frühjahr hinunterkomme, schon auf die Beine stellen. Am Ende dieses Monats nimmt also der gerichtliche Weg wieder seinen gewöhnlichen Gang, so dass man seine Schulden und Guthaben wieder betreiben kann; ich rate dir also die erste Zeit zu benützen und deine Anforderungen auf alle mögliche

Links: Zermatt und das Matterhorn, um 1860, am rechten Bildrand das Hotel Monte Rosa.

> Art einzutreiben, denn mit diesem Kredit muss einer zum Lump gehen und was man durch diese Gefälligkeit mit Zuwarten gewinnt, sind, dass man nach einiger Zeit, wenn man seine Anforderungen macht, noch streiten muss und tausend Mühen hat zu seiner Sache zu kommen.
>
> Und besonders in solchen kritischen Zeiten, wo Revolution auf Revolution folgt, muss einer seine Sache in der Ordnung haben, und nichts auf den morgigen Tag verschieben, denn der ist ungewiss. Zudem ist am nächsten Frühjahr sicher eine Revolution, deswegen brauchst du nur deine Massregeln treffen. Ich könnte dir hier wohl ein Schaaf kaufen und habe es bestellt, ein sehr fettes, man rechnet, dass es 17 Pf. Schmalz haben solle, und das Fleisch 60 Pf. wägen solle; dafür verlangt man 6 Kronen [...].»

Bereits einen Monat später, am 16. Februar 1848, schilderte Joseph in einem anderen Brief die landschaftlichen Schönheiten der Zermatter Gegend und schlug dem völlig überraschten Alexander eine ganz neue Geschäftsidee vor:

> «Lieber Bruder, Seit Anno 1838, da, wie du weisst, die Regierung unseren Geistlichen das Wirten verboten hat, beherbergt Joseph Lauber in seinem Haus die Gäste, die früher im Pfarrhaus nächtigten. Letztes Jahr hatte es bedeutend viel Reisende und alle kommen über die Schönheiten der Gegend überein und sagen, Zermatt sei bis dahin noch nicht bekannt gewesen. Es werde nun immer bekannter werden und immer von Fremden besucht im Sommer. Seit einiger Zeit gehe ich mit einem Projekt um, mit dem muss ich dich bekannt machen. Du wirst mir dann deinen Willen oder Meinung darüber melden. Du wirst vermutlich stutzen und staunen darüber, aber indessen ist es gewiss keine Dummheit. Es haben viel jener Fremden, die Zermatt in den warmen Zeiten besuchen, den Wunsch ausgesprochen, wenn doch auf jenem Berg, den man Riffel nennt, und von wo aus, die schönste Aussicht ist, ein Wirtshaus stünde. [...] Ich und der Pfarrer haben im Sinn, dort ein Haus zu bauen, oder ein schon gemachtes dorthin tragen zu lassen. Es wäre ein merkwürdiges Wirtshaus, am Fusse vom Monte Rosa, das höchste in Europa; das wäre vom Dorf aus 2 Stunden. Wärest du also gesinnt, 2 Monate dieses Haus im Sommer zur Wirtschaft zu übernehmen, oder besorgen zu lassen, so würden wir es wagen. Die Schwester vom Pfarrer würde sich auch gut verstehen, die Küche zu machen, welche sie gut versteht. Kühe hätte der Pfarrer auch, welche man dort halten könnte, denn es ist eine herrliche Alpe. Du wirst aber sagen, das Wirtshaus zu bauen, würde viel kosten. Ich sage aber NEIN, nicht mehr als vierhundert, höchstens fünfhundert Pfund, und die Hälfte würde der Pfarrer tragen. Es ist möglich, weil sich hier am Fusse des Berges ein sehr schönes fast neues Haus befindet, und dies bekäme man zu kaufen für hundertfünfzig, höchstens zweihundert Pfund. Den Platz dazu glaube ich von der Gemeinde unentgeltlich zu bekommen, und vielleicht auch noch Hilfe zum Hinaufbringen. Es gäbe ein prächtiges Wirtshaus, von 9–10 schönen Meisterzimmern und einen schönen Saal. Es sind auch 2 Öfen drin. Ich glaube daher es wäre dies, um sein Glück zu machen, jedoch will ich dich nicht bereden. Du musst es selbst sehen und, ich bin versichert, dass dies dir gefallen wird und du gleich sagst: ans Werk, ans Werk. Wenn einmal der Frühling da ist, so musst du nach Zermatt kommen. Ich lass dir keine Wahl. Oh, ich wünschte, es wäre schon Frühling [...].»

Kaplan Seiler und Pfarrer Joseph Ruden (1817–1882) konnten ihre Visionen für das geplante Gasthaus auf dem Riffelberg jedoch vorerst nicht in die Tat umsetzen, denn Joseph Seiler wurde schon im Herbst 1848 in das inzwischen wiedereröffnete Kollegium Brig zurückbeordert, wo er von nun an als Professor der Grammatik und Syntax die höheren Klassen unterrichten sollte. Bereits ein Jahr später ernannte man ihn zum Rektor, und er behielt dieses Amt bis 1858. Von 1859 bis zu seinem plötzlichen Tod am 21. Juni 1863 amtete er als Professor der mittleren Schulen.

Alexander Seiler blieb zunächst in Sitten und versuchte, sein Geschäft mit den Seifen und Kerzen um jeden Preis doch noch irgendwie zum Erfolg zu führen. Er richtete abermals Schreiben an den Staatsrat von Sitten, in denen er der Regierung die allgemein schlechte Wirtschaftslage im Kanton schilderte. Die beiden Brüder Alexander und Franz schlugen dem Staatsrat sogar ein Geschäft für ein dreissigjähriges Monopol der Seifenproduktion im Wallis vor: «Le Conseil d'Etat est-Il intentionné de m'accorder le monopole exclusif de la fabrication du savon pour le terme de trente ans?» Es wurde abgewiesen.

Zu verkaufen.

3 300 sogleich zum Schlachten fette Schafe von verschiedener Grösse. Es werden dieselben auch parthienweise gegen baare Bezahlung zu sehr billigen Preisen verkauft.

Sich zu wenden in frankirten Briefen an
Alexander Seiler, Handelsmann
in Sitten oder Brig Kanton Wallis.

Der Handelsmann Alexander Seiler versucht in Sitten 300 Schafe zu verkaufen.

Nichts aber vermag Alexanders wirtschaftlich-patriotisches Denken besser zu umschreiben als seine eigenen Zeilen, welche er am 19. Januar 1846 an den Präsidenten des Walliser Staatsrats in Sitten richtete:

> «Ich kann mich der Gunst der Handelsleute nicht erfreuen, was leicht zu begreifen ist, wenn man bedenkt, dass der Handel unseres Kantons fast ausschliesslich in den Händen einer Gesellschaft von Italienern und Savoyarden sich befindet, die keine patriotische Gesinnung haben, sondern unsere Landsleute recht anschmieren und, wenn sie genug zusammengerafft, eventuell mit einem simulierten Bankerott davonziehen [...]. Tragt Sorge, dass in unserem Bergvolk Industrie hervorkomme, Geld durchs Land fliesse, und bald werden tausend Arme sich regen, um die Sümpfe auszutrocknen und die unfruchtbaren Länder in blühende Acker und Wiesen zu verwandeln, und dies zum Wohle aller sich ein paar Kreuzer holen, aber vor allem das Beispiel der Arbeitsamkeit und der Ausdauer mit sich nehmen.»

Alexander Seilers erster Besuch in Zermatt

Im August 1848 fand Alexanders jüngerer Bruder, der zwanzigjährige Franz, erstmals Zeit für einen kurzen Besuch bei Kaplan Joseph in Zermatt. Dieser berichtete humorvoll in einem Brief an Alexander nach Sitten: «Meine Köchin ist noch nicht zurückgekommen, allein Bruder Franzl macht seine Sache so trefflich, dass ich sie gar nicht vermisse und er wohl bald in Baden im Hotel des Alpes als Extrakoch für die Badegäste angestellt werden könnte.»

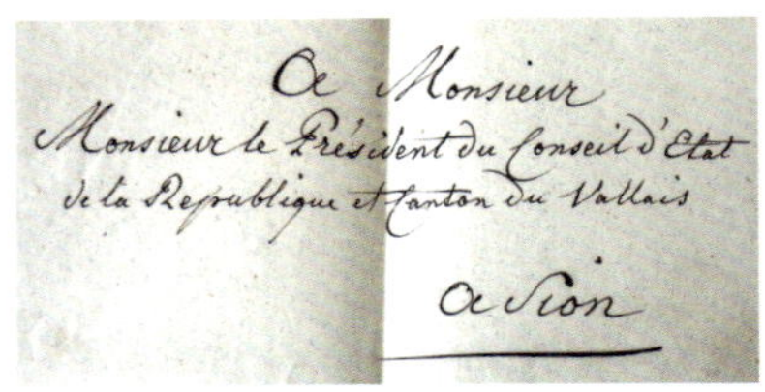
A Monsieur
Monsieur le Président du Conseil d'Etat
de la République et Canton du Vallais
à Sion

Anschrift von Alexander Seiler für den Brief an den Präsidenten des Staatsrats des Kantons Wallis, 19. Januar 1846.

Nachdem Franz von seiner Stippvisite in Zermatt nach Sitten zurückgekehrt war, versuchte auch er, Alexander von den Zermatter Ideen zu überzeugen, von denen Joseph so sehr geschwärmt hatte. Es brauchte dennoch viel Zeit und Überzeugungskunst, bis Alexander sich im Frühling 1851 dann doch

Alexander Seiler als Handelsmann zum ersten Mal auf dem Weg nach Zermatt. Zeichnung von Erica von Kager, 1930.

erstmals auf den steinigen Weg ins hintere Mattertal machte. Endlich ergab sich für ihn eine gute Gelegenheit, eine seiner Handelsrouten mit einem Besuch in Zermatt zu verknüpfen. Als er schliesslich die letzte Wegkehre hinter sich liess, erblickte er zum ersten Mal das Matterhorn, welches in seiner Pracht, Schönheit und Anziehungskraft alle anderen Berge überstrahlte. Das malerische Dorf lag mitten auf einer sattgrünen Wiese, umgeben von glänzenden Schnee- und Eisfeldern. Es war ein grossartiger Anblick, der ihn fortan nicht mehr loslassen sollte. Ermutigt ging Alexander das letzte Wegstück ins Dorf und stand schliesslich vor dem hölzernen Wirtshausschild der einzigen kleinen Herberge des Orts. Unbeholfen stand dort geschrieben: «Hotel Cervie – Bon Loge a Pies et Chwall – 1839». Das war es also, das Lauberhaus, das der Eigentümer verpachten wollte und von welchem ihm seine Brüder immer wieder so viel erzählt hatten.

Die Besitzer, der 64-jährige Johann Joseph Lauber und seine Frau Maria Zurtannen, waren allseits beliebte Gastgeber im Dorf, wie etliche Aufzeichnungen in ihrem Gästebuch sowie auch manche zeitgenössische Reiseberichte bezeugen. Über die Küche gingen die Meinungen auseinander. Während die einen hervorhoben, dass man in einem so abgelegenen Ort nichts anderes erwarten könne, beklagten sich andere über das recht eintönige Essen, das entweder aus Hammelfleisch oder nur Teigwaren bestand. Der schweizerisch-amerikanische Naturforscher Louis Agassiz (1807–1873) beschrieb seinen Aufenthalt bei den Laubers in Zermatt im August 1839 wie folgt:

> «Wir verliessen sogar die kleine Herberge des Doktors nur ungern. Sie ist zwar nicht reich möbliert, steht aber deshalb um so mehr im Einklang mit dem Charakter des Ortes. Im Ganzen genommen hatten wir über unsere Bewirthung nicht zu klagen. Die Leute thaten alles, was in ihren Kräften stand, um uns angenehm zu sein; besonders war die Frau Doktorin sehr zuvorkommend. Es ist eine verständige Walliserin, und ganz leidlich im Gespräch. Sie kocht eine vortreffliche Minestra; das Haus ist sauber gehalten, die Betten sind erträglich. Kann man in Zermatt vernünftigerweise mehr verlangen? […] Am nächsten Morgen verliessen wir unsere braven Wirthe mit der Versicherung, dass wir mit unserer Aufnahme sehr zufrieden gewesen seien. Wir versprachen, ihnen andere Reisende zuzusenden, was ihnen Vergnügen zu machen schien. In der That, man kann die Naturforscher nicht genug aufmuntern, dies Thal zu besuchen, sie werden reichliche Ernte finden. Vor den Touristen aber möge ein gütiger Himmel noch lange das Thal St. Nicolaus bewahren.»[26]

Agassiz' damaliger Sekretär Édouard Desor (1811–1882), der Verfasser des Buches «Agassiz geologische Alpenreisen», ergänzte 1844: «Jetzt hat das bescheidene Häuschen des Doktors in Zermatt einem grossen, schönen Gasthofe Platz gemacht, wo man sehr gut logiert. Die Küche hat sich ausserordentlich vervollkommnet; man speist mit Comfort und das Schaf ist nicht mehr das einzige essbare Thier. Diese Annehmlichkeiten aber werden ausgewogen durch – die Touristen!»[27]

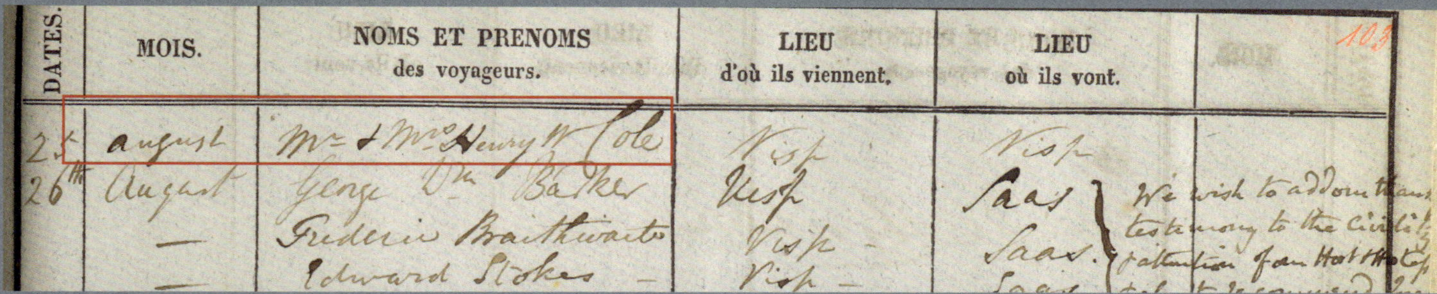

DATES.	MOIS.	NOMS ET PRENOMS des voyageurs.	LIEU d'où ils viennent.	LIEU où ils vont.	103
25th	august	Mr & Mrs Henry W Cole	Visp	Visp	
26th	August	George Wm Barker	Visp	Saas	We wish to add our testimony to the civility attention of our Host
	—	Frederic Braithwaite	Visp	Saas.	
	—	Edward Stokes	Visp	Saas	

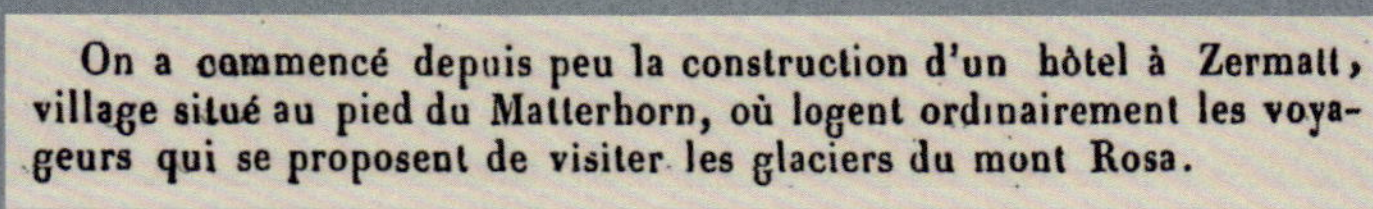

On a commencé depuis peu la construction d'un hôtel à Zermatt, village situé au pied du Matterhorn, où logent ordinairement les voyageurs qui se proposent de visiter les glaciers du mont Rosa.

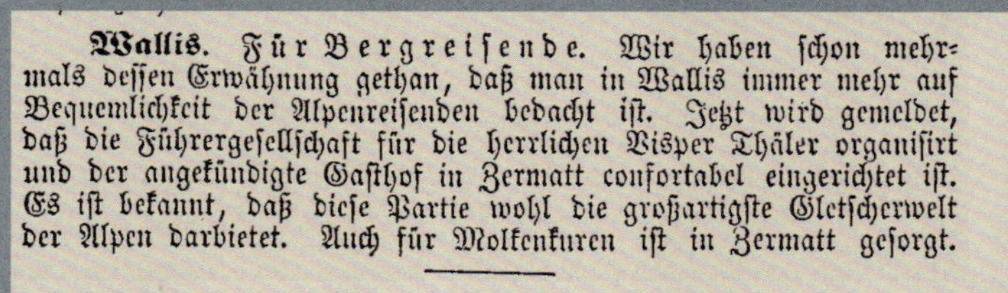

Wallis. Für Bergreisende. Wir haben schon mehrmals dessen Erwähnung gethan, daß man in Wallis immer mehr auf Bequemlichkeit der Alpenreisenden bedacht ist. Jetzt wird gemeldet, daß die Führergesellschaft für die herrlichen Visper Thäler organisirt und der angekündigte Gasthof in Zermatt confortabel eingerichtet ist. Es ist bekannt, daß diese Partie wohl die großartigste Gletscherwelt der Alpen darbietet. Auch für Molkenkuren ist in Zermatt gesorgt.

Ganz oben: Gästebucheintrag von Mrs Henry Cole vom 25. August 1850. Unten links: Der *Courrier du Valais* kündigt den Bau des neuen Hotel Mont Cervin an (20. Juli 1852); rechts: Information für Bergreisende: «Auch für Molkenkuren ist in Zermatt gesorgt» (*Der Bund*, 7. Juli 1852).

Die Laubers hatten also ihr Wohnhaus mit anfänglich nur drei Gästezimmern und sechs Betten noch vor 1844 zu einem eigentlichen kleinen Gasthof vergrössert und boten neben einem neuen Speisesaal im zweiten Obergeschoss zusätzliche Zimmer an, wie es auch der englische Arzt John Forbes (1787–1861) im August 1848 bezeugte:[28]

> «The inn is also of wood, but it is new and of considerable size, having a large eating-room and half a dozen or more bed-rooms on two floors. The landlord, Herr Lauber, is usually called a Doctor, but he himself disclaims any higher title than that of a bonesetter. He has never been medically educated. His wife is a neat, handy, and kind person; and although the cuisine is not of the first style, it is decidedly better than might be expected in a situation so wild and remote. Taking the whole of the accommodations into account, the traveller may consider himself fortunate in being able to obtain them: and if he can command the time, he will find a few days' residence at Madame Lauber's by no means disagreeable.»[29]

Eine etwas kritischere Beschreibung der lauberschen Herberge lieferte Mrs Henry Cole zwei Jahre später in ihrem Buch «A Lady's Tour around Monte Rosa» anlässlich ihres ersten Besuchs in Zermatt am 25. August 1850:

> «We were fortunate enough to secure a bedroom in the little wooden inn belonging to the village doctor, Herr Lauber, which was then the only house for the reception of travellers in Zermatt. It was tolerably comfortable, but unfortunately the floors looked as if they had never been washed since the house was built. The salle-à-manger was poorly furnished with rough deal tables and benches. We were supplied, however, with a very fair supper of

> several dishes, but all of one material, obtained no doubt from the same poor sheep. We had soup made of mutton, and then mutton boiled, mutton roasted, and mutton broiled. We found on our arrival, two Englishmen and a Frenchman sitting in a state of despondency in the salle-à-manger, which they had been unable to quit all day; and they looked most significantly at one another and smiled when they saw us arrive in such bad weather.»[30]

Die Investitionen in die Vergrösserung ihrer Herberge bedeuteten für das Ehepaar Lauber vermutlich eine erhebliche finanzielle Belastung, denn 1851 mussten sie, laut Zermatter Steuerregister, für ihr Eigentum keine Steuern bezahlen. Das deutet wohl auch darauf hin, dass die Eheleute möglicherweise verschuldet waren und dass ihre kleine Herberge nicht sonderlich rentierte.[31] Zudem drohte der lauberschen Herberge erstmals ernsthafte Konkurrenz, denn ab 1850 wurde am unteren Dorfeingang mit dem Bau eines neuen Gasthofs begonnen.

Angesichts des zu erwartenden Wettbewerbs um die wenigen Kunden, die sich in das abgeschiedene Dorf verirrten, war es verständlich, dass sich das Ehepaar Lauber nach einem Jahrzehnt mühevollen Wirtens nach einem geeigneten Pächter umsah. Doch ausser dem Dorfpfarrer liess sich damals in Zermatt noch kaum jemand finden, der sich ernsthaft für das Geschäft mit den Fremden interessierte. Die Impulse kamen zu jener Zeit von aussen. Passende Bewerber hatten die Laubers nun mit den «auswärtigen» Brüdern Seiler gefunden.

Konkurrenz von Staatsrat Clemenz

So war der einflussreiche Walliser Politiker Joseph Anton Clemenz (1810–1872), Wirtssohn des «Weissen Rössli» in Visp, der ab 1850 vermutlich auf Anraten seines Freundes Christian Moritz Engelhardt aus Strassburg (1775–1858) mit dem Bau eines Hotels am unteren Dorfrand begann, ebenfalls ein «Auswärtiger». Die Zeitung *Der Bund* verkündete am 19. Mai 1852 die bevorstehende Hoteleröffnung: «Bergreisende, welche sich von der grossartigen Gletscherwelt des Monte Rosa und Matterhorn von Jahr zu Jahr mehr anziehen lassen, werden mit Befriedigung vernehmen, dass der neue Gasthof in Zermatt schon diesen Sommer Gäste aufnehmen kann und der Gemeinderath von Visp eine regelmässige Führergesellschaft organisirt.» Das laut dem Zermatter Chronisten Pfarrer Joseph Ruden «grossartige Hotel, ganz aus Stein gebaut», mit dem das einfache alte Wirtshaus von Joseph Lauber nur mehr schwer konkurrieren konnte, wurde im Sommer 1852 mit 14 Betten eröffnet. Bereits ein Jahr später vergrösserte es Clemenz auf 18 Betten:

> «L'ancien conseiller d'Etat Clémenz a construit à Zermatt un hôtel qu'on agrandit en ce moment et où l'on reçoit à des prix modiques un bon et amical accueil. Le propriétaire, libéral-modéré qui a été exclu du gouvernement dont il faisait partie parce qu il n était pas un instrument assez docile du parti clérical, a aussi eu pour son entreprise, à lutter contre les dangers de la religion,

en ce que le curé de l'endroit intriait pour entraver la construction de l'hôtel. Mais aujourd'hui ce même curé est associé à d'autres spéculateurs pour construire un second hôtel plus rapproché des montagnes au Ryffel, à deux lieues au-dessus de Zermatt.»[32]

Der deutsche Botaniker Friedrich Wilhelm Vulpius (1801–1892) war von den beiden Gasthöfen ebenfalls sehr beeindruckt, als er im Sommer 1852 einige Tage in Zermatt verbrachte, um die Alpenflora zu erforschen. Er schrieb seine Erlebnisse in einem Tagebuch nieder:

«Meine Reisen ins Wallis begannen schon im Sommer 1824, ich will aber nicht so weit zurückgreifen, sondern mich lieber mehr der Neuzeit nähern und nur den Sommer 1852 wählen: Am 12. Juli früh verliess ich Stalden und nahm meinen Weg nun zuerst gegen Zermatt, dem hintersten Dorf im St. Niklausthal, 7 Stunden von Stalden entfernt. In früheren Jahren, als das Thal noch wenig bekannt war und selten ein Fremder hereinkam, da gab es noch kein Wirthshaus hier. Man logierte beim Pfarrherrn, wie ich selbst z.B., als ich 1824 zum erstenmal hieher kam. Als aber mit dem Ruf der Gegend die Zahl der Fremden sich mehrte, (und sie mehrt sich mit Recht mit jedem Jahre, denn nirgends in der Alpenwelt erscheint die Natur so gross, so prachtvoll und erhaben), so fingen auch die Wirtshäuser nach und nach sich zu entwickeln an und jetzt besitzt Zermatt 2 grosse, schöne Gasthöfe, von denen der des Herrn Clemens gleich am Eingang des Dorfes ein steinerner 4 Stockwerk hoher Palast ist.»[33]

Gründung der Hotelunternehmung Seiler

Im Jahr 1852 entschlossen sich Alexander und Franz Seiler, die ursprüngliche Idee ihres Bruders Joseph doch noch in die Tat umzusetzen. Sie unterzeichneten im Herbst 1852 gemeinsam den Pachtvertrag mit Doktor Lauber für die nächsten zwei Sommer – obwohl einige Wochen zuvor, am 3. Juli 1852, in unmittelbarer Nähe das neue Hotel Mont Cervin mit 14 Betten eben erst eröffnet hatte. «The opening of the new hotel – the Hôtel du Mont Cervin – was, however, the great event of the season of 1852 in Zermatt. Not merely was there now more room for visitors, but the competition was certain to improve the accommodation.»[34] Dieser Anlass dürfte die Laubers – vermutlich schon auf Anraten der neuen Pächter – ermutigt haben, ihren Gasthof ebenfalls umzubenennen, und sie gaben ihm den viel besser klingenden Namen «Hotel Monte Rosa».[35] Der neue Hotelname erscheint jedenfalls in den gängigen Reiseführern erstmals ab dem Jahr 1853, gleichzeitig mit dem Pachtantritt der beiden Brüder Alexander und Franz Seiler.

Der Anfang war für die neuen Pächter jedoch erwartungsgemäss schwierig, denn die Einnahmen flossen nur spärlich. Das alte Holzhaus musste teilweise renoviert und ganz neu eingerichtet werden. Das erste Rechnungsbuch der Brüder Seiler belegt grössere Investitionen vom 30. April 1853 für diverse Hoteleinrichtungen, Geschirr, Bettwäsche, Decken etc. im Betrag von 1128.44 Franken.[36] Das kleine Gasthaus war deshalb im Jahr 1853 vermutlich noch zeitweise geschlossen geblieben, denn im Gästebuch des «Monte Rosa» findet sich für dieses Jahr nur ein einziger Eintrag im Monat August und ein zweiter im Oktober. Aber auch Seilers allererste Zeitungsannonce vom 6. Mai 1854, welche die Eröffnung des soeben neu errichteten Hotel Riffelberg ankündigte, erwähnte in derselben eine «Wiedereröffnung» des alten Lauberhauses: «Er [der Gasthof auf dem Riffel] steht mit dem wieder eröffneten Gasthause Lauber von Zermatt in Verbindung, in welchen beiden sich die Unterzeichneten bestreben werden, die Herren Reisenden zu Fuss und zu Pferd bestmöglich, aufzunehmen und zu bedienen. Sailer und Biner.»

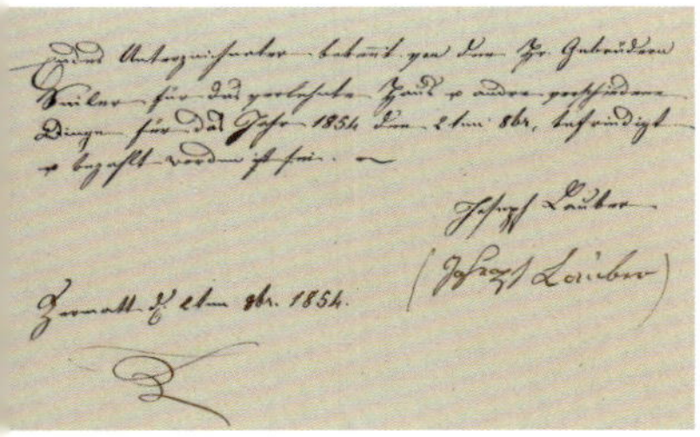

Quittung von Joseph Lauber vom 2. Oktober 1854.

Doch die jungen Gastwirte hatten Glück. Trotz der neuen Konkurrenz im Dorf erwies sich vor allem die zweite Sommersaison 1854 als recht erfolgreich, denn in einer Quittung vom 2. Oktober 1854 bestätigte der Eigentümer Joseph Lauber, dass er für den vereinbarten Pachtzins von den Gebrüdern Seiler pünktlich bezahlt worden sei.

Ein Tourist lobt 1854 in der *Gazette de Lausanne* die beiden neuen Zermatter Gasthöfe in den höchsten Tönen:

> «Sion, le 25 août 1854 – Les hôtels n'offrent de leur côté sous le rapport gastronomique, pas moins d'agrément. Le service est prompt et la cuisine excellente. L'hôtel du Mont Cervin, tenu par M. Clemenz, est grand est bien bâti. A côté se présente l'hôtel du Mont-Rose, tenu par MM. Seiler, frères, qui tiennent aussi l'hôtel du Ryffel; dans l'un et l'autre les voyageurs trouvent un bon accueil et une riche compensation des fatigues de la journée. Les visiteurs s'en convaincront en lisant les observations faites sur le livre des voyageurs, où les hôtels du Mont-Rose et du Mont-Cervin sont spécialement recommandés.»

Ermutigt und motiviert durch die ersten Erfolge in ihrem neuen Berufsumfeld unterbreiteten die Brüder Seiler Doktor Lauber noch vor Ablauf der zweijährigen Pacht ein Kaufangebot für sein Haus. Sie mussten sich zu diesem Zeitpunkt sicher gewesen sein, dass die Zahl der Gäste im Dorf weiter ansteigen würde. Die *Zürcherische Freitagszeitung* vom 1. September 1854 notierte sogar: «Wallis. – Der Besuch des einst kaum genannten Zermatt am Fusse des Monterosa mehrt sich so, dass in den beiden neu erbauten geräumigen Gasthöfen oft kein Platz mehr ist.»

Schon am 22. November 1854 setzten die Gebrüder Seiler beim einzigen Notar im ganzen Tal, bei Alois Biner in Randa, gemeinsam ihre Unterschrift unter den Kaufvertrag. Sie bezahlten für das laubersche Wohnhaus mit sechs Zimmern und zwölf Betten 3300 neue Bundesfranken in verschiedenen Raten, verteilt über sechs Jahre zuzüglich Zins.[37] Etwas sonderlich erscheint die Passage, in welcher die Käufer sich verpflichteten, zusätzlich zum Kaufpreis ein «Kanappe» zu liefern – aber möglicherweise kam hier Vater Christian Seiler ins Spiel, der ja von Beruf Zimmermann war.

Rechts: Rechts aussen das Hotel Mont Cervin nach seiner Eröffnung 1852. Rechts neben dem Kirchturm, mit Quergiebel auf den Dorfweg, vermutlich die laubersche Herberge, noch in Form eines zweistöckigen Holzchalets.

> «Heute den 22ten November 1854 um die 12. Stunde mittags um den zwei und zwanzigsten November Tausend achthundert und vier und fünfzig in Zermatt im Zenden Visp.

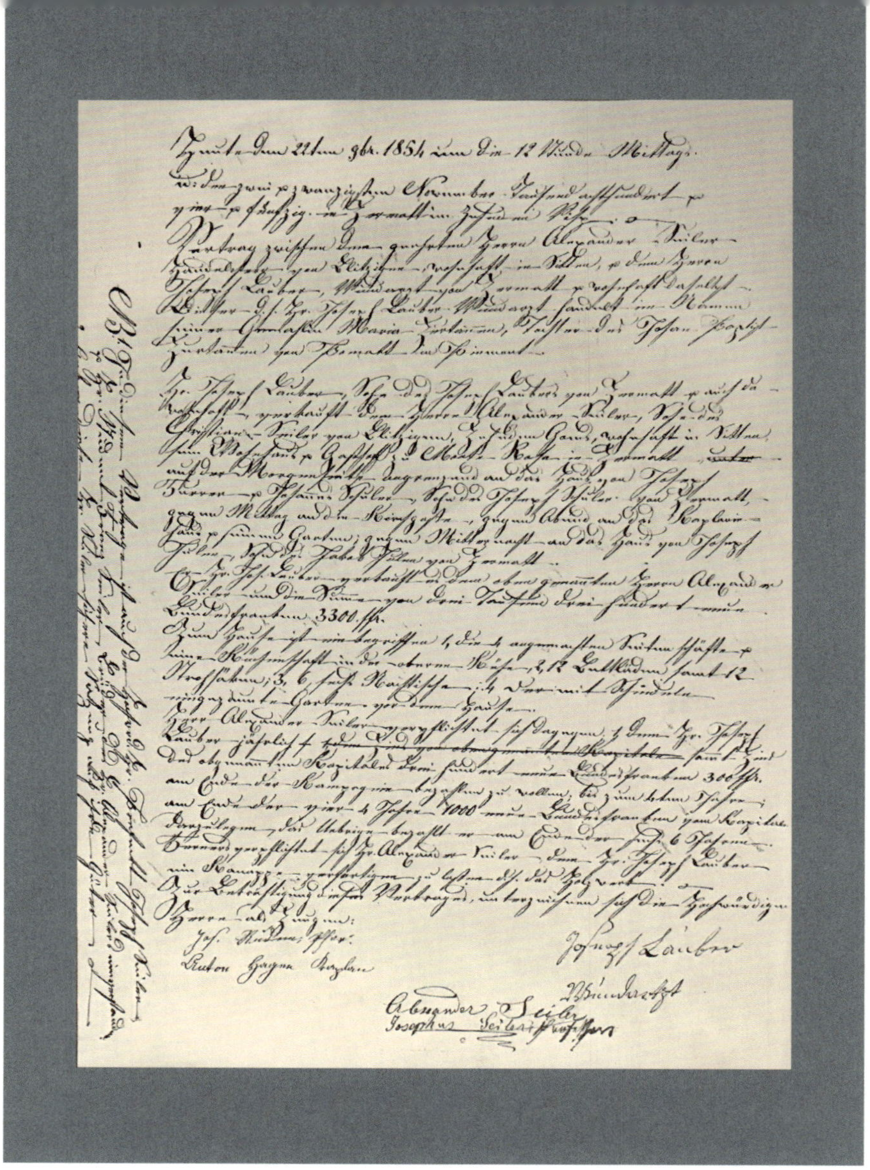

Kaufvertrag für das Hotel Monte Rosa vom 22. November 1854.

Dieser d. h. Herr Joseph Lauber Wundarzt handelt im Namen seiner Gemahlin Maria Zurtannen, Tochter des Johan Baptist Zurtannen von Pomatt in Piemont. Herr Joseph Lauber, Sohn des Joseph Laubers von Zermatt und auch da wohnhaft, verkauft dem Herrn Alexander Seiler, Sohn des Christian Seiler von Blitzingen, Zenden Goms, wohnhaft in Sitten, sein Wohnhaus und Gasthoff zu Monte Rosa in Zermatt auf der Morgenseite angrenzend an das Haus von Joseph Furrer und Johannes Schuler, Sohn des Joseph Schuler von Zermatt, gegen Mittag an die Kirchgasse, gegen Abend an das Kaplaneihaus und seinen Garten; gegen Mitternacht an das Haus von Joseph Julen, Sohn des Jakob Julen von Zermatt. Er Herr Joseph Lauber verkauft es dem oben genannten Herrn Alexander Seiler um die Summe von drei Tausend drei hundert neue Bundesfranken 3300 ffr.
Zum Hause ist einbegriffen 1.) die 4 angemachten Seitenschäfte und eine Küchenschaft in der oberen Küche; 2.) 12 Bettläden samt 12 Strohsäken; 3.) 6 Nachttische; 4.) mit Schindeln eingezäunte Garten vor dem Hause. Herr Alexander Seiler verpflichtet sich dagegen 1. dem Herrn Joseph Lauber jährlich 4 sammt Zins des obgenannten Kapitales drei hundert neue Bundesfranken 300 ffr. am Ende der Kampagnie bezahlen zu wollen; bis zum 4ten Jahre am Ende der 4 Jahre 1000 neue Bundesfranken vom Kapital darzulegen,

Zermatt 1853 mit den beiden ersten Zermatter Hotels mit je vier Fensterachsen vor deren Ausbau 1854/56, Farblithografie F. Hochdanz in Stuttgart, 1870.

das Uebrige bezahlt er am Ende der 6 Jahren. Ferners verpflichtet sich Herr Alexander Seiler dem Herrn Joseph Lauber ein Kanappe verfertigen zu lassen, d. h. das Holzwerk etc. Zur Bekräftigung dieses Vertrages, unterzeichnen sich die Hochwürdigen Herrn als Zeugen: Joseph Ruden Pfarrer, Anton Hagen Kaplan, Joseph Lauber Wundarzt, Alexander Seiler, Joseph Seiler. [Schrift am Rand:] N. 1. In diesem Vertrage auch der Hochwürdige Herr Prefeckt Joseph Seiler und Herr Student Franz Seiler, Brüder des Herrn Alexander Seilers einverstanden. 2. Geben diese Herrn Seiler sichere Satzung auf ihre Güter etc.»

Die Gebrüder Seiler wollten aber das bestehende Wirtshaus nicht nur kaufen, sondern sie planten gleichzeitig einen beträchtlichen Ausbau. Das fehlende Eigenkapital von 4000 Franken für den Kauf des Lauberhauses wurde durch eine vierjährige Hypothek des Bankiers Aymon aus Sitten und durch diverse Bürgschaften abgedeckt. Da sie für die geplante Erweiterung auch zusätzlichen Boden benötigten, kauften sie zwei angrenzende Liegenschaften, zuerst die Parzelle von Johannes Schuler und im Herbst 1855 jene von Joseph Furrer auf der Nordostseite der bestehenden Herberge.

«1855 – Schuldschein zu Gunsten Joseph Furrer – Im Jahre tausend achthundert fünf und fünfzig den siebenten Oktober haben die Gebrüder Seiler, Söhne Christan Seiler von Blitzingen Zenden Goms von Joseph Furrer, Sohn Josephs Furrer von Zermatt Zenden Visp seinen Theil Haus gelegen im Dorfe angränzend mit Sonnenaufgang an die Kirchgasse, gegen Sonnenidergang an das Haus Lauber oder Gasthof zur Monte-Rosa gekauft, für den Betrag von siebenhundert Franken, zahlbar in zwei Jahren samt Zins von hundert fünf, welcher am künftigen Martini achtzehn hundert fünf und fünfzig beginnt.

Daran hat der oben genannte Joseph Furrer auf Rechnung erhalten die Summe von zwei hundert Franken. Somit schulden ihm die Gebrüder Seiler noch Franken fünf hundert. Zu dessen Bescheinigung unterzeichnen sich: Alexander Seiler, Joseph Furrer.»

Zur Finanzierung des Ausbaus nahmen die Gebrüder Seiler weitere Kredite bei diversen Privatpersonen auf. Auch der umtriebige Notar Alois Biner selbst schien nun Gefallen am Geschäft mit den Touristen zu finden. Er würde sich wenig später zu einem Viertel am Gasthaus Riffelberg in Zermatt beteiligen und eröffnete im Sommer 1861 in Randa den Gasthof zum Dom mit 22 Gästezimmern, den er aber schon ein Jahr später weiterverpachtete.

Der Bau des Hotel Riffelberg

Zeichnung des «Riffelhaus» um 1854 auf einem frühen Prospekt der Gebrüder Seiler um 1859.

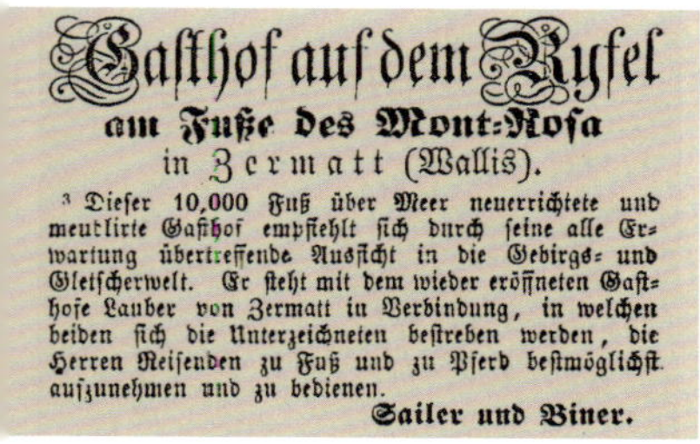
Gasthof auf dem Ryfel
am Fuße des Mont-Rosa
in Zermatt (Wallis).

[3] Dieser 10,000 Fuß über Meer neuerrichtete und meublirte Gasthof empfiehlt sich durch seine alle Erwartung übertreffende Aussicht in die Gebirgs- und Gletscherwelt. Er steht mit dem wieder eröffneten Gasthofe Lauber von Zermatt in Verbindung, in welchen beiden sich die Unterzeichneten bestreben werden, die Herren Reisenden zu Fuß und zu Pferd bestmöglichst aufzunehmen und zu bedienen.

Sailer und Biner.

Seiler gibt die Eröffnung seiner ersten beiden Gasthöfe in Zermatt bekannt.

Am 21. November 1852 erwarben die drei Zermatter Geistlichen Ruden, Welschen und Kronig von der Burgergemeinde ein Stück Boden für den Bau eines Wirtshauses auf dem über 2500 Meter hoch gelegenen Riffelberg. Dabei handelte es sich um denselben Bauplatz, den Kaplan Joseph Seiler seinem Bruder Alexander schon vor sechs Jahren so begeistert geschildert hatte. Die drei Pfarrherren wollten nun also genau dort ihr neues Gasthaus errichten. Obwohl der Bau des höchst gelegenen Gasthauses Europas nur anderthalb Jahre dauerte, war es ein schwieriges und teures Unterfangen. Denn das ganze Baumaterial und die dazugehörige Ausstattung mussten auf beschwerliche Weise von Mensch und Tier von Zermatt auf den knapp tausend Meter höher gelegenen Bauplatz hinaufgetragen werden.

Der Zürcher Landschaftsmaler G.H. Ott-Daeniker (1829–1912) unternahm im Jahr 1855 eine Reise ins Wallis und berichtete aus Zermatt: «Zwei Gasthöfe, Mont Cervin und Monte Rosa, pflegen die Reisenden, man trifft im Oberwallis in den Wirthshäusern durchwegs gute Betten, gut Essen und Trinken und verglichen mit dem Berner Oberland billige Preise. Noch gleichen abends stieg ich zwei Stunden den steilen Ryffelberg hinauf, woselbst Herr Seiler, Wirth des Monte Rosa in Zermatt, letztes Frühjahr ein sehr wackeres Wirthshaus erbaut hat.»[38]

Das «Riffelhaus», wie das Gasthaus auf dem Riffelberg auch oft genannt wurde, war ein dreistöckiges, würfelartiges Gebäude aus Stein mit einem Aufbau aus Holz. Es wurde den Gebrüdern Seiler sogleich nach Fertigstellung in Pacht übergeben. Sie eröffneten es am 14. Juli 1854 mit 18 Betten[39]. Während Alexander sich unten in Zermatt um das Hotel Monte Rosa kümmerte, leitete sein Bruder Franz mit einer seiner drei Schwestern während der ersten zwei Sommersaisons das neu erbaute Riffelhaus. Im Reisebericht von J. J. Weilenmann aus dem Jahr 1855 ist zu lesen: «Wir gingen bei dem grossen, am Anfange des Dorfs gelegenen Gasthofe vorbei und nahmen Quartier bei Herrn Sailer, Besitzer des ehemals unansehnlichen, jetzt bedeutend erweiterten Wirthshauses in der Nähe der Kirche. Das Hotel auf dem Ryffel,

Rechts: Riffelhaus nach seiner Eröffnung 1854. Unten: Gemälde Riffelberg 1855.

welches man hier ganz deutlich sieht, gehört ebenfalls ihm; sein Bruder und seine Schwester besorgen die Wirthschaft oben.»

Pfarrer Ruden erwarb Ende 1854 die Anteile von seinen Priesterkollegen Kronig und Welschen und sicherte sich somit drei Viertel vom «Riffelberg» im Eigentum. Der Notar Alois Biner aus Randa beteiligte sich neu zu einem Viertel. In einem Vertrag mit der Burgerschaft erhielten die Zermatter ein Vorkaufsrecht, von dem die Gemeinde am 10. Januar 1862 dann auch Gebrauch machen würde. Der geschäftstüchtige Zermatter Dorfpfarrer Joseph Ruden bedauerte in seiner Chronik aus dem Jahr 1869, dass die Zermatter nicht schon vorher selbst im Gastgewerbe aktiv geworden seien:

> «So befanden sich nun die beiden Geldquellen [Hotel Monte Rosa und Hotel Mont Cervin], welche die Gemeinde Zermatt auf ihre eigene Mühle hätte leiten können und sollen, in fremden Händen. Es ist wohl nicht zu verkennen, dass es für die Zermatter in verschiedener Beziehung sehr vorteilhaft gewesen wäre, wenn sie vorerst zur Erbauung eines Gasthofes und nachher zum Ankaufe des Lauber Hauses beizeiten Anstalt getroffen hätten, um so das ganze in Ihre Hände zu bringen und ihre eigenen Herren im Dorfe zu bleiben. Es handelte sich nun darum, ob die Zermatter auch noch den letzten, zur Erbauung eines Gasthauses vorteilhaften Platz, nämlich den Riffelberg, der für seine Aussicht auf die Gebirgs- und Gletscherwelt weit und breit umsonst seines Gleichen sucht, für sich benutzen, oder ihn auch noch an Auswärtige verschachern wollen. Es stellte sich das letztere heraus, wenigstens bei einigen Tonangebern in der Gemeinde. Deswegen offerierten sich die 3 Herren Joseph Ruden, Joseph Kronig und Matthias Welschen zur Erstellung eines kleinen Gasthauses auf der Ryffel, das 1854 eröffnet und dem Herrn Alexander für mehrere Jahre verlehnt wurde. [...] Das Gelingen schien dann auch den Neid der Zermatter zu wecken, die nun da einernten wollten, wo andere ausgesät hatten, wie wohl jedes andere Volk, überhaupt einernten möchte, bevor sie aussähen. Das neidische Feuer, von verschiedener Seite fleissig geschürt, glimmte einige Zeit unter der Asche. Endlich brach es aus und drohte das Gasthaus zu vernichten, in dem man Verhandlungen über Verkauf des Bauplatzes auf der Ryffel an Nicht-Zermatter eröffnete.»[40]

Erster Ausbau des Hotel Monte Rosa

Die Gesamtinvestition für den Umbau des neuen Hotel Monte Rosa mit vier Stockwerken und sechs Fensterachsen gegen die Dorfstrasse betrug fast 16 000 Franken, eine bedeutende finanzielle Investition für die Jungunternehmer. Die ersten zaghaften Bauarbeiten begannen am 5. März 1855 und zogen sich etappenweise bis ins Jahr 1858 hin; dabei war das Hotel jeden Sommer für die Gäste geöffnet. Baumeister Alexander Seiler, der gern auch selbst Hand anlegte, beschreibt seinen neuen Gasthof als einen stattlichen Bau mit drei tiefen Kellern, einem Speisesaal und einem Salon, mit sechs Doppelzimmern und einem Waschraum im ersten Stock, 16 Betten mit genügend Platz im zweiten Stock. Das solide Dach ragte «14 Schuh in die Höhe» und würde auch für zusätzliche Zimmer verwendet werden können.[41] Das ehemalige Holzhäuschen wurde aussen mit solidem Mauerwerk verkleidet und schliesslich vollständig in den Neubau integriert. Für die Kühlung der drei Vorratskeller liess Hotelier Seiler jeden Frühsommer zentnerschwere Eisblöcke aus dem nahen Bodengletscher herausbrechen, ein Ausläufer des Gornergletschers, der sich damals noch bis ins nahe Furi erstreckte.

An das ursprüngliche Holzchalet und an seine alten Besitzer von 1852 erinnern heute noch die vor einigen Jahren freigelegten ursprünglichen Gemäuer und die Holzbalken im heutigen Barbereich im Parterre und im ersten Stock des Hotels. Ebenfalls im ersten Stock befindet sich auch heute noch der alte Giltsteinofen mit den Initialen J.J. L + MZ (Johann Joseph Lauber + Maria Zurtannen), welche 1888 mit AS + CC (Alexander Seiler + Catharina Cathrein) ergänzt wurden.[42] «M. Seiler enclosed the old wooden house within a stone casing, and greatly improved it in many ways. Even now, there may be discerned in the Monte Rosa Hôtel, remains of the old house – the first inn at Zermatt.»[43]

Aus dem ersten Rechnungsbuch[44] der Gebrüder Seiler ist die Entwicklung der Bauarbeiten sowie die allmähliche Ausstattung von Küche und Keller ersichtlich. Servietten und Leinen wurden aus Grenoble herbeigebracht, Glaswaren kamen aus Monthey, in St. Maurice bestellte man Kaffee und Schokolade, Zucker kam aus Lausanne und Teigwaren wurden aus Bex angeliefert.

Laut Gästebuch logierte am 24. Juli 1855, sieben Tage vor der Erstbesteigung der Dufourspitze, der erste Gast – aus Lausanne kommend – im neuen Hotel Monte Rosa. Alexander Seiler liess sich jedoch nicht entmutigen, als schon am ersten Tag nach der Hoteleröffnung, am 25. Juli 1855, ein gewaltiges Erdbeben das Vispertal erschütterte. Insgesamt wurden mehr als 200 Häuser zwischen Visp und St. Niklaus beschädigt, unzählige Felsblöcke und Berghänge rutschten zu Tal und verschütteten die Wege. Ein Reisender berichtete darüber in der *Zürcherischen Freitagszeitung* vom 3. August 1855:

> «Mittwochs vormittags hatte ich Zermatt verlassen, und befand mich nebst andern in St. Nikolas in der Mitte des Thales, als um 1 Uhr 10 Minuten ein furchtbares Krachen in der Wirthschaft sich hören liess, in der wir uns befanden. Die Dielen stürzten ein, das Dach folgte; das Gleiche fand bei den Nachbars Häusern statt. Kaum hatten wir Zeit uns hinauszuflüchten, aber draussen, da stund die gewaltige Gebirgsmasse in Bewegung. Alles schien Leben erhalten zu haben, ungeheure Felsblöcke stürzten uns mit donnerähnlichem Getöse entgegen bis nach Visp.»

Zu Alexanders grossem Verdruss blieben die Gäste in Zermatt daher vorerst weg. Erst zwei Wochen später, ab dem 5. August, finden sich wieder neue Einträge im Gästebuch, darunter der bemerkenswerte Kommentar eines Gastes, der nach seiner Rückkehr vom «Riffelberg» die Konkurrenz zwischen den beiden ersten Zermatter Dorfhotels entfachte: «Conseille à Messieurs les voyageurs de rester dans cet hôtel et de ne pas aller au Mont Cervin où j'étais avant de monter au Riffel et dont je n'ai pas été content de tout.» Am

Zeichnung des ursprünglichen Hotel Monte Rosa nach dem ersten Ausbau 1855–56.

Giltsteinofen im ersten Stock mit den Initialen der Ehepaare Lauber (oben) und Seiler (unten).

29. August 1855 wird von einem englischen Gast auch erstmals der Name «Seiler» im Gästebuch erwähnt: «Stayed 2 days at the hotel on the Riffelberg and were very much pleased with the accommodation afforded by and with the attention of M. Seiler. Very well satisfied with this hotel.»

Der britische Bergsteiger Edward Whymper, Erstbesteiger des Matterhorns und ab dem Jahr 1860 Stammgast im «Monte Rosa», schilderte die Konkurrenz zwischen den beiden Hotels so:

> «In den ersten Jahren, während Seiler das Monte Rosa führte, belief sich die Gästezahl auf etwa 80 Besucher pro Jahr. Etwas mehr Gäste stiegen im Hotel Mont Cervin ab, aber dieses Hotel war nicht sehr populär, es war nie richtig voll und die Gäste verliessen es, um ins Hôtel du Monte Rose zu wechseln. Wenn jemand fragte, welches ist das beste Hotel in Zermatt oder wohin sollen wir gehen, antwortete man: Gehen sie ins Mont Rose, gehen sie zu Seiler.»

Sir Leslie Stephen (1832–1904), der Begründer des Londoner Alpen Clubs, sah das ebenso:

> «The Monte Rosa, however, soon became the favourite resort of all mountaineers – not as in itself more attractive, but from the unaffected friendliness of Mr and Mme Seiler. Every traveller, especially every true lover of mountain expeditions, was attracted to them, and if by any unlucky accident his first stay had been at the Mont Cervin, his second and all succeeding visits were certain to be paid to the Monte Rosa.»

Das Hotel Mont Cervin, nach J. R. Dill, um 1857.

Das allererste Werbeblatt des neuen Hotels Monte Rosa gelobte den Gästen herzlichen Empfang, persönlichen Service und vor allem, dass die Brüder Seiler «keine Mühen scheuen, um zu Fuss und zu Pferd reisende Gäste zufriedenzustellen, die sie mit Ihrem Vertrauen beehren. Die Vorteile des Hauses sind eine wunderbare Aussicht, Bergführer und Pferde nach Belieben, Gabelfrühstück, Abendessen zu jeder Zeit, aktiver Service und moderate Preise.» Das Plakat ist möglicherweise noch vor oder während den Bauarbeiten gedruckt worden, denn das abgebildete Gebäude mit fünf Stockwerken entspricht nicht der Realität. Vielleicht hatten die Bauherren ihre allzu optimistischen Ausbaupläne noch in der Bauphase, womöglich auch aus Geldmangel, redimensioniert, denn in Wirklichkeit wurde nur vierstöckig gebaut (Parterre und drei Etagen).

Tabelle 1: Entwicklung der Gästezahlen (Arrivées) des Hotel Mont Cervin zwischen 1852 und 1856

	1852	1853	1854	1855	1856
England/USA	162	259	395	323	360
Schweiz	120	145	94	93	70
Frankreich	28	54	56	19	75
Deutschland		109	63	111	135
Übrige		9	8	12	40
Total	310	580	616	560	680

Nach Fertigstellung des Ausbaus konnten die Seilers in ihren beiden Hotels im Dorf und auf dem Riffelberg schon über fünfzig Personen beherbergen, mehr als drei Mal so viel wie ihr Konkurrent im nahen Hotel Mont Cervin mit nur 14 Betten. Staatsrat Clemenz reagierte deshalb umgehend auf die Seiler'sche Expansion. Er fasste den Entschluss, noch im gleichen Jahr ebenfalls massiv in seinen Betrieb zu investieren und erweiterte seinen Gasthof mit einem für damalige Zeiten riesigen Anbau auf der Ostseite. Das vergrösserte Hotel Mont Cervin verfügte ab dem Jahr 1855 über 68 Betten, verteilt auf vier Geschosse mit sieben Fensterachsen, eines mehr als Konkurrent Seiler, aber – viel wichtiger – mit der doppelten Anzahl Betten. Die Bettenkapazität in Zermatt verfünffachte sich somit zwischen

Das abgebildete Gebäude auf dem ersten Werbeplakat der Gebrüder Seiler (um 1855) mit fünf Stockwerken entsprach nicht der Realität, denn in Wirklichkeit wurde vorerst nur vierstöckig gebaut (Parterre und drei Etagen).

Wallis. Die Antheilhaber an der Alp Gletsch haben beschlossen, am Fuß des Rhonegletschers einen neuen Gasthof zu errichten.

Intelligenzblatt für die Stadt Bern, 25. August 1858.

1854 und 1856 von nur 26 auf 121 Betten (Mont Cervin: 68; Monte Rosa: 35; Riffelberg: 18). Allerdings entwickelten sich die Gästezahlen bei Clemenz im Hotel Mont Cervin nicht ganz so gut wie erwartet, denn sie waren im Jahr 1856 gemäss Gästebücher nur unwesentlich höher als vor dem grossen Ausbau 1854/55.

Verkauf des Sittner Seifengeschäfts

Das Schicksal war der Familie Seiler nun wohlgesonnen; während Alexander sich in den Sommermonaten in seiner neuen Rolle als Gastwirt mit grossem Enthusiasmus den beiden Gasthöfen in Zermatt widmete, betrieben die Eltern und seine Schwestern erfolgreich das kleine Wirtshaus in Blitzingen im Goms. Kaplan Joseph war unterdessen Rektor am Kollegium Brig und der jüngere Bruder Franz hatte seine Ausbildung zum Notar begonnen. Sogar das Geschäft in Sitten schien kleine Gewinne abzuwerfen, denn die Brüder waren in der Lage, ihre Schulden bei Teilhaber Xavier von Riedmatten bis Ende 1852 vollständig zu liquidieren. «Aus erhäblichen Gründen von Herrn Alexander Seiler ersucht, gebe ich hiermit die förmliche Erklärung, dass unser ehemalige gegenseitige Handel schon vor mehreren Jahren verrechnet, geschlossen worden und aufgehert hat, und dass ich folglich an seinem Handel nicht den mindesten Antheil habe, und dass der kleine Betrag, den er mir noch ausschuldig ist, durch gegenseitige stehende Rechnung wird verrechnet werden. Sitten den 14ten Weinmonat 1852, Xavier von Riedmatten.» Trotzdem entschlossen sich Alexander und Franz Seiler im Jahr 1855, gänzlich auf das Gastgewerbe zu setzen und verkauften deshalb ihre Sittner Seifen- und Lichterfabrik an einen Joseph Anton Haag für die bescheidene Summe von 301.40 Franken.

Der Reiseführer Baedeker Schweiz informierte in seiner deutschsprachigen Ausgabe des Jahres 1856 über die willkommenen Fortschritte im Zermatter Gastgewerbe:

> «Es hat 2 Wirthshäuser, das eine Hôtel du Mont-Cervin, 1852 eröffnet, dem Walliser Staatsrath Clemenz gehörig, der darin vom 1. Juni bis 8. Oct. wirthet (Z. 2, F. 1 1/4, Table d'hôte um 6 U. o. W. 3, B. 3/4), das andere ältere, Hôtel du Mont-Rose, dem Dr. Lauber gehörig, bescheiden, aber ganz gut, jetzt an die Gebr. Seiler verpachtet, die auch das Riffelhaus bewirthschaften. Beide sind mit mancherlei Reiseapparat versehen, Karten, Abbildungen, den Schriften von Studer, Ulrich, Engelhardt, Schlagintweit. Mineralien- und Pflanzen-

Rechts: Das Finanzdepartement gewährt Seiler eine Reduktion auf die Steuerrechnung 1856.

Sitten, den 13 Dezemb. 1856

Das Finanz-Departement
des Kantons Wallis

An H.H. Gebrüder Seiler, in Sitten.

In Berücksichtigung der in Ihrem Schreiben vom 2ten d. M. angeführten Gründe, hat der Staatsrath die von Ihnen für die zwei Gasthöfe in Zermatt zu bezahlende Industriesteuer auf fünfzig Franken herabgesetzt. Der Einnehmer von Visp wird darüber unterrichtet werden.

Empfangen Sie, Tit. Herren, die Versicherung unserer Hochachtung

Der mit dem Departement
beauftragte Staatsrath:
Allet

> sammlungen, so dass es selbst an Regentagen nicht an Unterhaltung fehlt. Mineralogen und Botaniker, selbst Entomologen werden um Zermatt reiche Ausbeute finden. Stephan Biner, der Schullehrer des Orts, ein guter Botaniker, ist als Führer zu empfehlen; ebenso seine Vettern Joseph und Jgnaz Biner. [...] Zermatt ist indes nicht mehr das Endziel der Wanderung, seitdem (1854) auf dem Riffelberg selbst, dem eigentlichen Schauplatz, an 3000 höher als Zermatt, ein kleiner behaglicher Gasthof erbaut ist, und von den Gebr. Seiler [...] sehr gut bewirthschaftet wird (Z. 2, F. 1 ½, M. O. W. 2 ½). Man sieht das Haus schon in Zermatt. Es pflegt aber im Sommer häufig überfüllt zu sein, da namentlich Engländer länger dort zu verweilen pflegen. Darum ist wohl gethan, vorher im Hôtel du Mont-Rose in Zermatt anzufragen, ob oben Platz zu finden sei.»[45]

Schon während ihrer Anfangszeit als Kleinunternehmer in Sitten hatten die Seilers wenig Berührungsängste gegenüber Ämtern und Behörden; sie liessen mit ihren Eingaben und Anträgen nichts wirklich unversucht, um ihre Geschäfte zum Erfolg zu führen. Alexanders Bruder, der angehende Notar Franz, später auch Bezirksrichter im Goms (1857–1865), Gemeindepräsident von Blitzingen sowie Walliser Grossrat (1861–1865), erledigte den bürokratischen Teil des gemeinsamen Geschäfts. Nachdem er am 8. November 1856 offiziell zum Notar ernannt worden war, begann er in seiner Notariatsstube mit seiner Arbeit. Am 29. Dezember 1857 beantragte Notar Franz gemeinsam mit Notar Guntern an der Gemeindeversammlung in Münster die Abtretung eines Grundstücks auf der Alp Gletsch mit dem Zweck der Übernahme und Vergrösserung der bestehenden zeiterschen Herberge. Die Gebrüder Seiler erkannten auch in ihrer Gommer Heimat an der Rhonequelle grosses touristisches Potenzial und vermuteten, dass der Kreuzungspunkt zwischen Grimsel und Furka in naher Zukunft eine ganz wichtige Rolle spielen würde.

Am 16. Mai 1858 wurde der Beschluss gefasst, in Gletsch «unter dem Schutze der Regierung und unter Oberaufsicht und Leitung einer von ihr hierzu bestimmten unbeteiligten Person» einen neuen Gasthof zu erstellen und denselben zu verpachten. Die Brüder Seiler reichten Pläne ein, welche die Gemeinde Münster vorerst ablehnte; ein revidiertes Gesuch, «le plan de construction de l'hôtel à Gletsch», billigte hingegen der Staatsrat des Kantons Wallis am 22. Juni 1858.[46]

In Zermatt ersuchten die Seilers 1856 die Kantonsverwaltung erstmals um einen Beitrag für die Instandsetzung der prekären Zermatter Dorfgasse, die zu dieser Zeit nur aus gestampfter Erde bestand und sich nach jedem Regenwetter in einen sumpfigen Morast verwandelte. Sie erhielten prompt einen bescheidenen Zustupf von 200 Franken und konnten so wenigstens einen Teil des Weges behelfsweise mit Steinplatten ausbessern lassen. 1856 intervenierten sie ebenso erfolgreich beim Walliser Finanzdepartement wegen einer zu hoch veranschlagten Steuerrechnung für ihre beiden

Zermatt um das Jahr 1857: Hotel Monte Rosa links und Hotel Mont Cervin rechts, beide nach der ersten Erweiterung. Farblithografie von Gabriel Loppé.

Zermatter Gasthöfe. Die Einsprache wurde vom verantwortlichen Sittner Staatsrat Alexis Allet (1820–1888) gutgeheissen:

> «Sitten, den 13. Dezember 1856
> Das Finanz-Departement des Kantons Wallis
> An Herrn Gebrüder Seiler, in Sitten
> In Berücksichtigung der in Ihrem Schreiben vom 2. d. M. angeführten Gründe, hat der Staatsrat die von Ihnen für die zwei Gasthöfe in Zermatt zu bezahlende Industrietaxe auf fünfzig Franken herabgesetzt. Der Einnehmer von Visp wird darüber einberichtet werden. Empfangen Sie, Tit. Herren, die Versicherung unserer Hochachtung.
> Der mit dem Departement beauftragte Staatsrat Allet.»

Das Goldene Zeitalter des Alpinismus 1855–1865

Am 1. August 1855 gelang einer englischen Seilschaft um Charles Hudson und die Brüder Christopher und James Smyth erstmals die Besteigung des «Gornerhorns» (die heutige Dufourspitze), des höchsten Punkts der Schweiz. Ausgangspunkt war das von Alexander Seiler geleitete Hotel Riffelberg. Charles Hudson gehörte zehn Jahre später zu den Erstbesteigern des Matterhorns, wo er am 14. Juli 1865 tödlich verunglückte.

Reverend Charles Hudson.

Der Ausbau der ersten Zermatter Gasthäuser kam zum richtigen Zeitpunkt. Denn mit der Erstbesteigung der Dufourspitze begann das Goldene Zeitalter des Alpinismus. Fortan erkundete man die Berge nicht mehr nur aus wissenschaftlicher Neugier und Abenteuerlust, sondern auch aus sportlichem Ehrgeiz und nicht zuletzt aus Liebe zur Natur. Das Hotel Riffelberg diente dabei vor allem den Engländern als Basislager für ihre hochalpinen Exkursionen. Sie logierten teils wochenlang, sodass es oft sehr schwierig war, ein freies Zimmer zu ergattern. Der deutsche Reiseschriftsteller Wilhelm Rose (1792–1867) berichtete wenige Sommer später vom erstaunlichen Gästeandrang im «Riffelberg», welches im Jahr 1860 bereits fünf Betten mehr auswies:

> «Das Gasthaus auf dem Riffel hat nun 23 Betten; bisweilen finden sich die Fremden in fast doppelter Anzahl ein und dann ist es schwer, sie unterzubringen. Sie werden dann im Speisesaal und sonstwo gebettet und die Betten der schon untergebrachten Reisenden müssen dazu aushelfen. Ich traf oben Engländer, Franzosen und Amerikaner; eine besondere Freude aber machte es mir, mit Dr. Barth, bekannt durch seine Reisen in Afrika, unerwartet zusammenzutreffen. Er war mit einem Führer aus Chamonix über den Theodulpass [Matterjochpass] gekommen. Man brachte uns in ein Zimmer zusammen.»[47]

Gasthofs-Eröffnung.
Der Gasthof
Mont Rose in Zermatt
im **Vispertthal** ist geöffnet, wie auch der
Gasthof auf Riffel,
wohin man nun ohne die geringste Schwierigkeit zu Pferd gelangen kann.

Anzeige in *Der Bund*, 11. Juni 1858.

Thomas Woodbine Hinchliff (1825–1882), einer der treuesten Stammgäste und ein guter Freund von Alexander Seiler, notierte 1857 hocherfreut: «One thing however, about which there can be no manner of doubt, is the great advantage for mountain excursions afforded by the existence of the Riffel hotel, which obviates the necessity of passing a night in such an uncomfortable place as the hut on the Grands Mulets, or even the Montanvert, and reduces the ascent of Monte Rosa to an expedition which can be easily accomplished in about fifteen hours by a good mountaineer.»

Hinchliff war einer der Mitbegründer des englischen Alpine Clubs, eines elitären Gentlemen-Clubs, der am 22. Dezember 1857 in London ins Leben gerufen wurde und zu dem Frauen bis ins Jahr 1974 nicht zugelassen waren. Fast ausschliesslich Angehörige der Oberschicht wurden als ehrenwerte

Links: Bergsteiger beim Erklimmen eines Séracs.

Der Traum vom Hotel Riffelalp, Zeichnung von Xaver Imfeld.

Mitglieder aufgenommen. Zwei bestehende Mitglieder mussten für einen Anwärter bürgen und belegen, dass dieser bereits zahlreiche Alpinrouten erfolgreich absolviert hatte. «Die gemeinsame Leidenschaft war der Alpinismus und die High Society. Viele Drinks, Zigarren und viele Diskussionen», so beschrieb der Club-Bibliothekar Tadeusz Hudowski in der *Neuen Zürcher Zeitung* vom 5. Dezember 2014 die allabendlichen Zusammenkünfte.

Seilers Hotel Monte Rosa wurde sehr bald zum Schweizer Hauptquartier des britischen Alpine Clubs und das höher gelegene «Riffelberg» zum eigentlichen Basislager unzähliger Expeditionen ins Monte-Rosa-Massiv. Hinchliff schilderte nach einem Besuch 1857 im «Monte Rosa» einen der Gründe, warum Alexander Seiler bei seinen Stammgästen von Anfang an so beliebt war: «Als spezielle Gefälligkeit für uns alte Freunde und Gäste, beschenkte Hr. Seiler jeden von uns mit einer wunderbaren, schön in Papier eingewickelten Orange, eine sehr seltene Delikatesse in dieser entlegenen Gegend der Welt.»[48]

Eine englische Zeitung begründete Seilers Erfolg bei seinen Gästen damit, dass er diese als «Freunde» und nicht als «Fremde» behandelte und ihnen stets faire Preise in Rechnung stellte: «Mr. Seilers success is due to the following circumstances: He has catered for foreigners as for friends, not strangers; he has been contented with moderate profits, his charges being uniformly reasonable. His one great care has been not to allow foreigners to be the prey of carriage and mule drivers, guides and peddlers. He has rid the country about of that pestilence – mendicants, opened new roads; in short has displayed so much solicitude as to the requirements and well being of tourists that the latter imagine when travelling to the canton du Valais that they are being in a ‹pays enchanté›.»[49]

Etwa 300 Höhenmeter unterhalb des Hotel Riffelberg liegt auf 2222 Metern Höhe auf einem grossen natürlichen Aussichtsplateau am Rande eines prächtigen Arvenwalds die Riffelalp und bietet eine grandiose Sicht aufs Matterhorn. Dieser Platz hatte es Alexander Seiler besonders angetan; es wuchs in ihm der Wunsch, an dieser Stelle ein prächtiges Hotel zu bauen. Anders als das von Bergsteigern bevorzugte und einfach gehaltene Hotel Riffelberg sollte das neue Hotel auf der Riffelalp bestmöglichen Komfort bieten und vor allem auch erholungssuchende Familien aus der ganzen Welt anziehen. Weit vorausschauend, erwarb Seiler bereits am 1. September 1856 seine erste Parzelle auf der «Augstkummenalp», wie das Plateau von Einheimischen auch genannt wurde. Nach und nach kaufte er weitere Parzellen, die sich am Ende zu einem fast fünf Hektar grossen Landbesitz summierten. Sein Traum würde sich allerdings erst 28 Jahre später, nach jahrelanger und minutiöser Planung, erfüllen. Ein Grossteil des Baumaterials musste in zehnstündigen Expeditionen und unter hohen Kosten mühsam per Maultier von Visp auf das 1500 Meter höher gelegene Plateau hinaufgetragen werden. Der eigentliche Bau begann erst 1878 und dauerte sechs lange Jahre. Während dieser Zeit überwachte Seiler die Arbeiten auf der Riffelalp höchstpersönlich und mit leidenschaftlichem Engagement.

Vom Wegweiser zum Bergführer

Die ersten Einheimischen, die den Fremden gelegentliche Führerdienste in den Alpentälern anboten, waren einfache Bauern, Jäger und Säumer, denn niemand kannte die Bergregionen ihrer Heimat besser als sie. Daraus entwickelte sich allmählich der Beruf des Bergführers, der bald ein hohes Ansehen genoss, nicht zuletzt wegen der recht guten Verdienstmöglichkeiten. Die «Gletscherführer», wie man sie damals noch nannte, dienten den Reisenden anfänglich als Wegweiser, Gepäckträger oder allenfalls auch einfach als muntere Begleiter. Die Walliser Bergführer, meist kräftig und ausdauernd, stammten allermeist aus einfachsten Verhältnissen; kaum einer konnte schreiben oder lesen, doch um keinen Preis versäumten die strenggläubig katholischen Männer die Sonntagsmesse in ihrer Dorfkirche. Und wenn sie gerade nicht anderweitig beschäftigt waren, trafen sie sich allabendlich vor den beiden Hotels und buhlten um neue Kundschaft. Edward Whymper beschrieb diesen Zustand etwas missmutig:

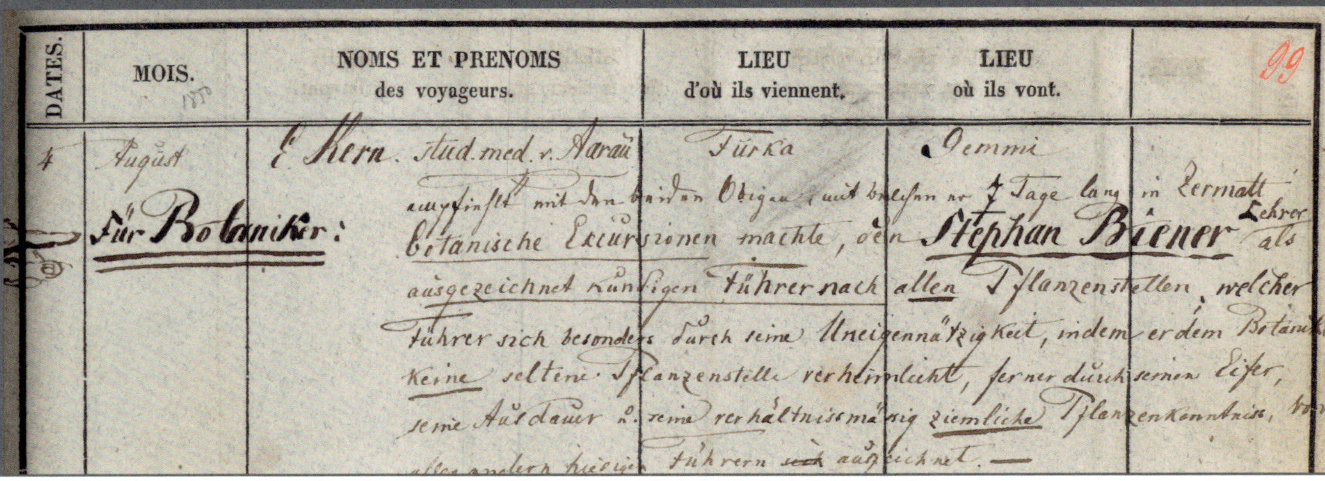
DATES.	MOIS.	NOMS ET PRENOMS des voyageurs.	LIEU d'où ils viennent.	LIEU où ils vont.	99
4	August	E. Kern stud. med. v. Aarau	Furka	Gemmi	

Für Botaniker: empfiehlt mit den beiden Obigen, mit welchen er 7 Tage lang in Zermatt botanische Excursionen machte, den Lehrer Stephan Biener als ausgezeichnet kundigen Führer nach allen Pflanzenstellen, welcher Führer sich besonders durch seine Uneigennützigkeit, indem er dem Botaniker keine seltene Pflanzenstelle verheimlicht, ferner durch seinen Eifer, seine Ausdauer u. seine verhältnissmässig ziemliche Pflanzenkenntniss, vor allen andern hiesigen Führern auszeichnet. —

Im Gästebuch des «Monte Rosa» wird Stephan Biner für botanische Exkursionen empfohlen.

> «An der Mauer vor dem Hotel Monte-Rosa sitzen gewöhnlich zwei Dutzend Führer, gute, schlechte und mittelmässige, Franzosen, Schweizer und Italiener. Sie rechnen auf Verwendung und schauen nach Touristen aus, warten auf neue Ankömmlinge und berechnen die Zahl der Franken, die sich ihnen aus der Tasche ziehen lässt. Die Messieurs, die zuweilen seltsam und wunderbar gekleidet sind, stehen in Gruppen herum oder dehnen sich in Sesseln oder lungern auf den Bänken vor der Tür. Sie tragen merkwürdige Stiefel und noch auffallendere Hüte.»[50]

Whymper war gegenüber Bergführern meist kritisch, manchmal sogar ablehnend eingestellt, wie er später selbst notiert:

> «Bis dahin hatte ich keine günstigen Erfahrungen gemacht. Und hielt nicht viel von ihnen. Sie waren für mich Wegweiser, und grosse Verzehrer von Fleisch und Branntwein, aber nicht viel mehr. Nach meinen Erfahrungen vom Mont Pelvoux, würde ich die Gesellschaft eines Paars meiner Landsleute jeder beliebigen Zahl von Führern vorgezogen haben. Als ich in Chatillon Erkundigungen einzog, eilte eine Reihe von Männern herbei, deren Gesichter, Hochmut, Bosheit, Neid, Hass und Schlechtigkeiten jeder Art aussprachen, denen aber alle guten Eigenschaften zu fehlen schienen […].»[51]

Michel Croz, Whympers Lieblingsführer.

Die Zahl der Säumer, die ihre Maultiere für den Transport von Gütern und Personen durch das Vispertal anboten, vermehrte sich rasant. Die Einheimischen nutzten die Gelegenheit und offerierten den Fremden am Wegrand ihre Dienste als Führer, Träger oder Quartiermacher. Dazu gesellten sich ihre Kinder, welche den Reisenden Enzian und Alpenrosen zum Gruss hinhielten oder ein Jodelständchen zum Besten gaben und dafür auf einen Batzen hofften. «Mit allerlei Einfällen wurden die Reisenden gedrängt, den Geldbeutel zu ziehen, wie Baedeker 1857 warnt: Blumen, Beeren und Kristalle würden angeboten, Gemsen und Murmeltiere präsentiert, Buben machten Kopfstände und ruderten mit den Beinen […].»[52]

In Zermatt und in St. Niklaus trat jedoch schon sehr bald eine Anzahl an äusserst beliebten Führern aus der grossen Menge heraus, die ihre Kundschaft immer sicher und zuverlässig auf die entlegensten Gletscher und auf die höchsten Gipfel begleiteten. Oft entstanden zwischen ihnen und ihren

Gästen enge, lebenslange Freundschaften. Die ältesten Hotel-Gästebücher sind voll des Lobes für sie; einige Namen stechen hervor, denn sie werden besonders häufig erwähnt: so beispielsweise Stephan und Ignaz Biner, nicht zuletzt wegen ihrer herausragenden botanischen Kenntnisse, oder Peter Taugwalder, Vater und Sohn, Peter Perren, Johann Zumtaugwald und Johann Kronig. Sie gehörten damals wahrscheinlich nicht nur zu den beliebtesten, sondern auch zu den kompetentesten Zermatter Bergführern. Aus St. Niklaus wurden Josef Maria Lochmatter (1833–1882), Peter Knubel (1832–1919), Alois Pollinger (1844–1910) und Josef Imboden (1840–1925) am allerhäufigsten genannt. Es gab allerdings auch «Auswärtige», die ihre Führerdienste in Zermatt anboten, so die legendären Christian Almer (1826–1898) und Melchior Anderegg (1828–1914) aus Meiringen oder Whympers' Lieblingsführer Michel Croz (1830–1865) aus Chamonix, der später bei der Erstbesteigung des Matterhorns ums Leben kommen sollte.

Im Wettbewerb um die gut betuchten Gäste wuchs Neid und Missgunst unter der Zermatter Führerschaft. Um den Streitigkeiten Einhalt zu gebieten, entwarf die Gemeinde 1857 ein erstes Führerreglement und ersuchte den Staat Wallis um dessen Genehmigung. Am 5. Juli 1857 bestätigte der Kanton, dass das Reglement in der Gemeinde angewendet werden könne. Die Führer wurden fortan in zwei Stufen eingeteilt: eine für anspruchsvollere Berg- und Gletschertouren, die andere für eher einfache Wanderungen rund um Zermatt. Doch die Gilde akzeptierte diese Zweiklassengesellschaft nicht ohne Weiteres. Die Differenzen blieben bestehen. Dies veranlasste den Staatsrat in Sitten zu ersten Versuchen, die Bergführertätigkeiten im ganzen Kanton Wallis zu reglementieren. 1858 schlossen sich die St. Niklauser und die Zermatter Bergführer in einer ersten «Führergesellschaft» zusammen, unter anderem auch mit dem Ziel, die auswärtige Konkurrenz abzuwehren.

> «Aus Zermatt wird dem Bund unterm 11. d. M von amtlicher Stelle geschrieben, daß, sich daselbst ein obrigkeitlich geprüftes Führerkorps gebildet hat; deren Angehörige außer der Kenntnis der für die Touristen merkwürdigen Punkte auch die der französischen und deutschen Sprache besitzen müssen und unter einem Chef (Commissaire des guides) stehen. Da die Bergreisenden sich Jahr für Jahr zahlreicher in jene kolossale Gebirgswelt begeben, so kann ihnen die Einrichtung nur willkommen sein und die betreffenden Behörden verdienen dafür auch alle Anerkennung.»[53]

Der erste Kommissär dieser losen Gesellschaft, Stephan Biner, der streitbare Schreiber der Zermatter Burgergemeinde, resignierte aber bereits nach zehn Tagen und bat um Entlassung. Er schrieb am 13. August an den Staat: «Wenn es noch einige Tage dauert, bis ich die Entlassung habe, so bin ich gezwungen die infame Führergesellschaft zu verlassen, denn so eine gottlose Nation habe ich in meinem Leben noch nie getroffen [...].»[54] Stephan Biner, der zeitweilig auch das Richteramt in Zermatt innehatte, gehörte

15 Jahre später zusammen mit Grossrat und Notar Alphons Zumtaugwald, ab 1883 Besitzer des Zermatter Hotels de la Poste, zum harten Kern des Widerstands gegen Alexander Seiler im legendären 18-jährigen Streit um das Zermatter Burgerrecht (seihe Seite 135–138).

Die Rolle der Frauen

Die Familien Seiler und Cathrein aus Brig waren schon seit vielen Jahren miteinander befreundet. Sie pflegten gemeinsame Geschäftsbeziehungen und einen engen privaten Kontakt. Alexander Seiler fühlte sich besonders angezogen von der ältesten Tochter des damaligen Regierungsstatthalters Andreas Cathrein, der schönen und charaktervollen Catharina. Im April 1857, kurz vor der Heirat, schrieb die 23-jährige Catharina an ihren Verlobten Alexander:

> «Es ist mir leid, Dir durch ein unzeitiges Geständnis weh getan zu haben; jedoch lieber Alexander, liegt darin mehr Lob als Tadel für dich. Beweis genug, da ich ja heute Deine Braut bin. Würde ich das nicht sein, wenn ich nicht Deinen Wert erkannt hätte und meine Achtung für dich immer mehr gestiegen wäre, als ich dich besser verstehen lernte? Sei ruhig, Alexander, ich liebe dich, ich achte dich wahrhaftig, bin zufrieden mit meinem Lose, da ich zur Überzeugung gelangt bin, dass ich an deiner Seite glücklich sein werde. Darum sehe ich jetzt mit weniger Bangigkeit den Tag kommen, der uns für immer vereinen wird.
> Alexander, in deine Hände habe ich mein Glück, meine Hoffnung gelegt, wie du das Deine mir anvertraut hast. Seien wir gegenseitig eines für das andere besorgt und betrachten wir Gott stets als das Mark unseres Seins, und wir werden ein zufriedenes, frohes Leben führen. In dieser Hoffnung verbleibe ich für immer, Deine Catharina.»[55]

Am 14. Mai 1857 führte Alexander seine Catharina vor versammelter Familie in der Gliser Wallfahrtskirche zum Altar und schloss mit ihr den Bund fürs Leben. Catharina würde von nun an eine tragende Rolle im Familienunternehmen einnehmen; ihre warme, liebenswerte Art ergänzte den rastlosen Pioniergeist ihres Ehemannes in perfekter Weise. Das junge Ehepaar wählte Brig als neuen Lebensmittelpunkt und richtete sich ab 1858 im alten Cathreinhaus an der Mariengasse ein, dem ältesten, heute noch bewohnten, herrschaftlichen «Brigerhaus», ursprünglich erbaut im Jahr 1263. Der Entscheid des Paars war etwas ungewöhnlich, denn eigentlich verlangte die Tradition, dass Söhne nach der Heirat mit der Braut in ihr Heimatdorf zurückkehrten. Alexander aber vertraute, wie schon so oft, dem guten Rat seiner Brüder. Diese hatten ihm empfohlen, sich in Brig niederzulassen, wo alle Passagen, der Verkehr und Handel in der Nähe sein würden.

Mit Catharina hielt nicht nur der weibliche Charme Einzug in die Hotels, sondern auch viel Kompetenz und Engagement. Ihre Liebe zum Detail, die dezente Nähe zu den Gästen und ihr Bestreben, ihnen ein behagliches Zuhause

Rechts: Hochzeitsfoto von Alexander und Catharina Seiler vom 14. Mai 1857.

zu bieten, verliehen den Häusern Wärme und eine ganz neue Ausstrahlung. Selten war ein Stäubchen auf den blitzenden Dielen zu sehen, weisse Spitzengardinen zierten von nun an die Fenster, täglich frische Alpenblumen schmückten die Tische und Hotelzimmer. Auf den Betten lag glattes, immer reines Leinen, und kein Gast sollte sich je über Mangel an sauberen Handtüchern in den täglich gereinigten, blitzsauberen Gästezimmern beklagen.

Catharinas jüngerer Bruder, der Theologe Viktor Cathrein, beschrieb die Verbindung des frisch vermählten Ehepaars Seiler wie folgt:

> «Mit der jungen Frau kehrte auch das Glück in das Hôtel du Mont-Rose ein. Die beiden Ehegatten verstanden sich vortrefflich und ergänzten sich gegenseitig in ausgezeichneter Weise. Alexander besorgte die Einkäufe, die Verproviantierung des Hauses und den Verkehr zwischen Visp und Zermatt. Die übrige Leitung des Hotels lag ganz in Catharinas Händen, die sich vollständig in ihre neue Stellung hineinlebte und in Wahrheit den Sonnenschein des Hauses bildete. Durch ihre Umsicht, ihre Mühe und Güte erwarb sie bald das volle Vertrauen der Fremden und Angestellten. Beide Ehegatten verstanden es ausgezeichnet mit den Gästen zu verkehren.
> In den ersten Jahren waren die Gäste meist reiche und vornehme Engländer, denen es namentlich nur um einen gewissen Komfort und um gute Behandlung ging. Beides bekamen sie in hohem Masse. Es bildete sich bald ein familiäres Verhältnis zwischen der Familie Seiler und den Gästen, die fast alle längere Zeit in Zermatt blieben. Catharina leitete während fast 40 Jahren das Bureau der Seiler Hotels und besorgte einen grossen Teil der umfangreichen Korrespondenz in deutscher, französischer und englischer Sprache. Französisch hatte sie als junge Tochter im Hause des Staatsrates Joseph Samuel Gross in Martinach gelernt und die englische Sprache hatte sie sich, wie auch ihr Gatte Alexander, in jahrelanger Unterhaltung mit den englischsprechenden Gästen, im Selbststudium beigebracht.»[56]

Am 23. Juli 1858 brachte Catharina die ersten Kinder, die Zwillinge Joseph und Alexander, zur Welt. Der zweitgeborene Alexander allerdings starb nur drei Wochen später am plötzlichen Kindstod. Catharina schenkte innerhalb der nächsten 18 Jahre insgesamt 16 Kindern das Leben, wovon 11 das Erwachsenenalter erreichten. Wegen dieser grossen Kinderschar – und wohl auch aufgrund ihres liebevollen Umgangs mit den Angestellten – wurde sie bald im ganzen Wallis «Mama Seiler» genannt. Ihr zweitältester Sohn Julius, der Jesuitenpater, sagte später einmal über seine Mutter: «Ich habe eine Mutter gekannt, die nicht nur Mutter vieler eigener Kinder war, sondern Mutter und Retterin vieler Verirrter, sie war wie der Mond in stiller Nacht, ein Licht, mild und gut, ihr Grab wird nicht vergessen sein.»

Gleichzeitig mit Alexanders Gattin Catharina trat auch ihre jüngere Schwester Marie in das noch junge Familienunternehmen ein. Sie übernahm 1857, als Zwanzigjährige, die Direktion des Hotel Riffelberg, welches sie während 25 Jahren mustergültig leiten würde. Ein anonymer Berichterstatter schrieb 1866 nach einem Aufenthalt voller Lob über sie:

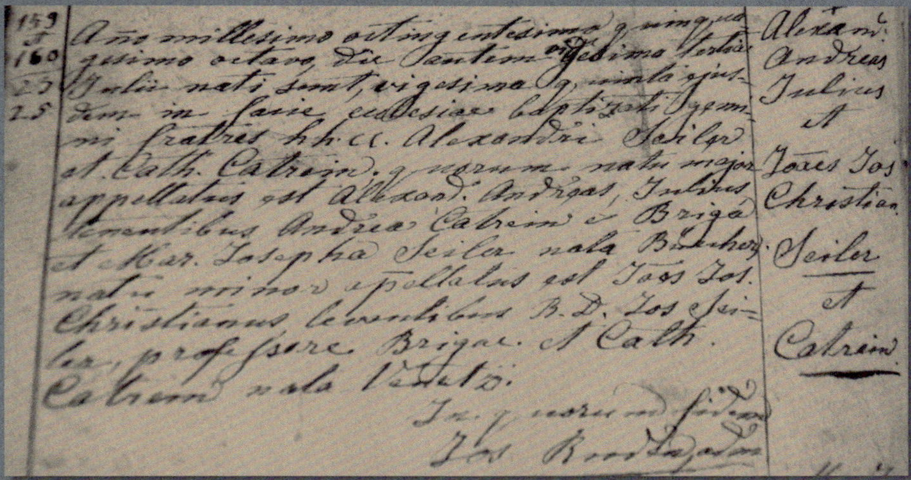

159 / 160 — 23 / 25

Anno millesimo octingentesimo quinquagesimo octavo, die autem vigesima tertia Julii nati sunt, vigesima quinta ejusdem in facie ecclesiae baptizati gemini fratres hh. cc. Alexandri Seiler et Cath. Cathrein, quorum natu major appellatus est Alexand. Andreas, Julius levantibus Andrea Cathrein & Brigae et Mar. Josepha Seiler nata Bürcher; natu minor appellatus est Joes Jos. Christianus levantibus R. D. Jos Seiler, professore Brigae, et Cath. Cathrein nata Venetz.

[illegible] Jos. Roos [illegible]

Alexand. Andreas Julius et Joes Jos. Christian Seiler et Cathrein

Geburt der Zwillinge Joseph und Alexander, Eintrag vom 23. Juli 1858 im Taufbuch der Pfarrei Zermatt.

«I will venture to say, for its height the very best hotel in Europe, the Riffelhaus […] and finally, concerning the ruling spirit of the establishment, we may draw an inference most honourable to woman with regard to her powers of organisation and management: the ruler of this most excellent hotel is a woman, Mademoiselle Marie, sister of good Madame Seiler, of the Hotel Monte Rosa, at Zermatt – a lady in every sense of the word, laying special stress on a demeanour of quiet dignity and self-possession, never for one moment ruffled by the turmoil and worry of a large establishment, and added to this, the most unobtrusive kindness, ready at any moment to afford consolation to all sufferers from the jagged incidents of travel.»

Die leidenschaftliche Bergsteigerin Marie Cathrein unternahm regelmässig sehr anspruchsvolle Hochgebirgstouren. Am 15. Juli 1862 stand die 25-Jährige gleichentags wie Lucy Walker (1836–1916) als erst zweite Frau auf der Dufourspitze, eine Leistung, die ihr grosse Anerkennung sowie die Ehrenmitgliedschaft in der Sektion Monte Rosa des Schweizer Alpen-Club (SAC) einbrachte.

«Mademoiselle Marie, sister of good Madame Seiler».

«Kaum aber war die Engländerin oben, so meldete sich eine Schweizerin, um ebenfalls vom Lorbeer der Ueberwindung des höchsten der Schweizer Berge zu pflücken: es war Frl. Marie Kathrein aus Brieg, begleitet vom Gastwirth Seiler in Zermatt und geführt von dessen Knecht Anton Ritz, der während der letzten 7 Jahre 35-mal die ‹Höchste Spitze› erklommen hat.»[57] In einem Bericht im Jahrbuch des Schweizer Alpen-Clubs heisst es: «Ein heftiger Wind, bedeckter Himmel und kaltes unfreundliches Wetter liessen nicht viel Gutes für den nächsten Tag hoffen. Nur die Liebenswürdigkeit unserer Wirthin, der Fräulein Maria Katrein, Schwägerin von Hrn. Seiler, beiläufig gesagt, Ueberwinderin des Monte Rosa, vermochte unsere etwas gestörte Laune zu erheitern.»[58]

Auch nach ihrer Heirat vom 9. Dezember 1869 mit dem späteren Bundesrichter Felix Clausen (1834–1916) blieb Marie dem «Riffelberg» bis ins Jahr 1883 treu erhalten. Sie kümmerte sich gleichzeitig um die Organisation des sich im Bau befindlichen Grand Hotel Riffelalp, das sie als erste Direktorin 1884 eröffnen und danach noch zwanzig Jahre lang bis ins Jahr 1903 leiten

Einheimische Zermatter, von einem unbekannten Fotografen inszeniert, 1890er-Jahre.

würde. Ein Jahr später starb sie nach monatelanger Krankheit in Lausanne, fernab ihrer geliebten Zermatter Berge. Insgesamt hatte Marie Cathrein-Clausen fast vierzig Jahre am Riffelberg verbracht. Ihre Tochter Anna Clausen folgte wenig später den Spuren ihrer Mutter und führte ihrerseits von 1911 bis 1920 das Hotel Riffelalp. Danach wechselte Anna hinunter ins Dorf und übernahm 1921 die Direktion des damals von der Familie Seiler aus einer Konkursmasse ersteigerten Hotels Beausite.

Die Frauen in den Bergregionen hatten zu jener Zeit üblicherweise die Aufgaben, den Haushalt zu besorgen, Kinder zu gebären sowie den Ehemann bei der schweren Feld- und Waldarbeit zu unterstützen. Agassiz berichtet anlässlich seines Besuchs in Zermatt im Sommer 1839:

> «Wir begegnen einigen Walliserinnen, welche Milch in das Thal Herabtragen; sie haben die Nacht auf dem Berge zugebracht; die meisten sind abschreckend, alt und durch die Arbeit gekrümmt; einige sind jung; alle hässlich und schmutzig.»[59]

In der Eidgenössischen Zeitung vom 26. September 1854 liest man: «Die Weiber mit ihren glänzenden öfters mit Silber und Gold gestickten Oberwallisermützen sind zu einem ziemlichen Theile hübsche Leute, daneben trifft man aber auch viele Kröpfe, grosse blödsinnige Köpfe, verschieden Abstufungen der in Mittelwallis vorkommenden Kretins.»

Iwan von Tschudi beschreibt in seinem Reiseführer «Der Tourist in der Schweiz» die Rolle der Zermatter Frau ganze fünfzig Jahre später in seiner 30., neu überarbeiteten Auflage aus dem Jahr 1888 immer noch wenig schmeichelhaft und in arg überspitzter Weise: «Zermatt frz. Praborgne, 492

Alexander und Catharina Seiler um 1890 mit den drei jüngsten Töchtern Amanda, Katharina und Bertha.

Einwohner, 1620 m., ärmliches eingässiges Dorf von höchst primitivem Charakter mit schwarzen baufälligen Hütten. [...] Die Bewohner sind indolent, faul und wenig mitteilsam und überlassen ihren sklavenartig gehaltenen Weibern die härtesten Arbeiten.»[60]

Alexander Seiler war aber auch in dieser Hinsicht seiner Zeit voraus. Schon 1864 engagierte er mit Johann Baptist Jost (1825–1904) aus Münster einen privaten Hauslehrer für die Erziehung seiner Sprösslinge. Es wurde im Hause Seiler viel gelehrt, gelernt, gesungen und musiziert. Der «liebe Jost», wie man den guten Hausgeist gern nannte, blieb zeitlebens treu im Dienste der Familie. In den Wintermonaten unterrichtete er die Kinder in Brig; in den Sommermonaten war er während vierzig Jahren nicht nur eine Vertrauensperson der Familie, man traf ihn auch als beliebten Portier im Hotel Monte Rosa an. «Jost, der alte Portier des Hotels, zeigte mir selbst, wie man noch, wenn man im Flur an die Mauer klopft, darunter die alte Holzwand des lauberschen Hauses an dem hohlen Ton erkennen kann.»[61]

Das katholische Mädchenpensionat St. Clotilde in Aigle, welches im Jahr 1881 gegründet worden war, etablierte sich als eine feste Institution für die Erziehung und Ausbildung der weiblichen Nachkommen der Familie Seiler. Amanda, die 1884 im Alter von 16 Jahren als erste der Seiler-Töchter das Institut in Aigle besuchte, folgten im Laufe der Generationen weitere 25 junge Mädchen aus dem Kreis der Familie nach. Sie erlangten in dieser Schule nicht nur gute Kenntnisse der französischen Sprache, sondern absolvierten auch eine gründliche Haushaltungsschule, die sie auf ihr späteres Leben vorbereiten sollte.[62]

«Immer höher, immer steiler, immer noch ein Kind von Seiler»[63] – so beschrieb Theodor Wundt die Tatsache, dass man nicht nur in den Hotels im Dorf, sondern auch hoch oben auf Riffelalp, Riffelberg, Schwarzsee und Gornergrat eine der sechs Seiler-Töchter bei der Arbeit in den Hotels antraf. Maria Imfeld-Seiler übernahm mit 31 Jahren die Direktion des grossen «Zermatterhofs» und leitete ihn 18 Jahre. Ihre Schwester Amanda wurde als 17-Jährige die Nachfolgerin ihrer Tante Marie Clausen im Hotel Riffelberg, die dieses bereits während den letzten 25 Jahren mustergültig geleitet hatte. Die jüngste Tochter Katherina war noch keine zwanzig, als ihr die Aufgabe zufiel, die Leitung des 1890 neu gepachteten Hotels Schwarzsee zu übernehmen. Sie gab diese Stelle nach 15 Jahren nur auf, weil ihre Lieblingsschwester Bertha, die Gattin von Joseph von Stockalper, mit 38 Jahren unerwartet früh verstarb und sechs kleine und kleinste Kinder hinterliess. Katherina übernahm deshalb in uneigennütziger Weise die Betreuung der Sprösslinge, leitete den gigantischen Haushalt im Stockalper-Palast und ging als «Tante Käthi» in die Familiengeschichte ein. Bemerkenswert ist die Tatsache, dass praktisch alle Töchter, Schwiegertöchter sowie auch diverse Enkelinnen schon früh, während der Sommerferien, im elterlichen Betrieb zu arbeiten begannen, zuerst meist in der Wäscherei, auf den Zimmeretagen, dann an der Hotelrezeption oder im Sekretariat in der Zentralverwaltung. So wurden sie alle nach und nach an die Direktionsposten herangeführt. Die Häuser der Familie Seiler standen denn auch mehrheitlich unter der Leitung von Frauen:

Tabelle 2: Direktorinnen der Seiler Hotels

Hotel Riffelberg	1857 – 1883 1884 – 1890 1891 – 1899	Marie Clausen-Cathrein Amanda Perrig-Seiler Bertha Stockalper-Seiler
Hotel Riffelalp	1884 – 1903 1911 – 1920 1921 – 1926 1933 – 1961	Marie Clausen-Cathrein Anna Clausen Emeline Willimann Seiler Emeline Zschokke-Seiler
Hotel Schwarzsee	1891 – 1910 1911 – 1938 1839 – 1943 1944 – 1945 1946 – 1955	Katharina Seiler Amanda Perrig-Seiler Anna Clausen Irma Imfeld-Seiler Anna Fleuster-Seiler
Hotel Beausite	1920 – 1937 1938 – 1941	Anna Clausen Marianne Schwarz-Seiler
Zermatterhof	1892 – 1909	Maria Imfeld-Seiler

Das Hotel Monte Rosa und später das Hotel Victoria wurden ebenfalls fast ausschliesslich von Frauenhand geleitet. Die einzige Ausnahme bildete das Hotel Mont Cervin, dessen Leitung grösstenteils den Männern vorbehalten war. Die Frauen spielten in der Geschichte der Hotels der Familie Seiler

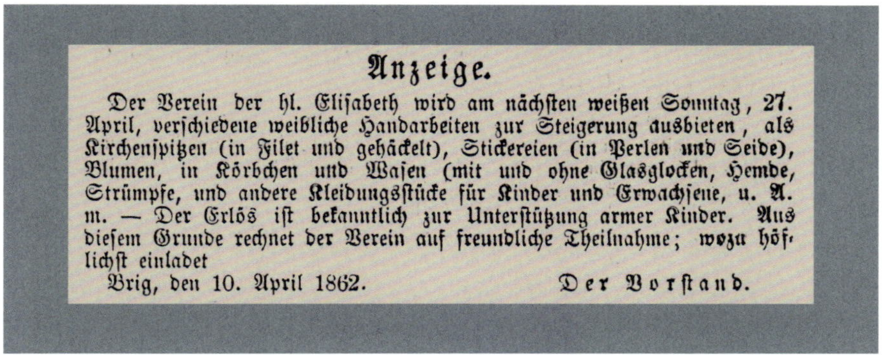

Anzeige.

Der Verein der hl. Elisabeth wird am nächsten weißen Sonntag, 27. April, verschiedene weibliche Handarbeiten zur Steigerung ausbieten, als Kirchenspitzen (in Filet und gehäckelt), Stickereien (in Perlen und Seide), Blumen, in Körbchen und Vasen (mit und ohne Glasglocken, Hemde, Strümpfe, und andere Kleidungsstücke für Kinder und Erwachsene, u. A. m. — Der Erlös ist bekanntlich zur Unterstützung armer Kinder. Aus diesem Grunde rechnet der Verein auf freundliche Theilnahme; wozu höflichst einladet

Brig, den 10. April 1862. Der Vorstand.

Walliser Bote, 19. April 1862.

stets eine bedeutende Rolle und sie waren ein wichtiger Faktor für die grosse Beliebtheit der Häuser bei den Gästen, aber auch bei den Angestellten, welche dem Unternehmen oftmals jahrzehntelang treu blieben.

Catharina Seiler und der Elisabethenverein Brig

Die streng religiös erzogene, sozial denkende Catharina Seiler verteilte jeweils im Herbst, bevor die Hotels in Zermatt ihre Türen schlossen, Lebensmittel, Kleider und Bettwäsche an ihre treuesten Angestellten. Womöglich inspiriert von Henri Dunants europaweitem Weckruf für mehr Solidarität und den wiederkehrenden verheerenden Überschwemmungen der Rhone, die auch im Jahr 1860 zum wiederholten Mal das Tal von Brig abwärts heimsuchten, Ernten und ganze Dörfer zerstörten, gründete sie am 4. März 1860 im Briger Burgerhaus zusammen mit ihrer Schwester Marie Cathrein und 26 anderen Damen aus der Briger Oberschicht den Elisabethenverein von Brig.[64]

Der katholisch inspirierte Frauenverein setzte sich zum Ziel, Arme, Kranke und vor allem bedürftige Kinder zu unterstützen und ihnen in erster Linie Kleider und Schuhe zu verschaffen, damit diese überhaupt erst den Unterricht besuchen konnten. Es folgte die Einführung der Schulsuppe und die alljährliche Verteilung von Weihnachtsgeschenken an Kinder von mittellosen Familien. Einmal wöchentlich trafen sich die Damen, um sich gegenseitig auszutauschen und ihre wohltätigen Aktivitäten zu planen. Während dieser Treffen stellten sie auch Handarbeiten her, welche anschliessend zugunsten des Vereins verkauft werden konnten. Constance Stockalper-Perrig wurde zur ersten Präsidentin gewählt, ein Amt, welches sie bis 1879 innehatte. Die Vizepräsidentin Catharina Seiler übernahm von da an die Vereinsleitung als Präsidentin und blieb in diesem Amt während 16 Jahren bis zu ihrem Tod 1895. Auf ihre Anregung hin wurde das Anfang des 14. Jahrhunderts gebaute, nun aber verlassene Antonius-Spital renoviert, neu eingerichtet und 1888 der Ordensgemeinschaft der Ursulinen von Brig zur Leitung übergeben. Es diente bis zur Gründung des Briger Kreisspitals im Jahr 1908 als behelfsmässiges Krankenhaus sowie als einfache Zufluchtsstätte für arme Durchreisende und mittellose Bürgerinnen und Bürger der Stadt Brig.

Samariterin
St. Bernhard
St. Joh. v. Gott
St. Elisabeth
St. Joh. v. Matha
P. Tobias
St. Martin
Die Durstigen tränken
Die Fremden beherbergen
Die Kranken besuchen
Die Hungerigen speisen
Die Gefangenen befreien
Die Toten begraben
Die Nackten bekleiden
Elisabethenverein, Brig, Wallis.
Gründung: 4. März 1860
Zweck des Vereins: Die Pflege der Nächstenliebe durch die Wohltätigkeit.
Die Tätigkeit besteht: 1. In der Jugendfürsorge: Verabreichung von Kleidern, Wäsche, täglicher Schulsuppe, Christbaumbescheerung Förderung der Schulbibliothek, Ermöglichung der Erlernung eines Berufes. 2. Armen und Krankenpflege: Verteilung von Milch und andern Lebensmitteln. Wöchnerinnen und Kranke werden durch eine vom Elisabethenverein angestellte Krankenschwester verpflegt. Erhalten Arzneimittel, Leinwand, Brennholz, u.s.w.
Hülfe in Kriegsnot: Kinderhilfsaktion. Lebensmittel und Geldsammlungen. Soldaten und Internierte wurden versehen mit Wäsche, Strümpfen. Es wurde für geeignete Lektüre gesorgt.
Zeitgemässe Aktionen: Belehrende Vorträge, Haushaltungs und Krankenpflegekurse. Tuberkulosefürsorge. Exercitien.
Verschaffung der Mittel: Durch die Arbeit der Vereinsmitglieder. Legate verstorbener Mitglieder. Gaben und Spenden von Gönnern. Organisierung von Lotterien und Bazars.
Zahl der Mitglieder: Durchschnittlich 30–40 Frauen und Töchter der Gemeinde.
Alles zur Ehre Gottes! Unter dem Schutz der heiligen Elisabeth!

Der Elisabethenverein Brig engagierte sich über hundert Jahre lang für die Bedürftigen der Simplonstadt, und er blieb während mehrerer Generationen eine Herzensangelegenheit der Familie Seiler. Die sechs Töchter Maria, Mathilde, Ida, Amanda, Bertha und Katharina, die Schwiegertöchter Victorine Seiler-Brunner, Elisabeth Seiler-Cattani sowie die Enkelinnen Dorothea und Rosmarie Seiler machten sich als langjährige Aktivmitglieder, Präsidentinnen oder Vizepräsidentinnen im Verein jahrzehntelang verdient.[65]

Kauf und Ausbau der Herberge in Gletsch

Die Herberge am Rhonegletscher wurde offensichtlich nach Ablauf des über zwanzig Jahre laufenden Pachtvertrags mit Anton Zeiter noch für einige Zeit an einen Felix Hauser vermietet, denn am 21. Mai 1851 verhandelte der Grosse Rat in Sitten über seine Petition: «[…] d'une demande en indemnité de Félix Hauser, aubergiste à Gletsch, pour pouvoir rétablir dans un meilleur état la route conduisant au glacier du Rhône, sur laquelle est son auberge.»[66] Der Reiseführer Baedeker erwähnt die kleine Herberge bereits in seiner allerersten Schweizer Ausgabe im Jahr 1844: «Am Rhonegletscher ist ein sehr bescheidenes Wirthshaus mit 12 Betten zum Uebernachten», oder auch 1851: «Am Rhonegletscher ist ein Wirthshaus, der Gletsch genannt, mit 12 Betten, wo, wer vom Hospiz früh nüchtern ausmarschirt isst Frühstück, wer von Andermatt oder Realp kommt, ein mässiges Mittagsbrod sich bereiten lassen mag», und wiederum 1854: «Das Wirthshaus, zum Gletsch genannt, genügt nur mässigen Ansprüchen und ist nicht wohlfeil; es hat 12 Betten.»[67]

Der Tatendrang der Gebrüder Seiler und ihr Streben nach einer Ausweitung der gastgewerblichen Tätigkeiten gingen nach der Erweiterung des Hotel Monte Rosa nahtlos weiter, denn sie erkannten auch in ihrer 75 Kilometer entfernten Gommer Heimat an der Rhonequelle grosses touristisches Potenzial und vermuteten, dass der Kreuzungspunkt zwischen Grimsel und Furka in naher Zukunft eine ganz wichtige Rolle spielen würde.

An der Gemeindeversammlung vom 29. Dezember 1857 in Münster engagierte sich der Notar Franz Seiler erfolgreich für die Überlassung eines Stück Bodens am Fusse des Rhonegletschers zwecks Ausbau der dort schon bestehenden Herberge. Am 22. Juni 1858 genehmigte der Walliser Staatsrat die Baupläne, worauf die Gebrüder Franz und Alexander Seiler den Gasthof von den Eigentümern der Alpgemeinschaft in Pacht übernehmen konnten. Mit finanzkräftiger Unterstützung des befreundeten Partners Hans Anton von Roten, Regierungsstatthalter aus Raron und späterer Ständerat in Bern (1863/64), investierten die neuen Pächter erhebliche Summen in ihr neuestes Hotelprojekt. Was die Brüder Seiler besonders motivierte, war die Hoffnung auf die zügige Erstellung der neuen Furkapassstrasse, die

Links: Gründungsurkunde des Elisabethenvereins Brig vom 4. März 1860.

damals im Bundeshaus diskutiert wurde. Die *Eidgenössische Zeitung* vom 3. September 1860 berichtete:

> «Der neue Gasthof am Rhonegletscher soll in Jahresfrist zur bequemen Herberge eingerichtet dastehen. Sollte die projektierte Strasse über die Furka keine Chimäre bleiben, so dürfte sich das in ziemlich grossem Massstab aufzuführende Etablissement einer ergiebigen Ernte zu freuen haben. Was die erwähnte Furkastrasse betrifft, können wir nicht genug auf die Wichtigkeit dieses Unternehmens aufmerksam machen.»

Die Brüder Seiler errichteten in einer ersten Etappe auf der Westseite der alten Herberge einen dreistöckigen Anbau mit etwa vierzig Betten, welcher im Sommer 1861 unter dem Namen «Hotel Glacier du Rhône» eröffnet und anfänglich noch von Alexanders zwei Schwestern geleitet wurde: «Das alte kleine Gasthaus, das kürzlich von M. Seiler aus Zermatt eröffnet wurde und von zwei seiner Schwestern geführt wird, wurde in ein riesiges Hotel umgewandelt.»[68] Der Reiseführer Baedeker bestätigte in seiner Schweizer Ausgabe 1862: «Neuer Gasthof 1861 an Stelle des früheren Wirtshauses in Gletsch. Gebr. Seiler».[69]

Seilers Geschäftspartner in Gletsch, Hans Anton von Roten (1826–1895). Von 1863–1865 Ständerat, 1866–1895 Nationalrat.

Die grossen Investitionen standen auf den ersten Blick im Gegensatz zur kurzen Saison. Der Ort Gletsch liegt auf 1762 Metern über Meer; die Winterzeit in diesem abgeschiedenen Talkessel ist besonders lang, und es fällt bedeutend mehr Schnee als in anderen Walliser Gegenden: In ausserordentlich strengen Wintern mass man am Rhonegletscher an exponierten Stellen Schneehöhen von bis zu 12 Metern. «A l'hôtel du Glacier du Rhône, les gens qui logeaient au second étage ont dû faire des fenêtres leur porte de sortie pour se frayer un passage au dehors [...].»[70] Deshalb konnte das Hotel nur während der wenigen Sommermonate zwischen Juni und Oktober betrieben werden, den Rest des Jahres blieb es gezwungenermassen für einen langen Winterschlaf geschlossen.

Alexander und Franz Seiler hatten aus ihren früheren Zeiten als Fabrikanten und Kleinhändler in Sitten ihre Lehren gezogen. Sie erinnerten sich nur ungern daran, als sie sich noch beim Walliser Staatsrat über den unfairen Wettbewerb der Italiener und Savoyarden beklagen mussten. Daher wurde es Teil ihrer neuen Geschäftsstrategie, Konkurrenz wann immer möglich auf Distanz zu halten. Sie kauften von nun an strategische Landreserven rund um ihre Hotelbetriebe, denn in den dünn besiedelten Bergregionen war brachliegendes Land meist noch sehr günstig zu erstehen.

In Gletsch erwarben die Brüder Seiler am 23. April 1862 mithilfe ihres Teilhabers von Roten von der Alpgenossenschaft 124 von 216 Teilrechte an Alpen im unteren Talboden, sogenannte Kuhrechte, zu welchen auch weite Teile des Rhonegletschers gehörten. Die neuen Eigentümer sicherten sich vorsorglich gegen mögliche Konkurrenz ab, denn die Verträge enthielten Klauseln, wonach die Verkäufer sich verpflichteten, Drittpersonen die Ausführung von Bauten auf den anderen Alpteilen der Genossenschaft zu untersagen. Die Kaufverträge mit den ehemaligen Alpbesitzern übertrugen Anton

Rechts: Hotel Glacier du Rhône um das Jahr 1861, kurz vor dem Beginn des Baus der Furkastrasse.

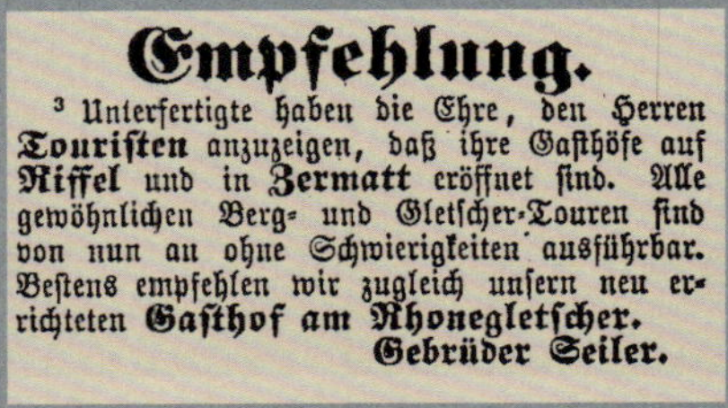

Empfehlung.

³ Unterfertigte haben die Ehre, den Herren **Touristen** anzuzeigen, daß ihre Gasthöfe auf **Riffel** und in **Zermatt** eröffnet sind. Alle gewöhnlichen Berg- und Gletscher-Touren sind von nun an ohne Schwierigkeiten ausführbar. Bestens empfehlen wir zugleich unsern neu errichteten **Gasthof am Rhonegletscher.**

Gebrüder Seiler.

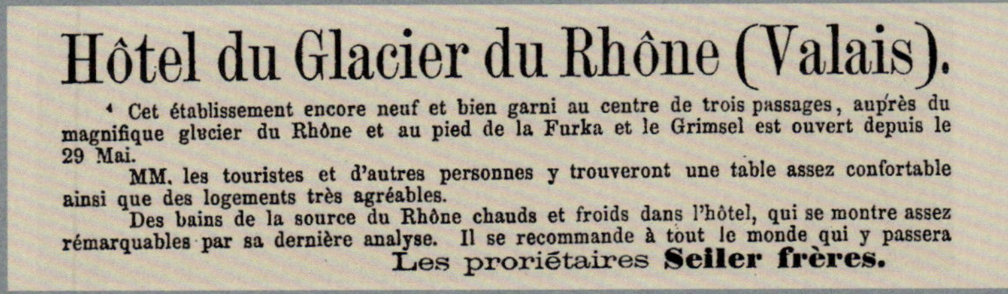

Hôtel du Glacier du Rhône (Valais).

⁴ Cet établissement encore neuf et bien garni au centre de trois passages, auprès du magnifique glucier du Rhône et au pied de la Furka et le Grimsel est ouvert depuis le 29 Mai.

MM. les touristes et d'autres personnes y trouveront une table assez confortable ainsi que des logements très agréables.

Des bains de la source du Rhône chauds et froids dans l'hôtel, qui se montre assez rémarquables par sa dernière analyse. Il se recommande à tout le monde qui y passera

Les proriétaires **Seiler frères.**

Die Gebrüder Seiler annoncieren erstmals drei Gasthöfe in Zermatt und Gletsch (links) und bewerben Gletsch mit Heilbädern aus der Rhonequelle (rechts). Anzeigen in *Der Bund* vom 12. und 20. Juni 1862.

von Roten auch «den Genuss der Rhonequelle, sei es zu einer Badeanstalt, sei es anderwärts». So warben die Brüder Seiler auch schon bald mit Heilbädern aus der Rhonequelle oder mit Ziegenmilch- und Molkenkuren, kombiniert mit Spaziergängen auf dem berühmten Rhonegletscher, den man damals vom Hotel noch in knapp zehn Minuten zu Fuss erreichen konnte.

Zwanzig Jahre später, am 12. März 1882, verkaufte von Roten alle seine Anteile in Gletsch an Alexander Seiler, der damit zum Alleineigentümer wurde. Dieser setzte seine kluge Landerwerbsstrategie fort und kaufte bei jeder sich bietenden Gelegenheit neue Anteile der Alp Gletsch. In Zermatt erwarb er zwischen 1870 und 1875 laut Zermatter Grundbuch 22 Grundstücke, und auch auf der Riffelalp kamen immer wieder neue Parzellen dazu. In Täsch, Randa, Blitzingen, Brig Glis und Naters erwarb der umtriebige Hotelier Wälder, Wiesen, Äcker und Weideland und führte dort zur Versorgung seiner Hotels Landwirtschaftsbetriebe mit eigener Molkerei, Obst-, Gemüse- und Blumenkulturen. Eine regionale Zeitung schrieb Jahre später, es gebe zwei Grossgrundbesitzer im Oberwallis: die Klosterfrauen und die Familie Seiler.

Als Folge der italienischen Unabhängigkeitskriege von 1859 wurden in der Schweiz 1861 erstmals grössere militärische Gebirgsmanöver abgehalten. Man wollte dem angrenzenden Ausland zeigen, dass die Schweiz nicht nur gewillt, sondern auch fähig war, ihre Alpenpässe zu verteidigen. Eine Division unter dem Kommando des Genfer Oberst Jean-Louis Aubert (1813–1888) kam in den Urner und Walliser Bergen zum Einsatz, wobei der von Süden ins Reusstal eingebrochene fiktive Feind vertrieben werden sollte.

Am 20. August 1861 überquerte die erste Brigade den Furkapass und machte Halt beim Rhonegletscher:

> «Plötzlich lag es entschleiert da, das grossartige, erhabene Naturmonument, der majestätische Rhonegletscher, und an seinem Fuss prangte in üppiger Farbenpracht ein herrlicher Regenbogen. Der Anblick war ein Hochgenuss. Ein lautes Hurrah der Mannschaft und die Musik der Scharfschützen begrüssten ihn, den mächtigen Eisriesen. Aus dieses war die Thalsohle bald erreicht und auf der Ebene von Gletsch, (wo im Sommer des vorigen Jahres der eine der Adjutanten von Aubert, Hauptm. Huber, mit seinen Genossen kampirt hat, um die Furkastrasse zu vermessen), Halt gemacht. Die Truppe erhielt hier eine Extraverpflegung, bestehend aus Wein und frischem Käse. Der Erwähnung verdient hier der freundliche Empfang und die billige Bedienung der Herren Seiler, Gastwirthe am Rhonegletscher.»[71]

Noch im selben Jahr beschloss das eidgenössische Parlament aus militärisch-strategischen Überlegungen den Bau der Furkapassstrasse und beteiligte sich zu zwei Dritteln an den Kosten. Alexander und Franz Seiler gelang es sogar, ihren Einfluss gegen die geplante Streckenführung des Bundes geltend zu machen, indem sie durchsetzten, dass das ursprünglich geplante Trassee vom linken an das rechte Rhoneufer verlegt wurde und die Strasse damit genau vor ihrem neu gebauten Hotel durchführen würde:

Halt der I. Brigade am Rhonegletscher am 20. August 1861. Kreide-Lithographie über Tonplatte gezeichnet und herausgegeben von Eugen Adam; gedruckt bei Julius Adam in München.

> «Weniger befriedigt ist Oberst Aubert dagegen von der zweiten Aenderung, mittelst welcher die Strasse in der Nähe des Rhonegletschers vom linken auf das rechte Ufer und an die Meienwand hingezogen wird, was Schutzbauten gegen die Lawinen der Meienwand nothwendig mache. Als Beweggrund für diese Aenderung kann sich Hr. Aubert nur die Absicht denken, unmittelbar an das Gasthaus im Gletsch heranzugelangen, während das Trace der Offiziere etwa 100 Schritte davon vorbeiführt.»[72]

Im Sommer 1865 war die neue Strasse erstmals von Brig bis Gletsch mit Kutschen befahrbar. «Le 4 septembre, une voiture à quatre chevaux a parcouru la route de la Furca et est arrivée à l'hôtel du Gletsch, au pied du glacier du Rhône. Cette première course a été l'occasion d'une fête générale dans la vallée; partout la population a exprimé son contentement.»[73] Zwei Jahre später, am 4. Juli 1867, verkehrte dann die allererste Postkutsche über die vierzig Kilometer lange und vier Meter breite Passstrasse zwischen Brig über den Furkapass bis nach Andermatt und benötigte dafür zwölf Stunden Fahrzeit. Die Strasse war, mit 2436 Metern Passhöhe, der höchste befahrbare Alpenübergang der Schweiz. Der Baedeker-Reiseführer 1867 erwähnte die neue Strasse schon im selben Jahr: «The new Furca Road, constructed principally from military considerations, was traversed by a diligence during the present summer (once daily from Andermatt to Brieg, and vice versa in 12 hrs., halting for dinner at the Rhone Glacier.»[74]

Farblitho-Postkarte der Furkapost um 1900.

Sitten, den 8. September 1865.

— Aus einer telegraphischen Depesche entnehmen wir die Neuigkeit, daß die erste Abtheilung der Furkastraße von Oberwald nach Gletsch bereits eröffnet und fahrbar ist. So soll den 4. dieses Monats zum ersten Mal eine vierspännige Kutsche beim Gasthofe zum Rhone-Gletscher angekommen sein. Bei diesem Anlasse hat im Gomser-Thale ein Fest stattgefunden, woran sehr viele Theil nahmen. Die Bevölkerung des Bezirks giebt überall ihre Zufriedenheit kund.

Bekanntmachung an die Reisenden.

² Es wird den Reisenden angezeigt, daß, obgleich eine Wagenstraße über die **Furka** auf der Walliser Seite im Baue ist, diese dessenungeachtet mit Sicherheit sowohl zu Fuße als zu Pferde durchreisen können.

Der Bund, 10. Juli 1864; *Walliser Bote*, 9. September 1865.

Bald fuhren die Kutschen der Alpenpost regelmässig zwei Mal täglich, und Gletsch war, dank Franz Seilers Verhandlungsgeschick, als offizieller Halt im Fahrplan vermerkt. So machte der Morgenkurs planmässig eine einstündige Mittagspause. Die Nachmittagskurse blieben sogar über Nacht und bescherten dem Hotel von Anfang an eine beachtliche Zahl höchst willkommener Logiernächte. In Gletsch mussten auch die Pferde ausgewechselt werden. Und so gewann das Hotel Glacier du Rhône auch deshalb an Bedeutung.

1861 war aber nicht das einzige Jahr, in welchem grössere Gebirgsmanöver in Gletsch stattfanden. Die Zeitung *Der Bund* berichtete über einen erneuten Truppenzusammenzug am Rhonegletscher vom 6. bis 8. September 1900:

Wirthschafts-Eröffnung.

² Unterfertigte zeigen dem geehrten Reisepublikum an, daß seit dem 1. Juni das

Hôtel Mont-Rose

in Zermatt

wieder eröffnet ist und sich sowohl bei Touristen als Pensionärs empfiehlt, mit der Versicherung einer bestmöglichen **Aufnahme und Bedienung.**

Zermatt, den 30. Mai 1859.

Gebrüder Seiler.

Zeitungsanzeige (1859).

««Die Schwadron 11, die sich aus dem bernischen Emmenthal rekrutiert, marschierte, wie ich bereits telegraphisch meldete, am Donnerstag den 6 d. über die Grimsel. Zur Schonung der Pferde wurde fast die ganze Strecke Meiringen-Gletsch zu Fuß zurückgelegt, die Pferde wurden geführt. In Gletsch sammelten sich sodann auch die übrigen Teile des Westdetachements, dessen Zusammensetzung ebenfalls telegraphisch gemeldet worden ist. Von Münster im Oberwallis her kamen die Walliser Bataillone 88 und 89, die organisatorisch der achten Division, diesem territorialen Ungeheuer angehören und die am 3. September in Brig (88) und Sitten (89) eingerückt waren. Einen recht guten Eindruck machten auch die beiden Gebirgsbatterien 3 und 4, die aus dem Bündnerlande über den Oberalppass und die Furka das Westdetachement erreichten.

Im Biwak am Fuße des Rhonegletschers herrschte gute Ordnung. Die Verpflegungs- und Unterkunftsbedürfnisse wurden vom Divisionskriegskommissär der Gotthարddivision besorgt. In zuvorkommendsterweise kam auch Herr Seiler zum Hotel Gletsch den Truppenkommandanten bezüglich der Beschaffung eines Teils der Verpflegung entgegen. Und über sein mehr als generöses Benehmen gegenüber Offizieren und Mannschaften herrschte nur eine Stimme des Lobes und des Dankes. Ich spreche in meinem Namen und in demjenigen vieler Offiziere, die da dienstlich und ausserdienstlich versammelt waren und die Gastfreundschaft und die Noblesse des Herrn Seiler erfuhren, wenn ich dessen hier dankend Erwähnung thue. In seinen geräumigen Stallungen fanden zudem sämtliche Reitpferde Unterkunft, was für deren Zustand und Brauchbarkeit für die folgenden Manövertage von großem Wert war.

Die Truppen, sowie die Zugpferde, biwakierten im Übrigen, und zwar der größte Teil der Mannschaft in den neuen Schirmzelten, die sich bei dieser Gelegenheit gut bewährten. Es war ein fröhliches Lagerleben, das sich da

Kutschen um 1865 in Seilers Heimatgemeinde Blitzingen mit einem Werbeplakat für seine Hotels in Zermatt im Hintergrund. Rechts: Offiziere im Gespräch mit Hotelier Joseph Seiler anlässlich des Truppenzusammenzugs am Rhonegletscher vom 6.–8. September 1900.

entwickelte. Die Biwak- und Kochfeuer, der frohe Soldatengesang verliehen diesem militärischen Bilde, um das sich auch die zahlreichen Reisenden sehr interessierten, eine recht gemütliche Stimmung.»[75]

Mobilmachung 1859

Die Geschichte der Seiler Hotels im 19. Jahrhundert ist über weite Strecken auch die Geschichte der Zermatter Hotellerie. Parallel zur wachsenden internationalen Ausstrahlung in den 1860er-Jahren stieg die Bettenzahl in den von Alexander Seiler geführten Hotels. Damit konnte er seine Vormachtstellung weiter festigen. Dies darf aber nicht darüber hinwegtäuschen, dass es mehrfach ernsthafte Krisenzeiten im Tourismus gab, zum Beispiel als im Ausland Kriege tobten. Denn knapp einen Monat, nachdem das Hotel Monte Rosa 1859 nach der üblichen Winterpause den Betrieb wieder aufgenommen hatte, kam es im italienischen Solferino am 24. Juni 1859 zum blutigen Gemetzel zwischen der französisch-sardischen Koalition und der österreichischen Armee. Die erbitterten Kämpfe forderten 6000 Tote sowie 40 000 Verwundete. Der Grenzverlauf der Schweiz war plötzlich bedroht, sodass das bis anhin nur auf dem Papier bestehende Oberwalliser Bataillon erstmals für einen Ernstfall einberufen wurde, um das Land vor den Auswirkungen des lombardisch-österreichischen Kriegs zu schützen. Die Grenzlinien wurden besetzt, der Simplon und der grosse St. Bernhard blieben für Wochen geschlossen. Der Sommer 1859 stoppte somit die Entwicklung der noch jungen Walliser Hotellerie abrupt. Kellner, Köche, Kutscher und auch die Bauern wurden mobilisiert, der Fremdenverkehr kam praktisch zum Erliegen.

Auch der frisch verheiratete Alexander Seiler, inzwischen zum Leutnant befördert, wurde zu Beginn des Jahres 1860 nach Genf in die Armee einberufen, wo er auf den späteren Gründer der SAC-Sektion Genf, den Zahnarzt Dr. François Thioly (1831–1911) traf: «Lorsqu'en 1860 la France prit possession de la Savoie, les autorités de notre pays jugèrent bon d'envoyer des troupes à Genève pour parer à toute éventualité. Le bataillon valaisan 35 y séjourna quelques semaines, qui comptait parmi ses officiers le lieutenant Alexandre Seiler, propriétaire de l'Hôtel du Mont-Rose à Zermatt.»[76]

Alexander erzählte Thioly von den Schönheiten der Zermatter Berge, woraufhin sich dieser spontan entschloss, mit einigen Kameraden nach Zermatt zu reisen. Obwohl Thioly bisher nur gelegentlich einfachere Touren unternommen hatte, setzte er sich zum Ziel, den Monte Rosa zu besteigen. Mit vier Führern, unter denen sich Vater und Sohn Peter Taugwalder befanden, machte sich die Gruppe auf den langen Weg zum höchsten Punkt der Schweiz. Aber nur ein Teil der Gruppe erreichte den Gipfel, da es den Bergsteigern an Ausrüstung und vor allem an Training fehlte. Thioly kehrte halb schneeblind und mit geschwollenem Gesicht zurück, aber die Faszination für die Berge hatte ihn nun vollends gepackt. Im Frühjahr 1866, nur einige Monate nach der Matterhorn-Tragödie vom 14. Juli 1865, würde Thioly seinen Freund Alexander damit beauftragen, ihm die nötigen Führer zu organisieren, denn auch er wollte nun das Matterhorn besteigen. Doch der Respekt vor dem gewaltigen, stolzen Matterhorn war unter den Zermatter Führern noch zu gross und keiner war bereit, Thioly zu begleiten. Erst zwei Jahre später dann, am 3. August 1868, gelang Thioly die Besteigung – und gleichzeitig auch die Überschreitung von Zermatt nach Breuil. Damit war er der erste Schweizer «Tourist», der den Gipfel des Matterhorns erreichte.

Grabstein für Eduard Heinrich von Grote auf dem Friedhof Zermatt.

Im Sommer 1859 kam Alexander Seiler zum allerersten Mal auch mit den tragischen Seiten des Bergsteigens in Berührung. Sein Hotelgast, der 34-jährige Eduard Heinrich von Grote, ein russischer Marineoffizier aus baltischem Adelsgeschlecht, verliess das Hotel Riffelberg mit zwei Führern am Freitag, dem 12. August 1859, in Richtung Mattmark, wo die Gruppe übernachtete. Auf dem Rückweg am nächsten Tag verunfallte von Grote während der Traversierung des Findelengletschers. Obwohl angeseilt, stürzte er unter eigentümlichen Umständen in eine tiefe Gletscherspalte. Er überlebte den Sturz, war aber in etwa zwanzig Metern Tiefe kopfüber zwischen zwei Eiswänden eingeklemmt. Da die Bergführer kein Reserveseil dabeihatten, machte sich der eine auf die Suche nach Hilfe. Es dauerte viele Stunden, bis endlich ein Seil von ausreichender Länge aus Zermatt herbeigebracht werden konnte. Während den ersten Stunden sprach der Verunfallte von unten noch regelmässig mit dem Führer oben. Danach aber wurde es immer ruhiger, Grote erfror und konnte schliesslich nur noch tot geborgen werden.[77] Es war ein äusserst tragisches Unglück, eines, wie es Einheimische hinter vorgehaltener Hand schon lange vorausgesagt hatten.

Obwohl Edward von Grote protestantischen Glaubens war, wurde er auf dem katholischen Friedhof in Zermatt mit allen Würden beigesetzt, was den Einheimischen und vor allem dem katholischen Pfarrer von der anglikanischen Gemeinschaft hoch angerechnet wurde. Das anglikanische Kirchlein von Zermatt, mit einem eigenen kleinen Friedhof, wurde erst 1871 eingeweiht.

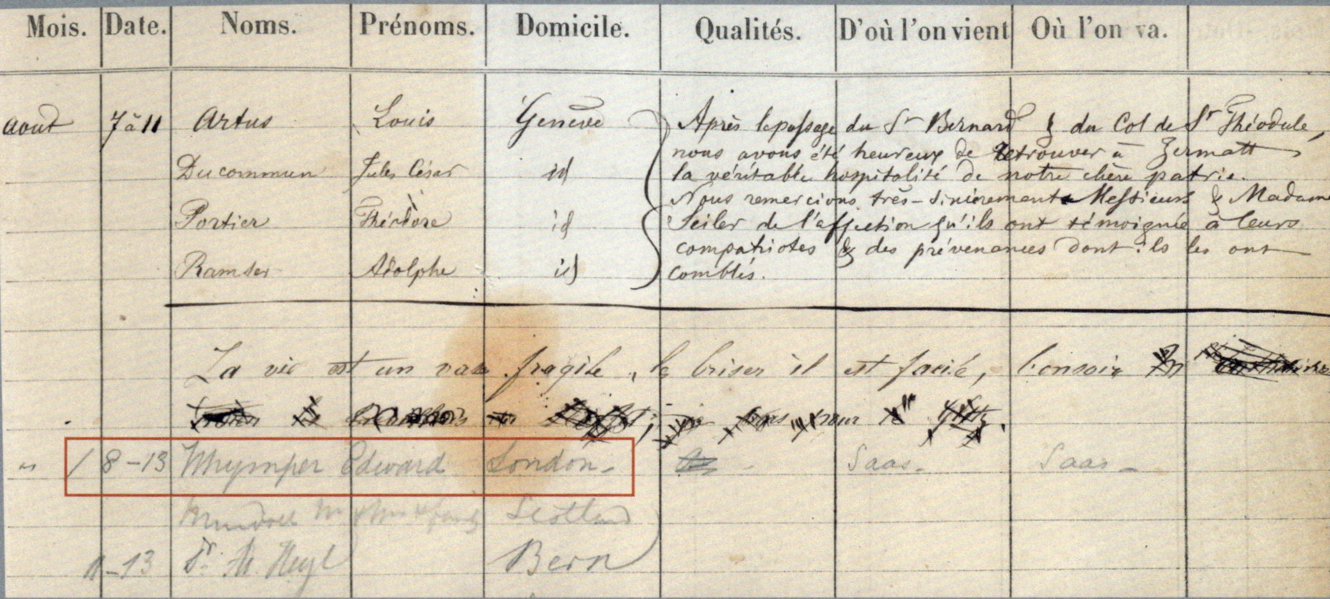

Aufgrund der adligen Abstammung des Verunglückten fand der Unfall auch in der internationalen Presse Beachtung[78] – verbunden mit einigen Vorwürfen gegen die Zermatter Bergführerschaft. Staatsrat Anton von Riedmatten löste sie denn auch am 31. August 1859 auf. Dem verantwortlichen Kommissär Wyden, der die Zermatter Führergilde damals leitete, mussten sicherheitshalber zwei Landjäger zur Seite gestellt werden. So beklagte sich Wyden: «Wenn sie 2 Tage ohne Arbeit sind, fahren sie im Dorf herum wie rasende Hunde, den ganzen Tag von einem Gasthof zum anderen und beschimpfen mich.»[79]

Whympers allererster Eintrag mit Bleistift im Gästebuch vom 8. August 1860. Auf der gleichen Seite rechts oben lobt ein Louis Artus aus Genf seine Zermatter Gastgeber Seiler: «Nous avons été heureux de retrouver à Zermatt la véritable hospitalité de notre cher patrie. Nous remercions très sincèrement Monsieur & Madame Seiler de l'affection qu'ils ont témoignés à leurs compatriotes […]».

Edward Whymper reist erstmals nach Zermatt

Vom 8. August 1860 datiert der erste Eintrag eines jungen Engländers im Gästebuch des Hotel Monte Rosa in Zermatt. Es handelte sich bei dem Besucher um den zwanzigjährigen, aus einfachen Verhältnissen stammenden Edward Whymper (1840–1911). Er kam aus London und war vom englischen Verleger Thomas Longman, der Whympers zeichnerische Begabung entdeckt hatte, als Illustrator in die Alpen entsendet worden. Whymper blieb fünf Tage in Zermatt, unternahm verschiedenste Wanderungen und begann, sich – angeregt durch die allabendlichen Erzählungen seiner Landsleute im Salon des Hotel Monte Rosa – für das Bergsteigen zu interessieren. Er hörte dort von den seit JAhren erfolglosen Bemühungen, das Matterhorn über die Südseite, von Italien her, zu bezwingen. Von der Schweiz aus hielt man den Berg für unbesteigbar. Die Zermatter Bergführer waren gern bereit, ihre Kunden überall hinzuführen, aber nicht auf das Matterhorn. Denn dort, so glaubte man, würden böse Geister ihr Unwesen treiben. Diese «wütenden Teufel» würden Felsbrocken auf jeden «Frevler» hinabschleudern, der sich dem Gipfel näherte. Whymper hielt das für abergläubisches Geschwätz der einheimischen Bevölkerung und setzte sich zum Ziel, den Berg irgendwann in

Der erst 20-jährige Edward Whymper schreibt sich am 8. August 1960 erstmals im Gästebuch des Hotels Monte Rosa ein.

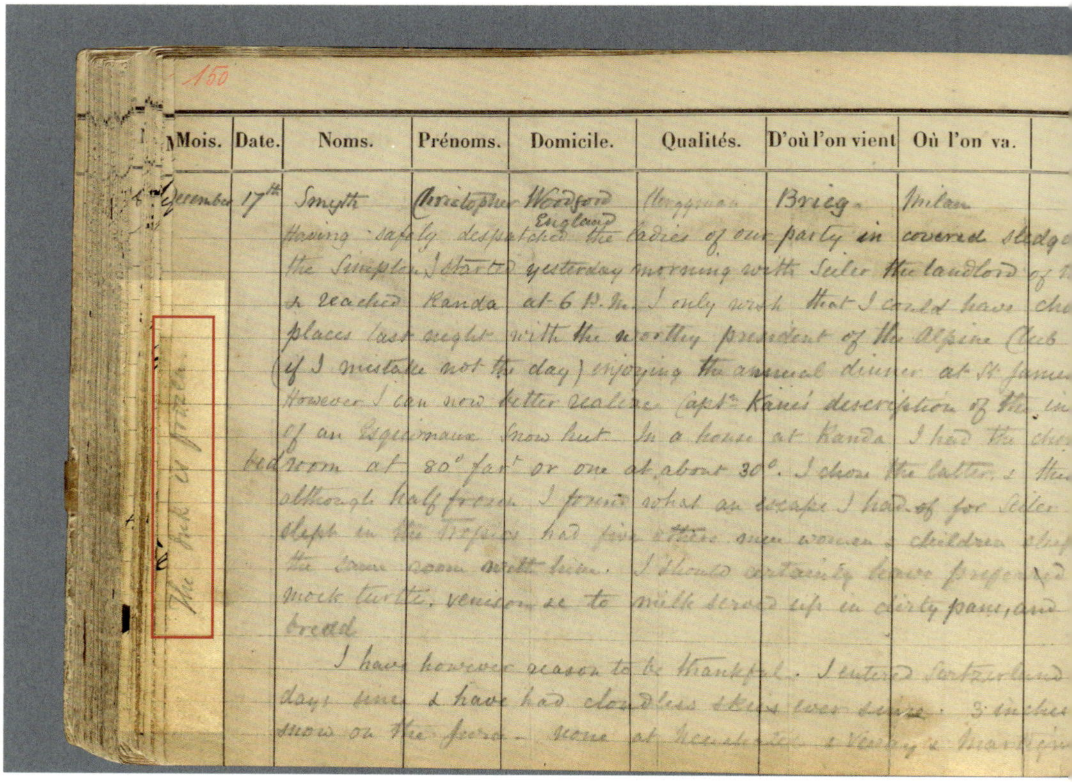

Der erste Zermatter Wintergast, Christopher Smyth, musste am 17. Dezember 1862 seinen Gästebucheintrag mit Bleistift schreiben, denn es sei, so bemerkte er ganz nebenbei, im Hotel so kalt gewesen, dass ihm die Tinte gefroren sei.

Zukunft selbst zu besteigen. Sein erster Eindruck des Matterhorns: «Gross ist er, aber nicht schön.»[80]

Schon ein Jahr später reiste Whymper wieder nach Zermatt. Am 28. August 1861 unternahm er einen allerersten zaghaften Versuch am Matterhorn. Ein unbändiger Ehrgeiz hatte ihn gepackt, denn er versuchte es fünf weitere erfolglose Male im Sommer 1862. Es entbrannte eine jahrelange Rivalität zwischen Breuil in Italien und Zermatt in der Schweiz, oder genauer gesagt: zwischen dem italienischen Bergführer Jean-Antoine Carrel und dem britischen Bergsteiger Edward Whymper. Letzterer erzählte öfters eine kleine Anekdote über die Zuverlässigkeit und Beharrlichkeit seines Gastgebers Seiler:

«We finished up the 3rd of August with a walk over the Findelen glacier and returned to Zermatt at a later hour than we intended, both very sleepy. This is noteworthy only on account of that which followed. We had to cross the Col de Valpelline on the next day, and an early start was desirable. Monsieur Seiler, excellent man, knowing this, called us himself, and when he came to my door, I answered, ‹All right, Seiler, I will get up›, and immediately turned over to the other side, saying to myself, ‹First of all, ten minutes more sleep›. But Seiler waited and listened, and suspecting the case, knocked again. ‹Herr Whymper, have you got a light?› Without thinking what the consequences might be, I answered, ‹No›, and then the worthy man actually forced the lock off his own door to give me one. By similar and equally friendly and disinterested acts, Monsieur Seiler has acquired his enviable reputation.»[81]

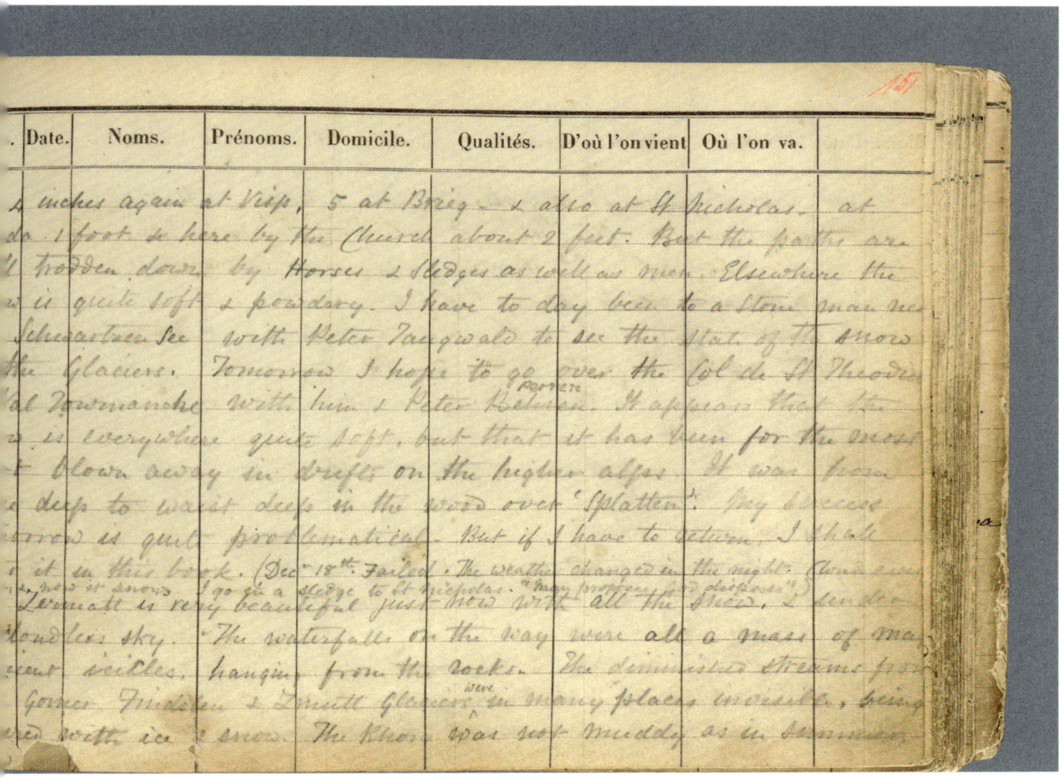

Als Bergsteiger hatte Whymper einen grossen Ehrgeiz, und er strebte auch schon früh die Aufnahme in den renommierten englischen Alpine Club an. Diese Mitgliedschaft wurde ihm nach seiner Besteigung des Mont Pelvoux im Jahr 1861 gewährt, obwohl man ihn eigentlich wegen seines niedrigen Berufsstands nicht wirklich als «clubfähig» taxierte, denn traditionellerweise wurden nur vermögende Angehörige der Oberschicht und Adlige zum exklusiven Club zugelassen.

Einer der Erstbesteiger der Dufourspitze, Christopher Smyth, war 1862 auch der allererste Hotelgast, der im Winter in Zermatt weilte. Er war zusammen mit Seiler von Visp her ins verschneite Zermatt gestapft und trug sich am 18. Dezember 1862 im Hotel Monte Rosa ins Gästebuch ein. Dort hielt er in einem dreiseitigen Bericht seine Erfahrungen im winterlichen Zermatt fest. Er musste seinen Eintrag mit Bleistift schreiben, denn es sei, so bemerkte er ganz nebenbei, im Hotel so kalt gewesen, dass ihm die Tinte gefroren sei. Er schliesst seine Notizen mit den beachtenswerten Worten: «Seiler has as usual shown me the greatest attention and kindness. He lives in Brig, but he has just informed me, that he will at any time open his hotel to Winter visitors if they will let him know before.»

Alexander Seiler hatte demnach bereits im Jahr 1862, drei Jahre vor Johannes Badrutt in St. Moritz, sein Hotel für einzelne Wintergäste geöffnet und ernsthaft die Möglichkeit eines Zermatter Wintertourismus in Betracht gezogen. Es würde aber dennoch weitere 66 Jahre dauern, bis Alexanders jüngster Sohn Hermann schliesslich 1928 die lang ersehnte erste offizielle Zermatter Wintersaison in die Tat umsetzen konnte. Bis dann war der Zugang zum Dorf im Winter nur unter sehr schwierigen und teilweise gefährlichen Umständen möglich. James G. Smyth erwähnte ebenfalls im Gästebuch, dass Thomas Stuart Kennedy schon im Winter zuvor nach Zermatt gekommen sei: «Mr Kennedy was here alone last February and after sleeping in the Chapel of Schwarzsee, made a very plucky attempt to the Matterhorn. This attempt made great sensation here and ought not to be left unrecorded.»

Thomas Stuart Kennedy's Wintererfahrungen

Thomas Stuart Kennedy (1841–1894).

Thomas Stuart Kennedy aus Leeds in England war nicht nur ein sehr beliebter Gast in Zermatt, er war auch ein hervorragender, unerschrockener Alpinist, der sich in englischer, französischer und sogar in deutscher Sprache unterhalten konnte. Als der 17-Jährige im Sommer 1858 erstmals bei Seiler im Hotel Monte Rosa logierte, zog er bald die Aufmerksamkeit und Anerkennung der anderen Gäste auf sich. Denn aufgrund der Beobachtungen, die er während seinen vielen Streifzügen mit Fernrohr und Teleskop rund ums Matterhorn gemacht hatte, kam er zur Überzeugung, dass eine Besteigung im Winter versucht werden sollte und dass diese am besten über den Nordostgrat möglich sein würde. Er erkannte somit als Erster, was die anderen Matterhorn-Aspiranten Tyndall, Macdonald, Carrel und Whymper lange Zeit für unmöglich gehalten hatten: dass eine Besteigung des Matterhorns von Zermatt her über den Hörnligrat realisierbar sein könnte. Verschiedene Erstbesteigungen konnte Kennedy für sich verbuchen, so auch die Dent Blanche im Juli 1862. Sein Versuch einer Besteigung des Matterhorns im Winter 1862 zeugte von einer ganz neuen Denkweise: Die Überlegung war, dass das Eis des Sommers durch die Schneebedeckung im Winter einfacher begehbar sein würde. Doch schliesslich mussten er und seine Bergführer Peter Perren und Peter Taugwalder Vater angesichts der klirrenden Kälte schon auf 3300 Metern Höhe aufgeben und umkehren.[82]

Kennedy selbst schrieb über sein denkwürdiges Winterabenteuer:

> «Es war dunkel, als wir in Zermatt eintrafen. Kein Mensch in den Strassen, kaum ein Licht in den Häusern; die zwei Gasthäuser waren geschlossen. Nachdem der Pfarrer sein erstes Erstaunen überwunden hatte, bot mir der gute Mann ein herzliches Willkommen und Unterkunft an. Am nächsten Morgen trafen wir auf Peter Taugwalder, offensichtlich auf Arbeit wartend, und ich engagierte ihn, denn zwei Männer würden für die nächste Expedition wohl nötig werden. Abends gingen wir im ganzen Dorf auf Proviant aus. Kein frisches Fleisch war zu haben und kaum etwas Brot, mit Ausnahme des schwarzen Zeugs, das die Bauern essen. Beim Abmarsch wurden wir vom halben Dorf bestaunt. Am späten Nachmittag kamen wir in Schwarzsee an und machten uns ans Werk, die kleine Kapelle als Unterkunft für die Nacht einzurichten. Wir machten darin eine Feuerstelle und versuchten eine Suppe

Zehn Seiler-Kinder posieren vor der Kapelle am Schwarzsee, Fotografie um 1890.

zu kochen, wenn ein Absud aus Wasser und Käse und sehr altem getrocknetem Fleisch so bezeichnet werden darf. Um 4 Uhr morgens gab es erneut Feuer und Suppe. Mein Thermometer zeigte eine Aussentemperatur von 9 Grad Fahrenheit [= ca. −13° C]. Wir stampften knietief über den Furgg-Gletscher und erreichten am üblichen Punkt die Hörnli-Rippe. Ein scharfer Nordwind und Nebelfetzen liessen mich bereits am Gelingen dieser Expedition zweifeln. Wir wandten uns nach links, gingen der Rippe entlang, direkt auf das Horn zu. Wir erkletterten zahlreiche Granitblöcke, bis der alte Taugwalder erklärte, dass er nicht mehr weiterkönne. Perren kletterte weiter auf der Rippe; ich folgte mit Hilfe des Seils von oben, und zuletzt kam noch der alte Peter nach. Wiederum hatten wir fürchterlichen Wind, und wir verbargen uns einige Zeit unter den Felsen. Und hier, im Kampf mit diesem Wind und mit den grauen Felsen vor uns, fühlte ich die süsse Genugtuung der Kraft, die einen Menschen befriedigt, wenn er einem gleichwertigen Gegner gegenübersteht [...].»[83]

Die erwähnte Kapelle Maria zum Schnee stammt aus dem frühen 18. Jahrhundert; sie wurde von Bischof Franz Melchior Zen Ruffinen 1784 zur Messkapelle erhoben. Mit der Zeit entwickelte sie sich zu einem beliebten Wallfahrtsort anlässlich des Patronatsfests, welches dort jährlich jeweils am 5. August unter freiem Himmel abgehalten wird. Der Weg von Zermatt auf den Hörnligrat zum Einstieg ins Matterhorn führt neben der Kapelle am Schwarzsee vorbei. Sie ist eine eigentliche Kultstätte für die einheimischen

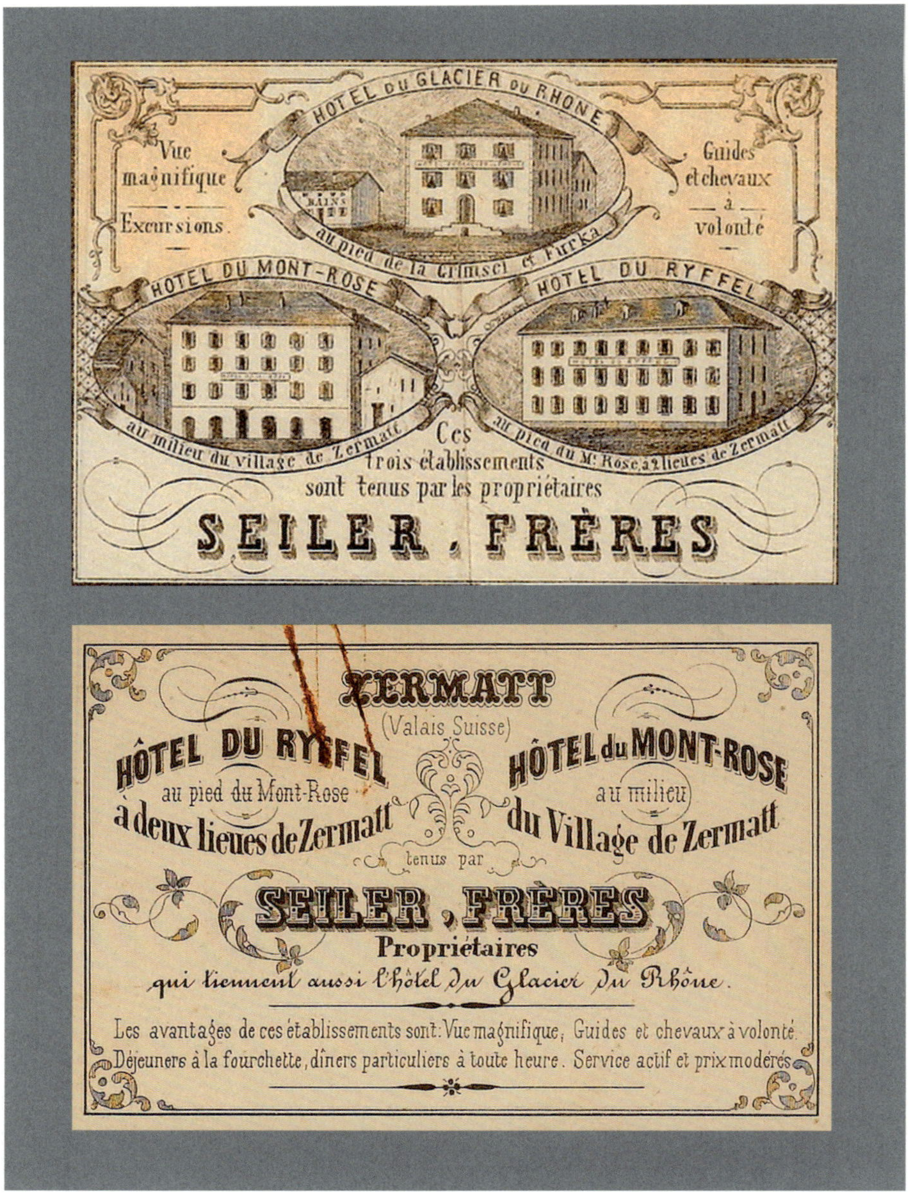

Die Brüder Seiler führen im Jahr 1864 bereits drei Hotels mit insgesamt 120 Betten.

Bergführer, denn kein Zermatter unternahm damals eine Expedition zum Matterhorn, ohne vorher in einem kurzen Gebet den Segen der Schutzpatronin zu erbitten und sich nach der Rückkehr wiederum für den gewährten Schutz zu bedanken.

Aus dem Ryffelhaus wird das Hotel du Ryffel

Nach anhaltenden Diskussionen und Differenzen innerhalb der Zermatter Burgerschaft entschlossen sich die Eigentümer Ruden und Biner im Jahr 1862, das Gasthaus auf dem Riffelberg zu verkaufen. Die Gemeinde Zermatt besass ein Vorkaufsrecht und machte dieses geltend. Allerdings lasteten auf dem Betrieb hohe Schulden, und einige Einheimische prophezeiten bereits schadenfreudig seinen Ruin. So arrangierte sich die Gemeinde mit dem bisherigen Pächter Seiler, indem dieser die Schulden von 20 000 Franken übernehmen sollte und er im Gegenzug für die nächsten 15 Jahre vom Pachtzins befreit sein würde. Seiler überzeugte die Burgerschaft zudem von der Notwendigkeit einer Betriebsvergrösserung, da das einfach gehaltene Berghaus den steigenden Ansprüchen der Reisenden nicht mehr genügen würde und in seiner Form nicht rentabel betrieben werden könnte. Die Burgerschaft zeigte sich einverstanden und lieferte ihrerseits das nötige Baumaterial. Seiler hingegen übernahm die Kosten für die Bauarbeiten und finanzierte das zusätzliche Hotelinventar. Das nun viel geräumigere «Riffelberg» mit neun Fensterachsen und drei Stockwerken konnte im Herbst 1863 eröffnet werden und verfügte nun über 30 Schlafzimmer mit 48 Betten, drei Säle, Küche und Keller. Für diese Investitionen mussten die Gebrüder Seiler wiederum neue Kredite aufnehmen; Seiler erhielt die letzten Schulden der Gemeinde Zermatt für die ausgeführten Bauarbeiten und das Hotelinventar jedoch erst im Herbst 1880 zurückerstattet.[84]

Das 1863 erweiterte Hotel du Riffel mit neu 30 Schlafzimmern und 48 Betten.

«By 1854 the curé owned three-fourths of the house. The Zermatt people were jealous at the success of the inn and created such disturbances that in 1862 the house was sold to the commune, which gave a fresh lease for fifteen years to M. Seiler, after and on condition of paying the debt on the house (20,000 francs) and of enlarging it and improving it within and without, the Zermatt men delivering the building materials on the spot. In 1864, after these changes had been carried out, it contained thirty bedrooms.»[85]

Die Reise nach England

Im täglichen Umgang mit ihren mehrheitlich britischen Gästen erwarb sich das Wirtepaar Alexander und Catharina Seiler Grundkenntnisse der englischen Sprache sowie ein Verständnis für die besonderen angelsächsischen Gepflogenheiten. Bald servierte man in den Hotels also mittags einen «Lunch» und abends ein «Dinner», das nun als Hauptmahlzeit an einem langen gemeinsamen Table d'hôte immer pünktlich um 18 Uhr aufgetischt wurde, nachdem das vertraute Gebimmel der kleinen Turmglocke des Hotel Monte Rosa die Gäste allabendlich in den Speisesaal gerufen hatte. Am Nachmittag gab es «Afternoon Tea» und die Abende endeten meist im «Cigar Room» bei Drinks und einem gemütlichen Schwatz unter Gästen, wozu sich auch Alexander selbst gern gesellte. Besonders beliebt bei den Bergsteigern war, dass man bei Seilers schon sehr früh, also noch vor Tagesanbruch, ein «Breakfast» einnehmen konnte, während andernorts der Gast von Glück reden konnte, wenn er um fünf Uhr morgens ohne Frühstück von einem schlaftrunkenen Nachtwächter aus dem Hotel gelassen wurde.

Edward Schweitzer und Thomas Hinchliff, Seilers treueste Londoner Stammgäste, schlugen dem «Landlord» Seiler eines Abends vor, sie doch bald einmal in London besuchen zu kommen – in der damals grössten und modernsten Metropole der Welt mit unvorstellbaren 3,5 Millionen Einwohnerinnen und Einwohnern. Zudem würde die Vermählung des königlichen Brautpaars bevorstehen: Die Hochzeit zwischen Prinz Albert Eduard und Prinzessin Alexandra aus Dänemark war für den 10. März 1863 geplant, ein einmaliges Ereignis, das Seiler keinesfalls verpassen dürfe. So reiste Alexander am 1. März mit Kutsche, Eisenbahn und Schiff via Brig, Vevey, Genf und Paris nach London und wieder zurück in die Schweiz, was abenteuerliche vier Wochen dauerte. Seiler führte dabei sorgfältig ein Reisetagebuch.

Auszüge aus dem Reisetagebuch von Alexander Seiler

Samstag, 7. März 1863 «Die ganze Nacht hindurch Eisenbahn gefahren, über Dijon, Besançon, nachdem in Belfort die Effekten untersucht wurden, und Pass visiert. Bis nach Dijon musste bis um 12 Uhr gewartet werden, und am folgenden Tage komme ich um 1 Uhr Nachmittag an, also brauche ich 22 Stunden bis nach Paris. Die Gegend scheint nicht so schön zu sein, die Landhäuser und Dächer sind unschön, klein und ziemlich ein ärmliches Ansehen bietend, denn sie scheinen chinesischen Hütten ähnlich. Mit einem Fenster, höchstens zwei, und einem Eingange versehen [...]. Noch konnte ich von Paris wenig sehen, denn augenblicklich von der Westbahn fuhr ich in einem Omnibus nach der Nordbahn; hier etwas vor der Zeit angekommen, liess ich's mir in einem Restaurant von Paris mit einer Pariser Suppe, einem Kalbsohr und Kohl gütlich thun, nebst einem Glas Wein, welches 3,50 ct. kostete. Von Paris bis nach London musste ich nur F 22.50 zahlen, dagegen von Genf nach Paris 52.50 [...]. In Boulogne kam ich am 7. März um 9 Uhr abends an, mit einem Engländer von Paris bis dahin reisend, gab mir zu verstehen, dass man in den Schiffen den ersten Platz einnehmen solle, was ich auch that, was mir eine Zulage von F 3.50 ct. machte. Ruhig schlief ich in einem dieser Schiffsbetten und fühlte nicht im Mindesten ein Unwohlsein der üblichen Meeresübel. Am Morgen den 8. März weckte mich der Restaurateur der Kajütte um sieben Uhr und lud mich zum Frühstück, das aus Beufstec, Thee und Eier bestand, was also zusammen 5 F kostete und dem Bedienten six pence, oder 60 ct Trinkgeld.»

Die Prozession zur Ankunft von Prinzessin Alexandra in London, 7. März 1868..

Sonntag, 8. März «Erst um elf Uhr des Morgens kam ich in London an, ungefähr 2½ Stunden entlang wurde auf der Themse durch die ungeheure Schiffwelt gefahren, welches einen grossartigen Anblick bietet, als wäre die ganze Welt mit ihren Schiffen von Dampf und Segel zusammengekommen. Was mir ins Auge besonders fiel, war das grosse Hospitalschiff, einem Palaste ähnlich, was mir einen kleinen Begriff von einem Kriegsschiffe gab. Vor meinen Augen öffnete sich eine Verbindungsbrücke der Stadt, die von der Themse durchzogen ist, hier die Fahnen und Triumpfbögen bereitet auf die Hochzeit des Prinzen und der Prinzessin. Wer zum ersten Male die Menschenmenge, das Gedränge des Volkes und der Fuhrwerke sieht, kann sich keine Idee geben, es scheine hier die ganze Welt zusammengeströmt und durcheinander zu rollen. Ein Mann suchte mir einen Fiaker, calash genannt der mich um 1½ zu Herrn Schweitzer brachte. Hier war ich bereits erwartet und gut aufgehoben, mein Zimmer angewiesen,

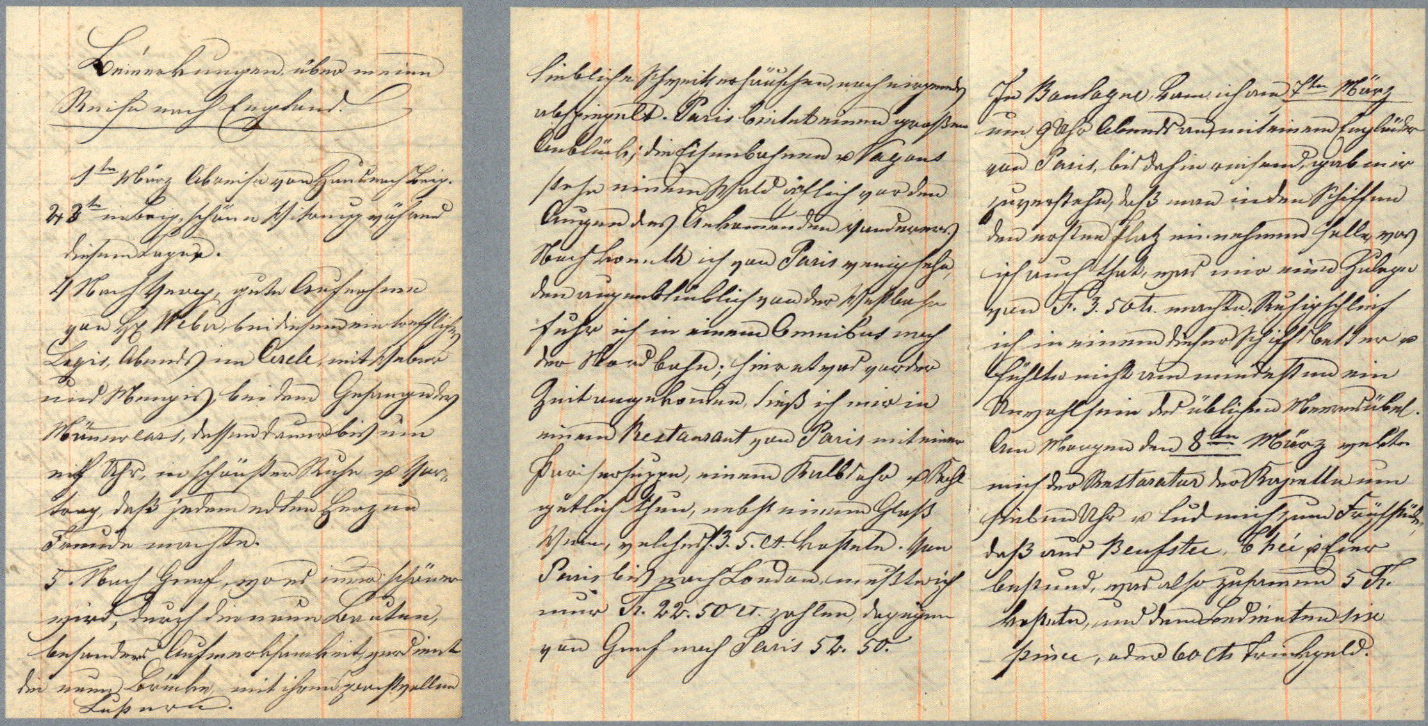

Alexander Seilers Tagebuch vom März 1863: «Bemerkungen über meine Reise nach England.»

wo ich alles Nötige fand […]. Nachdem ich einen schmackhaften Lunch zu mir genommen, machte Herr Schweitzer, obwohl es Sonntag war, einen hübschen Spaziergang mit mir nach dem englischen Park, der sich in Mitte der ungeheuren Stadt von London befindet.»

Montag, 9. März «Halb acht Uhr klopfte es an meiner Pforte und warmes Wasser musste mir das englische Waschen anzeigen. Ich fand mich etwas in Verlegenheit, wegen Mangel an Zimmerschuhen, die hier unentbehrlich sind, bis ich mir ein Paar zu 4 Sch 5 p kaufte. Herr Schweitzer machte mich auf einen Hut aufmerksam, denn selten sieht man unter dieser Menschenmasse solche, die nicht einen Cylinder hätten. Um ein Uhr des Nachmittags wurde üblicherweise der Lunch eingenommen und eine Spazierfahrt durch die Stadt nach der Seite der Londoner Brücke hin, musste mir das Drängen und Wirbeln des Volkes und der Wagen anzeigen, während den Sonntagen das Geräusch der Handeltreibenden Welt eingestellt ist, konnte ich dieses erst heute sehen. Wenn man sich durch die Oxfortstrasse drängelt, so erblicket das Auge nur Handel, Magazine und Waren in einem Luxus dargestellt, was Kunst, Einfall und Wissenschaft der Welt in allen Deutlichkeiten hervorzurufen vermag. Wer diese Menschenmasse in einer Stadt wo 3 Millionen Einwohner leben, erschaut, wie sie sich durcheinander wirren, in Kutschen, Fiaker, Karren und Omnibus, die daher ziehen, nach oben und unten besetzt, wie eine Theatertribüne, dem wird es schwindelich, ja dann träumt er in einer unendlichen Welt zu sein […].»

Montag, 10. März «In allen Strassen und Ecken der Stadt London wurde ein festlicher Schmuck zur Vermählung des königlichen Brautpaares wahrgenommen, die also heute zwischen dem Prinzen Albert Eduard und der Prinzessin Alexandra aus Dänemark in Windsor stattfinden sollte. Jeder durch die Strassen reitender und gehende Mann wie Pferd, trug eine Kokarde an der Brust oder auf dem Hute. Alle Läden wurden geschlossen und ein allgemeiner Feiertag genoss die Bevölkerung von London. Der Nachmittag beschäftigte mich mit einer gymnastischen Anschauung und Gesang in der Alhambra, deren Kunst allen menschlichen Begriff gleichsam übertrifft. Um sieben Uhr abends ging es also auf den Weg zur Anschauung der grossartigsten Beleuchtung, die vielleicht je London gesehen hat; um am schnellsten gegen die St. Paulskirche zu kommen gingen wir in die unterirdische Eisenbahn, die soeben erst vor Weihnacht vollendet wurde, dieses ein wahres Wunderwerk, das über hundert Fuss unter allen Strassen und Gebäuden Londons liegt und mit Stationen versehen ist, wo auf- und abgestiegen und gleichsam Bahnhöfe **angebracht sind.»**

Dienstag, 11. März «Von der letzten Nachtwandlung noch etwas ermüdet, wurde heute wenig unternommen, Herr und Dame ruhten aus und ich machte also einen Besuch der Familie Sargaad, die mich vermittelst meiner Empfehlung des Herrn Mengis ganz freundlich aufnahmen und auf den nächsten Abend einlud zu einem Besuche, den ich freundlich entgegennahm. Dieses ist also das erste Mal, dass ich mich in dieser ungeheuren Stadt weiter entferne, auf mich allein beschränkt. Es würden grössere Ausflüge leichter sein für mich, wenn mir die englische Sprache kundiger wäre. Hier lebt man zu Hause in stiller Einfachheit, wenn die Geschäfte des Tages vollendet sind. Der Engländer scheint sein Glück im Kreise der Familie im eigenen Hause zu sehen, wo übrigens alles comfortable eingerichtet ist und besonders die unbeschreibliche Reinlichkeit und stille Ordnung vorherrscht. Es gleicht dieses Leben einem klösterlichen, wo alles auf der Minute eingerichtet ist und herbeigebracht werden muss.»

Der Schweizer Historiker Joseph Jung beschreibt in seinem Buch «Das Laboratorium des Fortschritts – Die Schweiz im 19. Jahrhundert» Seilers Reiseeindrücke trefflich:

«Man spürt förmlich, wie der Hotelier aus Zermatt von der Grossstadt beeindruckt ist, von englischen Parks, kulturellen Sehenswürdigkeiten und Denkmälern, von Dampfern auf der Themse, von Eisenbahnbrücken und vom unterirdischen Schienenverkehr, vom Parlamentsgebäude, der Westminster Abbey und der Oxfordstrasse, wo sein Auge Handel, Magazine und Luxusgüter erblickt, vom unaufhörlichen Gedränge der Massen, vom Wirbel der Fuhrwerke – Kutschen, Fiaker, Karren und Omnibusse – und vom Stimmengewirr der Handeltreibenden. Schliesslich wird ihm schwindlig und ihm scheint, die ganze Welt sei hier zusammengeströmt und rolle durcheinander, und er träumt, in einer unendlichen Welt zu sein. Seiler wird bewusst, wie weit es der Mensch dank Einfallsreichtum, Wissenschaft und Kunst bringen kann. Man staunt über die Unbefangenheit, mit der er sich – ganz auf sich gestellt – von dieser ungeheuren Stadt entfernt, um die Umgebung zu erkunden. Dabei bedauert er, der englischen Sprache nicht genügend mächtig zu sein, um noch grössere Ausflüge zu wagen. Der Leser ist beeindruckt, wie dieser Alexander Seiler von hochgestellten Persönlichkeiten eingeladen und in die elegante Welt eingeführt wird, auch in den Salon eines berühmten Professors der Chemie, wo er mit Gelassenheit trägt, dass er den Ausführungen aufgrund mangelnder Sprachkenntnisse nicht folgen kann. Schliesslich darf der Besuch im exklusiven Alpine Club nicht fehlen. Seiler diniert in Gesellschaft edler Damen und renommierter britischer Alpinisten, die Sommer für Sommer in Zermatt seine Hotelgäste waren und mit denen er auf freundschaftlicher Basis verkehrt.»[86]

Alexander Seiler kehrte am 29. März 1863 inspiriert in die Schweiz zurück, tief beeindruckt vom luxuriösen, durchorganisierten Leben in der britischen Metropole und mit einem Strauss voller Ideen für neue Projekte im Gepäck. Er war bestrebt, seinen Gästen nun einen noch besseren Komfort, Service und allerlei neue Annehmlichkeiten zu bieten, so wie er es in den feinen Londoner Häusern erlebt hatte. Von nun an herrschte in seinen mustergültig geleiteten Hotels vorwiegend die vornehme englische Sitte. Er stellte seinen Gästen fortan Lesezimmer mit deutschen, französischen und englischen Tageszeitungen, Landkarten, Büchern und allerlei anderen Zeitschriften frei zur Verfügung. Auch in der Küche und im Saal waren Änderungen festzustellen: Emailliertes Blech- und Zinngeschirr wich allmählich dem vornehmen Tafelsilber, elegantem Porzellan und glitzernden Kristallgläsern. Auch die Speisekarte wurde noch stärker auf die britische Kundschaft ausgerichtet, denn die englische Küche hatte Mitte des 19. Jahrhunderts einen ausgezeichneten Ruf. Sogar im damaligen Frankreich verwies man auf die exquisite «Cuisine Anglaise». Der damals hervorragende Stellenwert der englischen Küche gründete in der hochstehenden Esskultur und dem einfachen Zugang zu neuen exotischen Gewürzen und Lebensmitteln aus den britischen Kolonien, die ganz neue Qualitäten, Geschmäcker und Zubereitungsformen ermöglichten. Dinieren im eleganten englischen Stil wurde in den Hotels zu einer symbolträchtigen Angelegenheit, durch welche sich die Oberschicht gegenüber anderen Gästen abheben und ihren besonderen Status ausdrücken konnte.

Das *Morgenblatt für gebildete Leser* aus dem Jahr 1865 vermittelt einen recht guten Eindruck von Seilers Anstrengungen, die Qualität in seinen Gasthöfen zu verbessern:

«Auf dem kleinen Platze vor dem Hotel du Mont Rose fanden wir ein buntes Treiben von Führern, Trägern und Touristen. Auch im Innern war das Haus voll fröhlichen bewegten Lebens und die Table d'Hôte vereinigte eine zahlreiche Gesellschaft, die übrigens mit Ausnahme eines Landsmannes von ziemlich philisterhaftem Habitus sämtlich aus Söhnen und Töchtern Albions bestand. Die ganze Einrichtung des Gasthofs zum Monte Rose lässt uns unschwer erkennen, dass wir uns hier an einem zu längerem Aufenthalte bestimmten Haupt Sammelplatze für Hochgebirgsfahrer befinden. Da sind keine winzigen Schlafkämmerchen, die nichts als Bett, Stuhl und Waschtisch enthalten, sondern komfortabel eingerichtete Zimmer mit Sofa, Kommode und Sekretär; im Speisesaale finden wir eine ganze Bibliothek von

Hôtel Monte Rosa & Hôtel Riffel
Zermatt (Wallis)
sind offen. Gonergrat und Schwarzsee können bestiegen werden. Unterfertigter gibt Pension zu billigen Preisen für Juni und Juli.
A. Seiler, propriétaire.

Der Bund, Nr. 166, 18. Juni 1877.

Reisewerken, Zeitschriften und (zumal englischen) Romanen, dabei Plan- und Reliefkarten und Panoramen der Umgegend in Menge. Zeitungen in deutscher und französischer Sprache von leidlich neuem Datum lassen uns vergessen, dass wir uns im Herzen des Hochgebirges befinden. Die Speisekammer und der Weinkeller sind trefflich versorgt, soweit die meisten Lebensmittel auch herbeigeschafft werden müssen. Denn wenn gleich Zermatt seiner geschützten Lage im Schoße der Gebirge wegen einer verhältnismässigen Gunst des Klimas sich erfreut, und die Getreidefelder sogar noch mehr als 1000, die Wälder an 2000 Fuß an den Bergen hinaufgehen, so ist doch die mittlere Jahres Temperatur (–4,49 R. nach Schlagintweit) des 5000 Fuß über dem Meeresniveau liegenden Ortes kaum die von Riga in Liefland, und die Einwohner des Thales sind so arm und bedürfnislos, dass das Meiste für die Gäste Bestimmte aus dem Rhonethal, ja zum Theil von den Ufern des Genfer Sees herbeigeschafft werden muss. Im Verhältnis dazu sind die Preise hier und noch mehr in dem 3000 Fuß höher liegenden Riffelhaus, das ebenfalls den Wirthen zum Monte Rosa, den Gebrüdern Seiler gehört, keineswegs hochzunennen.»

Alexander blieb jedoch, trotz all seinen Erfolgen, der liebenswürdige und allseits dienstbereite Oberwalliser Bergler, der auch seinen eigenen Landsleuten immer gerne mit Rat und Tat zur Seite stand. Trotz des verbesserten Komforts und allerlei neuen Bequemlichkeiten blieben Seilers Preise auch für weniger begüterte Gäste entschieden niedriger als die der Konkurrenz in anderen beliebten Ferienorten, sodass es sich auch Touristen mit moderatem Geldbeutel leisten konnten, bei ihm abzusteigen. Das Verkaufsargument, «billige», «ermässigte» oder «moderate» Preise anzubieten, findet sich denn auch immer wieder in seiner Hotelpropaganda.

Trauer um die Brüder Joseph und Franz

Die Jahre 1863 bis 1865 bringen der Familie Seiler neben dem geschäftlichen Erfolg auch Kummer.

Nachdem Alexanders Vater Christian bereits im Jahr 1856 gestorben war, fanden Priester seinen Bruder Joseph am 22. Juli 1863 tot im Klostergarten des Kollegiums Brig. Er starb unter mysteriösen Umständen mit nur 44 Jahren. Alexanders zweiter Bruder, der Notar Franz, starb am 22. August 1865 in Blitzingen nach langer Krankheit an Tuberkulose. Er wurde nur 38 Jahre alt. Alexander verlor damit innerhalb von zwei Jahren nicht nur seine beiden geliebten Brüder, sondern auch zwei Ratgeber und wichtige Geschäftspartner.

Da weder Joseph noch Franz eigene Nachkommen hatten, wurde Alexander ganz ungewollt und ohne sein Zutun zum Alleineigentümer der beiden noch jungen Hotelgeschäfte in Gletsch und Zermatt. Aus der Gesellschaft «Seiler Frères» wird «A. Seiler, Propriétaire».

Im *Walliser Boten* vom 9. September 1865 erschien der Nachruf auf Franz Seiler:

HIER RUHT
Hr. CHR. SEILER, ALTVORSTEHER
v. BLIZIGEN,
ALT 68 J. GEST. 20 MÄRZ 1856.
ER RUHE IM FRIEDEN!
DIE DANKBAREN KINDER.

RUHESTÄTTE
Hr. FRANZ SEILER NOTAR
u. GROSSRATH,
GEB. 21 APRIL 1827, GEST. 22 AUGUST
1865.
AUS BRUDERLIEBE.

Alexanders Entwurf der Grabinschriften für seinen Vater und für seinen Bruder.

«Am 22. August abhin, schied in Blitzingen, seinem Geburtsort, in frommer Ergebung im Herrn dahin, Herr alt Grossrath, Bezirksrichter und Notar, Franz Seiler, in der Blüte seiner Tage, im 39. Lebensjahre. Seit 18 Monaten litt er schmerzlich an einer Art Lungenschwindsucht – wohl fühlend, dass er sich von seinem Krankenlager nicht mehr erheben werde, empfing er oft die Tröstungen der Religion. Wohl bedauerte er oft, die bedeutenden Geschäfte, die er mit seinem Bruder gegründet und die viele Menschen ernähren, nicht besorgen helfen zu können, doch ohne Klagen. Der plötzliche Tod seines Bruders, des hochwürdigen Professor und Präfekten Seiler in Brig, der plötzlich und geheimnisvoll vor 2 Jahren dahingerafft wurde, hatte nebst der ganzen achtbaren Familie, auch Herrn Franz stark gebeugt und vielleicht auch teilweise ihm das Todesgift gebracht. Herr Professor Seiler steht noch jetzt in bester Erinnerung bei der ganzen gegenwärtigen und ehemaligen studierenden Jugend am Kollegium in Brig und dessen Bevölkerung und wird auch stets in gesegnetem Andenken fortleben. Zeugnis davon gab auf rührende Art der grosse, lange Leichenzug, von allen Seiten herbeigeeilt, um dem zu früh Verblichenen die letzte Ehre zu beweisen. Noch selten wird die Pfarrei Niederwald für einen weltlichen Herren eine solche Beerdigung gesehen haben. Der Verstorbene war Freund dem Freunde und gut gegen jederman. Deshalb strömten dann auch von allen Seiten, selbst aus abgeschlossenen Thalschaften seine ehemaligen Mitschüler, geistlichen und weltlichen Standes, soweit möglich nach Niederwald, um am Grabe des Freundes ein ‹Hab Dich selig› zum Vater der Güte hinaufzuschicken. Beim Abschiedsgrusse, den der hochw. Pfarrer Schwerin dem Dahingegangenen in rührenden Zügen zuwandte, glänzte auch in manchem Auge eine Träne der Freundschaft – Die Erde sei ihm leicht – er ruhe im Frieden. Ein ehemaliger Mitschüler.»

Alexander errichtete auf dem Friedhof von Niederwald eine Säule zum Gedenken an seinen Vater Christian.

Der Kampf ums Matterhorn

Um 1865 war das Matterhorn einer der letzten noch unbezwungenen Gipfel der Alpen, und es entbrannte ein leidenschaftlicher Wettkampf zwischen den damals besten Alpinisten. Engländer, Schweizer, Franzosen und Italiener wetteiferten um Sieg und Ehre im letzten grossen Gipfelrennen der Schweizer Alpen.

Edward Whymper, um 1870.

Im Sommer 1865 trafen in Zermatt eher zufälligerweise verschiedene Matterhorn-Aspiranten ein. Edward Whymper, der bereits bei sieben Versuchen, das Matterhorn zu bezwingen, gescheitert war, schrieb sich am 19. Juni 1865 ins Gästebuch des Hotel Monte Rosa ein. Seine sportliche Leistungsfähigkeit und grosse Entschlossenheit sind bemerkenswert: Er dokumentierte, dass er am 13. Juni zu Fuss von Interlaken nach Lauterbrunnen aufgebrochen und dann über den Petersgrat nach Turtmann und weiter über die Forcletta nach Zinal marschiert war. Am 16. Juni gelang ihm ganz nebenbei die Erstbesteigung des 3962 Meter hohen Grand Cornier. Dann erkletterte er die Dent Blanche und ging über den Col d'Hérens nach Zermatt. Seine Begleiter waren Michel Croz, Christian Almer und Franz Biner. Am Eingang des «Monte Rosa» traf Whymper, mit geschwollenen Lippen, verbundenen Händen und von den Strapazen seiner siebentägigen Tour gezeichnet, zufällig auf den überraschten Thomas Stuart Kennedy.[87] Kennedy war anlässlich seiner Hochzeitsreise mit Lady Clara Thornton nach Zermatt gekommen. Er notierte im Gästebuch, dass er mit seiner Gattin und ihrem Dackel bei schönstem Wetter am 20. Juni die Dufourspitze erreicht habe. Bergsteigen war damals mitnichten nur Männersache, Frauen reisten ebenfalls in die Berge. So waren auch die 16-jährige Lady Forman, Marie Cathrein und Lucy Walker auf der Dufourspitze. Und Lucy Walker würde 1871, begleitet von Führer Melchior Anderegg, als allererste Frau den Gipfel des Matterhorns besteigen.

Am 29. Juni 1865 gelang Edward Whymper mit Christian Almer und Franz Biner die Erstbesteigung der Aiguille Verte, einer der schwierigsten Viertausender der Alpen. Dies zum Verdruss Kennedys, der sich das gleiche Ziel gesetzt hatte, anlässlich dringender Geschäfte aber vorzeitig zurück nach London reisen musste.

Reverend Charles Hudson hatte sich ebenfalls in Zermatt angemeldet und wurde bei seiner Ankunft von Alexander und Catharina Seiler vor dem Hotel Monte Rosa freudig begrüsst. Sie kannten sich schon seit zehn Jahren, seit Hudsons Erstbesteigung der Dufourspitze im Jahr 1855. Auch der 18-jährige abenteuerlustige Lord Francis Douglas befand sich wieder einmal auf dem Weg nach Zermatt, ebenso Lucy und Horace Walker aus Liverpool sowie Adolphus Warburton Moore (1841–1887) aus London. Den beiden Letzteren glückte am 7. Juli 1865 die Erstbesteigung des Obergabelhorns mit dem Führer Jakob Anderegg. Während sich die verschiedenen Matterhorn-Aspiranten in wechselnder Runde im englischen Hauptquartier im «Monte Rosa»

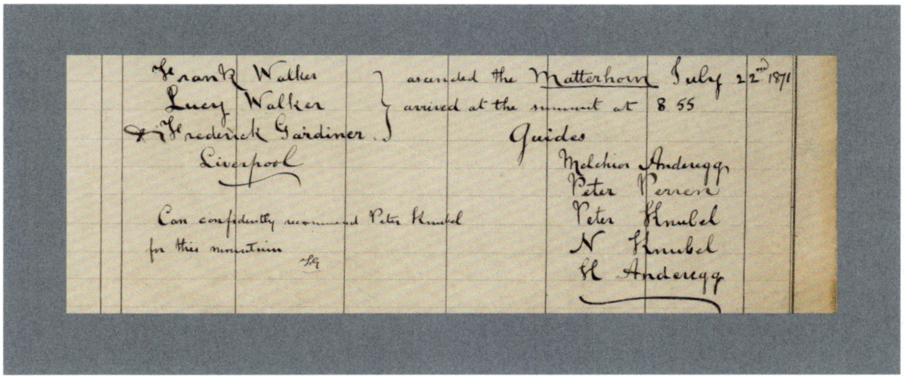
Frank Walker
Lucy Walker
& Frederick Gardiner
Liverpool
ascended the Matterhorn July 22nd 1871
arrived at the summit at 8 55
Guides
Melchior Anderegg
Peter Perren
Peter Knubel
N Knubel
H Anderegg
Can confidently recommend Peter Knubel for this mountain

Der Eintrag im Gästebuch des Hotels Monte Rosa vom 22. Juli 1871 bestätigt Lucy Walker aus Liuverpool als erste Frau auf dem Gipfel des Matterhorn, begleitet durch die Führer Anderegg, Perren und Knubel.

am Table d'Hôtes zum Dinner versammelten und keiner seine Pläne so richtig verraten wollte, bereitete sich in Breuil, auf der italienischen Seite, Jean-Antoine Carrel auf seinen 18. Versuch am Matterhorn vor. Er wollte endlich «sein» Matterhorn bezwingen und den Sieg nach Italien bringen. Als Whymper nach seinem achten erfolglosen Versuch über den Ostgrat am 10. Juli in Breuil erfahren hatte, dass die Italiener unter Carrels Führung und mit Unterstützung des italienischen Finanzministers Quintino Sella eine gross angelegte Expedition ohne ihn planten, eilte er sofort nach Zermatt zurück, um doch noch einen Versuch über den bis anhin als unbesteigbar geltenden Hörnligrat zu wagen – und so Carrel vielleicht noch abzufangen. In Breuil traf er zufällig auf Lord Francis Douglas, der bereits Peter Taugwalder Vater als Bergführer gebucht hatte, und konnte ihn für ein gemeinsames Vorgehen gewinnen.

Triumph und Tragödie

Zurück in Zermatt stiess Whymper auf seinen früheren Bergführer Michel Croz, der bereits von Hudson und Hadow für einen Versuch zur Erstbesteigung des Matterhorns gebucht worden war. In aller Eile wurde am 12. Juli 1865 abends im Hotel Monte Rosa ziemlich überstürzt eine Seilschaft zusammengestellt, die sich eher zufällig ergab: Der Gruppe gehörten der 36-jährige Theologe Charles Hudson, der 25-jährige Edward Whymper – beides erfahrene Alpinisten –, und die beiden noch nicht 20-jährigen Douglas Robert Hadow und Lord Francis Douglas an, Letzterer ein entfernter Verwandter des britischen Königshauses. Als Führer waren auf Whympers Wunsch hin Michel Croz aus Chamonix, Peter Taugwalder und sein 21-jähriger Sohn Peter aus Zermatt engagiert. Zusätzlich war Taugwalders dritter Sohn, der 15-jährige Friedrich, als Träger mit von der Partie. Am nächsten Tag, es war der Donnerstag, 13. Juli 1865, brach die achtköpfige Gruppe frühmorgens von Zermatt auf und erreichte am Nachmittag das auf 3350 Meter Höhe gelegene «Hörnli». Dort bauten die Männer ihr Biwak auf und richteten sich für die Nacht ein. Der junge Träger Friedrich Taugwalder hatte seine Aufgabe erfüllt und kehrte von dort nach Zermatt zurück.

Am Freitag, dem 14. Juli, machte sich die Gruppe nachts um 3.40 Uhr an den Aufstieg und erreichte zu ihrem grössten Erstaunen und ohne nennenswerte Schwierigkeiten gegen zwei Uhr mittags und bei schönstem Wetter den Gipfel des Matterhorns. Die letzte grosse Herausforderung, der unbezwingbare König der Alpen, war gefallen. Dann erblickte die Seilschaft die Italiener auf der anderen Seite, etwa 400 Meter weiter unten. Die Matterhorn-Bezwinger machten sich bemerkbar und johlten zu den Italienern hinunter, worauf sich diese enttäuscht zur Umkehr entschlossen. Whymper notierte später selbstzufrieden: «Ich hätte gewünscht, dass Carrell in diesem Augenblick neben uns gestanden hätte, denn unser Siegesgeschrei sagte ihm, dass er sein höchstes Lebensziel verfehlt hatte.»[88] Die Bezwinger blieben ungefähr eine Stunde auf dem Gipfel und genossen ihren Triumph. Beim Abstieg, noch hoch oben an der Schulter des Matterhorns, nahm jedoch eine Tragödie ihren Anfang. Das schwächste Mitglied der Seilschaft, der junge Hadow, der schon beim Aufstieg etliche Mühe bekundet hatte, rutschte aus, stürzte auf den vor ihm stehenden Croz, beide fallen und reissen die nachfolgenden Hudson und Douglas mit sich. Taugwalder Vater warf geistesgegenwärtig das Seil um einen Felsen, um die Stürzenden und damit die ganze Seilschaft zu sichern. Doch die Belastung durch die vier gleichzeitig fallenden Männer war zu gross: Das Seil zerreisst zwischen Lord Douglas und Taugwalder Vater. Croz, Hadow, Hudson und Douglas stürzen die Steilwand hinunter in den Abgrund und verschwinden in der Tiefe.

Der Genfer Hotelgast Ch. Lang, ein Zeitzeuge, beschrieb die Ereignisse vom 14. Juli, wie er sie von Zermatt aus beim Mittagessen im Hotel Monte Rosa selbst erlebt hatte:

> «Ich befand mich mit Genfer Bergfreunden beim Mittagessen in Seilers Hôtel du Mont Rose. Gerade im Augenblick, als ein appetitliches Dessert von Bergerdbeeren und Himbeeren nach seiner Vortrefflichkeit gewürdigt wird, tritt Seiler strahlend ein: Herren, meine Herren, man sieht sie! Sie sind bei der Schulter! Darauf ein allgemeines Durcheinander. Man erhebt sich, man steigt die Treppe hinunter zu vier und vier, man rennt zum Pavillon des Hotels – und wie gewöhnlich in solchem Falle – sieht nichts! Es ist schwierig, eine menschliche Gestalt zu erkennen, die auf einer Höhe von 8000 Fuss in der Flanke eines bräunlichen, zerrissenen Berges klettert. Ich habe schon erwähnt, dass das Wetter prächtig war; das Spiel von Licht und Schatten war deshalb so intensiv, dass jeder Fels die Gestalt eines Menschen hatte. Einzig die Führer mit ihren Luchsaugen erkennen die Bewegungen der Karawane; sie beobachten sie im Zickzack Marsch auf dem höchsten Punkt des Nordostgrates, der das Hörnli mit dem Hauptgipfel verbindet. Die Stille ist gross um uns, jeder fühlt die Gefahr und nimmt Teil daran, aber wie soll man sich darüber Rechenschaft geben mit so primitiven Instrumenten wie die Kartonröhren, deren sich die Führer bedienen? Das Taschenfernglas von Longs Bergkamerad Moise Briquet ist gut, aber nicht stark genug. Seiler gäbe 500 Franken, wenn er in diesem Augenblick ein gutes Fernrohr hätte. Er überlegt, wie er sein Material durch diese nützliche Anschaffung für die Zukunft vervollständigen könnte. Hoffen

THE CLUB-ROOM OF ZERMATT, IN 1864.

wir, dass es nicht nur bei der Absicht bleibt, und sagen wir nebenbei, dass Zermatt in dieser Beziehung rückständiger ist als Chamonix, wo jedes Hotel mit einem ausgezeichneten Fernrohr versehen ist. Um halb zwei Uhr, wenn ich mich recht erinnere, erscheint auf dem Grat des Berges die Silhouette einer menschlichen Gestalt (Whymper), unmittelbar gefolgt von einer andern (Croz); weitere tauchen auf, wir zählen sieben, alles geht gut! Da sind sie! Sie sind heil und gesund angekommen und können sich ihres Triumphes freuen. Man sieht sie herumgehen, man kann sie gegen den blauen Himmel fast unbewaffneten Auges erkennen; dann verschwinden alle, sie gehen, nun sind sie weg! Ahh! ruft nach einigen Minuten des Suchens ein Sohn Taugwalders, unter allen begierig, die Spur seines Vaters und seines Bruders zu verfolgen, Lawine! Ich betrachte Seiler. Er wird bleich. Taugwalder spricht leise zu ihm. Baahh, eine Lawine, das sieht man oft während eines heissen Sommertags. Hurra, und Viktoria für old England!»

Im Dorf Zermatt war die Freude gross, Champagnerflaschen wurden kalt gestellt, Seiler begann mit den Vorbereitungen für einen gebührenden Empfang der Matterhornhelden. Er wollte aber erst die Rückkehr der Seilschaft abwarten und mahnte die feiernden Engländer zur Vorsicht: Man dürfe den Tag nicht vor dem Abend loben, das sei eine alte, aber kluge Wahrheit. Auch

The Club-Room of Zermatt 1864: Berühmte Alpine-Club-Mitglieder mit Bergführern vor dem Hotel Monte Rosa in Zermatt. Von links nach rechts: F. Crawford Grove (mit Hut), Leslie Stephen (sitzend), George E. Foster, Frank Walker, Rev. J. Robertson (stehend ohne Bart), A. W. Moore, Reginald S. Macdonald (auf Stuhl), John Ball (mit Seil), William Mathews, T. S. Kennedy, T. G. Bonney, John Tyndall, Ulrich Lauener (mit Eispickel auf der Schulter), Richter Alfred Wills (mit verschränkten Armen), Lucy Walker (am linken Türrahmen) Catherine Seiler (am rechten Türrahmen), Franz Andermatten (sitzend mit Seil) Joseph Maquignaz (stehend mit Hut und Pfeife), Peter Taugwalder junior (sitzend), Peter Perren (stehend, ganz rechts aussen). Zeichnung von Edward Whymper, 1864.

Frauen und Männer begeisterten sich gleichermassen für die Bergwelt, hier auf dem Findelengletscher. Fotografie von François Fumex, um 1900.

in Italien wurde der Sieg bejubelt. Man hatte von Breuil aus die Gestalten auf dem Gipfel gesehen, und diese fälschlicherweise für Jean-Antoine Carrels Seilschaft gehalten. Der Topograf F. Giordano, der taktische Leiter der italienischen Exkursion, schrieb am 14. Juli an seinen Minister:

> «Heute um 2 Uhr nachmittags sah ich mit einem guten Fernrohr Carrel und Genossen auf dem höchsten Punkt des Matterhorns, mit mir auch viele andere: demnach ist der Erfolg so gut wie gewiss und das obwohl vorgestern das Wetter äusserst schlecht war und der Berg ganz mit Schnee bedeckt wurde [...]. Whymper ist abgezogen, um von der anderen Seite den Aufstieg zu versuchen, glaube aber umsonst.»[89]

Im Rückblick und anlässlich des 100-Jahr-Jubiläums zitierte die *Neue Zürcher Zeitung* in ihrer Wochenendbeilage vom 10. Juli 1965 einen Bericht aus der *Times*, der am 29. Juli 1865 auch im Berner *Bund* wiedergegeben wurde. Der Pfarrer der anglikanischen Kirche, Joseph M. Cormick, berichtete aus Zermatt:

> «Die vier Engländer brachen am Donnerstag morgens mit ihren drei Führern von Zermatt auf und übernachteten auf der Haltstelle am Hörnli. Freitag morgens, 3 Uhr 40 Minuten machten sie sich daran, die zur Linken des Grates sich erhebenden Felsen zu erklimmen, und ohne besondere Schwierigkeiten erreichten sie gegen 2 Uhr den Gipfel, höchst erfreut, am Ziel ihrer sehnlichen Wünsche angelangt zu sein. Gegen 3 Uhr sah man sie von Zermatt aus den Rückweg antreten, am Seil und in der bereits bekannten Reihenfolge. Nicht weit vom Gipfel hatten sie eine sehr gefährliche Stelle zu passieren, einen Abhang, auf dessen schneebedeckten Felsen der Fuss keine sichere Stütze fand. Nur mit grösster Vorsicht konnte hier hinabgestiegen werden. Plötzlich hört Whymper einen Schrei des vorausgehenden Führers Croz, und gleichzeitig sieht er diesen

> und Hadow hinabgleiten; das Gewicht dieser beiden Männer zieht Hudson und Douglas nach. Whymper und die beiden Taugwalder, durch den Schrei des Croz gewarnt, klammern sich an die Felsen und versuchen mit ihrer ganzen Kraft, die Stürzenden aufzuhalten. Aber das Seil war zu schwach: es riss und die Unglücklichen verschwanden in bodenlose Abgründe.»

Vater Taugwalder hatte geistesgegenwärtig das Seil um einen Felsvorsprung geschlungen – und damit verhindert, dass er, sein Sohn und Edward Whymper ebenfalls in die Tiefe gerissen wurden. Eine halbe Stunde verharrten die drei Überlebenden am Berg. Sie waren durch den Unfall so gelähmt, dass sie grosse Mühe hatten, weiterzukommen. Nur noch 300 Meter Abstieg schafften sie an diesem tragischen 14. Juli 1865. In schwindelerregender Höhe und in einer schauerlichen Gefühlslage verbrachten sie die eisige Nacht am Berg. Erst am anderen Morgen, am Samstag um halb elf, erreichten die Überlebenden völlig entkräftet das Dorf Zermatt.

Whymper traf vor dem Hotel Monte Rosa auf Alexander Seiler, der ihn fragend anblickte. Er teilte ihm in kurzen Worten mit: «Wir sind zurückgekommen, die beiden Taugwalder, ich ...» Seiler begriff sofort, die anfängliche Ungläubigkeit wich einem Schock, dann einer grossen Traurigkeit. Verzweifelt versuchte er sofort eine Rettungskolonne auf die Beine zu stellen, doch der nächste Tag war ein Sonntag, und den streng katholischen Zermattern war es damals nicht erlaubt, an Sonn- und Feiertagen Bergtouren durchzuführen, bevor sie nicht die heilige Messe besucht hatten. Diese strengen Auflagen der Kirche wurden erst Jahre später etwas gelockert, so ist in der *Zürcherischen Freitagszeitung* vom 8. November 1878 zu lesen:

Edward Whymper, um 1885.

> «Das muss man sagen, der katholische Klerus weiss sich beim Völklein einzuschmeicheln. Bei einer festlichen Zusammenkunft der Führer aus dem Vispertal, die im Hotel Monte Rosa zu Zermatt stattfand und an der es hoch herging, teilte ihnen der Pfarrer von Zermatt mit, der Bischof habe für sie spezielle Fastengebote aufgestellt und dispensiere sie während der Fremdensaison vom Besuch der Messe an Sonn- und Feiertagen.»

So stiegen am Sonntag, 16. Juli 1865, frühmorgens Whymper, Pfarrer Cormick und die aus St. Niklaus kommenden Bergführer Josef Marie und Alexander Lochmatter sowie Franz Andenmatten zum gefährlichen Gletscherfeld am Fusse der Nordwand hinauf, an die Stelle, wo die Verunglückten ihrer Vermutung nach hinuntergestürzt waren. Dort fanden sie nach kurzer Suche die arg entstellten Leichen von Croz und Hadow nahe beieinander liegend, Hudson etwa fünfzig Meter entfernt. Der Leichnam von Lord Douglas ist bis heute nicht gefunden worden. Erst am Mittwoch, dem 19. Juli, brach dann von Zermatt aus ein 21 Mann starker Bergungstrupp unter der Leitung der Brüder Lochmatter und Franz Andenmatten auf, um die Verunglückten zu bergen und ins Tal hinunterzutragen.

Pfarrer Cormick berichtete zwei Tage nach dem Unglück in einem Brief an die Londoner *Times*:

Absturz am Matterhorn beim Abstieg nach der Erstbesteigung. Zeichnung von Gustave Doré (1832–1883).

> «[...] From the state of their remains, the danger of the place (for it is exposed to showers of stones), and the very great difficulty of the way to it, we came to the conclusion that the best thing we could do would be to bury them in the snow. We drew them all to one spot, covered them with snow, read over them the 9th Psalm from a Prayer-book taken from poor Hudson's pocket, repeated some prayers and a few words from the burial service, and left them. They are mourned here with heartfelt grief, and the greatest sympathy is expressed for the bereaved Mr. Seiler, the landlord of this hotel, and his wife have assisted us in every way in their power. They are deeply distressed at what has happened. Your obedient servant, Joseph M'Cormick. Chaplain at Zermatt. Hotel du Mont Rose, July 17, 1865.»[90]

Der 14. Juli 1865 ging in die Geschichte ein. Depeschen mit den Schlagzeilen vom Triumph und der Tragödie am Matterhorn wurden in alle Länder versandt und die Namen «Matterhorn», «Zermatt», «Whymper», «Taugwalder» und «Seiler» wurden plötzlich weltbekannt. Der tragische Tag war gleichzeitig Höhepunkt und Ende des Goldenen Zeitalters des Alpinismus und das Unglück warf einen dunklen Schatten auf das viktorianische England. Die Londoner *Times* publizierte in den folgenden Wochen über vierzig Artikel zur Tragödie, und die damals mächtigste Frau der Welt, Queen Victoria, erwog öffentlich ein Verbot von alpinistischen Expeditionen. Kein britisches Blut sollte mehr durch solch gefährliche Aktivitäten vergossen werden.

Zum grossen Leidwesen der fassungslosen Gemeinde ereignete sich am 18. Juli 1865, nur vier Tage nach der Katastrophe am Matterhorn, ein weiterer schwerer Bergunfall mit fatalen Folgen: Der 26-jährige William Knyvet Wilson (1838–1865), Sohn eines englischen Konteradmirals, stürzte bei einem Alleingang am Riffelhorn zu Tode. Es war wiederum Seiler, der noch in der gleichen Nacht eine Bergungsaktion in die Wege leitete. Früh am nächsten Morgen brach ein Rettungstrupp unter der Leitung des noch sichtlich vom Matterhorn-Unglück gezeichneten Edward Wympher und von Pfarrer McCormick zum Riffelhorn auf. Wilsons Leichnam wurde noch am 19. Juli, gleichentags wie jene der Matterhorn-Opfer, geborgen und nach Zermatt gebracht.[91]

Der eigentlich angesehene deutsch-österreichische Schriftsteller Alfred Meissner (1822–1885) goss Öl ins Feuer, indem er am 4. August 1865 in der Wiener *Neuen Freien Presse* sensationslüstern andeutete, dass Whymper oder Taugwalder «mit kaltem Stahl und sicherem Schnitt» das Seil durchgehauen hätten, an dem der junge Lord Douglas und die anderen Freunde hingen, um nicht selbst von den vier Vorderen in den Abgrund gezogen zu werden. Dann sei Whymper etwas vorgetreten, um den Todeskampf der von Fels zu Fels rollenden Gefährten zu beobachten.[92]

Meissner selbst war zu dieser Zeit gar nicht in Zermatt gewesen, er verfasste den Artikel von Thun aus und hatte keinen der Beteiligten je gesehen, geschweige denn mit ihnen persönlich gesprochen. Die haltlosen Verdächtigungen Meissners waren schnell widerlegt, doch das Gerücht hielt sich

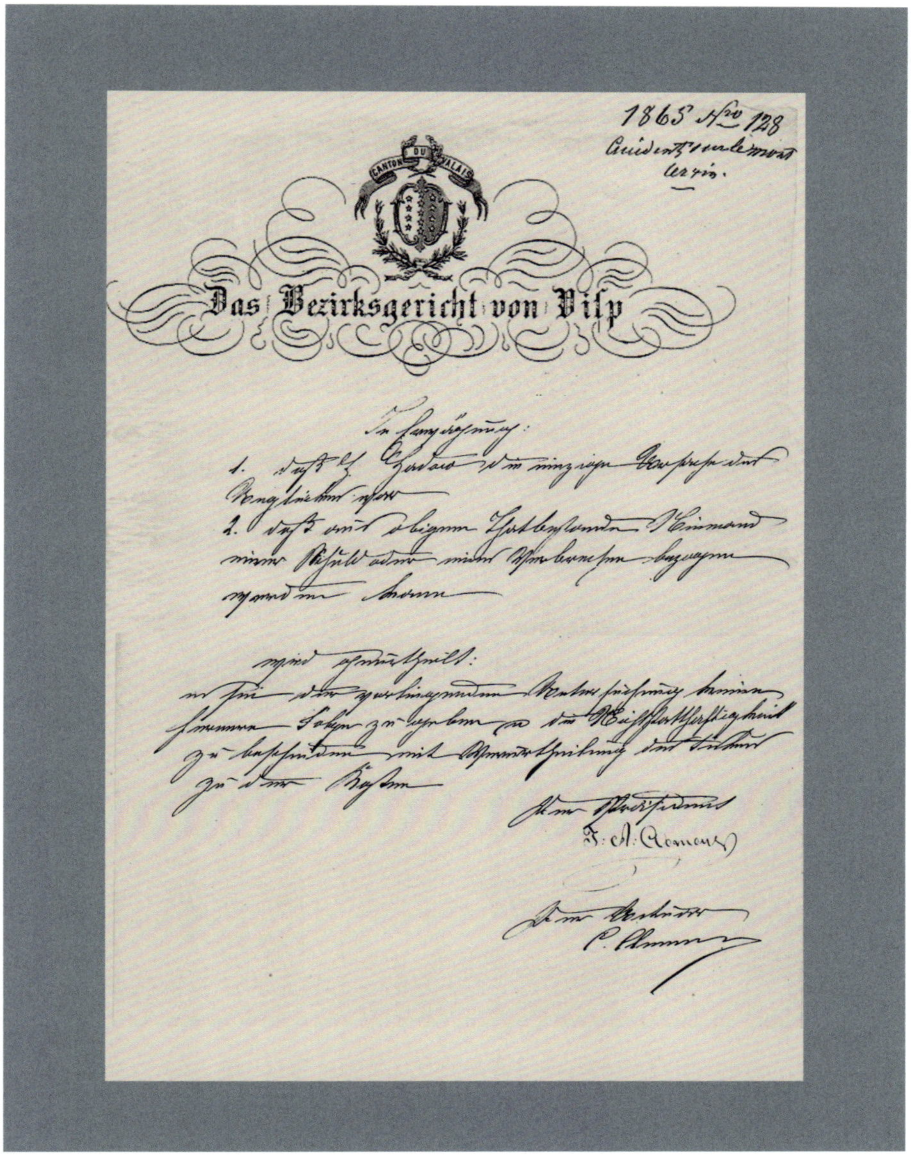
1865 No 128

CANTON DU VALAIS

Das Bezirksgericht von Visp

Unfall am Matterhorn vom 14. Juli 1865, Beschluss des Bezirksgerichts Visp.

hartnäckig über viele Jahre. Es kam im Hotel Mont Cervin zu einer strafrechtlichen Untersuchung, die der Hoteleigentümer, Ständerat und Richter Joseph Anton Clemenz selbst leitete, doch die ziemlich abwegigen Vorwürfe konnten keineswegs bestätigt werden. Doch die üblen Anschuldigungen belasteten Peter Taugwalder Vater jedoch noch während Jahren so sehr, dass er sich 1874 entschloss, nach Nordamerika auszuwandern, obwohl er kaum ein Wort Englisch sprach. Er kehrte vier Jahre später zurück nach Zermatt und beteiligte sich noch am Bau des Hotel Schwarzsee, bevor er am 22. Juli 1888 dort in der Nähe ganz plötzlich starb.

Am 17. Juli 1865, nur zwei Tage nach dem schicksalhaften Unglück, gelang Jean-Antoine Carrel in Begleitung von Jean-Baptiste Bich und Amé Gorret die Erstbesteigung des Matterhorns von Italien aus über den Liongrat. Zwischen Juni und Oktober 1865 wurden im gesamten Alpenraum 66

Erstbesteigungen in einer einzigen Sommersaison durchgeführt. Damit waren Ende des Jahres 1865, mit ganz wenigen Ausnahmen, alle bedeutenden Alpengipfel bezwungen.[93] Das Goldene Zeitalter des Alpinismus fand sein Ende, die sogenannten Silbernen Jahre folgten. Von nun an galt es, immer wieder neue Routen zu entdecken, schwierige Ersttraversierungen und auch erste Winterbesteigungen zu vollbringen. Doch das Matterhorn blieb für die Zermatter Führerschaft für die nächsten drei Jahre tabu. Von Schweizer Seite wurde der Berg nach der Katastrophe erstmals wieder am 25. Juli 1868 von den beiden St. Niklauser Führern Josef Marie Lochmatter und Peter Knubel mit ihrem Gast Julius M. Elliott über den Hörnligrat erstiegen. Ein Jahr später, 1869, wurde der Berg wieder etwas populärer, es glückten neun Matterhorn-Besteigungen über den Hörnligrat innerhalb von sieben Wochen.

Hotel-Gästebücher: Zeugen der Geschichte

Der jahrelange Kampf ums Matterhorn war geprägt von sportlichem Pioniergeist, nationalem Stolz, Ehrgeiz, persönlicher Eitelkeit sowie auch von wirtschaftlichen Interessen. Für Alexander Seiler waren die tragischen Ereignisse vom 14. Juli 1865 aus rein unternehmerischer Sicht ein Glücksfall. Er verstand es, sein Hotelgeschäft mit dem weltweit gestiegenen Bekanntheitsgrad des «Matterhorndorfs» geschickt weiter auszubauen. Das Matterhorn selbst wurde zur Ikone der Alpen und entwickelte sich ganz allmählich zum Symbol für die ganze Schweiz.[94]

Zermatt war bis 1851, vor Seilers Zeiten, nur spärlich besucht, davon zeugt das Fremdenbuch des Pfarrhauses, «a hospitable and comfortable house», welches Pfarrer Ignaz Gottsponer (1780–1847) ab 1812 führte. Über die ersten 15 Jahre wies es gerade einmal 104 Einträge auf. Ab dem Jahr 1840 führte dann auch der Dorfarzt Lauber ein Fremdenbuch für seine Herberge Cervie, in welchem während der ersten Betriebsjahre jeweils dreissig bis fünfzig Besucherinnen und Besucher pro Jahr registriert waren. Die Fremdenbücher zu jener Zeit enthielten nicht nur Namen, Herkunft und Ziel der Reisenden, vielfach wurden auch sehr detaillierte Exkursionsberichte mit Empfehlungen für die beste Routenwahl und deren Schwierigkeiten aufgezeichnet. Ebenso häufig fand man Empfehlungen für die kundigsten Bergführer und Hinweise zu guten oder weniger guten Unterkunftsmöglichkeiten in der Region. Diese Aufzeichnungen aus der Anfangszeit des Alpinismus sind wertvolle Zeugen, die von Erfolgen und Fehlschlägen, aber auch von Krankheiten und Unfällen berichten. Die Gästebücher waren damals, neben dem persönlichen Austausch, der wichtigste Kommunikationskanal unter den Alpinisten, sie waren eine Art «Tripadvisor» der damaligen Zeit. Die Berichte waren nicht selten mehrere Seiten lang. Britische Bergsteiger fügten zudem nach der Gründung des Alpine Clubs 1857 oftmals das Kürzel «AC»

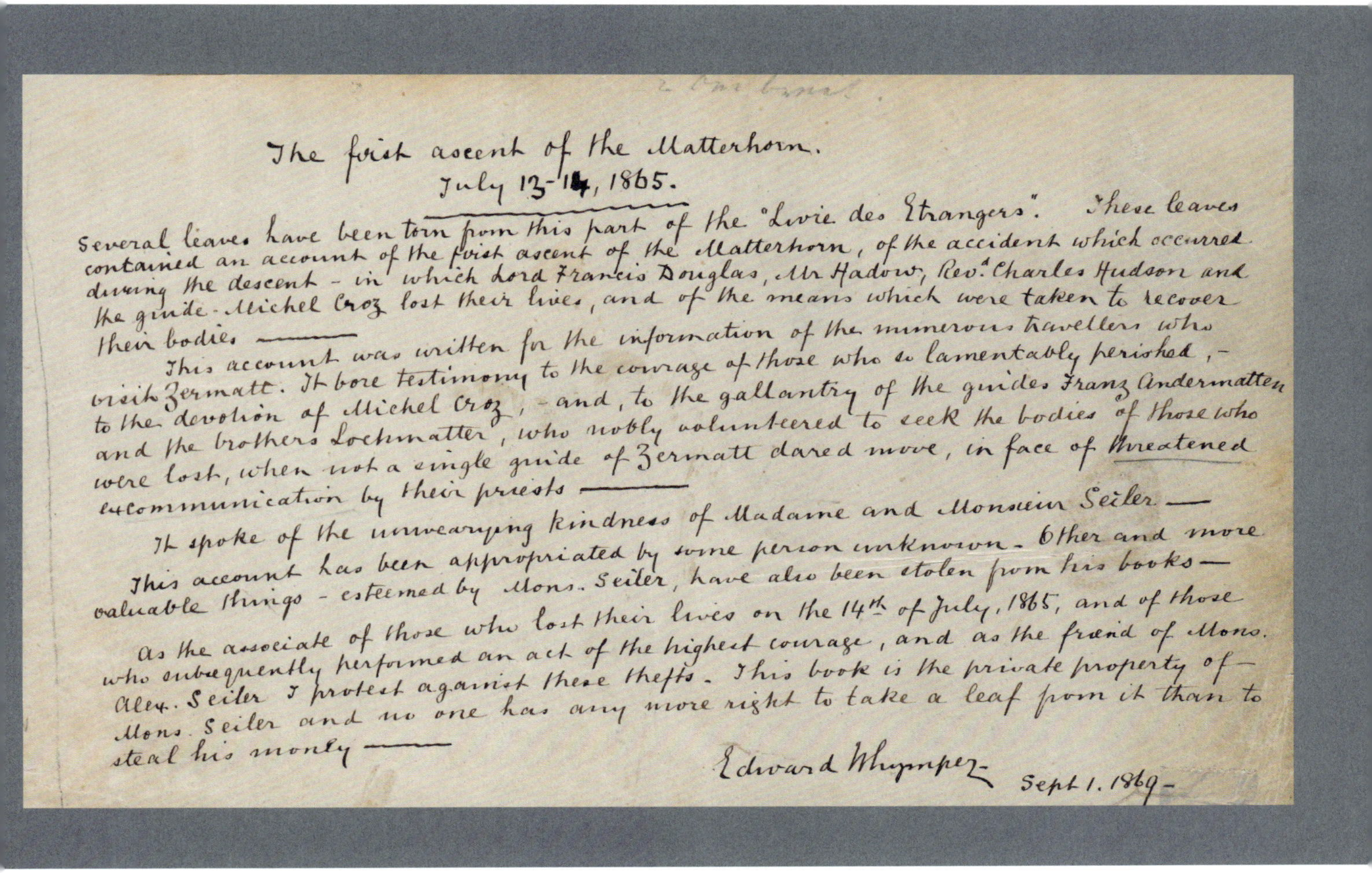
The first ascent of the Matterhorn.
July 13-14, 1865.

Several leaves have been torn from this part of the "Livre des Etrangers". These leaves contained an account of the first ascent of the Matterhorn, of the accident which occurred during the descent – in which Lord Francis Douglas, Mr Hadow, Revd. Charles Hudson and the guide Michel Croz lost their lives, and of the means which were taken to recover their bodies —

This account was written for the information of the numerous travellers who visit Zermatt. It bore testimony to the courage of those who so lamentably perished, – to the devotion of Michel Croz, – and, to the gallantry of the guides Franz Andermatten and the brothers Lochmatter, who nobly volunteered to seek the bodies of those who were lost, when not a single guide of Zermatt dared move, in face of threatened excommunication by their priests —

It spoke of the unwearying kindness of Madame and Monsieur Seiler —

This account has been appropriated by some person unknown. Other and more valuable things – esteemed by Mons. Seiler, have also been stolen from his books —

As the associate of those who lost their lives on the 14th of July, 1865, and of those who subsequently performed an act of the highest courage, and as the friend of Mons. Alex. Seiler I protest against these thefts. This book is the private property of Alex. Seiler and no one has any more right to take a leaf from it than to steal his money —

Edward Whymper

Sept 1. 1869 –

Whymper beklagt sich in einem Gästebucheintrag vom 1. September 1869 über den dreisten Diebstahl seines Berichtes vom 14./15. Juli 1865.

hinzu, das den selbstbewussten Clubmitgliedern einen besonderen Status unter den Gästen verleihen sollte, denn die beiden Buchstaben standen auch für eine Art Ehrenkodex, für besondere Werte und Verhaltensweisen der damaligen Alpinisten. Von den 213 Bergsteigern, die sich in der zweiten Hälfte des 19. Jahrhunderts in der Zermatter Gegend mit Erstbesteigungen oder Ersttraversierungen hervortaten, gehörten laut Gästebucheintragungen der Seiler Hotels 163 zu den Stammgästen des Hotel Monte Rosa und 158 waren britischer Herkunft.[95]

Edward Whymper schilderte im Gästebuch des «Monte Rosa» im Juli 1865 detailliert auf mehreren Seiten die Vorkommnisse rund um die Erstbesteigung des Matterhorns vom 14. Juli und die darauffolgende Bergungsaktion. Diese Seiten wurden bedauerlicherweise von Unbekannten aus dem Buch herausgerissen und entwendet. Als Whymper vier Jahre nach den Ereignissen am Berg das erste Mal nach Zermatt zurückkehrte, beklagte er sich in seinem Eintrag vom 1. September 1869 über den dreisten Diebstahl seines Berichts aus dem Jahr 1865. Ausdrücklich lobte Whymper das tapfere Verhalten der Führer Josef Marie und Alexander Lochmatter wie auch Franz Andenmatten, die sich damals bereit erklärt hatten, die am Matterhorn

Verunglückten zu suchen, weil kein Zermatter Führer angesichts der angedrohten Exkommunikation sich zu regen wagte. Zudem bedankte er sich an dieser Stelle nochmals bei seinen Gastgebern, dem Ehepaar Seiler, für deren langjährige Freundschaft und fortwährende Unterstützung.

Seiler blieb die bittere Aufgabe, Habseligkeiten und Erinnerungsstücke seiner verunglückten Gäste aufzubewahren. Seile, Pickel, Schuhe, Fotos, Kleidungsstücke und andere persönliche Gegenstände verwahrte er sorgfältig in einer Holzkiste. So stellte er mit der Zeit eine Sammlung an historischem Material zusammen, welches den Grundstock für das Alpine Museum Zermatt bildete. Dieses anfänglich private Museum der Familie Seiler wurde von Alexanders Söhnen um das Jahr 1900 im Garten des Seiler-Hauses gegenüber dem Hotel Mont Cervin eröffnet. Sie kamen damit dem alpingeschichtlichen Interesse vieler Hotelgäste nach.

Wie nahe Leben und Tod beieinanderliegen, zeigte die Geburt von Alexanders sechstem Kind. Ida Maria Seiler (1865–1953) wurde am 21. Juli 1865, nur eine Woche nach dem Unglück am Matterhorn, geboren. Gleichentags bewilligte das Walliser Strassen- und Brückendepartement das Gesuch Seilers, auf eigene Kosten einen Pferdeweg auf die Cima di Jazzi bauen zu dürfen, und es wurden ihm 200 Franken zugesagt, welche er zur Ausbesserung des Weges von St. Niklaus nach Zermatt einsetzen konnte.

> «Sitten, den 21. Juli 65. Das Strassen- und Brücken-Departement: An Herrn Alexander Seiler in Zermatt. In heutiger Sitzung hat der Staats-Rath beschlossen, dass Ihnen die Erlaubnis zur Erstellung eines Pferde-Weges auf das Cima di Jazzi auf Eure eigenen Kosten gegeben werden soll. Jedoch soll die Arbeit nicht begonnen werden, bevor die Gemeinde Ihre Weigerungsgründe angebracht hat, indem über die Art der Erstellung die Ansichten verschieden sein könnten.»

Schon seit dem Jahr 1862 wurden in den Salons der Hotels Monte Rosa und Mont Cervin regelmässig protestantische Gottesdienste für die anglikanischen Gäste abgehalten. Diese wünschten sich aber sehnlichst endlich ein ordentliches Gotteshaus. Daher wurde ab 1864 in den beiden Hotels eine Spendenliste für den Bau einer anglikanischen Kirche aufgelegt. Die Hoteliers Alexander Seiler und Joseph Anton Clemenz trugen sich als Erste in diese Liste ein, obschon beide katholisch waren. Dies entsprach ihrer weltoffenen Haltung – sie waren stets nicht nur um das leibliche, sondern auch um das seelische Wohlbefinden ihrer Gäste besorgt.

Das schreckliche Ende der Erstbesteigung des Matterhorns bestärkte die englischen Stammgäste in ihrer Initiative; der Marquis von Queensberry, das Oberhaupt der Familie Lord Francis Douglas sowie die Verwandten von Douglas R. Hadow spendeten zudem beträchtliche Summen für das geplante anglikanische Kirchlein.[96]

Am 15. Dezember 1865 unterschrieben Seiler und Clemenz in Brig einen Vertrag mit der Colonial & Continental Church Society, in welchem der

Das Anglikanische Kirchlein in Zermatt, eingeweiht am 6. August 1871 durch den englischen Reverend Edward Parry (1830 – 1890), Bishop of Dover.

Verkauf eines zentral gelegenen, 600 Quadratmeter grossen Grundstücks auf der kleinen Anhöhe gegenüber dem Hotel Mont Cervin geregelt wurde. Am 29. Juni 1869, fünf Jahre nach Beginn der Spendensuche, konnte der Grundstein für die neue Kirche gelegt werden. Exakt ein Jahr später, am 29. Juni 1870, fand der erste Gottesdienst in der neuen «English Church St. Peter» statt, und am 6. August 1871 wurde die Kirche schliesslich vom englischen Bischof Edward Parry (1830–1890) feierlich eingeweiht. Auch die Gebeine der beiden Matterhorn-Opfer Douglas Robert Hadow und Reverend Charles Hudson fanden hier schliesslich ihre letzte Ruhestätte.

Bischof Edward Parry (1830–1890).

Technischer Fortschritt und sozialer Wandel 1865–1870

Zehn Wochen nach der Bezwingung des Matterhorns traf sich am 4. Oktober 1865 in Sitten eine Gruppe von 14 Bergfreunden, angeführt vom Walliser Kantonsförster Antoine de Torrenté. Sie gründeten den SAC Monte Rosa als elfte Sektion des zwei Jahre zuvor ins Leben gerufenen Schweizer Alpen-Clubs, wobei Torrenté gleich auch zum ersten Präsidenten gewählt wurde. Im ersten Vereinsjahr zählte die Sektion 24 Mitglieder, darunter auch Hotelier Seiler, selbst ein ausgezeichneter Gebirgskenner. Dieser hatte, laut einem Zeitungsbericht der *Gazette du Valais,* am 14. August 1855 mit zwei englischen Gästen und zwei Führern die Dufourspitze erstiegen, und dies nur zwei Wochen nach der Erstbesteigung durch die von Charles Hudson geleitete Seilschaft.[97]

Gründung des SAC – Sektion Monte Rosa

Im tiefen Winter des Januar 1866 stieg Alexander Seiler mit Peter Taugwalder Sohn zum Theodulpass hinauf, um den Männern des «Dollfus'schen Experiments» einen Besuch abzustatten. Der Natur- und Gletscherforscher Daniel Dollfus-Ausset (1797–1870) aus Mülhausen hatte auf dem Theodulpass in 3295 Metern Höhe 1865 einen Pavillon errichtet, in welchem zwecks meteorologischer Beobachtungen drei «Wächter» ein ganzes Jahr verbringen sollten. Einer dieser «Wächter» war der Vater des Abbé Gorret, eines Priesters und Bergsteigers, dem am 17. Juli 1865 zusammen mit Jean-Antoine Carrel die Erstbesteigung des Matterhorns von der italienischen Seite über den Liongrat gelang. Es gab damals auf dem Theodulpass zwei kleine Hütten, eine aus Stein, die andere aus Holz, die Dollfus «Arche Noah» nannte. Da bisher noch niemand in so grosser Höhe überwintert und man schon seit Monaten nichts mehr von den Männern gehört hatte, war Seiler in Sorge um das Wohlbefinden der Gruppe, und er fasste den spontanen Entschluss, hinaufzusteigen, um nach ihnen zu sehen. Von der prachtvollen Schönheit der winterlichen Landschaft begeistert, erstattete er dem SAC einen Bericht, der am 17. Februar 1866 im *Walliser Boten* publiziert wurde:

> «Brig, im Februar 1866 – Meine Geschäfte riefen mich, während der letzten Woche Januars nach Zermatt. Am 29. Januar um 9 Uhr abends, in mondbeglänzter Nacht spazierte ich vor meinem Gasthofe. Eine geheimnisvolle Sehnsucht ergriff mich bei dem Anblicke der schneebedeckten Titanen des Monte-Rosa. Es war als strömte das Licht von den hellen und weissen Bergen wieder zum gestirnten Himmel empor. Welch ein unbeschreiblicher Zauber lag über dieser Welt.

Links: Zermatt kurz vor 1900.

Ich dachte an die Männer der ‹Dollfus'schen› Station auf dem St. Theodul. Seit mehr als acht Wochen hatte man keine Kunde von ihnen. Mein Entschluss war bald gefasst: Peter Taugwalder Sohn, bekannt seitdem Unglücke am Matterhorn wurde noch am gleichen Abend zu mir beschieden. Unsere Reise nach dem St. Theodul war rasch verabredet. Am dreissigsten Januar, um 3 Uhr morgens machten wir uns auf den Weg. Die Witterung war prachtvoll, der Schnee stark gefroren. Wir zogen nach Hermigen, begaben uns von da an die hohe Egge, gelangten zum schwarzen See, setzten in gerader Richtung über den Furggletscher und erreichten ungefähr um 6 Uhr in der Frühe den sandigen Boden. Wir hatten nun den halben Weg hinter uns und nahmen eine Erfrischung. Es war mir sonderbar zu Mute, mitten in diesem einsamen Meer von Schnee und Eis. Wir ermahnten uns und schlugen von hier an den gewöhnlichen Weg ein. Je höher wir stiegen, je freier die Gebirgswelt vor unsern Augen sich entfaltete, desto hinreissender und majestätischer spielten vor uns die Wunder der Natur, desto leichter atmeten wir auf. Schon erblickten wir den Theodul, wir sahen das Dach der Station. Leben sie noch, die Handlanger der modernen Meteorologie? Oder haben sich die Elemente gegen die zudringlichen Lauscher empört? Noch ein paar Schritte und wir klopfen an die Tür. Es war 9 Uhr und 8 Minuten. Es regte sich. Sie lebten. Welch eine Freude hatten die Männer ob unserer Ankunft. Die Gebrüder Blatter aus Meiringen vielen mir um den Hals. Sie waren gesund, ebenso Garet aus Val d'Osta. Unsere Wirthe hatten gleich eine Mahlzeit bereitet, die wir in Scherz und Lust mitsammen genossen. Der Wein war im Fass gefroren, das Schaffleisch hingegen sehr gut erhalten, das Brod noch besser. Die Hütte war mit Brettern zugedeckt und gegen Süden mit einem mächtigen Schneehaufen vor dem Winde geschützt. Das Wohnzimmer war mit zottigen Schaffellen behangen und mit einem Eisenofen versehen. Der Aussage des älteren Blatter gemäss sollen die Schaffelle durch das Eis förmlich an die Wand geklebt worden sein. Die Blatter befassten sich nebenbei mit dem Lesen der Bibel und populärer naturwissenschaftlichen Werken.

Ich brachte die meiste Zeit vor der Hütte zu. Die Witterung wurde von elf Uhr an immer milder und angenehmer. Das Matterhorn war etwas umwölkt, allein der Monte Rosa stand vor mir überwältigend und in diamantener Klarheit. Die Aussicht gegen Italien und die Seealpen konnte nie schöner sein als um diese Jahreszeit. Wir befanden uns auf 11 073 Fuss über Meer [3375 m]. Es wandelte mich eine Lust an nach der Höhe, von der man da drunten im Thale nichts ahnt. Hätte mich der Geruch des Eisenofens im Zimmer nicht betäubt, so würde ich kein Bedenken getragen haben das Breithorn zu besteigen (13 903 Fuss über Meer) [ca. 4237 m]. Der Thermometer stieg im Dezember durchschnittlich von 12 auf 21 Centigrad, und zwar in regelmässiger Aufeinanderfolge. Indessen bildet das Maximum von 21 Grad meistens eine Ausnahme. Im Januar wechselte die Temperatur am häufigsten zwischen 12 und 16 Grad. Am 13. Januar stieg der Thermometer auf 21 Grad, während er am 30. Januar auf 13 Grad sank. Am 5. Januar um 12 Uhr mittags ergab die Temperatur in der Sonne 12 Grad Wärme; am 16. Januar – 16 Grad, sie fiel aber an diesem Tage um 2 Uhr abends auf 2 unter Null.

Das Wetter war so ausgezeichnet schön, dass ich glaube, wir hätten ohne Gefahr das Breithorn besteigen können. Die Aussicht war wundervoll, der schöne tiefblaue Himmel über uns und um uns, die grossen majestätischen Berge in ihrer blendend weissen Bekleidung und die tiefe Stille machten einen gewaltigen Eindruck auf mich. Sonderbarerweise waren alle Berge klar, der Himmel sonst rein und unbewölkt, nur das Matterhorn allein war verschleiert; mir kam es vor, als trage es Trauer um seine Opfer. Um Ein Uhr nachmittags verliessen wir die Station und gelangten um 5 Uhr, 20 Minuten glücklich und wohlbehalten wieder nach Zermatt. Alexander Seiler, Mitglied des schweiz. Alpenklubs, Sektion Monte Rosa.»

Postkarte der Hörnlihütte um 1885.

Zweifelsohne wollte Seiler mit seiner ausführlichen Schilderung vom Theodulpass und den auf über 3000 Metern Höhe erstaunlich mild gemessenen Temperaturen die breite Öffentlichkeit auch auf die klimatischen Vorzüge des winterlichen Zermatts aufmerksam machen. Und mit Sicherheit dachte er dabei wieder an seinen lang gehegten Wunsch, eine Zermatter Wintersaison einzuführen, eine Pionierleistung, die der Hotelier Johannes Badrutt im Vorjahr in St. Moritz bereits erfolgreich umgesetzt hatte. Die Familie Seiler war mit dem Schweizer Alpen-Club und speziell mit der Sektion Monte Rosa von Anfang an äusserst eng verbunden, wie die Zeilen eines seiner Gäste nach einer Wanderung im Sommer 1872 berichten:

«Der steinige Saumpfad war noch eine harte Aufgabe für unsere müden Füsse und herzlich froh waren wir, als wir um 2.30 dem liebenswürdigen Papa Seiler im Hotel Monte Rosa in Zermatt die Hand schütteln konnten. ‹Nun aber, Herr Seiler, eine Flasche des Besten Ihres herrlichen Kantons!› Seiler antwortete ‹Mit grösstem Vergnügen; aber gestatten Sie, das ist meine Sache. Trinken wir sie auf das Wohl des S. A. C., dessen Mitglied zu sein auch ich die Ehre habe!› Kaum hatte der Brave gesprochen, so knallte schon der Stöpsel eines edlen Malvoisiers und hell erklangen unsere Gläser und unbeirrt der blassen Ladies auf den Sofas im gemüthlichen Saale, riefen wir aus voller Kehle: ‹Hoch lebe der S. A. C.!›.»[98]

Auf Anregung und mit 500 Franken Unterstützung von Alexander Seiler wurde 1868 unter der Leitung der Gebrüder Knubel von St. Niklaus, etwas unterhalb der Schulter auf 3818 Metern Höhe, die erste SAC-Matterhornhütte mit zehn Notplätzen erbaut und am 24. Juli 1868 vollendet. Das dürftige Mobiliar bestand nur aus einem Tisch, zwei Schemeln und einigen Decken. Wegen ihrer exponierten, stark dem Wind und Wetter ausgesetzten Lage verfiel die Hütte aber schon bald. Die Stelle, an der diese Hütte einst stand, wird heute noch «Zur alten Hütte» genannt. Im Sommer 1875 folgte der Bau der Stockjehütte auf 2759 Metern Höhe mit 36 Plätzen. Wiederum war es Vater Seiler gewesen, der die Initiative ergriffen hatte und den Bau mithilfe der SAC-Sektion Monte Rosa durchführen liess. Am 2. September 1875 konnte auch diese Hütte dem Betrieb übergeben werden, wobei Seiler abermals einen Grossteil der Baukosten selbst beisteuerte. Schliesslich schlug Seiler 1880 dem SAC auch den Bau der ersten Hörnlihütte auf 3260 Metern Höhe vor und bat den Club um Mithilfe bei der Realisierung des Projekts. Die Sektion Monte Rosa stimmte einer Kostenbeteiligung von 1500 Franken zu, Seiler selbst beteiligte sich mit 1000 Franken. Schon im September desselben Jahres

Das Hôtel Mont-Rose nach dem zweiten Ausbau 1869 gegen Norden mit neu 11 Fensterachsen und 60 Betten, gezeichnet von Xaver Imfeld.

konnte Seiler dem SAC die Fertigstellung der einfachen Steinhütte am Hörnli mit 17 Plätzen melden. 1911 errichtete die Burgergemeinde Zermatt unmittelbar daneben das neue, komfortable Berghotel Belvédère und die alte Hütte wurde zurückgebaut.

Mit Alexanders Schwägerin Marie Cathrein, der langjährigen Direktorin des Hotel Riffelberg, wurde 1867 die erste Frau als Ehrenmitglied in den von Männern dominierten Alpen-Club aufgenommen, was ihr in der Bergsteigergemeinschaft eine ganz besondere Hochachtung einbrachte. Auch Seilers Söhne waren alle begeisterte Alpinisten und traten der Sektion Monte Rosa bei, wobei Alexander junior den Club in den Jahren 1891 bis 1895 und sein jüngerer Bruder Hermann von 1901 bis 1909 präsidierten. Bei Hermann Seilers Rücktritt im Jahr 1909 zählte die Sektion bereits 218 Mitglieder, und das letzte Sitzungsprotokoll in seiner Amtszeit bezeugt: «Dank der weisen und hingebungsvollen Verwaltung durch den Briger Vorstand und den Präsidenten H. Seiler, befindet sich die Sektion in voller Prosperität.» Heute zählt die Sektion Monte Rosa über 7300 Mitglieder und ist somit die zweitgrösste SAC-Sektion der Schweiz.

Der Kauf des Hotel Mont Cervin

Die beiden rivalisierenden Zermatter Hoteliers Clemenz und Seiler pflegten ein durchaus freundschaftliches Verhältnis, sie respektierten sich, diskutierten leidenschaftlich über Politik und tauschten sich regelmässig über die aktuellen Ereignisse im Tal aus. Der erfahrene Politiker Joseph

Zermatt um 1873 noch vor dem grossen Ausbau des Hotel Mont Cervin und nach der Erstellung der Anglikanischen Kapelle. Rechts hinter dem «Mont Cervin» die grosse Dependance Felsenhaus. Links hinter der Kirche befindet sich das Hotel des Alpes von Ignaz Biner.

Anton Clemenz gehörte zwischen 1848 und 1851 dem Nationalrat an, und in den Jahren 1856/57, 1861–1863 sowie 1865–1868 vertrat er den Kanton Wallis in der katholisch-konservativen Opposition im Ständerat. Von 1857 bis 1865 war Clemenz der erste Grossratspräsident aus dem Oberwallis. Zusätzlich zu seinen politischen Ämtern waltete er abwechslungsweise als Bezirks- und Appellationsrichter. Es dürfte vermutlich auch Clemenz gewesen sein, der Seiler die Politik erst richtig schmackhaft gemacht und ihn dazu ermuntert hatte, für den Bezirk Goms als Walliser Grossrat zu kandidieren.

Im Herbst 1866 eröffnete Clemenz Seiler, dass er beabsichtige, sich bald von seinem Zermatter Geschäft zurückzuziehen und sein Hotel Mont Cervin damit zum Verkauf stehe. Die Arbeitslast zwischen Bern, Brig und Zermatt war ihm zu gross geworden, er wollte sich von nun an ganz seinen politischen Ämtern widmen. Seiler war vom Angebot begeistert, erbat sich aber Bedenkzeit, denn er verfügte nicht über die nötigen finanziellen Mittel für eine so grosse Investition. Er hatte eben erst eine erhebliche Summe für die geplante Vergrösserung des Hotel Monte Rosa von 45 auf 60 Betten bereitgestellt, und zeitgleich war die Verdoppelung der Bettenkapazität des Hotel Glacier du Rhône in Gletsch in vollem Gange.

Nichtsdestotrotz konnte bereits am 11. April 1867 der Kaufvertrag für das Hotel Mont Cervin zwischen Seiler und Clemenz unterschrieben werden. Dabei spielte der Walliser Grossrat Felix Clausen, der spätere Bundesrichter und Ehegatte von Alexanders Schwägerin Marie Cathrein, eine entscheidende Rolle, denn er gewährte Seiler ein zu fünf Prozent verzinsliches Darlehen über die gesamte Kaufsumme von beträchtlichen 107 000 Franken. Clemenz veräusserte zu diesem Preis aber nicht nur das Hotel Mont Cervin mitsamt Mobiliar und Inventar, sondern auch den zugehörigen Umschwung mit Postbüro, Badehaus, Bäckerei, Scheune, Stall, einem grossen Garten sowie einer zusätzlichen Wohnung mit Stallungen in St. Niklaus. Mit der Übernahme des Hotel Mont Cervin von seinem einzigen Konkurrenten legte Seiler den Grundstein für seine langjährige und unangefochtene Vormachtstellung im Zermatter Hotel- und Gastgewerbe, die er später noch weiter würde ausbauen können.

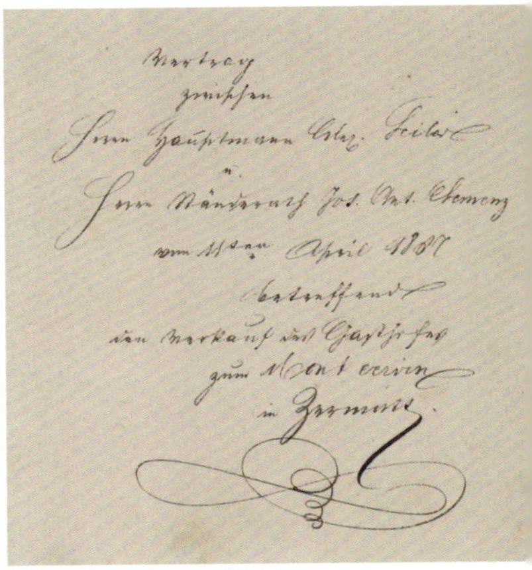
Vertrag
zwischen
Herrn Hauptmann Alex. Seiler
u.
Herrn Ständerath Jos. Ant. Clemenz
vom 11ten April 1867
betreffend
den Verkauf des Gasthofs
zum Mont Cervin
in Zermatt.

Deckblatt des Kaufvertrags für das Hotel Mont Cervin, 11. April 1867.

Queen Victoria besucht den Rhonegletscher

Während Alexander Seiler 1867 bereits die zweite Vergrösserung des Hotels Monte Rosa in Zermatt mit einem Anbau von vier weiteren Fensterachsen auf der Nordseite in Angriff nahm, wurde auch in Gletsch emsig ausgebaut. Der Reiseverkehr über die Furka und damit auch die Anzahl Übernachtungen im Hotel Glacier du Rhône haben stark zugenommen. Das Gasthaus erhielt deshalb zwischen 1866 und 1868 einen zweiten Zimmertrakt, diesmal auf der Ostseite, womit die Bettenkapazität von vierzig auf achtzig Betten verdoppelt wurde. Nur 15 Jahre nach Beginn seiner Karriere führte Seiler bereits drei Hotels in Zermatt sowie das Hotel am Rhonegletscher mit insgesamt 256 Betten (Monte Rosa: 60; Riffelberg: 48; Mont Cervin: 68; Gletsch: 80).

Die Queen Victoria reiste am 7. August 1868 inkognito unter dem Namen «Gräfin von Kent» in die Schweiz.

Die britische Monarchin Königin Victoria (1819–1901) verbrachte im Sommer 1868 mit drei ihrer neun Kinder einige Wochen in der Schweiz. Es war das Land, welches ihr verstorbener Gemahl Prinz Albert von Sachsen im Jahr 1837 bereist und von welchem er der jungen Königin immer wieder begeistert berichtet hatte. Eine gepresste Alpenrose, die er ihr einst aus der Schweiz geschickt hatte, bewahrte Victoria mehr als dreissig Jahre auf.

Die Queen reiste am 7. August 1868 inkognito unter dem Namen «Gräfin von Kent» als Privatperson und mit kleinem Hofstaat in die Schweiz. Trotzdem hatte die Allgemeinheit Kenntnis von der wahren Identität der Monarchin, und die britische Presse berichtete mit gebührender Distanz über ihren Urlaub in der Schweiz. Von Luzern aus, wo sie ihr Hauptquartier aufgeschlagen hatte, besuchte sie unter anderem die Rigi, den Pilatus, die Hohle Gasse in Küssnacht, das Kloster Engelberg, den Gotthardpass und die Teufelsbrücke.

Ein Höhepunkt ihrer Reise war jedoch ein dreitägiger Ausflug auf die Furka und zum Rhonegletscher, wo die begabte Malerin am 23. August 1868 ihre Eindrücke in einigen Aquarellen festhielt, die Eisgrotte besuchte und beim Hotel Glacier du Rhône unter freiem Himmel gemäss ihren englischen Gewohnheiten am Nachmittag «some delicious tea» genoss, wie sie in ihrem Tagebuch notierte:

> «[…] und so trotteten wir weiter bis zum Fuss des Gletschers, wo sich die Rhone in einem dicken weissen Strom unter sich ergiesst. Kamen zum Hotel Glacier hinauf, wo ziemlich viele Leute scheinbar übernachteten […]. Mit Hilfe Browns & Hoffmans machte ich einige Schritte auf dem Gletscher und dann zurück. Es sieht braun und ziemlich schmutzig aus. Dann suchte Louise mit Sir T. Biddulph eine Höhle auf, die man ziemlich weit in das Eis hineingegraben hatte. Ich ging langsam zur Stelle zurück, wo Hoffman ein Feuer entfacht hatte, und dort setzten wir uns unter einer kleinen Böschung ins Gras und sahen zu, wie das Wasser in einer Kasserolle kochte, denn Teekessel sind hier unbekannt. Tranken köstlichen Tee und eilten zu unserer Kutsche, an die jetzt 4 Pferde angespannt waren.»[99]

Der fünfwöchige Aufenthalt der Monarchin in der Schweiz erregte weltweite Aufmerksamkeit. Und es begann ein erster grösserer Reiseboom in die Schweiz, von dem auch der soeben vergrösserte Hotelbetrieb in Gletsch profitierte. Das Viktorianische Zeitalter wird nach der Queen benannt, die Namen «Victor» und «Victoria» werden beliebte Namen. Den Trend zur «viktorianischen» Namensgebung gab es zwar bereits vorher, doch mit dem Besuch der Queen in der Schweiz wurde er noch verstärkt. Auch Vater Seiler schien daran Gefallen gefunden zu haben, denn er benannte gleich mehrere seiner Kinder in Anlehnung an die Queen: Viktor (1866–1867), Karl Viktor (1869–1869), Katharina Viktoria (1872–1962), Viktorina (1873–1879). Die Namen brachten ihm allerdings kein Glück; drei dieser vier Kinder verstarben in sehr jungen Jahren. Auch verschiedenste vornehme Hoteladressen trugen bald den königlichen Namen «Victoria», so zum Beispiel das Hotel Victoria in Zermatt. Es wurde 1899 eröffnet und ging im Jahr 1904 in den Besitz der Familie Seiler über.

Mühsames Reisen auf beschwerlichen Wegen

Gletsch wurde bald als weltbekannter Ort ohne eigentliche Einwohnerinnen und Einwohner berühmt, denn nebst dem Hotel bestand die isolierte Siedlung einzig aus vereinzelten Nebengebäuden, die jedoch auch nur in den Sommermonaten von Juni bis September bewohnt waren. Dennoch wurde schon 1867, gleich nach der Eröffnung der Furkapassstrasse, ein erstes «Post Bureau» an der strategisch wichtigen Verkehrslage in Betrieb genommen und Seiler wurde zum allerersten Posthalter ernannt. Die Eröffnung des «Telegraphen Bureaus Gletsch» erfolgte drei Jahre darauf, am 20. Juli 1870. Der spätere Hotelpächter Guillaume Guglielminetti wurde von 1883 bis 1893 Posthalter in Gletsch. Als sein Nachfolger übernahm Alexanders ältester Sohn Joseph das Amt von 1894 bis 1900.

Am 19. Juli 1869 machten sich drei Männer der SAC-Sektion Säntis von Appenzell auf nach Zermatt, um den höchsten Berggipfel der Schweiz, die Dufourspitze, zu erklimmen. Einer der Teilnehmer war Heinrich Jakob Heim, Pfarrer aus Gais, welcher seine Reiseeindrücke im Appenzellischen Jahrbuch von 1870 schilderte:

> «Von Visp nach Zermatt sind es 9 gute Stunden. Von St. Nikolaus nach Zermatt brauchten wir 3 Stunden Fahrzeit und wir kamen an diesem modernen Stapelplatz von Touristen und Klubisten um 6 Uhr abends an. Vor dem Hotel Mont Cervin bedeuteten uns Kellner und Eckensteher, dass kein Platz mehr zu haben sei, ‹Love's Labour Lost!›. Wir wollten ja noch 3 Stunden weitermarschieren. Auch im Hotel du Montrose, bei Hrn. Seiler, war von unten bis oben alles besetzt und nur unserer Eigenschaft als Mitglieder des S.A.C. hätten wir eine Gelegenheit zum Schlafen auf

Matratzen zu ebener Erde zu verdanken gehabt. Vor dem Gasthofe lungerte eine ganze Schaar Führer und Träger. Während der gefällige Wirth, auch ein Clubist, unserm Berner Träger zu einem ‹Refflein› und uns zu einem Führer verhalf, nahm ich noch Sicht von den Denkmälern der unglücklichen Opfer der Matterhornkatastrophe von 1865, deren zerschmetterte Überreste hart an der Kirche von Zermatt unter einfachen, sargförmigen, mit Bibelsprüchen gezierten Steinen ruhen. Als Whymper am frühen Morgen des 15. Juli genannten Jahres sich der traurigen Pflicht unterzog, die Leichname seiner drei Landsleute zu suchen, durften die Führer von Zermatt ihn nicht begleiten; sie waren mit Exkommunikation bedroht worden, wenn sie die Frühmesse nicht besuchen würden.

Mittlerweile war es 7 Uhr geworden und die Zeit zum Aufbruch auf den Riffelberg gekommen. Rüstig schritten wir über die hier schneeweisse Visp, über Winkelmatten und den schäumenden Findelenbach den steilen Wald hinan zu den Augstkummen. Anfangs war es uns noch vergönnt, auf den sich hinter dem Dörfchen tief ins Thal herabsenkenden Bodengletscher Blicke zu werfen; aber bei den Augstkummen oder Riffelhütten, Hälfte Weges, überfiel uns die Nacht und nicht ohne Mühe, doch glücklich, wurde die andere Hälfte zum Riffelhaus zurückgelegt. Mit wonnigen Gefühlen betraten wir das höher als der Säntis liegende komfortable Gasthaus, dass zu gar nicht unverschämten Preisen die Reisenden bewirthet und doch ein sehr lukratives Geschäft ist. Obgleich wir wussten, dass auch hier alles angefüllt sei, hofften wir doch, Obdach zu finden, da wir von Hrn. Seiler Empfehlungen bei uns trugen, Empfehlungen für Bett, Küche und Keller. Und siehe da, die müden Wanderer fanden, was sie wünschten, und freundliche Aufnahme dazu [...]. Um 8 Uhr rückten wir ins Hotel Monte Rosa in Zermatt ein, stürmten trotz unsrer Müdigkeit auf das Zimmer unsers Freundes, statteten ihm unsern Rapport ab und empfingen von ihm herzliche Glückwünsche zum glücklichen Ausgang unserer Tour. Nach Schlaf und Ruhe lechzend zogen wir uns nach dem Nachtessen, von der sorglichen Wirthin mit einem probaten Mittel, nämlich mit Rahm, gegen die drohende Entzündung im Gesichte versehen, auf zweifelhaft sichern Füssen in ein Nebenhaus des Gasthofs zurück und ich schlief, nachdem wir neunzehn Stunden auf den Beinen gewesen, fest bis in den hellen Morgen hinein. In dieser Nacht hätte es eines Erdbebens oder Bergsturzes bedurft, um den müden Monterosafahrer zu wecken. Mein Gefährte dagegen war genöthigt, den schmerzstillenden Rahm wohl jede Stunde die ganze Nacht hindurch anzuwenden.»[100]

Alexander Seiler war ein Mann mit Wagemut und kühnen Zukunftsvisionen. Er kämpfte während Jahrzehnten beharrlich für die Verbesserung der Verkehrswege. So ersuchte er bereits 1856 das erste Mal die Kantonsverwaltung um finanzielle Unterstützung für die Sanierung der prekären Zermatter Dorfgasse, und er ergriff 1857 die Initiative für den Bau einer neuen rechtsufrigen Wagenstrasse, «d'Alt Schtrass», zwischen St. Niklaus und Zermatt. Dies geschah nicht uneigennützig. Seiler war sich sehr wohl bewusst, dass der Erfolg seines Geschäfts nur durch den Bau verbesserter Zugangsstrassen gewährleistet werden konnte. Neun bis zehn Stunden dauerte jeweils der anstrengende Aufstieg zu Fuss von Visp nach Zermatt. Die rund

Rechts oben: Das Glacier du Rhône 1867 nach dem zweiten Anbau eines Zimmertrakts gegen Osten. Die ehemalige zeitersche Herberge zwischen den beiden Flügeln ist nun verschwunden. Mitte: Das Glacier du Rhône um 1868 während des Baus des Mitteltraktes, wie es die Queen vermutlich antraf. Unten: Gletsch um 1870.

Neuer großer Gasthof
in
St. Niklaus, Wallis,
gelegen am Eingange des Dorfes St. Niklaus, Mittelstation von Visp und Zermatt, wird am **6. Jänner 1868** im Gasthofe zur Post in **Visp**, um 3 Uhr Nachmittags, **verpachtet** werden. Reflektanten können bei Dr. **Weissen** in Visp von dem Pflichtenheft Kenntniß nehmen.
6

Der Bund, Nr. 348, 19. Dezember 1867.

Versorgungskarawane beim Riffelberg, Postkarte um 1870.

35 Kilometer mit 1000 Höhenmetern waren für die Mehrheit der Reisenden an einem einzigen Tag nicht zu bewältigen, und so übernachtete man meistens in St. Niklaus, entweder im «Weissen Kreuz» oder in der «Sonne». Beide Häuser waren gemäss Reiseführer Baedeker aus dem Jahr 1868 in der Hochsaison oft überfüllt: «St. Nicolaus (3580 ft.) (Kreuz and Sonne; often crowded in summer; Restaurant; red wine preferable to the white).»[101] Aufgrund der grossen Nachfrage nach Hotelzimmern auf halbem Weg nach Zermatt baute die Burgergemeinde St. Niklaus das «Grand Hotel», welches Anfang 1868 eröffnet und an einen Viktor Brunner verpachtet wurde.

Zwischen 1858 und 1862 konnte Alexander Seiler den bestehenden Säumerweg zwischen Zermatt und St. Niklaus bereits so weit ausbauen, dass dieser zwanzig Kilometer lange Abschnitt im Sommer und bei guter Witterung sogar mit einspännigen Pferdekutschen befahrbar war. Doch auch die neue, meist schlecht unterhaltene Strasse blieb ein stetes Ärgernis; Schnee, Regen, Murgänge und Steinschlag setzten der Strasse jedes Jahr so sehr zu, dass sie bald mit einem Fahrverbot belegt werden musste, da sie zu eng und deshalb zu gefährlich war.

Im März 1869 wurde Seiler in den Grossen Rat des Kantons Wallis als Vertreter für den Bezirk Goms gewählt, dem er während den nächsten 22 Jahren bis zu seinem Tod im Jahr 1891 angehörte. Nun forderte er auch auf politischer Ebene Verbesserungen des Transportwesens nach Zermatt, und so wurde schliesslich auf sein Drängen im Grossen Rat über die Verbreiterung der Strecke St. Niklaus–Zermatt debattiert. Seiler gelang es, im Budgetentwurf einen Betrag von 5000 Franken für das Strassenprojekt einsetzen zu lassen. Doch schon in der Herbstsession verlangte die Finanzkommission die Streichung dieses Postens, denn die Opposition monierte, der Plan diene alleinig der Versorgung der Seiler'schen Betriebe in Zermatt. Nach ausgedehnten Diskussionen gelang es Seiler doch noch, die Hälfte, also 2500 Franken, für das Strassenprojekt zu retten.[102] Im Herbst 1869 ernannte der Walliser Staatsrat Alexander Seiler zum Leiter des Strassenbaus im Mattertal, und man genehmigte die budgetierte Summe von 2500 Franken für den besagten Strassenbau:

> «Sitten, 12. Okt. 1869, Das Baudepartement an Herrn Seiler, Gastgeber in Zermatt
> Hochgeehrter Herr! Der Staatsrath hat Sie, in seiner hiesigen Sitzung, als Aufseher der Kantons- und der Thalstrasse von St. Nicklaus nach Zermatt ernannt, Sie stehen zwar in dieser Eigenschaft unter der Allgemeinen Aufsicht des Herrn [...] des Bezirks Visp dem wir Ihre Ernennung bekannt machen. Der Staatsrath beauftragt Sie gleichzeitig die betreffenden Gemeinden einzuladen, rechtzeitig die Beschüttung der Strasse vorzunehmen. Wir sind mit Ihnen über die Nothwendigkeit einverstanden, die Verbesserung der Strasse vorzunehmen,
> 1. von Randa zum Wildibache

«An Autumn Tour In Switzerland: A Tight Squeeze.On the Road from Zermatt to St. Nicolas.»

2. von Täschsand [?] bis zur Kirche
3. von Zermatt, vom Felsen bis ins Dorf

und beauftragen Sie mit der Leitung dieser Arbeiten. Den im Budget ausgestellten Credit von 2500 F. werden Sie dazu verwenden können, mit vorenthaltenen 500 Franken hier theils schon eingegangenen Rechnungen die Sie an Herrn Präsidenten Allet eingegeben und für allfällige andere Reparationen ausserhalb von St. Nikolaus. Herr Ingenieur Stalweger wird Ihnen die nöthigen Instruktionen geben. Die Gemeinden werden Sie einladen seiner Zeit den ihnen obliegende Antheil Arbeiten zu machen. Verfahren Sie, wie gewohnt mit aller Umsicht und Sparsamkeit. Mit vollkommener Hochachtung, der Vorstand, von Riedmatten.»

Mit der von Riedmatten gewünschten Umsicht und Sparsamkeit vollendete Seiler zwischen St. Niklaus und Zermatt in kürzester Frist eine Wagenstrasse, die fast doppelt so breit war wie der bestehende Fahrweg im unteren Tal zwischen Visp und St. Niklaus, der bereits im Vorjahr fertiggestellt worden war. Dieser untere Abschnitt war etwas schwieriger zu errichten gewesen, denn zwischen Stalden und St. Niklaus waren die Verhältnisse eng und sehr steil, der Weg führte dort durch eine wilde, tiefe Schlucht. Nach seiner Vollendung verordnete der Bezirksrat Visp auch auf dieser Strecke ein Fahrverbot, weil das Kreuzen von Transportwagen mit Pferden und Maultieren nicht möglich sei. Seiler wollte aber unbedingt seine auf der neuen Wagenstrasse zwischen Zermatt und St. Niklaus eingesetzten Wagen auch auf dem schmalen Fahrweg von St. Niklaus bis nach Visp hinunter verwenden. Dies wurde ihm vorerst untersagt. Daraufhin liess der ideenreiche Hotelier Spezialanfertigungen für Fuhrwerke mit nur einem Meter Breite bauen, damit er wenigstens einen Teil des umfangreichen Gütertransports für die Versorgung seiner Hotels durchgehend und in Eigenregie von Visp bis Zermatt durchführen konnte. Für die in seinen Hotels in grossen Mengen benötigten Milch- und Fleischprodukte liess er sein Vieh in langen Kolonnen auf dem Saumweg bis nach Zermatt hinauftreiben.

Die Anreise im unteren Tal von Visp nach St. Niklaus blieb aber weiterhin über viele Jahre hinweg noch äusserst mühevoll. So hielt beispielsweise ein

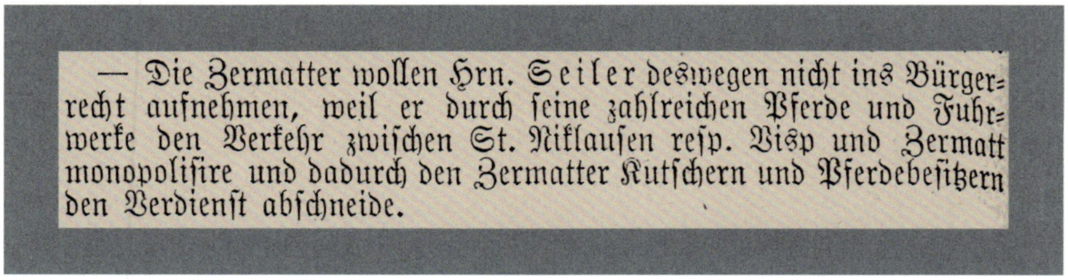

— Die Zermatter wollen Hrn. Seiler deswegen nicht ins Bürgerrecht aufnehmen, weil er durch seine zahlreichen Pferde und Fuhrwerke den Verkehr zwischen St. Niklausen resp. Visp und Zermatt monopolisire und dadurch den Zermatter Kutschern und Pferdebesitzern den Verdienst abschneide.

Zürcherische Freitagszeitung, Nr. 29, 20. Juli 1888.

Bericht über eine Reise nach Zermatt im August 1870 fest: «[...] von Vispach bis St. Niklaus kann man den Weg nur entweder zu Fuss oder zu Pferd machen, hingegen von St. Niklaus hinweg sind Einspänner bis Zermatt à 6 Fr. zu haben; auf dieser Strecke fährt auch schon ein Postwagen, freilich auf ziemlich holprigem Wege und nur für 2 à 3 Plätze eingerichtet.» Zehn Jahre später berichtete der Reiseführer Baedeker: «Wagen, Pferde und Träger stehen in St. Niklaus unter einem Kommissär, der die Reihenfolge bestimmt (die Wagen des Hrn. Seiler, durch ihre Aufschrift kenntlich, sind diesem Zwange nicht unterworfen).»[103]

Am schlechten Strassenzustand im unteren Vispertal ausserhalb des Seiler'schen Wirkungsbereichs änderte sich bis Ende der 1880er-Jahre nicht viel. So beschwerte sich ein Journalist anlässlich der Eröffnung des Hotel Riffelalp am 10. Juli 1884 in der *Neuen Zürcher Zeitung* immer noch: «Wenn nur der Zugang vom Rhonethal her besser wäre. Es ist jammerschade, dass die Visper ihr eigenes Interesse so schlecht verstehen und sich nicht entschliessen können, eine Strasse bis St. Niklaus zu bauen. Der fast fünf Stunden lange Weg bis dahin ist äusserst mühsam, während von St. Niklaus, bis Zermatt eine hübsche Fahrstrasse letzteres sehr bequem erreichen lässt.» In einem anderen Zeitungsartikel vom 16. Juli 1884 ist zu lesen: «Weniger bekannt dürfte sein, wie sehr Hr. Seiler gegen die Vorurtheile einer über ihre eigenen Interessen verblendeten Bevölkerung hat kämpfen müssen. Noch bis zum heutigen Tage ist es ihm z. B. nicht möglich gewesen, den Widerstand der Einwohner von Visp gegen die Herstellung einer Fahrstrasse von Visp nach St. Niklaus, welche im Interesse der Reisenden aller Nationen sein würde, zu brechen.»[104] Und in der *Gazette de Lausanne* stand: «Il ne manque plus à Zermatt pour être accessible à tous qu'une bonne route carrossable. Elle existe entre Zermatt et St. Nicolas, mais plus bas, entre St. Nicolas et Viège, il n'y a qu'un chemin à mulets fort mal tracé.»[105]

Seilers Strassenausbaupläne stiessen bei den vielen Trägern und Säumern im unteren Vispertal auf wenig Gegenliebe, denn diese fürchteten zu Recht den Verlust ihres lukrativen Geschäfts mit den Touristen. Die Visper hatten ja bis dahin praktisch ein Monopol besessen, indem sie die ankommenden Reisenden zusammen mit ihrem Gepäck per Maultier gegen teures Entgelt ins Tal hinauf- und hinunterführten. Keinen grösseren Problemen sah sich Seiler dagegen bei der Errichtung von Spazier- und Wanderwegen in der Region Zermatt gegenüber.

Zum grossen Teil auf eigene Kosten und immer darauf bedacht, den Gästen die Schönheiten der Zermatter Natur etwas einfacher zugänglich zu machen, besserte er die alten Säumerwege auf die Riffel, den Gornergrat und den Schwarzsee aus oder legte neue an, wie diejenigen zum Mettelhorn, zur Cima di Jazzi oder zum Hörnli und auf den Theodulpass. Als aktives Mitglied der 1865 gegründeten SAC-Sektion Monte Rosa unterstützte Alexander auch den Bau der ersten Clubhütten in der Region, so den der im Jahr 1875 unter der Leitung der Gebrüder Knubel von St. Niklaus erbauten Stockjehütte. Fünf Jahre später schlug Seiler dem SAC den Bau der ersten Hörnlihütte vor und beteiligte sich gleich selbst mit 1000 Franken an den Erstellungskosten des einfachen Steinhauses mit anfänglich 17 Schlafplätzen.

Die Idee einer Eisenbahnlinie Visp–Zermatt

Obwohl im angrenzenden Ausland der unaufhaltsame Siegeszug der Eisenbahn schon vor zwei Jahrzehnten begonnen hatte, tat man sich in der Schweiz noch lange Zeit schwer mit dem neuen Verkehrsmittel. Die erste Eisenbahnverbindung, die sich vollständig auf Schweizer Boden befand, war die 23 Kilometer lange Nordbahn von Baden nach Zürich. Sie war am 7. August 1847 eingeweiht worden. Im Volksmund nannte man sie «Spanisch-Brötli-Bahn», weil das berühmte Badener Blätterteiggebäck nach der Bahneröffnung auch in Zürich «backfrisch» gekauft werden konnte. Die Spezialität aus Baden hätte auch ganz leicht vor Ort produziert werden können, aber es war den Bäckern im protestantischen Zürich verboten, ein so luxuriöses Gebäck mit derart viel Butter herzustellen. Vor der Bahneröffnung mussten die Dienstboten der reichen Familien den langen Weg nach Baden und zurück zu Fuss gehen, um der Zürcher Oberschicht ihre heiss geliebten «Spanischbrötli» zu besorgen. Mit der Verabschiedung des Eisenbahngesetzes 1852 setzte auch in der Schweiz ein erster Bauboom ein. Das neue Gesetz legte fest, dass Eisenbahnen auch durch Private gebaut und betrieben werden konnten, was zwar einen regelrechten Eisenbahnbau-Boom auslöste, aber auch zu einem teilweise ruinösen Konkurrenzkampf zwischen den zahlreichen neu gegründeten Eisenbahngesellschaften führte. So gestaltete sich auch der Bau der Eisenbahnverbindung vom Genfersee durch das Rhonetal bis nach Brig als ein langwieriges Vorhaben, welches im Verlauf der Jahre von mehreren Pleiten und wirtschaftlich bedingten Fusionen begleitet war. Denn das Wallis befand sich damals noch weit abseits der wirtschaftlich interessanten Verkehrswege. Die erste Teilstrecke von Le Bouveret bis Martinach wurde zwar schon 1859 eröffnet, ein Jahr später erreichte die Bahn Sitten, aber erst 1868 stiess sie bis Siders vor. Aufgrund von Finanzierungsschwierigkeiten während der Krise der 1870er-Jahre und wohl auch wegen des Konkurses der Walliser Kantonalbank im Jahr 1871 dauerte es noch einmal mehrere Jahre, bis endlich auch die letzten beiden Teilstücke 1877 bis Leuk und 1878 bis Brig eingeweiht werden konnten. Die neue Bahn begünstigte die weitere Entwicklung des Tourismus in den Walliser Bergregionen. Neben dem gesteigerten Personenaufkommen fanden auch neue Handelsprodukte viel schneller und leichter den Weg ins Oberwallis. Das zeigt die Einweihung des Hotel Riffelalp 1884, zu dessen Festmahl Lachs aus der Nordsee serviert wurde – ohne internationale Bahnverbindung von der Nordsee bis nach Visp undenkbar.

Da für den «Flaschenhals» der Strasse zwischen Visp und St. Niklaus auch im Jahr 1885 noch immer keine absehbare Lösung in Aussicht stand, setzte sich Alexander Seiler nun fest entschlossen für die alternative Option einer Eisenbahnverbindung von Visp nach Zermatt ein. Nur so könnte man den Reisenden nicht nur die lang ersehnte bequemere Anreise bieten, sondern gleichzeitig auch das immer grösser werdende Versorgungsproblem des Dorfs lösen. Zudem würde eine Eisenbahn den Ort für viel mehr Touristen zugänglich machen, da auch die Reisekosten und die Anfahrtszeit massiv gesenkt werden könnten. Für Seiler hatte deshalb von nun an das Eisenbahnprojekt oberste Priorität, und er unterstützte es mit allen seinen Mitteln.

Hilfe kam, wie so oft, auch aus der eigenen Familie. Alexander Seilers Schwiegersohn Xaver Imfeld, der damals wohl berühmteste Ingenieur-Topograf der Schweiz, wurde 1886 von der Bahngesellschaft Suisse-Occidentale-Simplon (SOS) mit der Erstellung möglicher Trassee-Varianten für eine Schmalspurbahn zwischen Visp und Zermatt beauftragt. Nun ging alles schnell: Schon am 27. November 1888 begannen die Bauarbeiten in Visp, und im Juli 1890 konnte der erste sieben Kilometer lange Abschnitt zwischen Visp und Stalden mit sechs täglichen Zugverbindungen in Betrieb genommen werden. Am 12. August 1890 fuhr die Bahn erstmals bis nach St. Niklaus,[106] und ein Jahr später, am 18. Juli 1891, erreichte der erste reguläre Dampfzug das Dorf Zermatt. Die Passagierzahlen stiegen sofort fulminant und übertrafen die kühnsten Erwartungen der Konzessionäre. Die ursprünglich geschätzte Zahl von 30 000 Fahrgästen wurde bereits im ersten Betriebsjahr erreicht und in den folgenden Jahren noch weit übertroffen. 1899 zählte die Bahn bereits 60 000 Passagiere. Die neue Bahnstrecke durch das enge Tal blieb jedoch noch jahrelang den Naturgewalten der Berge ausgesetzt: Murgänge, Hochwasser, Steinschlag und Lawinen beschädigten immer wieder Teile der Infrastruktur und unterbrachen den Fahrbetrieb zeitweise für mehrere Wochen. Die Schmalspurbahn verkehrte jedoch wegen fehlender Lawinenschutzbauten bis 1933 nur im Sommerbetrieb.

Die Zermatter Post- und Telegrafenstation

Mit dem Kauf des Hotel Mont Cervin und des anliegenden Postbüros von Joseph Anton Clemenz im Jahr 1867 übernahm Alexander Seiler auch das Amt des Zermatter Posthalters. Zu jener Zeit brachten die Postträger ein- bis dreimal pro Woche die Post von Visp ins Tal hinauf und verteilten diese

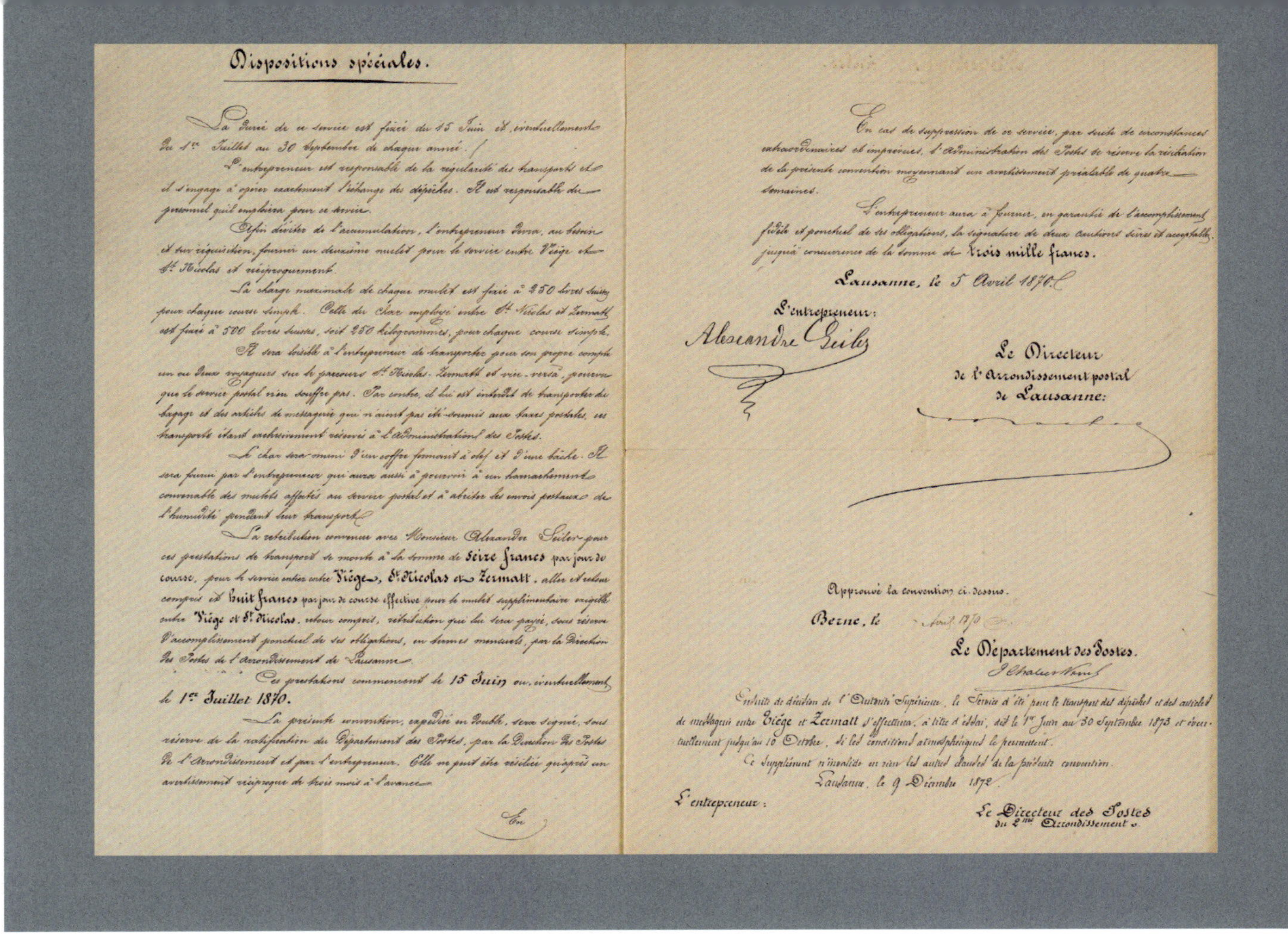

Dispositions spéciales.

La durée de ce service est fixée du 15 Juin et, éventuellement du 1er Juillet au 30 Septembre de chaque année.

L'entrepreneur est responsable de la régularité des transports et il s'engage à opérer exactement l'échange des dépêches. Il est responsable du personnel qu'il emploiera pour ce service.

Afin d'éviter de l'accumulation, l'entrepreneur devra, au besoin et sur réquisition, fournir un deuxième mulet pour le service entre Viège et St. Nicolas et réciproquement.

La charge maximale de chaque mulet est fixée à 250 livres suisses pour chaque course simple. Celle du char employé entre St. Nicolas et Zermatt est fixée à 500 livres suisses, soit 250 kilogrammes, pour chaque course simple.

Il sera loisible à l'entrepreneur de transporter pour son propre compte un ou deux voyageurs sur le parcours St. Nicolas–Zermatt et vice-versa, pourvu que le service postal n'en souffre pas. Par contre, il lui est interdit de transporter du bagage et des articles de messagerie qui n'aient pas été soumis aux taxes postales, ces transports étant exclusivement réservés à l'Administration des Postes.

Le char sera muni d'un coffre fermant à clef et d'une bâche. Il sera fourni par l'entrepreneur qui aura aussi à pourvoir à un harnachement convenable des mulets affectés au service postal et à abriter les envois postaux de l'humidité pendant leur transport.

La rétribution convenue avec Monsieur Alexandre Seiler pour ces prestations de transport se monte à la somme de **seize francs** par jour de course, pour le service entier entre **Viège, St. Nicolas et Zermatt**, aller et retour compris et **huit francs** par jour de course effective pour le mulet supplémentaire exigible entre **Viège et St. Nicolas**, retour compris, rétribution qui lui sera payée, sous réserve d'accomplissement ponctuel de ses obligations, en termes mensuels, par la Direction des Postes de l'Arrondissement de Lausanne.

Ces prestations commencent le **15 Juin** ou, éventuellement le **1er Juillet 1870.**

La présente convention, expédiée en double, sera signée, sous réserve de la ratification du Département des Postes, par la Direction des Postes de l'Arrondissement et par l'entrepreneur. Elle ne peut être résiliée qu'après un avertissement réciproque de trois mois à l'avance.

En cas de suppression de ce service, par suite de circonstances extraordinaires et imprévues, l'Administration des Postes se réserve la résiliation de la présente convention moyennant un avertissement préalable de quatre semaines.

L'entrepreneur aura à fournir, en garantie de l'accomplissement fidèle et ponctuel de ses obligations, la signature de deux cautions sûres et acceptables jusqu'à concurrence de la somme de **trois mille francs.**

Lausanne, le 5 Avril 1870.

L'entrepreneur:
Alexandre Seiler

Le Directeur
de l'Arrondissement postal
de Lausanne:

Approuvé la convention ci-dessus.

Berne, le Avril 1870

Le Département des Postes.

Ensuite de décision de l'Autorité Supérieure, le Service d'été pour le transport des dépêches et des articles de messagerie entre **Viège et Zermatt** s'effectuera, à titre d'essai, dès le 1er Juin au 30 Septembre 1873 et éventuellement jusqu'au 10 Octobre, si les conditions atmosphériques le permettent.

Ce supplément n'invalide en rien les autres clauses de la présente convention.

Lausanne, le 9 Décembre 1872.

L'entrepreneur:

Le Directeur des Postes
du 2me Arrondissement.

unterwegs bei den verschiedenen Postablagen der Talgemeinden, allerdings wurden nur Poststücke bis maximal fünf Kilogramm Gewicht befördert. Am 5. April 1870 unterzeichnete Alexander Seiler einen Vertrag mit der schweizerischen Bundespost und übernahm damit die Verantwortung für den täglichen Transport von regulären Postsendungen zwischen Visp und Zermatt, die er ab diesem Moment während der Sommermonate zuverlässig per Maultier und Karren besorgen liess. Dafür erhielt er von der Postdirektion Bern eine Pauschale von 16 Franken pro geleisteten Transportweg. Erst ab 1886 wurde die Post, sofern es die Wetterverhältnisse zuliessen, auch im Winter täglich nach Zermatt gebracht.

Ausdruck des wirtschaftlichen und technischen Fortschritts, der die Schweiz seit den 1850er-Jahren allmählich erfasste, war der Telegraf. Er revolutionierte das Kommunikationswesen. Vor dessen Einführung war auch die Kommunikation zwischen dem Hotel Monte Rosa im Dorf und dem höher gelegenen Hotel Riffelberg kompliziert. Nicht selten erfuhren Reisende erst bei Ankunft auf dem Riffelberg, dass dort keine Zimmer frei seien. Sie mussten notdürftig im Speisesaal schlafen oder unverrichteter Dinge wieder ins Dorf hinabsteigen. Da aber zwischen den Hotels Monte Rosa und Riffelberg guter Sichtkontakt war, erfand Seiler, auf Anregung eines Gastes, ein raffiniertes System mit verschiedenfarbigen Fahnen auf den Dächern. So konnte

Leistungsvertrag vom 5. April 1870 zwischen der Schweizerischen Bundespost und Alexander Seiler.

ZERMATT. **Hôtels Monte-Rosa, Mont-Cervin à Ryffelhaus.** Pension zu billigen Preisen, mit allem möglichen Comfort. Die schönsten Ausflüge. Telegraph, täglicher Postverkehr und die gelesensten Zeitungen Europa's. Der Aufenthalt in Zermatt empfiehlt sich gerade unter den gegenwärtigen Verhältnissen wegen seiner Ruhe und Sicherheit. 8 (H 2998)

Alex. Seiler.

Der Bund, 2. August 1870.

signalisiert werden, ob und wie viele Zimmer oben im Hotel Riffelberg noch frei waren. J.J. Weilenmann hält in seinem Reisebericht 1859 fest: «Sie telegraphiren sich gegenseitig durch verabredete Zeichen, wenn oben etwas verlangt wird, oder wenn von unten Reisende in mehr als gewöhnlicher Anzahl im Anzuge sind.» Die Reisenden liessen sich dann vorzugsweise im Hotel Monte Rosa eine schriftliche Bestätigung geben, bevor sie sich auf den dreistündigen Weg zum Riffelberg aufmachten. Der Reiseführer Baedeker empfahl in seiner Ausgabe 1867: «The Hotel on the Riffelberg (7908 ft., 2921 above Zermatt) is often full; it is therefore always a wise precaution to enquire beforehand at the Hotel Mont Rose at Zermatt if accommodation can be had on the Riffel, and if possible, to procure a ticket entitling the holder to a bed [...].»[107]

Ein neuartiges Komunikationsmittel, der Morsetelegraf, erfreute sich ab 1860 in den Schweizer Städten immer grösserer Beliebtheit. Seiler verhandelte deshalb schon seit 1867 zielstrebig mit verschiedenen Talgemeinden, um die schwierigen Kommunikationsverhältnisse zu beseitigen. Die Gemeinden willigten nach und nach ein und stellten die nötigen Telegrafenmasten und deren Verkabelung durch das Tal zur Verfügung. So gelang es bereits im Sommer 1870, den Telegrafen erstmals nach Zermatt zu bringen und diesen vorerst in den Hotels der Familie Seiler für den Eigengebrauch in Betrieb zu nehmen. Ab Juni 1871 stellte Alexander Seiler im Hotel Monte Rosa ein eigenes Zimmer mit einem Morseapparat für den allgemein zugänglichen Betrieb zur Verfügung und verband so das abgeschiedene Bergdorf auch offiziell telegrafisch mit der Aussenwelt.[108] Daraufhin wurde Seiler am 28. Juli 1873 vom Bundesrat, zusätzlich zu seiner Funktion als Posthalter, auch zum ersten offiziellen Zermatter Telegrafisten gewählt. Die Zermatter Post- und Telegrafenstation wurde danach noch während 23 Jahren bis ins Jahr 1896 von der Familie Seiler betreut.

Vereinzelt versuchten sich nun auch einige Zermatter Burger im Hotelgewerbe zu etablieren. 1869/70 wurde etwas südlich der Kirche und an bester Lage das Hotel des Alpes mit etwa zwanzig Betten eröffnet; Bergführer Ignaz Biner (1833–1918) hatte eigens dafür sein Wohnhaus vergrössert. Neben den bestehenden Hotels Monte Rosa und Mont Cervin war dies erst der dritte Gasthof, der unten im Dorf gebaut wurde. Vermutlich hatte Biner in seinem Heim schon vorher vereinzelte Male Gäste auf privater Basis beherbergt, er betrieb dort jedoch anfänglich in erster Linie nur einen kleinen, sehr erfolgreichen

Zermatt.

HOTEL DES ALPES.

Zermatt.

Zermatt. Zermatt.

³ Hôtel des Alpes empfiehlt sich einem geehrten reisenden Publikum durch seine Reinlichkeit, gute Küche und Weine sowohl, als durch eine aufmerksame Bedienung und gute Betten.

Die Lage des Hotels ist eine der prachtvollsten, am Ende des Städtchens gelegen, mit herrlicher Aussicht auf das Matterhorn, Hörnli und St. Theodulpaß.

Für diejenigen geehrten Herren Reisenden, welche Bergpartien beabsichtigen, stehen stets zuverlässige, gute Führer und Pferde zur Verfügung.

Tägliche Post- und Telegraphenverbindung.

Ignaz Biner.

Zu verkaufen

das **Hôtel des Alpes** in **Zermatt,** gelegen in schönster Lage, mit prachtvoller Aussicht auf Matterhorn, Hornergletscher, Mischabelhörner 2c., umgeben von einem großen Garten, mit allem Gasthofs-Mobiliar und Nebengebäuden. Verkaufsbedingungen günstig.

Auskunft ertheilt Herr Notar **Zimmermann** in **Visp.** (c2167X)

Der Bund, 16. Juli 1877. Rechts: *Der Bund*, 24. März 1880.

Bazar mit begehrten Mineralien, getrockneten Blumen und Insekten sowie allerlei Trödelwaren. Ignaz Biner war bei seinen Kunden sehr beliebt, er galt als «der spendable Gentleman» unter den damaligen Bergführern – und vor allem auch als grossartiger Botaniker. Die 300 Besteigungen des Breithorns verliehen ihm den Beinamen «Breithorn-Biner».

Seine Pension stand allerdings unter keinem guten Stern, denn das kleine Haus hatte mit der übermächtigen Konkurrenz Seilers im Dorf schwer zu kämpfen. Schon nach wenigen Jahren geriet der Betrieb in finanzielle Schieflage, und Biner musste noch vor Ende der 1870er-Jahre Konkurs anmelden, sei es wegen mangelnder kaufmännischer Kenntnisse oder seiner allseits bekannten spendablen Persönlichkeit. Aus der Konkursmasse ersteigerte Alexander Seiler das Haus zu drei Vierteln zusammen mit der Burgergemeinde, welche sich mit einem Viertel beteiligte. Die Übernahme kam Seiler sehr gelegen, denn die Pension diente ihm von nun an als Unterkunft für sein auswärtiges Personal sowie vereinzelt auch zur Unterbringung privater Langzeitgäste wie des französischen Malers Albert Gos (1852–1942), der dort zeitweise sein Atelier einrichtete. 1913 ging das Hotel Des Alpes ganz in den Besitz der Hotelgesellschaft Seiler über. 1932 wurde der Name Hotel des Alpes auf die Dependance Felsenhaus übertragen und kurzzeitig von den Seilers als eigenständiges kleines Hotel geführt, bis auch dieses Ende der 1950er-Jahre in eine reine Personalunterkunft umgewandelt werden musste, in der etwa neunzig Angestellte untergebracht werden konnten. Die Familie Seiler verkaufte das ursprüngliche Hotel des Alpes im Jahr 1941. Es wich einem Neubau.

Tribunal Fédéral Suisse

Séance du 22 Mars 1889.

Est appelé le recours du Conseil communal de Zermatt (Valais), contre l'arrêté du Conseil d'Etat de ce canton, en date du 16 Janvier 1889, prononçant la suspension du dit Conseil de ses fonctions et la nomination d'une commission chargée de la régie de cette commune.

Ouï le Juge délégué en son rapport.

Vu le dossier, d'où résultent les faits suivants:

La loi valaisanne du 23 Novembre 1870 sur les bourgeoisies statue, à son art. 10, que "les „ bourgeoisies doivent faciliter aux Valaisans, do- „ miciliés dans la commune depuis 5 ans, l'acqui- „ sition du droit de bourgeoisie „ et que "si le droit „ de bourgeoisie est refusé sans motif légitime, le „ postulant peut réclamer au Conseil d'Etat, qui „ décide sur les motifs de refus, et qui, pour la fi- „ xation du prix, doit prendre en considération l'in- „ térêt du capital de réception combiné avec la for- tune et les revenus de la bourgeoisie

Zwischen touristischem Aufschwung und dörflichem Zwist 1870–1890

Als im Sommer 1870 der Deutsch-Französische Krieg ausbrach, versiegten auch in der Schweiz die grossen Touristenströme. Insbesondere englische, deutsche und französische Gäste blieben fern. Die zuvor boomende Hotellerie erlitt mit dem ausbleibenden Fremdenverkehr einen empfindlichen Einbruch und hatte einige sehr schwierige Monate durchzustehen. Alexander Seiler reagierte sofort darauf. Er annoncierte seine drei Zermatter Hotels weiterhin unbeirrt, versprach günstige Preise, Ruhe und vor allem Sicherheit: «Der Aufenthalt in Zermatt empfiehlt sich gerade unter den gegenwärtigen Verhältnissen wegen seiner Ruhe und Sicherheit.»

Zu Beginn der 1870er-Jahre war der inzwischen 52-jährige Seiler schon eine weit über die Landesgrenzen hinaus bekannte und einflussreiche Persönlichkeit. Sogar die *New York Times* erwähnte ihn und seine Gattin namentlich in der Ausgabe vom 2. Juli 1871 in einem ausführlichen Bericht über die neu entdeckte Zermatter Bergwelt. Der angesehene Hotelier und Vater einer grossen Kinderschar war bestens vernetzt, amtete in der Politik als Grossrat und im Militär als Offizier im Range eines Hauptmanns. Zudem bekleidete er wichtige öffentliche Ämter wie jenes des Strassenbaumeisters im Mattertal und des Zermatter Posthalters. Seit 1867 war er auch der mit Abstand grösste Arbeitgeber und Steuerzahler der Gemeinde Zermatt.

Der Burgerrechtsstreit 1870 – Das neue Burgergesetz

Seilers grösste Herausforderung war das komplexe Beschaffungswesen für seine Hotelbetriebe, denn es galt täglich mehrere hundert Gäste und unzählige Angestellte zu verköstigen. Es mangelte im Dorf nicht nur an Baumaterial für seine verschiedenen Hotelprojekte, sondern vor allem auch an genügend Nahrungsmitteln und ausreichend Brennholz, das er in grossen Mengen täglich für Heizung, Küche und die Wäscherei benötigte. Die Burgerschaft aber wollte Seiler nicht am allgemeinen Burgernutzen teilhaben lassen, denn diese konnte ihre Produkte zu einem hohen Preis an dessen Hotels verkaufen. Zudem hatten die Burger berechtigte Bedenken, dass der Hotelier die Wälder und Weiden für die Versorgung seiner Hotels übermässig nutzen könnte. Ein Bauer fragte einmal: «Sagen Sie, essen die Engländer wirklich so viele Kartoffeln, dass der Seiler sie alle aufkaufen lassen muss bis nach Visp hinunter und noch weiter?» Um das Jahr 1890 benötigte Seiler für die Verpflegung seiner Gäste in einer einzigen Sommersaison 1400 Schafe, 200 Ochsen

Links: Bundesgerichtsurteil vom 22. März 1889 (Ausschnitt).

TIMBRE FIXE ★ 10 CENTIMES ★

N° 163 Taxe : Fr. 5 & 10

Industrie-Steuer.

In Gemäßheit der Bestimmungen des Art. 25 des Finanzgesetzes vom 26. Wintermonat 1862 und des vom Staatsrathe innerhalb der Schranken des Art. 22 des gleichen Gesetzes festgestellten Gewerbesteuer-Registers,

hat H. Seiler Alexander

wohnhaft in Zermatt

dem Staatseinnehmer die Summe von Franken Fünf u. Rappen zehn

bezahlt für Taxe der Industrie Kleinhandel

die er in der Gemeinde Zermatt während des

Jahres eintausend achthundert zweiundsiebenzig ausübt

Gegeben zu …………, den ………… 18

Bemerkung. Für alle Einsprachen hat man sich unmittelbar an das Finanzdepartement zu wenden und dies zwar in Frist von vierzehn Tagen nach Ankündigung des Steuer-Bezugs durch den Einnehmer.
Nach Verfluß dieser Zeit wird keine Beschwerde mehr berücksichtiget werden.

Der Einnehmer des Bezirks Wyß

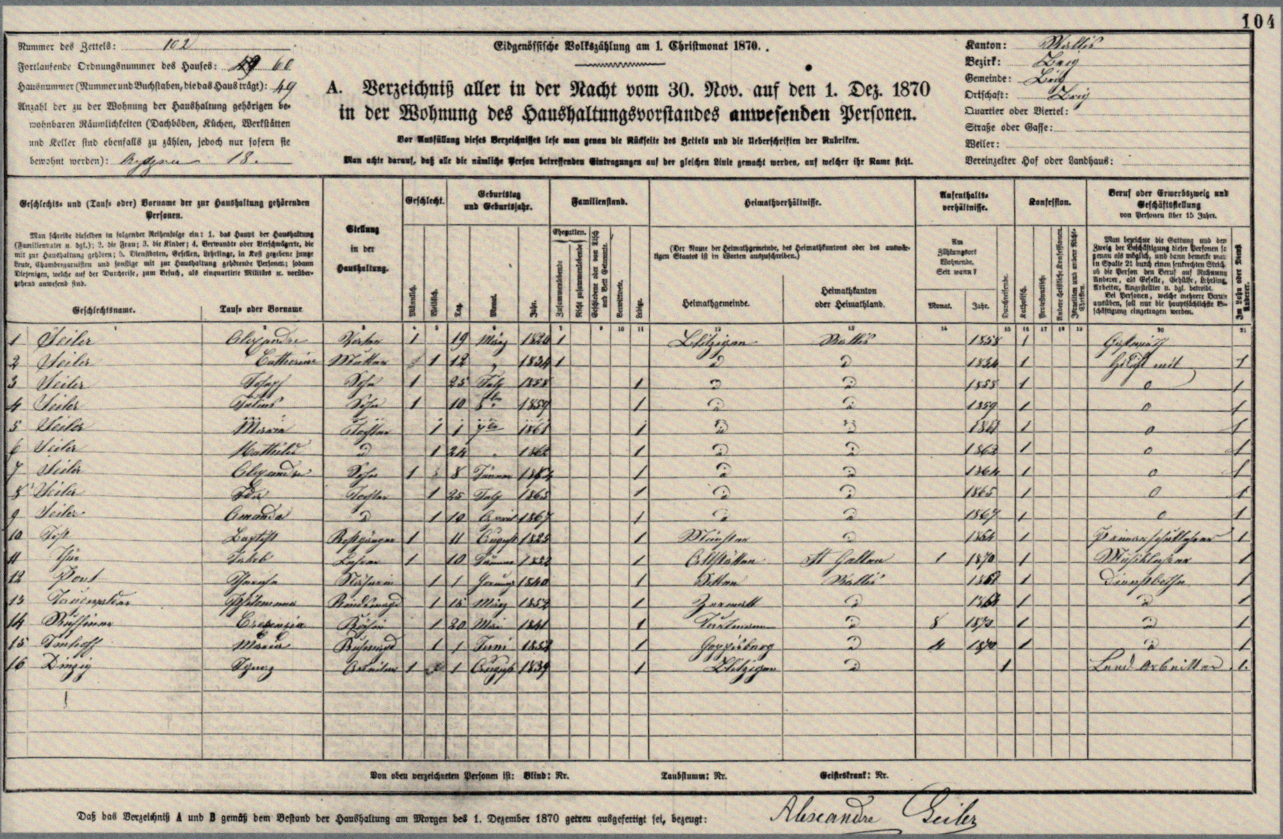

104

Eidgenössische Volkszählung am 1. Christmonat 1870.

Nummer des Zettels: 102
Fortlaufende Ordnungsnummer des Hauses: ~~59~~ 61
Hausnummer (Nummer und Buchstaben, die das Haus trägt): 49
Anzahl der zu der Wohnung der Haushaltung gehörigen bewohnbaren Räumlichkeiten (Dachböden, Küchen, Werkstätten und Keller sind ebenfalls zu zählen, jedoch nur sofern sie bewohnt werden): [illegible] 18.

Kanton: Wallis
Bezirk: [illegible]
Gemeinde: [illegible]
Ortschaft: [illegible]
Quartier oder Viertel:
Straße oder Gasse:
Weiler:
Vereinzelter Hof oder Landhaus:

A. Verzeichniß aller in der Nacht vom 30. Nov. auf den 1. Dez. 1870 in der Wohnung des Haushaltungsvorstandes anwesenden Personen.

Vor Ausfüllung dieses Verzeichnisses lese man genau die Rückseite des Zettels und die Ueberschriften der Rubriken.

Man achte darauf, daß alle die nämliche Person betreffenden Eintragungen auf der gleichen Linie gemacht werden, auf welcher ihr Name steht.

Geschlechts- und (Tauf- oder) Vorname der zur Haushaltung gehörenden Personen. Man schreibe dieselben in folgender Reihenfolge ein: 1. das Haupt der Haushaltung (Familienvater u. dgl.); 2. die Frau; 3. die Kinder; 4. Verwandte oder Verschwägerte, die mit zur Haushaltung gehören; 5. Dienstboten, Gesellen, Lehrlinge, in Kost gegebene junge Leute, Chambregarnisten und sonstige mit zur Haushaltung gehörende Personen; sodann Diejenigen, welche auf der Durchreise, zum Besuch, als einquartirte Militärs u. vorübergehend anwesend sind.

Heimathverhältnisse: (Der Name der Heimathgemeinde, des Heimathkantons oder des auswärtigen Staates ist in Worten auszuschreiben.)

Beruf oder Erwerbszweig und Geschäftsstellung von Personen über 15 Jahren: Man bezeichne die Gattung und den Zweig der Beschäftigung dieser Personen so genau als möglich, und dann bemerke man in Spalte 21 durch einen senkrechten Strich, ob die Person den Beruf auf Rechnung Anderer, als Geselle, Gehülfe, Lehrling, Arbeiter, Angestellter u. dgl. betreibt. Bei Personen, welche mehrere Berufe ausüben, soll nur die hauptsächlichste Beschäftigung eingetragen werden.

	Geschlechtsname. (1)	Tauf- oder Vorname (2)	Stellung in der Haushaltung. (3)	Geschlecht: Männlich. (4)	Geschlecht: Weiblich. (5)	Geburtstag und Geburtsjahr: Tag. (6)	Monat.	Jahr.	Familienstand: Ehegatten: Zusammenlebende (7)	Nicht zusammenlebende	Geschiedene oder von Tisch und Bett Getrennte (9)	Verwittwete (10)	Ledige (11)	Heimathgemeinde. (12)	Heimathkanton oder Heimathland. (13)	Aufenthaltsverhältnisse: Am Zählungsort Wohnende. Seit wann? Monat. (14)	Jahr.	Durchreisende. (15)	Konfession: Katholisch. (16)	Protestantisch. (17)	Andere christliche Konfessionen. (18)	Israeliten und andere Nicht-Christen. (19)	Beruf oder Erwerbszweig und Geschäftsstellung (20)	Im Lohn oder Dienst Anderer. (21)
1	Seiler	Alexander	Vater	1		19	März	1826	1					Blitzingen	Wallis		1858		1				Gastwirth	
2	Seiler	Catherine	Mutter		1	12	"	1834	1					do	do		1834		1				[illegible]	1
3	Seiler	Joseph	Sohn	1		25	Juli	1858					1	do	do		1858		1				0	1
4	Seiler	Julius	Sohn	1		10	8ber	1859					1	do	do		1859		1				0	1
5	Seiler	Maria	Tochter		1	1	Juli	1861					1	do	do		1861		1				0	1
6	Seiler	Mathilde	do		1	24	"	1862					1	do	do		1862		1				0	1
7	Seiler	Alexander	Sohn	1		8	Jänner	1864					1	do	do		1864		1				0	1
8	Seiler	Ida	Tochter		1	25	Juli	1865					1	do	do		1865		1				0	1
9	Seiler	Amanda	do		1	10	April	1867					1	do	do		1867		1				0	1
10	[illegible]	Baptist	Kostgänger	1		11	August	1825					1	Münster	do		1864		1				[illegible]	1
11	[illegible]	Jakob	[illegible]	1		10	Jänner	1822					1	Altstätten	St. Gallen	1	1870		1				[illegible]	1
12	[illegible]	[illegible]	[illegible]		1	1	Januar	1840					1	Sitten	Wallis		1862		1				Dienstbothe	1
13	[illegible]	Philomena	[illegible]		1	15	März	1854					1	Zermatt	do		1868		1				do	1
14	[illegible]	Crescentia	Köchin		1	20	Mai	1841					1	[illegible]	do	8	1870		1				do	1
15	[illegible]	Maria	[illegible]		1	1	Juni	1852					1	[illegible]	do	4	1870		1				do	1
16	[illegible]	Ignaz	Arbeiter	1		1	August	1839					1	Blitzingen	do			1					Land Arbeiter	1

Von oben verzeichneten Personen ist: Blind: Nr. Taubstumm: Nr. Geisteskrank: Nr.

Daß das Verzeichniß A und B gemäß dem Bestand der Haushaltung am Morgen des 1. Dezember 1870 getreu ausgefertigt sei, bezeugt: Alexandre Seiler

Alexander Seiler begrüsst und verabschiedet seine Gäste meist persönlich. Darstellung vor dem «Monte Rosa» von Emile Gos.

und 150 Kälber. Die Auslagen für Hühner und Fische beliefen sich auf jährlich 20 000 Franken, und allein für den Wein kamen weitere 100 000 Franken dazu.[109] Es erstaunt deshalb wenig, dass ein Teil der stark bäuerlich geprägten Gemeinde dem auswärtigen Emporkömmling zeitlebens argwöhnisch begegnete und ihm zuweilen auch grosse Stolpersteine in den Weg legte.

Seilers Vieh, das er vom Tal hinauftreiben liess, wurde in Zermatt mit hohen Weidesteuern belegt. Auch verweigerte man ihm über Jahre hinweg den Zugang zu gemeindeeigenem Baumaterial und Brennholz, und er musste es sich grösstenteils auswärts beschaffen. Nach fast zwanzig Jahren Tätigkeit in Zermatt behandelte man Seiler immer noch als «Fremden», obwohl der energische Hotelier Arbeit, Einkommen und einen gewissen wirtschaftlichen Aufschwung ins Dorf gebracht hatte, von dem auch eine Mehrheit der Einheimischen profitierte. Die Gelegenheit, seinen Status zu verändern, bot sich ihm, als der Kanton Wallis am 23. November 1870 im Artikel 10 ein neues Gesetz über die Bürgerschaften erliess, kurz «Burgergesetz» genannt. «Die Bürgerschaften sollten unter anderem den seit fünf Jahren in der Gemeinde ansässigen Wallisern die Erwerbung des Burgerrechts erleichtern. Wenn das Burgerrecht ohne triftigen Grund verweigert wird, kann sich der Bewerber an den Staatsrat wenden, der über den Weigerungsgrund entscheidet und der zur Bestimmung des Preises das Verhältnis zwischen dem Zins

Links: Seilers Steuerbeleg als Handelsmann mit Wohnsitz in Zermatt von 1852. Unten: Volkszählung vom 1. Dezember 1870: Sechzehn Personen wohnen in Seilers Haushalt in Brig.

des Einkaufskapitals und dem Vermögen und dem Ertrag der Burgerschaft zu berücksichtigen hat.»[110]

Seiler ergriff den willkommenen Anlass hocherfreut; er berief sich auf das neue Gesetz und stellte am 6. Juni 1871 voller Zuversicht ein erstes Gesuch um Aufnahme in die Zermatter Burgerschaft, in eine eingeschworene Gemeinschaft, die aus nur zwanzig alteingesessenen Familien bestand. Niemand ahnte zu diesem Zeitpunkt, dass dieses einfache Stück Papier einen erbittert geführten 18-jährigen Rechtsstreit auslösen würde, ein Albtraum für alle Beteiligten, der nicht nur die allerhöchsten Instanzen der Justiz, sondern auch die kantonalen und nationalen Behörden wie die Kantonsregierung, Nationalrat, Ständerat und sogar den Bundesrat beschäftigen würde. Am Anfang dieser Auseinandersetzung mit der Burgergemeinde Zermatt standen Seilers schlichte Zeilen:

> «Herrn Präsidenten der Burgerschaft von Zermatt. Unter Berufung auf das letzthin erlassene Gesetz die Bürgerschaften betreffend, stellt der Gefertigte das Gesuch, als Burger von Zermatt aufgenommen zu werden, bittet Sie, dieses Gesuch dem Burgerrathe und der Urversammlung der Burger zu unterbreiten und dann mir die festgestellten Bedingungen unverzüglich mit zu theilen. Ich hoffe, um so mehr eine geneigte Aufnahme zu finden, als ich seit Jahren das wichtigste Geschäft in Zermatt ausübe und meine Interessen mit jenen Ihrer Gemeinde innig verflochten sind. Zum voraus darf ich Ihnen das Versprechen ertheilen, dass ich stets bemüht sein werde, das materielle Wohl der Gemeinde Zermatt mit allen mir zur Verfügung stehenden Mitteln zu heben. Genehmigen Sie, Herr Präsident, die Versicherung meiner vollkommensten Hochachtung (sig.) Alex. Seiler.»

Zu Seilers Verdruss wurde sein Antrag schon zehn Tage später und ohne weitere Begründung abgelehnt:

> «Zermatt, den siebenzehnten Juni 1871, im Wohnhaus und unter dem Vorsitze des Herrn Burgerpräsidenten Franz Biner wurde Burgerrath gehalten betreffend die verlangte Aufnahme des Herrn Seiler als Burger unserer Gemeinde. Man ist der beschliessenden Ansicht, nicht beizustimmen, da kein formeller Artikel zu Gunsten Herrn Seilers ist. Der Präsident: (sig.) Franz Biner (sig.) Ruden Schreiber.»

Es war kein Geheimnis, dass der temperamentvolle Gommer Bauernsohn Seiler zwar zielstrebig und entschlossen handelte, zuweilen aber durchaus auch aufbrausend und herrisch sein konnte, ja manchmal sogar cholerische Züge zeigte, wenn er sich in seinem Ehr- und Rechtsempfinden missverstanden fühlte. Alexander Seiler war eine starke Persönlichkeit und stiess manche vor den Kopf, indem er unnachgiebig seine ehrgeizigen Ziele verfolgte. Wie schwierig und impulsiv seine Beziehung zu anderen sein konnte, geht aus einer Anzeige gegen Seiler vom 17. Juli 1871 hervor, in welcher dem Hotelier vorgeworfen wurde, dass er seinen neuen Konkurrenten, Gastwirt Ignaz Biner, der soeben die Pension des Alpes mit etwa zwanzig Betten eröffnet hatte, mit Grobheiten beleidigt hätte:

Die Kinder von Catharina und Alexander Seiler: Maria, Joseph, Ida, Julius, Alexander und Mathilde, um 1868.

«Der Injurien Richter der Gemeinde Zermatt
Ihnen Hr. Alexander Seiler, Gastwirth, in Zermatt domiciliert
Herr Ignaz Biner Gastwirth sässhaft in Zermatt, ladet Sie ein, auf den neun und zwanzigsten dieses Heumonaths, um zwölf Uhr tags vor genannten Richter in dessen Wohnung um sich mit ihnen auf freundschaftlichem Wege zu versöhnen wegen jener Bescheltung, als ob Herr Biner der gesagte, ein Schweinhund sei, welche Grobheit Sie ihm vor mehrern Personen am dreizehnten dieses Juli, nebst Drohung vorgehalten haben. Zermatt, den 17. Juli 1871, Ruden Präsident delegierter Beisitzer Victor Furrer.»

Da keine weiteren Akten zu diesem Fall in den Archiven vorhanden sind, ist anzunehmen, dass sich die beiden Kontrahenten bei einem versöhnlichen Gespräch und einem Glas Rotwein gütlich einigten.

Hingegen wehrte sich Seiler in Sachen Einbürgerung gegen den abschlägigen Entscheid der Burgergemeinde Zermatt vom 17. Juni. Er rekurrierte, erstmals vertreten durch seinen Schwager, den Rechtsanwalt Felix Clausen, am 4. September 1871 beim Staatsrat in Sitten. Daraufhin wurde in Zermatt am 17. September 1871 abermals eine Burgerversammlung mit 78 stimmberechtigten Burgern abgehalten, die dem Burgerrat einstimmig und in dezidierter Weise die Vollmacht erteilten, «mit Herrn Gastwirth Seiler nöthigenfalls Prozess zu beginnen, da gedachter Herr Seiler, wie es scheint, mit Gewalt Gemeinde-Burger in Zermatt werden will».

Da ein permanenter Wohnsitz über fünf Jahre für die erleichterte Einbürgerung eine wesentliche Voraussetzung war, liess sich Seiler am 8. Oktober 1871 von seinem Schwiegervater Andreas Cathrein, damaliger Vizepräsident der Stadt Brig, sowie am 12. Oktober 1871 von Moritz Ruden,

Gemeindepräsident von Zermatt, schriftlich bestätigen, dass er seinen offiziellen Wohnsitz von Brig nach Zermatt verlegt habe. Das Walliser Zivilgesetzbuch definierte «Wohnsitz» unter anderem auch als Ort der unternehmerischen Hauptbeschäftigung, die Seiler in Zermatt ja schon seit fast zwanzig Jahren innehatte. «Code Civil Valaisan Art. 34. Le domicile civil de tout Valaisan est au lieu où il a son principal établissement. Art. 35. Le changement de domicile s'opère par le fait d'une habitation réelle dans un autre lieu, jointe à l'intention d'y fixer son principal établissement.» Moritz Ruden würde fünf Jahre später bestreiten, dass er diese Wohnsitzbestätigung je ausgestellt habe: «Endesgeschriebene weiss von einer solchen Erklärung nichts und glaubt, H. Seiler habe selbe für die Noth seines Handels erdichtet, so Hr. Seiler besitzen soll. Sion, den 10. September 1876. (sig.) Moritz Ruden, Altpräsident.»[111]

Die Meinungen über den rechtmässigen Wohnsitz gingen auseinander. Seiler wohnte zwar von Mai bis Mitte Oktober in Zermatt, zog aber nach beendeter Touristensaison mit seiner Familie alljährlich nach Brig, wo er sein Winterquartier aufschlug. Trotzdem unterhielt er stets auch im Winter seinen Zermatter Haushalt mit einigen wenigen Angestellten, den sogenannten «Winterwächtern». Ab und zu war Seiler allerdings durchaus auch im winterlichen Zermatt anzutreffen, zum Beispiel nachweislich in den Wintern 1862, 1866 und 1872. Aber Seiler liess die Angelegenheit des Burgerrechts vorerst ruhen. Er wollte die nötigen fünf Jahre verstreichen lassen, denn erst im Jahr 1876 würde er anhand der Atteste aus Brig und Zermatt seinen fünfjährigen Wohnsitz in Zermatt belegen können.

Das Hotel Glacier du Rhône wird verpachtet

Nach dem Tod seines Bruders Franz im Jahr 1865 kümmerte sich Alexander für einige Zeit zusammen mit seinen Schwestern noch selbst um das Hotel Glacier du Rhône. Doch bald musste er einsehen, dass er den Betrieb der beiden blühenden Geschäfte in Zermatt und Gletsch nicht mehr gleichzeitig zu bewältigen vermochte. So entschloss er sich im Jahr 1871, den Betrieb am Rhonegletscher an die Briger Geschwister Guillaume und Sophie Guglielminetti zu verpachten. Die beiden Familien Seiler und Guglielminetti standen sich seit jeher nahe, ihre Kinder hatten zusammen in Brig die Schule besucht und waren in nachbarschaftlichen Verhältnissen aufgewachsen.

Zehn Jahre später kam zu dieser Pacht auch die um das Jahr 1880 von Seiler neu gebaute Pension Belvédère hinzu. Der Reiseführer Baedeker erwähnte das kleine Gasthaus erstmals im Jahr 1881. Das Berggasthaus mit ursprünglich nur etwa zwölf Betten war in eine enge Kehre der neuen Furkapassstrasse eingebettet und bot den Gästen eine einzigartige Panoramasicht über das Rhonetal und auf die imposanten Eismassen des Rhonegletschers, der dort ins Tal abbricht. «Die Strasse führt noch eine Strecke r. an der Bergwand entlang bis zu den (25 Min.) Galenhütten (2407 m) und senkt sich dann

Das ursprüngliche Belvédère in der Furkakehre beim Rhonegletscher um 1880.

in grossen Kehren hoch über dem gewaltigen herabkommenden Rhonegletscher mit prächtigen Blicken in die in den wunderbarsten Formen aufragenden Eismassen des Gletscherabsturzes. An der zweiten Kehre das kl. Hotel Belvédère.»[112]

Guillaume Guglielminetti übernahm ausserdem im Jahr 1884 das Hotel Angleterre in Brig von Ferdinand Loretan. Trotz des allgemeinen touristischen Aufschwungs im Wallis kämpfte er aber mit verschiedenen Schwierigkeiten. 1887 musste das inzwischen auf 35 Betten vergrösserte Hotel Belvédère an der Furkastrasse aufgrund einer langjährigen juristischen Auseinandersetzung Seilers mit dem Urner Hotelier Sebastian Müller vorübergehend geschlossen werden. Müller behauptete vor Gericht, es bestünde ein Abkommen zwischen ihm und Seiler, worin beide Hoteliers auf gegenseitige Konkurrenz verzichteten. Auch aus diesem Grund hätte er damals im Jahr 1878 der Gemeinde Zermatt kein Pachtangebot für den «Zermatterhof» eingereicht. Zudem würden auch Seilers Eigentumsverhältnisse im oberen Furkagebiet unklar sein. Da sich Müller von der Seiler'schen Konkurrenz «Belvédère» bedrängt fühlte, leitete er kurzerhand die von Hospental zu Fuss und per Maultier nach Bern reisenden Gäste um, vom Furkahotel rechterhand über einen alten Saumpfad direkt über den Rhonegletscher zum Grimselpass. Dies zum Nachteil von Seiler unten in Gletsch. Auch der Baedeker erwähnte diese Abkürzung zwischen Furka über den Gletscher direkt zum Grimselpass: «To the Grimsel Hospice: Pedestrians may descend from the Furca Inn to the Rhone Glacier in 1/2 hr., cross it above the ice-fall, and descend by Nägeli's Grätli to the Hospice (4 hrs., guide necessary).»[113]

Die Zeitung *Der Bund* informierte am 11. Mai 1887: «Der nun seit Jahren obwaltende Prozess zwischen Hrn. Seb. Müller als Furkahotelbesitzer und Hrn. Seiler endigte kürzlich mit der definitiven Schliessung des Hotel

Die gefährliche Abkürzung «Nägelisgrätli» über den Rhonegletscher.

Belvédère oben am Rhonegletscher.» Seiler verpflichtete sich in diesem Übereinkommen widerwillig, den Betrieb des kleinen «Belvédère» während sieben Jahren – vom 31. Mai 1887 bis 31. Dezember 1893 – gänzlich einzustellen. So findet man das «Belvédère» im Baedeker 1889 nicht mehr aufgeführt, und in den Ausgaben von 1891 bis 1893 wurde es ausdrücklich als «geschlossen» bezeichnet. Auch die Kantone Wallis und Uri hatten mehrere Jahre über den genauen Grenzverlauf auf der Furka diskutiert, eine Debatte, die erst am 24. August 1893 durch ein vom Bundesrat eingesetztes Schiedsgericht beigelegt wurde; dabei wurde das private Grundeigentum der Familien Seiler auf Walliser Seite und Müller-Lombardi auf Urner Seite berücksichtigt.

Die Hotelbetriebe am Rhonegletscher waren zu dieser Zeit durch ihre abgeschiedene Lage zum grossen Teil auf Selbstversorgung angewiesen. Das Hotel Glacier du Rhône hielt auf der Gletscheralp neben den vielen Pferden, welche für den Betrieb der Postkutschen in grosser Zahl benötigt wurden, auch Kuh-, Rinder-, Schaf- und Ziegenherden sowie scharenweise Geflügel zur Verpflegung der Reisenden. Zum Hotel gehörten entsprechend eine hauseigene Metzgerei sowie eine Bäckerei. Für das leibliche Wohl der Gäste sorgten im Jahr 1885 bereits etwa sechzig bis siebzig Angestellte, die von früh bis spät unermüdlich im Einsatz standen. Nicht selten fanden sich bis zu 200 Gäste an der riesigen Table d'Hôte zum Nachtessen ein.

> «21. Juli 1887: Gletsch am Rhonegletscher ist ein eigentliches Mekka der Fremdenwelt in der Schweiz. Gestern abends einzig trafen binnen einer Stunde mit der Post oder mit Privatwagen wohl gegen 80 Reisende hier ein, die alle hier Nachtlager bezogen. Doch ist der Fremdenverkehr noch nicht auf der Höhe früherer Jahre, auch im Wallis nicht; wir hörten darüber von Hotelbesitzern Klage führen.»[114]

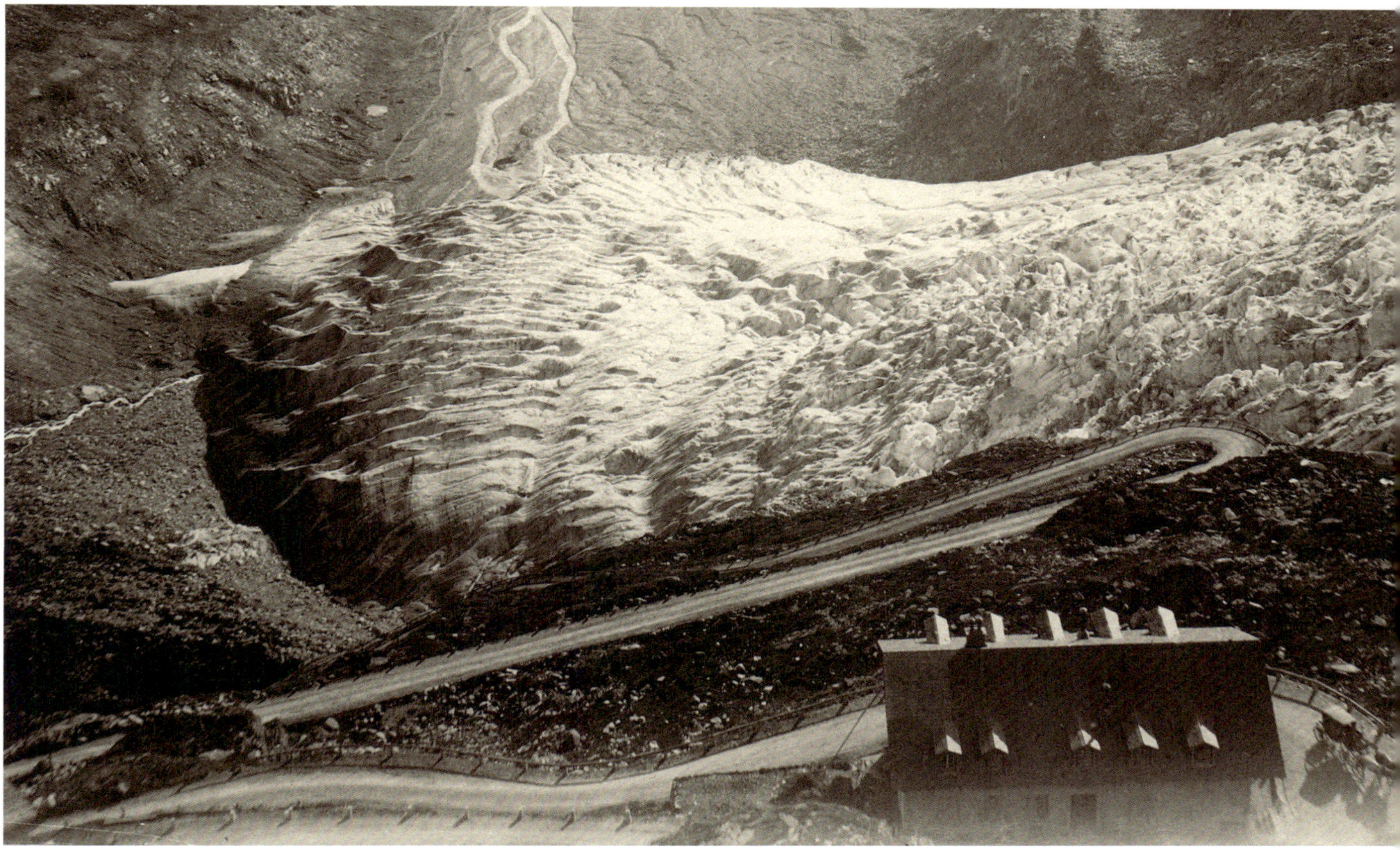

Die mächtige Zunge des Rhonegletschers und das Belvédère von oben. Fotografie vom 24. August 1888.

Als besonderen Anreiz für die Touristen liess Alexander Seiler spätestens seit dem Jahr 1866 alljährlich eine Eishöhle von 100 bis 150 Metern Länge in den Gletscher schlagen, eine neuartige Attraktion, welche auch dem Reiseführer Baedeker in seiner Ausgabe vom 1867 nicht verborgen blieb: «From the hotel a path leads to the left to an Ice Grotto, hewn in the glacier to a depth of several hundred feet, a visit to which is interesting and free from danger (adm. 50 c).»[115] Oder: «A visit to the Ice Grotto artificially hewn in the glacier, 1/4 hr. from the hotel is recommended (admission ½ fr., umbrella desirable).»[116] Die Touristen kamen so gegen eine kleine Gebühr von anfänglich 50 Rappen in den seltenen Genuss, das prachtvolle blaue Innenleben eines Gletschers bestaunen zu können.[117] Zu Beginn befand sich die Eisgrotte unten im Talboden, ganz in der Nähe des Hotel Glacier du Rhône; mit dem rasanten Rückzug des Gletschers musste sie aber immer weiter nach hinten und schliesslich nach oben in die Nähe des Hotel Belvédère verlegt werden. In den Jahren 1874–1900, also innerhalb von nur 26 Jahren, zog sich der Rhonegletscher im Talboden um fast 750 Meter zurück. Der heute viel diskutierte Gletscherschwund in den Schweizer Alpen ist also kein neues Phänomen. Schon vor fast 150 Jahren, am 10. August 1878, berichtete die *Neue Zuger Zeitung* von einem erschreckend schnellen Rückgang des Rhonegletschers während weniger Jahre:

Zu verkaufen
gegen Baar, verschiedene
Kutschen, Wagen und landwirthschaftliche Geräthe
angehörend der Konkursmasse G. Guglielminetti, in Brig.
Sich zu wenden an Hrn. Franz Kreuzer, Rathsherrn, in Brig. 1210
Die Verwaltungskommission.

Konkurs G. Guglielminetti, BRIG.
Am 30. Oktober nächsthin, 2 Uhr Nachmittags, werden im **Café National** in Brig, alle der Konkursmasse G. Guglielminetti zugehörende Liegenschaften öffentlich versteigert werden.
Die Steigerungsbedingungen sind vom 19. Oktober an beim Konkursamte Brig zur Einsicht aufgelegt. 1321
Visp und Leuk, den 25. Herbstmonat 1894. **Die Konkursverwaltung.**

Walliser Bote, 28. April 1894. Rechts: *Walliser Bote*, 29. September 1894.

«Wallis. Der Rhonegletscher geht zurück, und zwar in einer Weise, die diejenigen, welche von dem Rhonegletscher leben, den Hoteliers in Gletsch, den Gletscherführern, den Saumpferd Vermietern etc. gelinden Schrecken einflösst. Vor einer Reihe von Jahren erstreckte sich der Rhonegletscher von der Passhöhe der Furka hernieder bis dicht vor das Gletscherhotel. Heute hat man von dem Gletscherhause aus reichlich 30 Minuten zu gehen, um an seine Grenze zu gelangen. Seit einigen Jahren hat der Alpenklub, um die Rückgänge genau konstatieren zu können, im Frühjahr eines jeden Jahres mit einer langen Reihe schwarzer Steine die Grenze markieren lassen, bis wo der Rhonegletscher sich in das Thal herniederstreckte. Eine Steinreihe von 1871 ist heute schon etwa 1500 Fuss von der Stelle entfernt, an der jetzt eine Gallerie in das Gletschereis hineingehauen ist, durch welche die Fremden denselben betreten können. Seit 1877 beträgt der Rückgang mindestens 200 Fuss, in diesem Frühjahr betrug das Zurückweichen des Gletschers in 6 Wochen, d. h., seit man angefangen hat, die Galerie für dieses Jahr in das Eis hineinzubrechen, 50 bis 60 Fuss. Diese Galerie muss natürlich jedes Jahr von Neuem hergestellt werden, da sie in jedem Winter zufriert.»

Hotelier Joseph Seiler (1858–1929) war auch als Politiker erfolgreich (1893–1909 Walliser Grossrat, 1896–1900 Briger Stadtpräsident, 1903–1909 Präfekt von Brig).

Die Partnerschaft mit dem langjährigen Pächter Guillaume Guglielminetti endete ziemlich abrupt, als über diesen am 23. November 1893 in Brig der Konkurs eröffnet wurde.[118] Alexanders ältester Sohn Joseph (1858–1929) übernahm deshalb im Frühling 1894 mit seiner Gattin Victorine die Leitung der Hotelgeschäfte am Rhonegletscher und führte diese 35 Jahre lang bis zu seinem Tod.

Der in der Zermatter Bergwelt aufgewachsene Joseph war, wie die ganze Familie, sport- und bergbegeistert. Im Jahr 1876 bestieg er bereits als 18-Jähriger das Matterhorn, was zu jener Zeit als äusserst tollkühne Leistung galt. Als bekannter Frühaufsteher war der junge Joseph morgens meistens einer der ersten auf seinem Posten, wo er in aller Früh die Versorgungskolonnen seines Vaters vorbereitete, die fast täglich mit fünfzig bis sechzig schwer bepackten Maultieren zwischen Zermatt und St. Niklaus langsam durch das Tal trotteten. Nach dem Besuch des Kollegiums in Brig sammelte Joseph im familieneigenen Betrieb auf der Riffelalp erste praktische Erfahrungen in der Hotellerie. Danach schickte ihn sein Vater nach Rom und London, wo er sich in verschiedenen Hotels weiterbildete, seine Sprachkenntnisse vertiefte und auch gehobene Umgangsformen erlernte. Nach seiner Rückkehr in die

Reger Postkutschenverkehr auf der Furkastrasse bei der Pension Belvédère um die Jahrhundertwende.

Schweiz leitete er von 1879 bis 1891 den Zermatterhof und nach dem Tod seines Vaters während drei Jahren das Hotel Mont Cervin.

Nach dem Konkurs des Pächters Guglielminetti 1893 und noch vor der Eröffnung der sich im Bau befindenden Grimselstrasse investierten die drei Brüder Joseph, Alexander junior und Hermann gezielt in einen betrieblichen Neuanfang am Rhonegletscher. Das bestehende dreistöckige Hotel wurde renoviert, auf vier Stockwerke erhöht und mit einem grosszügigen neuen Anbau auf der Ostseite versehen. Vor dem Hotel wurde Platz für eine gefällige Gartenanlage geschaffen. Ebenso wurde die kleine Dependance Blauhaus auf der gegenüberliegenden Seite der Rhone um vier Fensterachsen erweitert. Sie diente sowohl Angestellten, Kutschern und den Dienstboten der Gäste wie auch weniger bemittelten Reisenden als kostengünstige Unterkunft. Das Hotel Glacier du Rhône verfügte nach dieser Vergrösserung über insgesamt 250 Betten.

Das kleine Hotel Belvédère oben an der Furkastrasse konnte nach beendetem Rechtsstreit mit Sebastian Müller ebenfalls wieder in Betrieb genommen werden, und so erschien es 1894 auch erstmals im Steuerregister der Gemeinde Oberwald.[119] Allerdings durfte es, laut Abkommen zwischen den Familien Seiler und Lombardi-Müller, bis ins Jahr 1901 nicht weiter vergrössert werden. In diesem Übereinkommen verpflichtete sich Müller seinerseits, die Reisenden von nun an nicht mehr über den Gletscher umzuleiten: «Zweitens: Herr Sebastian Müller seinerseits macht sich anheischig, den

Furkastrasse um 1905.

Fremdenverkehr während dem gleichen Zeitraum, insoweit es bei ihm steht, nicht mehr, von seinem Hotel auf der Furka aus, zum Nachteil des Gasthofes in Gletsch, von diesem ab, direkt über den Rhonegletscher zu leiten.»

Ursprünglich war geplant gewesen, dass die neue Strasse über den Grimsel vom Dorf Oberwald entlang dem alten Säumerweg direkt auf den Pass hinaufführen sollte. Alexander Seiler junior, der seit 1891, in Ablöse seines Vaters, einen Sitz im Grossen Rat innehatte, setzte sich jedoch erfolgreich für die Streckenführung via Gletsch ein. Nach etwas mehr als drei Jahren Bauzeit konnte die Strasse am 29. September 1894 vollendet und bei eisigem Schneetreiben vom Bundesrat und den kantonalen Behörden offiziell eröffnet werden. Dem öffentlichen Kutschenverkehr wurde die Passstrasse über den Grimsel erst im Sommer 1895 übergeben. Zwei Drittel aller Baukosten hatte, wie bereits bei der Furkastrasse, der Bund getragen, welcher dem Grimselstrassenprojekt diesmal nicht nur aus militärischen, sondern nun auch aus touristischen Überlegungen den Vorrang gab.

Die neue Passstrasse bescherte der Transitstation Gletsch ab dem Jahr 1895 den erwarteten Mehrverkehr und damit dem Hotel auch die erhoffte zusätzliche Kundschaft. In Gletsch unterbrachen die meisten Reisenden ihre beschwerliche, fast 14 Stunden dauernde Kutschenfahrt zwischen Brig und Andermatt oder Meiringen, um zu übernachten oder wenigstens eine ausgiebige Mittagsrast einzulegen und den imposanten Rhonegletscher zu bestaunen. Diese optimale Gunst des Standorts nutzte Joseph Seiler. Er wurde 1894 zum neuen Posthalter der Station Gletsch gewählt und organisierte ab

Die stilvolle Eingangshalle des Hotels Glacier du Rhone mit Möbeln aus dem 17. und 18. Jahrhundert.

diesem Zeitpunkt die Alpenpost zwischen Meiringen, Gletsch, Grimsel, Furka und Gotthard sowie Gletsch, Goms, Brig, Simplon bis ins italienische Domodossola. An neuralgischen Transitpunkten baute er Ställe und hielt Pferde und Kutschen, für die er zahlreiche Postillione unter den Bergbauern der Region rekrutierte. Bald gab es in Gletsch Stallungen für bis zu 150 Pferde. In der Hochsaison verliessen frühmorgens nicht selten gegen hundert Gäste fast gleichzeitig das Hotel und fuhren mit ihren Karossen kolonnenweise Richtung Brig, Grimsel oder über den Furkapass nach Andermatt.

Das neue Jahrhundert begann auch in Gletsch im Zeichen der Elektrizität: Am 27. Juni 1900 konnte Joseph Seiler die elektrische Beleuchtung in Betrieb nehmen. Der Strom für die 500 Lampen im Inneren und die vier grossen Aussenleuchten wurde aus einem hoteleigenen Elektrizitätswerk – angetrieben durch Wasserkraft – gewonnen. Die Hotelanlage in Gletsch wurde wenige Jahre später noch einmal renoviert und gleichzeitig ein letztes Mal ausgebaut. Die Kapazität des kleinen «Belvédère» wurde dabei sogar verdreifacht, indem es vier weitere Fensterachsen, zwei zusätzliche Stockwerke, ein Mansardendach und auf der Ostseite eine Dependance mit Angestelltenzimmern und Garagen für den neu aufkommenden Automobilverkehr erhielt. Das Grand Hotel Glacier du Rhône mit seinen rund 320 und das Hotel Belvédère mit 90 Betten hatten damit ihre maximale Grösse erreicht – weitere 150 Betten für die zahlreichen Angestellten nicht mitgezählt. Personalunterkünfte für die gesamte Belegschaft waren unabdingbar, da es in dieser isolierten Gegend weitherum keine anderen Häuser oder Wohnungen gab. Die beiden Hotels konnten nun bei Vollbesetzung gesamthaft etwa 550 Personen beherbergen, was Anfang des 20. Jahrhunderts in der Schweiz wohl unerreicht war. Der kulturell-künstlerisch interessierte Joseph Seiler war ein grosser Tierliebhaber und Pferdenarr und betrieb neben dem Gastgewerbe an bester Lage an der Bahnhofstrasse in Brig eine grosse Reithalle mit dreissig Vollblütern. Er liess das

1902-1903

Reitbahn Brig

Eröffnung 15. Oktober

Privatstunden, Ausmietung von Pferden zu Ausflügen mit Begleitung des Rittmeisters.

Vom 1. November an beginnt der Militärkurs für Offiziere und Liebhaber unter Leitung eines eidg. Instruktors

Anmeldungen zu richten an 551-3

Joseph Seiler, Brig

Briger Anzeiger, 24. September 1903.

Hotelgeschäft in Gletsch während der Belle Époque erblühen, sammelte leidenschaftlich antike Walliser Möbel, Zinngeschirr, Waffen und Kunstgegenstände aller Art, mit denen er die Räumlichkeiten ausstattete; sie verliehen dem Hotel seine einzigartige Atmosphäre, ähnlich der eines geschmackvoll eingerichteten altehrwürdigen Walliser Patrizierhauses.

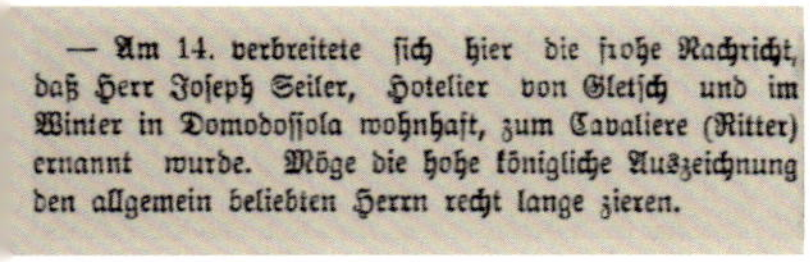
— Am 14. verbreitete sich hier die frohe Nachricht, daß Herr Joseph Seiler, Hotelier von Gletsch und im Winter in Domodossola wohnhaft, zum Cavaliere (Ritter) ernannt wurde. Möge die hohe königliche Auszeichnung den allgemein beliebten Herrn recht lange zieren.

Walliser Bote, 18. März 1914.

1905 nahm Joseph Seiler zusätzlich das neu gebaute Bahnhofbuffet Brig in Pacht, welches er am 3. Juli 1905 mit einem neungängigen Festmenü eröffnete. 1907/08 baute er die anglikanische Kapelle in Gletsch. Er tat es seinem Vater gleich, der die grosse Bedeutung religiöser Bedürfnisse seiner überwiegend englischen Gäste in Zermatt und auf der Riffelalp schon vor vielen Jahren erkannt hatte. Joseph hatte zeitlebens eine ganz besondere Beziehung zu Italien und besass ein Haus in Domodossola, in dem er oft seine Winterferien verbrachte. Während seiner Amtszeit als Stadtpräsident von Brig von 1897 bis 1900 setzte er sich unter anderem mit grossem Engagement für den Bau des zwanzig Kilometer langen Simplontunnels ein, wofür ihm der italienische König Viktor Emanuel III. im Jahr 1914 den Verdienstorden «Cavaliere» verlieh.

Erste Erkenntnisse über die Höhenkrankheit

Der Bruder des Pächters in Gletsch, Ernest Guglielminetti (1862–1943), war in jener Zeit als Tropenarzt für die holländische Regierung in Sumatra und danach auch für die London Borneo Tobacco Company in Borneo tätig. Dort lernte er zufälligerweise die Anwendung von Teer in Krankenhäusern für die Abdichtung von Holzböden kennen, was sie waschbar und wasserdicht machte. Nach dem Tod seiner Mutter kehrte er 1890 nach Brig zurück und engagierte sich im Sommer 1891 bei der sogenannten Janssen-Expedition. Diese sollte unter der Leitung von Alexanders Schwiegersohn Xaver Imfeld-Seiler und im Auftrag des Ingenieurs Alexandre Gustave Eiffel (1832–1923) Sondierbohrungen für ein geplantes Observatorium auf dem Montblanc durchführen.

Imfeld bereitete es keine grosse Mühe, seinen langjährigen Freund Ernest Guglielminetti zu überreden, ebenfalls an der Expedition teilzunehmen. Schon als Jugendliche waren sie in den Zermatter Bergen fast jeden Sommer um die Wette «gekraxelt». Nun sollte Guglielminetti die Expedition medizinisch begleiten: Auf dem Dach Europas sollte die Höhenkrankheit erforscht und Erkenntnisse für mögliche gesundheitliche Risiken von Passagieren und Personal der geplanten Hochgebirgsbahnen auf die Jungfrau und das Matterhorn gewonnen werden. Die 21 Teilnehmer sollten möglichst lange auf einer Höhe von 4400 Metern über Meer ausharren. Die Gruppe arbeitete stundenlang, auch bei Schneestürmen und in eisiger Kälte. Unentwegt trieben die Männer Stollen in die steinharte Firnkuppe auf der Suche nach festem Fels. Von den Strapazen gezeichnet, kehrten die Männer 13 Tage später nach Chamonix zurück, doch schon nach 48 Stunden nahm Imfeld den Weg zum

Rechts: Gletsch um 1900, Farblitho-Postkarte. Unten: Postkutschenverkehr vor dem «Belvédère» um 1900.

BELVÉDÈRE u. FURKAPOST.
717

Gipfel erneut in Angriff, diesmal begleitet von Dr. Jacottet, einem jungen Arzt aus Neuenburg, der unbedingt den Montblanc besteigen wollte und den erschöpften Guglielminetti vertrat. Doch bereits drei Tage später trugen die Führer den jungen Arzt ins Dorf zurück. Jacottet war ganz plötzlich an einem Höhenlungenödem verstorben.

Ingenieur Xaver Imfeld-Seiler (1853–1909).

Zwischen dem 4. August und dem 12. September 1891 stieg Xaver Imfeld dreimal von Chamonix zum Montblanc auf und bewältigte jedes Mal fast 3500 Höhenmeter. Später fesselte ihn eine Rückenmarkslähmung über ein Jahr lang ans Bett und zwang ihn, seine Arbeit gänzlich auszusetzen. Neben seinem eigentlichen Auftrag für das Observatorium erarbeitete sich Imfeld während dieser Zeit die Grundlagen für zwei seiner späteren Meisterwerke: die Reliefkarte der Region Montblanc im Massstab 1:50 000 und das bekannte Montblanc-Panorama. Imfeld erlangte ausserdem internationale Berühmtheit als Ingenieur und Planer von Trasseeführungen für verschiedenste Bergbahnen. Er entwarf 1887 die Pläne für die Visp-Zermatt-Bahn, 1890 für die Gornergratbahn, 1896 für die Jungfraubahn und 1904 für die Brig-Gletsch-Bahn. Sein kühnstes Projekt, der Bau einer elektrisch betriebenen Bahn in drei verschiedenen Etappen aufs Matterhorn, wurde zwar 1892 vom Bundesrat genehmigt, scheiterte aber später nicht nur am grossen Widerstand der Bevölkerung und der Naturschützer, sondern auch daran, dass es kaum finanzierbar war.

Aus geologischer Sicht war die Montblanc-Expedition von 1891 für die Initianten ein Flop, denn man fand keinen wirklich geeigneten Ort für das geplante Bauvorhaben; aus medizinischer Sicht war sie aber durchaus erfolgreich. Der Arzt Guglielminetti bilanzierte:

> «Aus den Urinanalysen und den entnommenen Blutproben bekam ich meine Theorie über die Höhenkrankheit bestätigt. Wenn Sie mich nun schließlich nach meiner Meinung zur Konzession der Matterhornbahn fragen, so ist es kurz folgende: Für den Reisenden wird die Bahnfahrt oder ein kurzer Aufenthalt auf der Höhe des Berges der Gesundheit nicht nachtheilig sein. Allfälligem Uebelbefinden kann er durch baldige Thalfahrt entfliehen. Für das Betriebspersonal der Gipfelstation ist dagegen die Möglichkeit mehr oder weniger ernster Erkrankung nicht ausgeschlossen und sollte deshalb eine tägliche Ablösung desselben in Aussicht genommen werden.»[120]

Die Geburtsstunde der Strassenteerung: Am 13. März 1902 lässt Ernest Guglielminetti in Monte Carlo etwa 40 Meter Strasse versuchsweise mit Teer bestreichen.

Aufgrund von Guglielminettis Erkenntnissen entwickelte man in den Folgejahren eine Reihe von neuen Atemgeräten und Schutzmasken sowie einen Narkotisierungsapparat und ein Rettungssystem für U-Boote. Das von Eiffel entworfene Observatorium wurde drei Jahre später trotzdem gebaut, es versank jedoch, aufgrund der instabilen Unterlage, schon 1909 im ewigen Eis.

Seine Heirat mit einer entfernten Cousine der Fürstin Alice von Monaco führte Guglielminetti nach Monte Carlo, wo er seine eigene Arztpraxis eröffnete. In Sorge um die Gesundheit der Menschen durch die starke Staubentwicklung der motorisierten Kutschen im aufkommenden Strassenverkehr führte

Janssen-Expedition am Montblanc 1891.

er am 13. März 1902 mit Einverständnis des Fürsten einen Versuch durch: Basierend auf seinen früheren Entdeckungen in den Spitälern von Bormio liess er in Monte Carlo eine Strasse von vierzig Metern Länge mit warmem Splitt, Sand und gebundenem Teer bestreichen. Am nächsten Tag fuhren Pferdekutschen und Autos fast lautlos – und ohne lästige Staubwolken zu hinterlassen – über den neuartigen Strassenbelag. Damit gelang ihm eine bahnbrechende Erfindung, und gleichzeitig erhielt er seinen Übernamen: «Dr. Goudron». Es war die Geburtsstunde der Strassenasphaltierung, die bald weltweit angewendet wurde, auch weil «Dr. Goudron» seine Erfindung nicht hatte patentieren lassen wollen. Die Anerkennung blieb ihm dennoch nicht verwehrt. Guglielminetti wurde mit Orden und Auszeichnungen aus 38 Ländern überhäuft – und er erhielt 1938 das Ehrenbürgerrecht der Stadt Brig.

Die Gesellschaft Cathrein-Clausen-Seiler

1871 bildete Seiler mit dem 24-jährigen Emil Cathrein und mit Felix Clausen die Hotelgesellschaft Cathrein-Clausen-Seiler. Diese kaufte am 26. Oktober 1871 das von Franz und Alexander Wellig im Jahr 1856 auf einer Terrasse am Fusse des Eggishorn errichtete Hotel Jungfrau mit dreissig Betten und vergrösserte es mit einem geräumigen Westflügel zu einem komfortablen Haus mit sechzig Betten. Laut dem ersten Gästebuch, das die Jahre 1856 bis 1865 dokumentiert, logierte Alexander Seiler 1861 bei den Brüdern Wellig im Hotel Jungfrau, nachdem er ihnen schon drei Jahre zuvor ein Darlehen von 1000 Franken vermutlich für die Beendigung der Bauarbeiten gewährt hatte. Dieses Darlehen konnten ihm die Brüder Wellig aber erst zehn Jahre später zurückerstatten, verrechnet mit der definitiven Übernahme des Hotels durch die Gesellschaft Cathrein-Clausen -Seiler.

Von links: Pauline Seiler, Catherine Imwinkelried(?), Catherine Cathrein (Tochter des Wilhelm Cathrein) und Emil Cathrein vor dem Bazar beim Hotel Eggishorn (Anfang 20. Jh.).

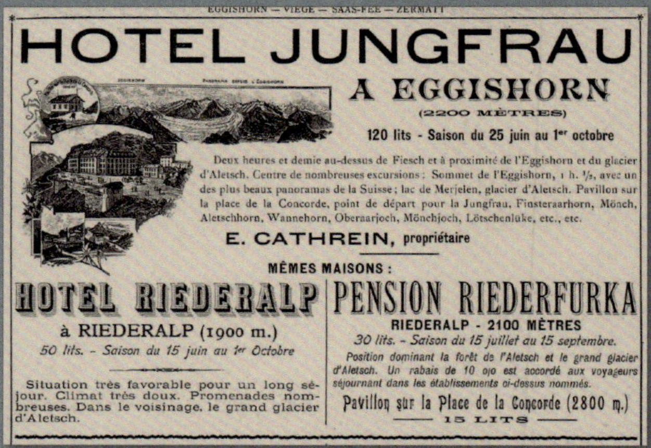

Das Hotel Jungfrau Eggishorn wurde 1856 von Franz und Alexander Wellig mit anfänglich 30 Betten gebaut. Unten: die erweiterten Cathrein-Hotels.

Ab dem Jahr 1872 übernahm Emil Cathrein die Direktion der Hotelgesellschaft am Eggishorn. Dazu gesellten sich 1876 die Faulberghütte (zu zwei Dritteln), 1887 das oberhalb von Mörel gelegene Hotel Riederalp, das Cathrein Alfons von Sepibus abkaufte, 1888 die Pension auf der Riederfurka, die er von Dr. Peter Speckly erwarb, und schliesslich 1898 der von Cathrein selbst gebaute Pavillon am Konkordiaplatz mit 15 Betten. Das Hotel Jungfrau Eggishorn wurde unter seiner souveränen Führung zu einem sehr luxuriösen

Hotelkomplex mit etwa 120 Betten ausgebaut. Zum Betrieb gehörten ein Post- und Telegrafenbüro, eine grosse Aussichtsterrasse mit Kiosk und Restaurationsbetrieb, anglikanische und katholische Kapellen sowie ein Tennisplatz. Das Hotel erfreute sich während Jahrzehnten vor allem bei auserlesenen englischen Stammgästen grosser Beliebtheit und diente als Ausgangspunkt für Touren ins Aletschgebiet, zum Märjelensee und in die Jungfrau-Region. Die beiden Hotels Riederalp mit fünfzig Betten und Riederfurka mit dreissig Betten standen ab 1888 unter der Leitung von Emils Tochter Katharina Bürcher-Cathrein, später wurden sie zeitweise von Sohn Julius Cathrein geführt.

Hotel Jungfrau Eggishorn.

Ein grosser Förderer und Freund der Familie Cathrein war Sir William Broadbent (1835–1907), ein Londoner Neurologe und Leibarzt der Königin Victoria. Durch ihn wurden in London die Hotels von Cathrein schnell zum Inbegriff der modernen Schweizer Hotellerie. Emil Cathrein war als Gastgeber so erfolgreich, dass er auf Ersuchen des englischen Schiffeigners Donald Currie (1825–1909) nach Südafrika fuhr und dort zwischen 1896 und 1899 die Planung und Organisation der weltberühmten Hotels The Grand und Mount Nelson in Kapstadt übernahm. Dabei begleitete ihn im Jahr 1897 ein Tross von sechzig Mitarbeiterinnen und Mitarbeitern aus dem Wallis, die in Kapstadt einen befristeten Arbeitsvertrag über drei Jahre erhielten. Currie liess diese Hotels eigens für seine anspruchsvollen Schiffspassagiere bauen und wollte sie nach Schweizer Vorbild organisieren. Bei seiner ersten Reise nach Johannesburg im März 1896 wurde Emil Cathrein von seinem Neffen Joseph Seiler begleitet.

Das junge Ehepaar Emil Cathrein und Sophie Seiler (von Mühlebach), um 1873.

Das Hotel Mont Cervin nach einer Zeichnung von Xaver Imfeld 1879.

Emil Cathrein war auch politisch engagiert, von 1880 bis 1896 als Briger Gemeindepräsident und von 1889 bis 1913 als Walliser Grossrat. Die Beteiligung der Familie Seiler an den Hotels im Aletschgebiet dauerte fast vierzig Jahre. Erst am 26. September 1910 traten Alexander Seilers Erben, die Söhne Hermann und Alexander junior, ihre Anteile vollständig an die Familie Cathrein zu einem Preis von 30 000 Franken ab. Emils Kinder, Jules und Katharina Cathrein, bauten den Betrieb durch den Kauf der Villa Cassel (1924) von Cassels Enkelin, Edwina Mountbatten (1901–1960) und des Hotels Alpenrose auf der Riederalp (1936) weiter aus. 1969 veräusserte die Familie Cathrein das Hotel Jungfrau Eggishorn, das drei Jahre später, am Ostermontag 1972, nach Brandstiftung ein Raub der Flammen wurde. Zwischen 1973 und 1983 wurden auch die übrigen Cathrein-Betriebe auf der Riederalp verkauft.

Währenddessen hatte Alexander Seiler 1874 eine umfangreiche Erweiterung des Hotel Mont Cervin in Angriff genommen. Sie umfasste den Bau eines fünften Stockwerks auf dem bestehenden Westflügel, die Errichtung eines sechsstöckigen Treppenhauses als neuen Mitteltrakt und den Bau eines fünfstöckigen Ostflügels mit sieben neuen Fensterachsen sowie einem durchgehend mansardierten Dachgeschoss. Die Anzahl der Betten im Hotel Mont Cervin verdreifachte sich im Sommer 1875 auf einen Schlag von 68 auf neu 180. Das vergrösserte Grand Hotel Mont Cervin ähnelte in seiner Struktur stark dem Hotel Glacier du Rhône in Gletsch. Es beruhte auf demselben architektonischen Baukonzept mit Mittelrisalit, wie es Alexander Seiler bereits 1869 in Gletsch erstmals in der Walliser Hotelarchitektur verwirklicht hatte. Seilers Hotelreich verfügte ab 1875 über insgesamt 368 Betten (Monte Rosa: 60; Riffelberg: 48; Mont Cervin: 180; Gletsch: 80).

Bereits vor diesem Ausbau entstanden auf der gegenüberliegenden Strassenseite im Seiler-Garten drei neue Nebengebäude. Die Dependance Magasins befand sich an südlichster Stelle, dort, wo sich heute das «Alpine Center» befindet. Es beherbergte im Parterre das von Alexander Seiler geleitete Postbüro sowie verschiedene Lagerräume für die zentrale Versorgung seiner Hotels. Dieses Haus wurde in den 1920er-Jahren an den Konsumverein Zermatt abgetreten. Das zweite Gebäude, «Une Grande Maison pour le logement des Guides»,[121] war als eher einfache Unterkunft für Bergführer und Träger vorgesehen und stand dort, wo um die Jahrhundertwende die «Confiserie Seiler» errichtet wurde. Das dritte Gebäude, «Felsenhaus» genannt, steht noch heute und war mit neun Fensterachsen verteilt auf vier Stockwerke sogar noch etwas grösser als das Hotel Mont Cervin vor seinem Ausbau 1874. Im «Felsenhaus» wurden unter anderem die so dringend benötigten Personalzimmer eingerichtet. Das Ehepaar Seiler beklagte sich oftmals über mangelndes Personal im Dorf, denn viele Einheimische wollten nicht im Gastgewerbe tätig sein, da die Arbeit als eher abwertend angesehen wurde. Manch einer zog es sogar vor auszuwandern, als in den Diensten der Seilers zu stehen. So musste der Hotelier eine immer grössere Anzahl seiner Angestellten unten im Tal rekrutieren und ihnen folglich auch eine geeignete Personalunterkunft bieten. Im Jahr 1873 war die Dependance Felsenhaus – neben dem Hotel Monte Rosa – das zweitgrösste Gebäude im Dorf Zermatt. Am oberen Dorfrand östlich der Kirche beim Triftbach baute Seiler zudem zur gleichen Zeit die erste Zentralwäscherei für seine Hotelbetriebe.

Der Burgerrechtsstreit 1874 – Ein Bergdorf in Aufruhr

Überraschenderweise rekurrierte Alexander Seiler schon am 10. Januar 1874 beim Walliser Staatsrat gegen den Entscheid der Gemeinde Zermatt und beendete damit seine geplante Wartezeit von fünf Jahren vorzeitig, vermutlich weil sich inzwischen sein Verhältnis mit der Burgergemeinde weiter eingetrübt hatte. Sein Vieh, welches er auf den Zermatter Alpen gezwungenermassen hatte weiden lassen, damit er seine grosse Gästeschar verpflegen konnte, wurde mit hohen Gemeindeabgaben belegt. Aus den

Protokollbüchern des Burgerrates ist ersichtlich, dass aus diesem Grund zwischen Seiler und der Burgerschaft ein ziemlich «heftiger Krieg» ausgebrochen sei.[122] Seiler berief sich in seinem Rekurs insbesondere auf die enge Verknüpfung seines Gewerbes, das er nun schon seit mehr als zwanzig Jahren betreiben würde, mit der Gemeinde Zermatt. So schrieb er:

> «Es liege besonders in der Natur des Gastgewerbes, dass es mit der Gemeinde, in welcher es betrieben werde, mannigfache Beziehungen habe. Bei der Beschaffung der Lebensmittel, sowie für den Führer- und Transportdienst sei der Gastwirt auf die Mitwirkung der gesamten Bevölkerung angewiesen. Bei einer solchen Vorrangstellung werde es dann oft bitter empfunden, dass derjenige, welcher gleichsam den volkswirtschaftlichen Apparat der Ortschaft in Bewegung setzen soll, im Rate der Gemeinde entweder gar keine oder nur eine durchaus untergeordnete Stimme hat.»

Zudem argumentierte er mit dem Begriff «Wohnsitz» als Ort, wo man sein Hauptgewerbe betreibe (principal établissement), und damit, dass er, obwohl er seit vielen Jahren Staats- und Gemeindesteuern in Zermatt bezahlen würde, vom demokratischen und politischen Prozess in der Gemeinde praktisch ausgeschlossen sei.

Nachdem der Zermatter Burgerrat von Seilers Rekurs Kenntnis genommen hatte, beschloss dieser, erneut eine Urversammlung einzuberufen. Am 8. Februar 1874 wurde deshalb abermals über das Aufnahmegesuch abgestimmt: Von 95 anwesenden Burgern stimmten 4 dafür, 90 dagegen, 1 Stimme war ungültig. Gleichzeitig beschloss die Burgerversammlung, den Rechtsweg einzuschlagen und wenn nötig den Fall an höhere Instanzen weiterzuziehen, sollte Seiler weiterhin auf seinem Burgerrecht bestehen. Sie begründete diesen Beschluss in erster Linie damit, dass Seiler keinen Wohnsitz, sondern nur eine Art Aufenthaltsstatus in Zermatt besitze und er sich auch bei der Einschätzung seiner Steuern als «anderwärts wohnender» behandeln lassen werde. Das allgemeine Interesse der Burgerschaft stehe einer Aufnahme des Herrn Seiler auch deswegen entgegen, weil die Burgergemeinde von Zermatt beschlossen habe, ein eigenes Hotel zu bauen, dessen Bau demnächst an die Hand genommen werde. Zudem warf man ihm vor, und das verletzte Seiler ganz besonders, dass er nicht die nötigen Charaktereigenschaften habe, um in die Burgergemeinschaft aufgenommen zu werden.

In einer Sitzung vom 3. April 1874 entschied der Staatsrat dann zum ersten Mal zugunsten Seilers und verlangte von der Gemeinde Zermatt die sofortige Einbürgerung gegen eine «in gütlichem Übereinkommen» zu bestimmende Einkaufssumme. Der Beschluss des Rates stützte sich auf den Wortlaut des genannten Burgergesetzes, das allen Walliser Bürgern den Erwerb des Bürgerrechts in anderen Gemeinden, in denen sie erhebliche Interessen zu wahren hatten, erleichtern sollte. Daraufhin erhöhte Seiler im Sommer 1874 seinerseits den Druck auf die Gemeinde, indem er verschiedene Einsprachen gegen seine Steuerrechnungen aus den Jahren 1870–1873,

Rechts: *Schweizerisches Bundesblatt* vom 13. Februar 1875.

Schweizerisches Bundesblatt.

XXVII. Jahrgang. I. Nr. 7. 13. Februar 1875.

Jahresabonnement (portofrei in der ganzen Schweiz): 4 Franken.
Einrükungsgebühr per Zeile 15 Rp. — Inserate sind franko an die Expedition einzusenden.
Druk und Expedition der Stämpflischen Buchdrukerei in Bern.

Bundesrathsbeschluss

in

Sachen der Burgergemeinde von Zermatt, Kantons Wallis, betreffend Verfassungsverlezung.

(Vom 25. November 1874.)

Der schweizerische Bundesrath

hat

in Sachen der Burgergemeinde von Zermatt, Kantons Wallis, betreffend Verfassungsverlezung;

nach angehörtem Berichte des Justiz- und Polizeidepartements und nach Einsicht der Akten, woraus sich ergeben:

I. Hr. Alexander Seiler, Bürger von Blitzingen, Kts. Wallis, Gasthofbesizer in Zermatt, gleichen Kantons, wünschte auch Bürger dieser leztern Gemeinde zu werden. Sein dießfälliges Ansuchen wurde aber von der Burgerversammlung schon im Juni und September 1871 einstimmig und sodann neuerdings am 8. Januar 1874 mit 91 gegen 4 Stimmen abgewiesen.

II. Hr. Seiler beschwerte sich deßhalb bei dem Staatsrathe des Kantons Wallis, indem er, gestüzt auf Art. 10 des Gesezes vom 23. November 1870, betreffend die Burgerschaften, die Behauptung aufstellte, daß die Gemeinde Zermatt durch den Staatsrath angehalten werden müsse, ihn als Bürger anzunehmen, da die geszlichen Voraussezungen bei ihm vorliegen.

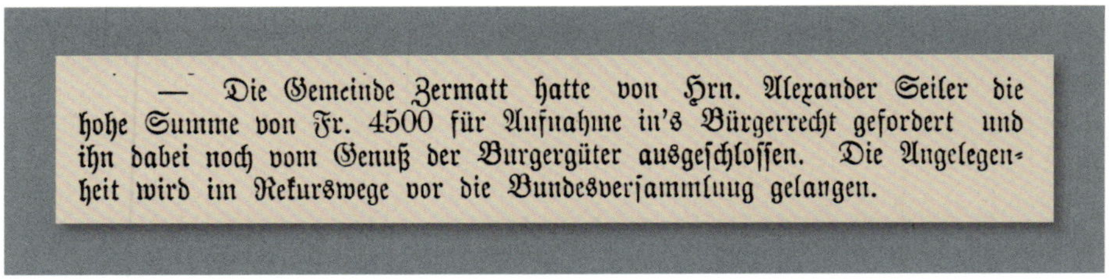

— Die Gemeinde Zermatt hatte von Hrn. Alexander Seiler die hohe Summe von Fr. 4500 für Aufnahme in's Bürgerrecht gefordert und ihn dabei noch vom Genuß der Burgergüter ausgeschlossen. Die Angelegenheit wird im Rekurswege vor die Bundesversammlung gelangen.

Tagblatt der Stadt Biel, Nr. 39, 16. Februar 1875.

später auch von 1874 und 1875 beim Verwaltungsgericht einreichte. Daraufhin sandte das kantonale Verwaltungsgericht am 9. September 1874 einen Steuerkommissär für eine Expertise nach Zermatt. Dieser entdeckte gewisse Unregelmässigkeiten in den Zermatter Finanzbüchern und kam zum Schluss, dass Seilers Unternehmen mit 240 000 Franken Vermögen viel zu hoch eingeschätzt war. Die Gemeinde verzichtete schliesslich auf die ausstehenden Steuerforderungen der Jahre 1870–1873, und Seiler übernahm im Gegenzug die Kosten für die Pflasterung der abermals renovierungsbedürftigen Zermatter Dorfstrasse sowie einige andere Bauarbeiten für die Gemeinde. Die Steuerrekurse zogen sich trotzdem noch über viele Jahre hinweg und wurden erst 1887 durch ein vertragliches Übereinkommen zwischen Seiler und der Gemeinde bereinigt. Es folgten weitere Zermatter Rekurse gegen den Einbürgerungsbeschluss des Kantons Wallis, nun adressiert an den Bundesrat und später auch an das eidgenössische Parlament in Bern, die allesamt im Sinne Seilers abgewiesen wurden.

Der Bundesrat beschliesst am 25. November 1874 in Bern: «Es liegt demnach eine Verletzung der Walliser Verfassung oder der verfassungsmässigen Rechte in den Beschlüssen, gegen welche an den Bundesrat rekurriert wird, nicht vor. Der Rekurs wird abgewiesen.»

Nach diesem Entscheid auf allerhöchster Ebene offerierten die Zermatter am 23. Januar 1875 der Familie Seiler ein eingeschränktes Burgerrecht zu einem Preis von 4500 Franken, aber ohne Nutzniessungsrecht von Burgereigentum, Wald- und Weiderechten. Da der Hotelier aber gerade auf diese Nutzniessung angewiesen war, lehnte er das Angebot am 29. Januar ab, berief sich auf sein verfassungsmässiges Recht, und die Fronten verhärteten sich noch stärker.

Daraufhin entschloss sich der Zermatter Burgerrat, gegen den Bundesratsentscheid zu rekurrieren und an die eidgenössische Bundesversammlung zu gelangen. Gleichzeitig beschloss der Burgerrat Strafanklage gegen Seiler wegen Raub und Diebstahl beim Bezirksgericht in Visp einzureichen. Seiler hätte, so behauptete Gemeindepräsident Moritz Ruden «eine Rotte von 12 Mann» an den Ort «Zunitaugwald» gesandt und von dort für den Bau eines englischen Tempels Granitsteine forttragen lassen. Diese Steine, sogenannte «Findlinge», seien auf 300 Franken pro Stück geschätzt und für die Verwendung beim eigenen Hotelbau der Burgergemeinde in Aussicht genommen worden.[123] Das Bezirksgericht Visp trat auf die Klage nicht ein, auch nicht auf eine erneute Klageeinreichung in der gleichen Sache im Jahr 1876.

Am 19. März 1875 teilte das Büro des Ständerates dem Bundesrat mit, dass sowohl Ständerat als auch Nationalrat den Rekurs der Gemeinde Zermatt in Sachen Seiler als unbegründet abgewiesen hätten. Nach dem Entscheid der Bundesversammlung verfügte der Walliser Staatsrat am 21. April 1875 erneut Seilers Einbürgerung und forderte die Zermatter Burgerverwaltung auf, unverzüglich eine angemessene Einbürgerungssumme mit Herrn Seiler festzulegen. Diese Anordnung wurde von der Zermatter Burgerschaft vorerst ignoriert. Sie monierte, Seiler schulde ihr immer noch Weidegeld für zwölf Kühe, die er vor zwei Jahren ohne Erlaubnis auf die Alp getrieben hätte. Zudem forderte die Burgerschaft weiterhin Schadenersatz für «Frevelholz und Granitsteine», die Seiler «gewaltsam» aus dem Burgergut weggenommen habe. Bevor diese Frage nicht erledigt sein würde, könnte an eine Einbürgerung nicht gedacht werden.[124] Danach nahm der Streit erst richtig Fahrt auf. Man beschuldigte sich gegenseitig, auf Klage folgte Gegenklage, auf Rekurs folgte Gegenrekurs. Der eigentliche Rechtsstreit aber entwickelte sich von diesem Moment an nicht mehr zwischen Seiler und der Burgergemeinde, sondern zwischen der Gemeinde Zermatt und dem Kanton Wallis, der seinem eigenen Entscheid vom 3. April 1874 zugunsten Seilers Nachdruck verleihen musste, denn der Kanton Wallis sah sich nun in der Pflicht, seine vom Bund bestätigten Beschlüsse durchzusetzen.

Im Sommer 1876 verlor Seiler die Geduld und entschloss sich eigenmächtig, aufgrund aller zu seinen Gunsten ausgefallenen kantonalen und eidgenössischen Beschlüsse, endlich die ihm zustehenden Nutzungsrechte als Zermatter Burger wahrzunehmen. So liess er 25 Kühe gegen die Riffelalp auftreiben, doch die Burgerverwaltung forderte ihn umgehend auf, das Vieh innerhalb von sechs Tagen wieder zu entfernen. Er würde nur zur Sömmerung von vier Kühen berechtigt sein, die übrigen 21 Kühe müssten unverzüglich verschwinden. Seiler rekurrierte noch gleichentags beim Verwaltungsgericht des Kantons Wallis gegen diese Anordnung. Schon am nächsten Sonntag, dem 23. Juli, einen Tag nach Ablauf der Frist, welche ihm die Gemeinde gesetzt hatte, versammelte sich nach der heiligen Messe eine Horde aufgebrachter Burger. Sie zogen, mit Gabeln und Sensen bewaffnet, auf die Augstkummenalp. Dort trieben sie Seilers Vieh zusammen und führten es ins Dorf hinunter. Den verdutzten Kühen wurde schliesslich Asyl in Täsch gewährt.

Ende Juli 1876 bestätigte der Walliser Grosse Rat erneut, dass Seiler provisorisches Anrecht auf Nutzniessung der Gemeindegüter habe. «En suite des difficultés survenues entre M. Alexandre Seiler et la bourgeoisie de Zermatt, au sujet de la jouissance des biens bourgeoisiaux, le Conseil d'Etat a décidé que M. Seiler serait maintenu provisoirement dans la jouissance telle qu'il l'a possédée jusqu'à présent.»[125] Täglich wurde die Verbitterung grösser, man feindete sich gegenseitig an, hitzige Wortgefechte wurden nun auch auf offener Strasse geführt, vereinzelt kam es zu ersten Handgreiflichkeiten.

Für Seiler ergriffen nicht nur seine treuen Angestellten, sondern auch die Hotelgäste Partei. Als sich dann doch eine ernsthafte und gewalttätige Konfrontation zwischen beiden Parteien anbahnte, trat Seiler energisch dazwischen und konnte die gefährliche Situation entschärfen. Über dieses heikle Ereignis berichtete der vom Staatsrat zur Begutachtung der Situation beauftragte Kommissär Dallèves Folgendes:

> «[...] j'ai eu bien de constater le scandale provoqué par la mesure inouïe à laquelle ont eu recours quelques citoyens forcenés de la commune de Zermatt conduits (dit-on) par les deux Présidents, en se rendant dimanche 23 juillet, au nombre de trente sept, armés de triques, de fourches et de haches, dans la montagne du Riffel, dont ils ont chassé et ramené au village les douze vaches de M. Seiler. D'une enquête très superficiellement prise sur cet acte de véritable sauvagerie, j'ai pu me convaincre qu'une collision sanglante n'a été empêchée que par le calme, que j'appellerai providentiel de M. Seiler, qui malgré son tempérament que l'on dit assez bouillant, est parvenu à calmer la juste fureur de sa nombreuse domesticité et même de dévouement de plusieurs voyageurs, qui étaient sur le point de repousser par la force cette cohorte sauvage! Cet acte à lui seul peut vous donner, Tit., la mesure de disposition des esprits de cette commune contre M. Seiler.»

Im Sommer 1876 wurde Kommissär Dallèves vom Kanton ausserdem beauftragt, sicherzustellen, dass Seilers jüngst geborener Sohn Hermann (geb. am 28.4.1876) rechtmässig in das Zivilstandsregister eingetragen wurde, nachdem die Gemeinde angedroht hatte, dies eben nicht zu tun. Dallèves sollte auch überprüfen, ob die Baupläne des geplanten Gemeindehotels möglicherweise zu Seilers Nachteil entworfen worden seien, indem man ihm die Hotelrückseite mit Stall und Scheune direkt vor den Eingang des Hotel Monte Rosa gebaut hätte. Nach einer mehrstündigen Sitzung zwischen den beiden Parteien gelang es dem Kommissär schliesslich, die Zermatter zu überzeugen, Seiler gegen eine Extrataxe von 20 Franken pro Tier die Sommerung auf ihren Alpen gewähren zu lassen. Es schien, als hätte man nun eine vorübergehende Einigung erreicht, zumindest was die Weiderechte betraf.

Kommissär Dallèves rapportierte in Sitten dem Staatsrat des Kantons Wallis seine Erkenntnisse und endete seine Schilderung mit den Worten:

> «Sie sehen also, hohe Herren, dass keine einzige Beschwerde gegen Seiler als haltbar erachtet werden kann; ich glaube, diese ständige Quälerei (persécution) einzig damit begründen zu können, dass Seiler sich gegen den Willen und die Opposition der Zermatter das Burgerrecht zusprechen lässt. Dann möchte ich auch der Eifersucht, die ich unter seinen Kollegen, auch Hoteliers in Zermatt, beobachten konnte, eine gewisse Rolle zuschreiben. Wenn nun Seiler seinerseits einen verbitterten Charakter offenbart, so wird das nach allem, was man gegen ihn unternahm, niemanden verwundern. Ich zweifle nicht, dass heute die Beschwichtigung der Gemüter ein wenig von ihm abhängen wird, wenn er die gut gemeinten Ratschläge befolgt, die ich ihm zu geben erlaubte.»

Doch das Problem war damit nicht gelöst. Schon im nächsten Monat trafen beim Staatsrat neue Klagen seitens der Burgerschaft gegen Seiler ein. Er hätte erneut Vieh auf verbotene Weiden getrieben und sich des Holzfrevels schuldig gemacht. Die Gemeinde forderte «unverzüglich staatsrätliche Experten, um daselbst noch vorhandene Spuren von Rindvieh anzusehen».[126] Der Burgerrat befasste sich von nun an in fast jeder Sitzung mit Seilers «Holz- und Weidefrevel». Inzwischen waren die verschiedenen Archive durch die umfangreichen Briefwechsel, Denkschriften, Beschlüsse und Rekurse zu riesigen Aktenbergen angewachsen. Seiler befolgte Dallèves' gut gemeinte Ratschläge und versuchte am 27. Juli 1876 mit einer Einladung an die Burgerschaft, doch noch Gespräche über die Einbürgerungssumme zu führen. Doch nun war es die Gemeinde, die dankend ablehnte und gleichzeitig die Zuständigkeit des Sittener Verwaltungsgerichts anzweifelte, welches beauftragt war, den Fall neu zu beurteilen.

Trotz der getrübten Stimmung zwischen ihm und der Burgerschaft begann Seiler im Jahr 1876 mit der Verwirklichung seines alten Traums und traf erste Vorbereitungen für den Bau des Grand Hotel Riffelalp. Er stellte ein Gesuch an die Gemeinde für den Schlag von 220 Bäumen gegen Zahlung von der im Burgerreglement vorgesehenen monetären Entschädigung. Da die Gemeinde auf das Gesuch gar nicht erst eintrat, wandte er sich an das Departement des Innern, dem das kantonale Forstinspektorat unterstellt war. Der Kantonsförster Antoine de Torrenté begab sich daraufhin an Ort und Stelle auf die Riffelalp und, da er nichts einzuwenden hatte, markierte dort die zu fällenden Bäume. Er informierte die Gemeindeverantwortlichen über die an Seiler erteilte Bewilligung. In der Folge kam es zu erneuten Raufereien, diesmal zwischen Seilers Holzarbeitern und einigen erzürnten Zermatter Burgern.[127]

Zeichnung von Xaver Imfeld zum Projekt Riffelalp.

Mark Twain besucht Zermatt und den Riffelberg

Neben den Alpinisten kamen vermehrt auch andere Gäste nach Zermatt, darunter Wissenschaftler, Künstler und Literaten. Gerade Letztere trugen mit ihren Berichten zur Bekanntheit Zermatts bei. Ein prominentes Beispiel war der amerikanische Schriftsteller Mark Twain (1835–1910), der am 27. August 1878 mit seinem Freund Reverend Joseph Hopkins Twichell (1838–1918) in Zermatt eintraf. Sie logierten die ersten Nächte bei Seiler im Hotel Monte Rosa und verbrachten den Abend im Salon mit der spannenden Lektüre von Bergsteigerberichten. Die schicksalhaften Schilderungen weckten Twains Interesse und er beschloss, eine Exkursion auf den Riffelberg zu «wagen».

Mark Twain, um 1880.

In seinem dritten Reisebuch «A Tramp Abroad» beschrieb Twain die Schweiz, ihre Einwohner sowie ihre merkwürdigen Sitten und Gebräuche. Mit Humor und voller Ironie machte er sich in satirischer Weise lustig über den damaligen Bergsteigerrummel und erzählte von seiner mehrtägigen

Die Expedition auf den Riffelberg, Illustration aus «A Tramp Abroad».

heroischen Exkursion zum Riffelberg. Er verband dabei Realität und Fantasie zu einer vollkommen übertriebenen Darstellung, denn er reiste in seiner Geschichte mit einer Gruppe von 154 Teilnehmern und 51 Tieren, dazu 17 Führer, 4 Chirurgen, 15 Barkeeper, 14 Köche, 13 Kellner, 4 Büglerinnen und sogar einen Zuckerbäcker. Auch fehlte es nicht an Gepäck: 22 Fässer Whisky, 2000 Zigarren, 154 Regenschirme, Sprengstoff und 27 Fässchen Opiumtinktur nahm der Meister der Satire auf seine Expedition zum Riffelberg mit:

> «Unsere Grosstat war getan – die Möglichkeit des Unmöglichen war bewiesen worden, und Harris und ich zogen stolz in den grossen Speisesaal des Riffelberg-Hotels ein und stellten unsere Alpenstöcke in die Ecke. [...] Etwa fünfundsiebzig Touristen befanden sich zu der Zeit im Hotel – hauptsächlich Damen und kleine Kinder, und die empfingen uns voller Bewunderung, was uns für alle Entbehrungen und Leiden entschädigte. Der Aufstieg war geschafft, und die Namen und die Daten stehen nun dort auf einem Gedenkstein verzeichnet, der es allen zukünftigen Reisenden beweist.» [128]

Mark Twain bestieg danach auch noch den Gornergrat und genoss dort das wunderbare Bergpanorama:

> «Ich hatte von dem hohen Sitze aus einen grossartigen Blick auf den Monte Rosa und scheinbar auf den ganzen Rest der Alpenwelt. Eine mächtige Schar von Schneegipfeln türmte den Horizont auf. Unvorstellbar war die Pracht des von der Sonne beschienenen Alpenschnees. Nirgends gibt es eine solche Ausstellung von Grösse und Schönheit, wie sie vom Gornergrat Gipfel geschaut werden kann.»[129]

Der «Zermatterhof» wurde im Herbst 1878 fertiggestellt, an Alexander Seiler verpachtet und im Frühling 1879 von ihm in Betrieb genommen.

Die Burgergemeinde eröffnet das Hotel Zermatt

Schon im Jahr 1870 hatte Pfarrer Joseph Ruden den Zermattern nahegelegt, doch endlich auch unten im Dorf ein eigenes Burgerhotel zu bauen, damit die einheimischen Familien ebenfalls vom blühenden Geschäft mit den Touristen profitieren könnten. Erst drei Jahre später dann bildete sich eine Baukommission unter der Leitung von Johann Kronig und Peter Taugwalder. Am 19. März 1874 wurde das Projekt «Hotel Zermatt» mit 80 gegen 12 Burgerstimmen angenommen. Nach zähen Verhandlungen mit dem Bischof von Sitten gelang es der Burgerschaft am 30. Dezember 1874, die grosse Pfarreiwiese vor der Dorfkirche zum Preis von 17 600 Franken zu erwerben. Zusätzlicher Ansporn zu diesem gewagten Bauvorhaben dürfte wohl auch der Gedanke gewesen sein, dem unbequem gewordenen Seiler ein eigenes grosses Hotel als Konkurrenzbetrieb vor die Nase zu setzen. Man diskutierte sogar ernsthaft die Möglichkeit, die Rückseite des zu bauenden Hotels mit seinen Scheunen und Stallungen als Schikane direkt vor den Eingang des Hotel Monte Rosa hinzubauen, eine Idee, die dann aber glücklicherweise wieder verworfen wurde.[130]

Da den Zermattern das nötige Kapital für das Bauvorhaben fehlte, wurden die Burger dazu verpflichtet, beim Hotelbau gewissermassen «Fronarbeit» zu leisten. Als Gegenleistung für ihre unentgeltliche Arbeit erhielten diese das Recht der Nutzniessung. Allerdings erhoben acht Burger beim Staatsrat Einspruch gegen das Projekt. Sie befürchteten, dass der Bau die Gemeinde finanziell ruinieren könnte. Das Projekt wurde zwar kurzzeitig unterbrochen, konnte aber wenig später wieder aufgenommen werden. Der Bau des neuen Zermatter Gasthofs dauerte nur drei Jahre, verschlang jedoch 200 000 Franken. Im Frühling 1879 konnte es unter dem Namen Hotel Zermatt (später: Zermatterhof) mit

Hotel-Verpachtung.

Der Gemeinderath der Bürgergemeinde **Zermatt** bringt hiermit zur öffentlichen Kenntniß, daß das im Laufe dieses Jahres beendete, von der Gemeinde Zermatt erbaute Hotel, enthaltend 130 Lokalitäten, mit dem allbekannten Riffelgasthaus in Pacht gegeben wird, im Jahre 1879 anzutreten.

Pachtlustige sind höflichst ersucht, bis zum 15. Oktober 1877 ihre Anerbieten beim Gemeinderath durch chargirte Briefe einzureichen, woselbst die weiteren Pachtbedingungen aufgelegt sind und einem Jeden zur Einsicht zur Verfügung stehen.

Zermatt.

Hôtel de la Poste.

10 Dieses neu errichtete, im romantischen Zermatt gelegene Hotel wird der Touristenwelt bestens empfohlen. Billige Preise, sorgfältige Bedienung, treffliche Küche.

1591. **Joh. Lauber,** propriétaire.

«Pachtlustige» waren eingeladen, bis zum 15. Oktober 1877 Angebote für das «Hotel Zermatt» einzureichen. Rechts: Das Hotel de la Poste wurde 1874 von Johann Lauber erbaut.

94 Zimmern und 150 Gästebetten in Betrieb genommen werden. Eigentlich hätte es das grösste Hotel im Dorf werden sollen, aber nachdem Seiler sein Hotel Mont Cervin schon drei Jahre zuvor auf 180 Betten vergrössert hatte, konnte die Burgergemeinde dieses Ziel nicht mehr erreichen.

Lange vor der geplanten Hoteleröffnung begannen die Zermatter mit der Suche nach einem geeigneten Pächter. «Pachtlustige» waren eingeladen, Angebote bis zum 15. Oktober 1877 einzureichen. Wie jedoch aus den Protokollen der Gemeinde Zermatt hervorgeht, hatte diese erhebliche Mühe, einen nicht nur zuverlässigen, sondern auch zahlungskräftigen Pächter zu finden.[131] Die Gemeinde konnte sich auch nicht dazu entschliessen, den Betrieb selbst zu führen, denn sie hatte keinerlei Erfahrung mit der Leitung eines eigenen Hotelbetriebs, und zudem sorgte sie sich zu Recht vor der immer grösser werdenden Konkurrenz Seilers.

Es ging lediglich ein bescheidenes Pachtangebot vom ehemaligen Zermatter Pfarrer Ruden ein. Kurzfristig kam daher für die Miete nur Seiler infrage. Die Gemeinde war nach dem kostspieligen Hotelbau dringend auf rasche Einnahmen angewiesen, denn sie hatte für das Projekt schon mehrmals grössere Kredite aufgenommen. So reichte Seiler als einziger ein einigermassen annehmbares Angebot ein und erhielt überraschenderweise, trotz der bestehenden Zerwürfnisse, den Zuschlag der Gemeinde. Aber klar war: Dieser Pachtvertrag konnte nur nach intensiv geführten Verhandlungen zustande kommen; es mussten im Detail nicht nur die allgemeinen Pachtregeln, sondern vor allem auch die alten Streitpunkte – Holzschlag, Weiderechte und die Frage der Einbürgerung – bereinigt werden, damit wieder ein einigermassen erträgliches Verhältnis zwischen den beiden Vertragsparteien zustande kommen konnte. Daher wurden die zähen Verhandlungen mit der Burgerschaft vonseiten Seiler über seinen Schwager, den Rechtsanwalt Felix Clausen, geführt. Seiler selbst hatte sich am 14. Juni 1876 wiederum mit einem Versöhnungsvorschlag an die Gemeinde gewandt, der nun auch bei den Zermattern auf offene Ohren stiess. So antwortete der Burgerrat drei Tage später:

Alexander Seiler mit Familie beim Essen im «Zermatterhof», um 1886.

> «[...] Der Rat, erwägend, dass Seiler uns durch Gewalttat sich das Burgerrecht aneignen wollte und Waldung und Granitsteine usw. uns weg- oder fortgenommen hat, beschliesst, dem Gastwirth Seiler die Hand zur Versöhnung anzutragen unter dem Beding, dass Seiler von vorgebender Einbürgerung in Zermatt kein Wort mehr sprechen oder schreiben wolle, als ob er nie dafür angesprochen hätte; alsdann wollen wir das Material, so er uns ohne Einwilligung genommen, als Verkaufssache betrachten und mit ihm den Preis bestimmen; alsdann soll er uns die rückständigen und jetzigen Konti sogleich zahlen; ferner sind wir bereit, für einige Jahre zusammen, wovon man die Anzahl der Jahre bestimmen möge, vernünftige Weidetaxe zu bestimmen, sodass er in seinem Handel oder seiner Wirtschaft nicht gehemmt werde [...], dass ihm als dann sein Glück wieder blühen werde wie vorher, bevor er in Zermatt Burger zu werden sich bestrebt hatte.»[132]

In Artikel 12 des Pachtvertrags einigte man sich: «Die zwischen den Parteien vor den Gerichts- und Verwaltungsbehörden angestrengten Rechtsstreite sind als beigelegt zu erachten», wobei Seiler «beigelegt» wohl als «vorübergehend eingestellt» und Zermatt als «nicht geschehen» interpretierte. Auf jeden Fall wurden die Differenzen für die nächsten Jahre «ad acta» gelegt, und es herrschte von da an wieder ein ziemlich erträgliches Nebeneinander.

Das ursprünglich eigentlich als Konkurrenzbetrieb geplante Burgerhotel ging somit am 17. November 1878 durch Ratifizierung der Burger-Urversammlung für die nächsten 15 Jahre (1879–1894) ebenfalls in die Hände der Familie Seiler. Der jährliche Pachtzins schloss die Pachterneuerung des gemeindeeigenen Hotels Riffelberg mit ein und betrug in den ersten Jahren 15 000 Franken; nach der Eröffnung einer allfälligen Bahnlinie Visp–Zermatt sollte sich der Pachtzins auf 17 000 Franken erhöhen. Allerdings war dieser Vertrag auch für den erfahrenen Hotelier Seiler nicht gänzlich ohne Risiko. Die Bettenzahl im Dorf hatte sich mit der Vergrösserung des Hotel Mont Cervin und dem gleichzeitigen Neubau des Hotel Zermatt von 150 auf total 480 Betten mehr als verdreifacht, zudem waren zwei kleinere Hotelbetriebe neu

> — Gestern (Freitag) ist im Kanton Wallis das höchste Telegraphenbureau der Welt eröffnet worden. Dasselbe befindet sich im Hotel Ryffel unterhalb des Ryffelhorns und liegt etwa 8500′ über dem Meere.

Neue Zürcher Zeitung, Nr. 322, 12.. Juli 1879.

dazugekommen, 1870 das Hotel des Alpes, erbaut von Ignaz Biner, und das Hotel de la Poste, erbaut 1874 von Johann Lauber.

Es war deshalb durchaus nicht von vornherein gesichert gewesen, dass die touristische Entwicklung in Zermatt eine befriedigende Auslastung aller Hotelbetten garantieren würde, umso mehr, als das Verkehrsproblem durch das Vispertal ja noch immer nicht gelöst war. Der *Walliser Bote* berichtete am 21. August 1880, dass trotz der grossen Anzahl an Touristen die über 400 Zimmer in Zermatt noch lange nicht belegt seien, und dass das Jahr 1880 eher zu einem mittelmässigen zähle, auch weil das Wetter wieder einmal zu Wünschen übrig lasse. Die Konkurse von Biners Hotel des Alpes im Jahr 1879 und des Hotel de la Poste 1891 zeigten zudem, dass der finanzielle Erfolg trotz allgemeinem Aufschwung nicht selbstverständlich war.

Nachdem das Hotel Zermatt im Frühsommer 1879 seinen Betrieb aufgenommen hatte, zog Seiler mit seiner grossen Familie – er hatte unterdessen schon elf Kinder – vom Hotel Monte Rosa in das von ihm gepachtete Burgerhotel und schlug dort sein neues Hauptquartier auf. Da er gleichzeitig die Pachterneuerung des Hotel Riffelberg unter Dach und Fach bringen konnte, erstellte er noch im selben Jahr eine eigene private telegrafische Leitung vom Dorf zum Riffelberg und eröffnete dort oben am Freitag, den 11. Juli 1879, das zweite Zermatter «Telegraphen-Bureau», laut damaligen Zeitungsberichten die höchstgelegene Telegrafenstation der Welt.

Diese neue Verbindung bedeutete nicht nur eine um ein Vielfaches vereinfachte Kommunikation zwischen den beiden Hotels, sondern vor allem auch eine sehr willkommene Annehmlichkeit für die Gäste, die fortan ihr Zimmer auf dem Riffelberg telegrafisch reservieren und von dort nun auch einfacher mit der Aussenwelt in Kontakt treten konnten. Wenige Monate später schon benutzte Seiler den gleichen Draht für die allerersten Telefongespräche, die in Zermatt je geführt wurden, und er erweiterte sein privates Telefonnetz, indem er seine fünf Häuser nach und nach miteinander vernetzte.

Allerdings konnte erst sein Sohn Alexander junior, von Familie und Freunden «Xander» genannt, den Anschluss der Gemeinde Zermatt auch an das schweizerische Telefonnetz vorantreiben, indem er zwei Jahrzehnte später, am 20. März 1898, ein Gesuch an die zuständigen Bundesbehörden in Bern stellte. Dieses wurde mit der Auflage bewilligt, dass sich mindestens zehn Zermatter Telefonabonnenten anschliessen müssten. Zu den ersten fünf Anschlüssen gehörten die von den Seilers geführten Hotels Mont Cervin, Monte

Rosa, Zermatterhof, das Buffet de la Gare sowie das Zentralbüro mit den Telefonnummern 1 bis 5. Als zusätzliche Abonnenten konnte Alexander junior die Visp-Zermatt-Bahn, die Gornergratbahn, die Hotels Angleterre, Schweizerhof, Terminus und das Hotel de la Poste gewinnen. Am 28. August 1900 wurde dann auch die Gemeinde Zermatt offiziell an das schweizerische Netz angeschlossen. Das Touristendorf war nun endlich auch telefonisch mit der Aussenwelt verbunden.[133]

Alexander Seiler gründet den ersten Walliser Hotelierverein

Mit dem zunehmenden Tourismus häuften sich auch die Probleme zwischen Wirt und Gast. Die Erwartungen auf beiden Seiten konnten durch die unterschiedlichen Standpunkte sehr verschieden sein, und es fehlte im noch jungen Gastgewerbe an allgemeingültigen Regeln. Ungedeckte Wechsel und Zechprellerei bescherten manch einem Gastwirt hohe Verluste, Reisende mit fest gebuchtem Zimmer erschienen oft gar nicht oder erst viel zu spät. Andererseits fanden Gäste zuweilen in der Hochsaison trotz reservierter Zimmer keine freie Unterkunft vor, was zu unangenehmen Diskussionen führte. Auf Gästeseite häuften sich Reklamationen wegen mangelnder Hygiene, Ungeziefer, Diebstahl oder Wucherei vor allem in kleineren Wirtshäusern. Ein äusserst strittiges Thema war die «Trinkgeld-Heuscherei», die mit den Jahren vielerorts derart ausgeartet war, dass sich viele Gäste belästigt fühlten und sie drohten, künftig nicht mehr in die Schweiz zu reisen. So gab es in Genf, anlässlich der Gründung des Genfer Hoteliervereins 1877, erstmals eine Initiative, die das Trinkgeld zugunsten höherer Löhne abschaffen wollte. Neun der angesehensten Genfer Hotelbesitzer beschlossen, dem für die Reisenden lästigen Unwesen ein Ende zu setzen, indem sie die Gehälter ihrer Angestellten in entsprechender Weise erhöhten und ihnen gleichzeitig auferlegten, künftig auf Trinkgelder zu verzichten. Service und andere Kosten wie Heizung und Beleuchtung waren somit in ihren Häusern erstmals im Zimmerpreis inbegriffen. «Es ist in die Hand der Reisenden gelegt, der lästigen augenbettelnden Trinkgeldhascherei durch grundsätzlich durchgeführtes Nichtsgeben radikal zu steuern.» Damit das bis anhin ausgezeichnete Ansehen der Schweizer Hotellerie keinen Reputationsschaden erlitt, mussten die Zustände nun auch in den übrigen Regionen verbessert werden.

> «Die Schweiz hat vielleicht die besten Gasthöfe der Welt. Die neuen grossen Häuser in Genf und am nördl. Ufer des Genfer Sees, in Bern, Zürich, Luzern, Basel, Interlaken u.s.w. sind in ihrer grossartigen Einrichtung musterhafte Anstalten, an sich schon sehenswerth. Aber auch in den kleinen Häusern lebt es sich ganz behaglich. Ganz schlechte Wirthshäuser finden sich in der deutschen und franz. Schweiz selten. In manchen älteren Gasthöfen dienen die Räume ebener Erde zur Schenkwirthschaft, während der Speisesaal für die Gäste des Hauses und andere Honoratioren eine Treppe hoch ist.»[134]

In dieser Situation ergriff Alexander Seiler die Initiative und gründete also mit einigen Walliser Kollegen im Jahr 1879 die Société des Maîtres d'hôtels de la Vallée du Rhône et de Chamonix. Es war der Vorläufer des Walliser Hoteliervereins, und Seiler wurde dessen erster Präsident. Drei Jahre später, am 11. Februar 1882, entstand während einer Versammlung von 65 Hotelbesitzern im Casino Bern der Schweizer Hotelier-Verein (SHV) mit dem Zweck, «die Gasthof Industrie zu entwickeln und zu fördern, die gemeinsamen Interessen und die Freundschaft, welche notwendigerweise unter allen Mitgliedern bestehen sollen, zu sichern und enger zu knüpfen. Die Gesellschaft besteht aus Gasthof- oder Pensionsbesitzern, sowie auch aus Geschäftsführern, welche wenigstens zwei Jahre in solcher Stellung tätig waren, und einen guten Ruf besitzen.»[135] Auch hier wurde Seiler ab dem Gründungsjahr als Abgeordneter der Sektion Wallis in den Vereinsvorstand gewählt.

Bergschicksale und Solidarität

Aufgrund der noch weitgehend mangelnden Kenntnisse über die besonderen Gefahren in der hochalpinen Bergwelt häuften sich bergtypische Erkrankungen sowie Unglücksfälle bei den Touristen. Einfachere Beschwerden wie Höhenkrankheit, Schneeblindheit, Sonnenbrand und Erfrierungen konnten dabei meist vom Dorfarzt oder auch vom Hotelpersonal selbst behandelt werden. In diesem Zusammenhang erwähnten dankbare Gäste Mama Catharina Seiler in den Gästebüchern besonders oft, denn sie kümmerte sich meist selbst und in hingebungsvoller Weise um ihre erkrankten Gäste. So berichtete etwa ein englischer Gast am 31. Juli 1861: «We were detained here for several days due to snow blindness, which we got on the Breithorn. We were most carefully looked after by Mr. & Mme Seiler, who deserve our kindest thanks and recommendations.» Der bekannte Kartograf und Ingenieur François Bétemps erkrankte zu der Zeit, als er in Zermatt Triangulationen und topografische Aufnahmen für die Dufourkarte machte. Er schrieb am 25. September 1861 ins Gästebuch: «Arrivé à Zermatt gravement malade par suite d'un refroidissement. J'ai été soigné dans la maison de Monsieur Seiler comme je n'aurais pas l'être mieux dans ma propre famille. Qu'il veuille en agréer ici, lui et les siens, l'expression de ma vive reconnaissance.»

Der Reiseführer Baedeker empfahl damals für die Behandlung von typischen Reisebeschwerden:

> «Arnicatinktur heilt leichte Stoss- und Quetschwunden. Morgens und abends ein Theelöffel voll eingerieben, stärkt nach Anstrengungen Fuss, Wade und Bein. Sind kühle Umschläge nothwendig, dann 1 Theelöffel voll Tinctur auf 1 Glas Wasser. Sind die Zehen gedrückt, so legt man ein Talgläppchen auf und beträufelt es mit Arnicatinctur. Blasen, Wolf und Wundsein wird entweder mit der bekannten Bleisalbe geheilt, oder besser durch ein etwas festeres Gemisch von weissem Wachs und Talg, von jedem 1 Loth, Baumöl 1½ Loth, geschmolzen,

und ½ Quentchen Bleiessig beigefügt. Dieses Gemisch lässt sich erkaltet in Wachspapier gut aufbewahren. Gegen Durchfall, besonders wenn allgemeine Abspannung sich dazu gesellt, nützen sicher und rasch Tropfen aus gleichen Theilen Tinctura Opii Crocat und Tinctura Aromatica, alle 2 bis 4 Stunden 15 Tropfen.»[136]

Besonders viele Tragödien ereigneten sich am Liskamm. So riss am 6. September 1877 der Bruch einer überhängenden Schneewechte gleich drei Brüder der St. Niklauser Bergführerfamilie Knubel in die Tiefe. Rettungs- und Bergungsaktionen liefen fast immer über die Familie Seiler. Ein Zeitzeuge berichtete im *Walliser Boten* vom 22. September 1877:

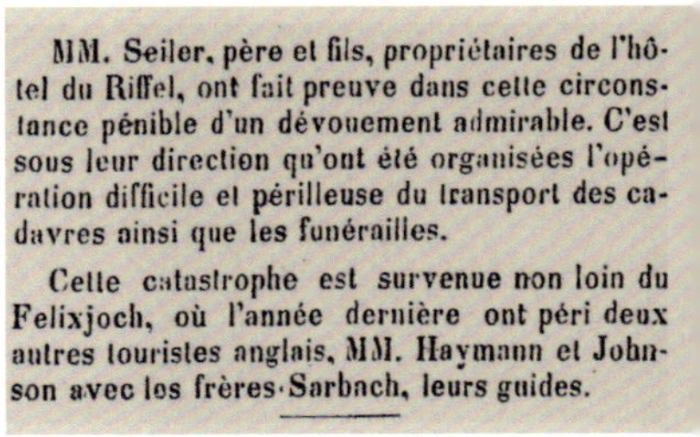

MM. Seiler, père et fils, propriétaires de l'hôtel du Riffel, ont fait preuve dans cette circonstance pénible d'un dévouement admirable. C'est sous leur direction qu'ont été organisées l'opération difficile et périlleuse du transport des cadavres ainsi que les funérailles.

Cette catastrophe est survenue non loin du Felixjoch, où l'année dernière ont péri deux autres touristes anglais, MM. Haymann et Johnson avec les frères Sarbach, leurs guides.

Le Confédéré, 14. September 1877.

«Als ich mich anschickte, den Riffel zu verlassen, langte die Nachricht ein, dass Hr. Seiler abermals eine Abtheilung von 35 Mann organisiert, um am folgenden Tage unter der Leitung des Arztes Gütz, des Sohnes Seiler und des Jos. Imboden, die Todten abholen zu lassen [...]. Im Verlaufe des Tages traf ich Frau Seiler. Ihre sonst so sanften Züge waren etwas gebrochen. Hatte die wohlthätige Meisterin des grossen Gasthofgeschäftes von Zermatt die Klagen der Wittwen schon mitangehört? Mit feuchten Augen theilte sie uns mit, dass eine erste Subscription zu Gunsten der armen Hinterbliebenen bereits 3000 Fr. ergeben und dass ein englischer Herr allein 800 Fr. gezeichnet.»

Am 2. August 1879 wollten die Bergführer Josef Marie Lochmatter, Joseph Brantschen und Peter Beytrison mit ihren Basler Gästen Lüscher und Schiess von Breuil das Matterhorn traversieren. Sie verbrachten die Nacht in der Capanna della Cravatta auf der italienischen Seite, wo Brantschen plötzlich schwer erkrankte. Gegen Morgen ging es Brantschen zwar etwas besser, aber er war dennoch nicht kräftig genug, um hinunterzusteigen. Die Gruppe liess Brantschen allein in der Hütte zurück und eilte ins Tal, um Hilfe zu holen. In der Zwischenzeit fand eine italienische Seilschaft den in der Hütte einsam verstorbenen Brantschen. Der Bergführer hinterliess eine Frau und sechs kleine Kinder. Der tragische Fall löste schweizweit Betroffenheit und Diskussionen um Ehrgefühle und Werte im Bergsteigermilieu aus, hätte doch mindestens einer der Gruppe beim Kranken zurückbleiben müssen.

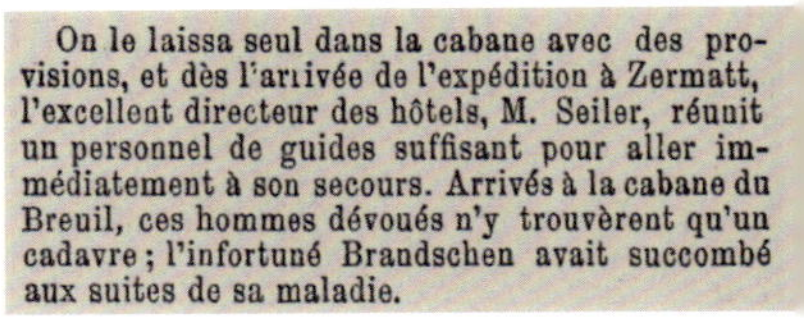

On le laissa seul dans la cabane avec des provisions, et dès l'arrivée de l'expédition à Zermatt, l'excellent directeur des hôtels, M. Seiler, réunit un personnel de guides suffisant pour aller immédiatement à son secours. Arrivés à la cabane du Breuil, ces hommes dévoués n'y trouvèrent qu'un cadavre; l'infortuné Brandschen avait succombé aux suites de sa maladie.

Le Jura, Nr. 66, 19. August 1879.

Nach solch folgenschweren Ereignissen, vor allem wenn Bergführerfamilien betroffen waren, spendete die Familie Seiler grosszügig, sie organisierte Benefizkonzerte und sammelte – auch mit in den Hotels aufgelegten Spendenlisten – bei ihren Gästen Geld für die Hinterbliebenen.

«Wir erhalten von Herrn Gasthofbesitzer Alexander Seiler in Zermatt folgende verdankenswerte Mitteilung: Erlauben Sie, dass wir Ihnen beifolgend das Ergebnis der Unterschriftenliste in unseren Gasthöfen in Zermatt aufgelegt, zu Gunsten der Familie des am 3. August am Matterhorn verstorbenen Führers Joseph Brantschen, mitteilen. Derselbe hinterlässt eine Witwe mit sechs Kinder, deren Aeltestes 12 Jahre, das Jüngste bei des Vaters Tode 12 Tage alt war. Ohne den Wohlthätigkeitssinn der edlen Geber wäre die Familie der Armuth anheimgefallen, weil ihr kleines Heimwesen weit über seinen Wert verschuldet und mit Hypotheken überlastet ist; da hingegen mit kluger Anlegung der

hier unterzeichneten Liebessteuern es gelingen wird, die Familie vor Noth zu schützen. Der Ankauf eines Gütchens ist beabsichtigt so hat die Familie Brot und Arbeit und die Kinder werden zu rechten Menschen herangezogen. Wie mag wohl die Sorge um das Loos der Seinen den armen Mann, der so allein in dieser hohen menschenleeren Region mit dem Tode rang, geängstigt haben! Doch eben seine hülflose Lage hat so viel Mitleiden erweckt und so viele Herzen zur Theilnahme bewegt, so dass heute die schöne Summe von Fr. 6460.80 eingegangen ist.
Die Susbcriptionsliste weist folgende Posten auf: Hotel Monte Rosa 3230.25; Hotel Mont Cervin 611.50; Hotel Zermatt 274.85; Hotel Ryffel 107.20; Hotel Belle Alp 158.00; Eggishorn Fr. 10.00; Grenzpost Basel 69.00; SAC Sektion Basel 1000.00; Dr. Schiess 500; Dr. Lüscher 500; Total wie oben Fr. 6460.80. – Dank diesen edlen Wohlthätigkeiten, von denen die Meisten schon zum dritten Mal ihre Börse grossmüthig für unsere Mitbürger geöffnet haben, für Sarbach, Knubel und heute Brantschen, für sie wurde bestens gesorgt. Es mag diese schöne Nächstenliebe, mit der die Touristen für die Familien der Verunglückten sorgen, ein Ansporn sein für die Führer, stets treu ihre Pflicht zu erfüllen, selbst unter Aufopferung ihres Lebens [...].
Herr Grossrath und Hotelbesitzer Seiler ging mit gutem Beispiele voran und unterschrieb für eine schöne Gabe, doch hiemit nicht zufrieden, liess Herr Seiler auch zu Gunsten ihrer armen Waisen unter Theilnahme mehrerer englischer Damen und Herren und seiner Kinder ein Konzert aufführen, das allgemeine Theilnahme fand und die kühnsten Erwartungen übertraf. Von diesem Erfolge ermuthigt, beschloss Herr Seiler ein zweites Konzert aufführen zu lassen zu Gunsten der Armen von Zermatt. Gott wird's ihm lohnen!»[137]

Das Grand Hotel Riffelalp

Auch wenn mit dem Ausbau des Hotel Mont Cervin und dem neuen «Zermatterhof» bereits eigentliche «Grand Hotels» in Zermatt eröffnet wurden, symbolisiert doch kein anderes Hotel den Eintritt in die Belle Époque mit seinen Hotelpalästen besser als der Bau des Grand Hotels Riffelalp. Im Jahr 1878, noch ganze zwei Jahrzehnte vor der Eröffnung der Gornergratbahn und ganze 13 Jahre, bevor eine Dampfbahn Zermatt überhaupt erstmals erreichen würde, begann Seiler mit der Verwirklichung seines alten Traums, dem Bau des Grand Hotel Riffelalp oberhalb Zermatt, gut 50 Kilometer entfernt von der nächsten Bahnstation. Die fertigen Entwürfe dafür lagen bereits seit mehr als zwei Jahren in seiner Schublade. Alexander engagierte für dieses Projekt den erfahrenen Hotelarchitekten Robert Roller junior (1832–1898) aus Burgdorf, der schon die Pläne für das Grand Hotel Kurhaus Lenk sowie für die beiden Hotels Schweizerhof und Jungfrau in Interlaken entworfen hatte. Da fast das gesamte Baumaterial in zehn- bis zwölfstündigen Transporten vom Tal via Maultier auf die 1500 Meter höher gelegene Baustelle gebracht werden musste und in dieser Höhe nur während knapp sechs Monaten gebaut werden konnte, dauerte das riesige Bauvorhaben auf 2222 Meter Höhe volle sechs Jahre. Die mächtige Frontseite mit 13 Fensterachsen, flankiert von zwei

Das Hotel Riffelalp kurz vor der Eröffnung 1884.

Flügeln zu je fünf Fenstern, war nach Südwesten ausgerichtet, mit einzigartigem Blick aufs Matterhorn. Das vierstöckige Gebäude mit zusätzlichem, mansardiertem Dachstock verfügte nach seiner Vollendung im Jahr 1884 über 106 heizbare Zimmer mit 150 Gästebetten, zwei grosse Speisesäle, verschiedene Aufenthaltsräume, Angestelltenzimmer sowie eine Telegrafenstation und schon ab 1889 über ein hoteleigenes Postbüro.

Für die Hotelgäste gab es auf jeder Etage sechs grosse Waschräume und vier separate Toilettenbereiche. Das feudale Hotel liess in Bezug auf Bequemlichkeit und Eleganz nichts zu wünschen übrig. Es war zu seiner Zeit wahrscheinlich das modernste und schönste Hochgebirgshotel Europas. Seine Lage, umgeben von duftenden Arvenwäldern und blühenden Alpenwiesen, war einzigartig. Von der Veranda des Hotels erblickte man die Pyramide des Weisshorns, die Wellenkuppe, das Ober- und Untergabelhorn, die umliegenden Gletscher in all ihrer weissen Pracht – und im Mittelpunkt erhob sich das majestätische Matterhorn, das sich hier von seiner schönsten Seite zeigte.

Der geschäftstüchtige Hotelier Seiler bewirtete vermutlich schon während der ersten Bauphase vereinzelt Gäste auf der Riffelalp, denn in den bekannten Reiseführern wurde die «Pension Riffelalp» bereits ab dem Jahr 1879 erwähnt, ganze fünf Jahre vor der eigentlichen Hoteleröffnung: «¾ Stunde unterhalb des Riffelhauses, die grosse neue Pension Riffelalp [...]. Am Rande des prächtigen Arvenwaldes die neue, von Hrn. Seiler erbaute Pension Riffelalp, in herrlicher geschützter Lage.»[138]

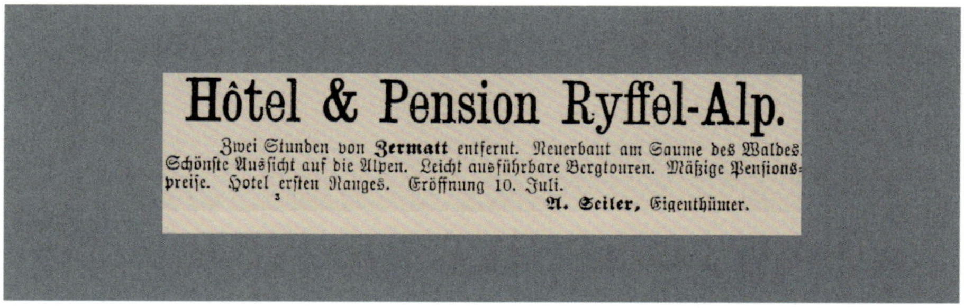

Hôtel & Pension Ryffel-Alp.

Zwei Stunden von **Zermatt** entfernt. Neuerbaut am Saume des Waldes. Schönste Aussicht auf die Alpen. Leicht ausführbare Bergtouren. Mäßige Pensionspreise. Hotel ersten Ranges. Eröffnung 10. Juli.

A. Seiler, Eigenthümer.

Der Bund, Nr. 87, 8. Juli 1884.

«Das Riffelhaus (2569 m), Gasthof, 3 St. oberhalb Zermatt, für Freunde hochalpiner Region ein Standquartier, wie es bezüglich der Verpflegung in solcher Höhe in den ganzen Alpen unübertroffen dasteht. [...] Auf halbem Weg die Pens. Riffelalp. Der Weg hinauf ist ohne Führer zu finden. Aus dem Wald, Schweigmatt, und abermals 1/2 St. zu den Hütten der Augstkumme, auch die Riffelhütten genannt. Hälfte des Wegs. Etwas oberhalb die Pens. Riffelalp (A. Seiler).»[139]

Es war dann schliesslich an einem wolkenverhangenen Donnerstag, dem 10. Juli 1884, als Alexander Seiler mit einer pompösen Eröffnungsfeier sein Lebenswerk endlich krönen konnte. Neben Familie, Freunden und Journalisten aus der ganzen Schweiz waren achtzig seiner treuesten Stammgäste aus dem In- und Ausland zur Feier eingeladen. Im Laufe des Nachmittags erreichte eine Maultierkarawane nach der anderen die Augstkummenalp, wo die illustren Gäste auf der grossen Aussichtsterrasse von Alexander und Catharina Seiler sowie der jungen Hoteldirektorin Marie Clausen-Cathrein persönlich in Empfang genommen wurden. Für 17 Uhr war das Galadiner im prachtvollen Speisesaal angesagt. Die Tische für die über hundert Gäste waren fürstlich gedeckt. Nach einer währschaften Cremesuppe und verschiedensten ausgesuchten Horsd'œuvres wurde als Höhepunkt frischer, rosafarbener Lachs aus der Nordsee serviert, damals in der Schweiz eine noch äusserst seltene Delikatesse. Alexander Seiler hatte ihn von Hamburg per Expresszug ins Wallis und dann per Maultier zur Riffelalp hinauf transportieren lassen.

Süssigkeiten aller Art und seltene exotische Früchte wurden zum Nachtisch gereicht. Eine Auswahl feinster Walliser Weine und edler Champagner trugen das Ihre zum fröhlichen Anlass bei. Man hielt feierliche Lobreden und zelebrierte überschwängliche Trinksprüche in verschiedenen Landessprachen. Musik, Tanz, ein grosses Feuerwerk und der abschliessende Chorgesang der Zermatter Bergführer rundeten den Abend ab, bevor sich die Gäste müde, aber zufrieden in ihre geschmackvoll eingerichteten Zimmer zurückzogen. Zwei Wochen später wurde die anglikanische Chapel of the Holy Trinity Riffelalp für die englischen Gäste eingeweiht, drei Jahre später, am 3. Juli 1887, die im Auftrag von Catharina Seiler erbaute katholische Herz-Jesu-Kapelle.

Seilers Hoffnungen wurden nicht enttäuscht. Im Gegenteil, sein neues Grand Hotel Riffelalp entpuppte sich als unternehmerisches Glanzstück und wurde praktisch über Nacht zu einem der beliebtesten Treffpunkte der

Kolorierte Postkarte des Hotels Riffelalp, Ende 19. Jahrhundert. Unten: Situationsplan Riffelalp mit Ostflügel und Dependancen A und B um 1935.

internationalen High Society. Der Gästeandrang war von Anfang an so gross, dass er das Hotel bereits vier Jahre später durch den Anbau des Ostflügels um weitere 50 Betten auf 200 vergrössern konnte. 1890, wiederum nur zwei Jahre später, wurde mit dem Bau der fünfstöckigen «Dependance A» mit 34 Zimmern und 50 Betten begonnen. Gattin Catharina konnte sie allerdings erst 1892, nach Alexanders Tod, in Betrieb nehmen. Die zweite «Dependance B» mit vier Stockwerken folgte 1897 und verfügte über dreissig neue Zimmer mit vierzig Betten. Das Angebot an Gästebetten auf der Riffelalp erreichte ein Jahr vor der Eröffnung der Gornergratbahn seinen grössten Umfang mit knapp 300 Betten. Die Gornergratbahn, die erste elektrisch angetriebene Zahnradbahn der Schweiz, wurde am 20. August 1898, 14 Jahre nach der Hoteleröffnung, vorerst aber nur für den Sommerverkehr freigegeben. Nach der Lancierung der ersten Zermatter Wintersaison 1927/28 fuhr die Gornergratbahn dann auch im Winter bis zur Station Riffelalp. Noch einmal 15 Jahre später, im Winter 1942, fuhr sie erstmals ganz hinauf bis zur Endstation auf dem Gornergrat.

1884 war auch das Jahr, in dem Seiler der Organisation Murithienne, einer naturwissenschaftlichen Vereinigung im Kanton Wallis, ein Stück Land unterhalb der englischen Kirche in Zermatt abtrat, damit sie dort einen botanischen Garten mit einheimischer Flora anlegen konnte. Die Société Murithienne du Valais wurde 1861 mit dem Ziel gegründet, die Walliser Flora zu erforschen und seltene Pflanzen vor dem Aussterben zu bewahren. Einige Jahre später wurde die Gesellschaft in Murithian Botanical Society umgetauft, ein Name, der an den Schweizer Botaniker Laurent Joseph Murith (1742–1816) erinnerte.

Folgende Doppelseite: Pfingstausflug auf die Riffelalp, um 1920.

HOTEL

LER RIFFELALP

Der Burgerrechtsstreit 1887 – Das Urteil

Vater Seilers Söhne Josef, Julius und Alexander junior waren inzwischen zu jungen Männern herangewachsen. Anders als damals im Gastgewerbe meist üblich, wurden sie nicht schon früh in den Familienbetrieb eingespannt, sondern erhielten das grosse Privileg, eine solide humanistische und akademische Ausbildung zu absolvieren. Während der Älteste, Josef, nach seiner Zeit im Kollegium Brig eine Hotelfachlehre in Rom und London absolvierte und danach ab 1879 den «Zermatterhof» leitete, besuchten die Söhne Julius, Alexander junior und später auch der Jüngste, Hermann, das Internat im Jesuitengymnasium Feldkirch in Österreich.

Die 1856 als Jesuitenkonvikt gegründete Stella Matutina war damals eine der wichtigsten katholischen Bildungseinrichtungen im deutschsprachigen Raum und gehörte zu den europäischen Eliteschulen. Der Besuch der Stella Matutina entwickelte sich zu einer Art Seiler'schen Familientradition und war ab diesem Zeitpunkt fast schon die obligate Ausbildung für die männlichen Nachkommen der Familie. Nicht nur Seilers Söhne, sondern auch seine Enkel und sogar Urenkel besuchten das militärisch streng geführte Knabeninternat in Feldkirch in Vorarlberg, wo sie als «Zöglinge» das nötige Rüstzeug und das katholische Gedankengut für das spätere Leben vermittelt bekamen. Sohn Julius Seiler wählte nach seiner Matura den Weg ins Priesteramt und trat 1879 in den Orden Jesu ein. Sein Bruder Alexander junior studierte nach dem Besuch der Schule in Feldkirch Rechtswissenschaften an den Universitäten in München, Lüttich und Heidelberg, wo er 1887 promovierte. Zurück im Wallis begann er bei seinem Onkel Felix Clausen in Brig ein zweijähriges Anwaltspraktikum.

Unweigerlich stiess er dort auf die schon etwas angestaubten Akten zum Zermatter Einbürgerungsgesuch seines Vaters. Das Dossier lag schon seit einigen Jahren unberührt im Archiv. Vermutlich konnte der junge Rechtsanwalt seinen Vater nur schwer dazu überreden, den Fall neu aufzurollen. In der Zwischenzeit waren jedoch im Kanton Wallis ähnliche Einbürgerungsgesuche in Münster und Evionnaz gegen den jeweiligen Gemeindewillen und zugunsten der Gesuchsteller entschieden worden. Im Fall Münster hatte sich die Gemeinde standhaft geweigert, dem Piemontesen Laurent Rovina den Burgerbrief auszustellen. Erst nach erfolgter Besatzung des Dorfes durch ein fünf Mann starkes Polizeikorps fügte sich die Gemeinde den staatsrätlichen Weisungen, die in diesem Fall sogar einen italienischen Staatsbürger betrafen. Vater Seiler dürfte dem Ansinnen seines Sohnes trotzdem nur sehr zögerlich zugestimmt haben. Doch es musste ihm klar gewesen sein, dass der Erwerb des Zermatter Burgerrechts gerade für seine Nachkommen sehr wichtig war und er ihnen damit die erfolgreiche Weiterführung des Zermatter Familienbetriebs für die Zukunft erleichtern konnte.

Jesuitengymnasium Stella Matutina, Feldkirch, Vorarlberg, Österreich.

Die ersten Briefe vom Oktober 1887 bezüglich Wiederaufnahme des Verfahrens trugen denn auch die Handschrift des jungen Rechtsanwalts Alexander junior und sind in gepflegtem Französisch aufgesetzt. Am 26. Dezember 1887 hinterlegte Vater Seiler zudem 2000 Franken in der Walliser Staatskasse zur Verfügung der Gemeinde Zermatt. Es war exakt die Summe, die der Staatsrat am 21. April 1875 als Einkaufssumme für das Burgerrecht festgelegt hatte. Die Zermatter aber wehrten sich umgehend gegen die Neuaufnahme des alten Prozesses und nahmen Bezug auf die im Pachtvertrag von 1878 zwischen Seiler und der Gemeinde getroffenen Bestimmungen, insbesondere darauf, dass Seilers Anträge darin als «nicht geschehen» betrachtet wurden. Es folgte ein intensiver Schriftwechsel mit Beschlüssen und Gegenbeschlüssen beider Parteien, bis der Staatsrat am 24. Februar 1888 in einem öffentlichen Entscheid erklärte, die Einsprachen der Gemeinde wären haltlos und stünden mit dem Pachtvertrag von 1878 in keiner Weise im Widerspruch. Die Burgerverwaltung hätte nun die Pflicht, Seiler innerhalb von 15 Tagen das Burgerdiplom auszustellen. Was nun folgte, war eine grosse

Tragödie für alle Beteiligten, für die Burgergemeinde Zermatt gar ein juristisches, politisches und teils auch finanzielles Desaster. Am 19. März 1888 wurde in Zermatt erneut eine angeregte Burgerversammlung betreffend Seilers Gesuch abgehalten; diese votierte einstimmig, mit 105:0 Stimmen, gegen die Aufnahme Seilers in die Burgerschaft. Der Staatsrat jedoch setzte der Gemeinde in einem amtlichen Beschluss eine allerletzte Frist bis zum 20. Mai 1888, diesmal unter Androhung der Errichtung eines Landjägerpostens im Dorf, mit Kosten zulasten der Gemeinde. Die Frist verstrich. Der Staatsrat schritt mit Beschluss vom 24. Mai 1888 zur Tat und entsandte eine Abteilung von fünf Gendarmen nach Zermatt, wie er dies zuvor schon bei Bürgerrechtsstreitigkeiten in Münster und Evionnaz getan hatte. Die Gendarmen blieben ganze sechs Monate, doch ihre Präsenz richtete im Dorf nicht viel aus. Die Zermatter blieben unbeeindruckt.

Der Sommer 1888 war für beide Parteien eine sehr schwierige Zeit. Der inzwischen fast siebzigjährige Vater Seiler, sonst immer so energiegeladen und unternehmungslustig, war mittlerweile gesundheitlich derart angeschlagen, dass er sich auf ärztliches Anraten hin in den Sommermonaten zur Pflege nach Karlsbad in Kur begab.

Während dieser Zeit übernahm seine Gattin Catharina mit grösster Selbstverständlichkeit die Gesamtleitung der Hotelgeschäfte, tatkräftig unterstützt durch ihre Kinder. Der älteste Sohn Joseph leitete schon seit einigen Jahren den «Zermatterhof» und überwachte nun auch die Geschäfte im Hotel Mont Cervin. Die zwanzigjährige Tochter Amanda führte das Hotel Riffelberg, Catharinas Schwester Marie Clausen das grosse Hotel Riffelalp, Alexander junior kümmerte sich von Brig aus um die administrativen und juristischen Angelegenheiten der Familie. Der erst 13-jährige Andreas half seiner Mutter so gut wie nur möglich als tüchtiger Sekretär im Zentralbüro und der Jüngste, Hermann, begann gerade seine Studienzeit im Gymnasium Stella Matutina in Feldkirch. Trotz der grossen Belastung fand Catharina Seiler jeden Tag noch genügend Zeit, ihren Gatten in Karlsbad über den Geschäftsverlauf zu informieren: «Wegen des Bureaus sei unbesorgt! Jost schläft im kleinen Salon und bewacht die Kasse [...] Ich bin heute etwas müde. Abends spät kam die Amerikanische Gesellschaft an, ohne vorher telegraphiert zu haben. Schliesslich brachten wir doch alle unter, aber wie, das frage nicht. [...] Den Freunden Gutes tun, wie wir es hier müssen, lässt der liebe Gott nicht unbelohnt.»[140]

Am 10. Juni 1888 spielte die Gemeinde Zermatt ihren letzten Trumpf aus und beschloss, einen Rekurs beim Bundesgericht in die Wege zu leiten. Dennoch schienen sich einige Ratsmitglieder ihrer Sache nicht mehr so sicher zu sein. Der Zermatter Verteidiger Graven versprach am 13. Juni, der Staatsrat werde in wenigen Tagen im Besitze der Burgerurkunde sein, und der Zermatter Burgerpräsident Alphons Zumtaugwald bekräftigte in einem Schreiben vom 14. Juni an den Staatsrat: «Der Burgerbrief des Herrn Seiler ist gemacht, nur muss ich selben dem Rate zur Einsicht vorlegen und, falls dieser

Alexander und Catharina Seiler, um 1890.

es verlangt, nächsten Sonntag auch der Burgerversammlung. – Treffen Sie indes keine weitern Gewaltmassregeln.»

Doch Zumtaugwald konnte seine Burgerschaft nicht umstimmen. Im Gegenteil, er ersuchte wenige Tage später den Walliser Staatsrat in einem Schreiben um Entlassung aus seinem Amt als Gemeindepräsident:

> «[...] da man mich im Volke beschuldigt, ich hätte fünftausend Franken als Bestechung von Herrn Seiler in der Tasche oder da man mir droht, man werde mich des Nachts treffen, mir die Eingeweide herausnehmen, mich als Hudel und Lump beschuldigt und dgl. mehr, so sehe ich mich veranlasst, in Erwägung meiner getanen Pflicht, mein förmliches Entlassungsgesuch als Präsident der Burgerverwaltung von Zermatt einzureichen. Die Burgerverwaltung von Zermatt mag sich einen bessern Verwalter ausfindig machen, ich fühle mich ausser Stand, diesen Zweig länger zu verwalten [...].»

Der Staatsrat lehnte das Rücktrittsgesuch postwendend ab und beschloss gleichzeitig, den Landjägerposten in Zermatt zu verstärken. Der Unmut im Dorf war gross, die Stimmung gereizt. Der Gemeindepräsident, der gegen seinen Willen im Amt geblieben war, schrieb am 19. Juni 1888 mit scharfen Worten an den Staatsrat: «[...] sollten wir, die wir unabhängige Bürger zu sein glauben und glaubten, sollten wir, frage ich, einem solch gesslerischen Tyrannen, einem Unterdrücker der Gemeinde wohl einen Burgerbrief liefern? Bei solcher Aufführung nie und nimmer [...].» Und als Fussnote: «Die Gemeinde bleibt in ihren mehrmaligen Beschlüssen consequent und weigert daher auch jede Zahlung.»

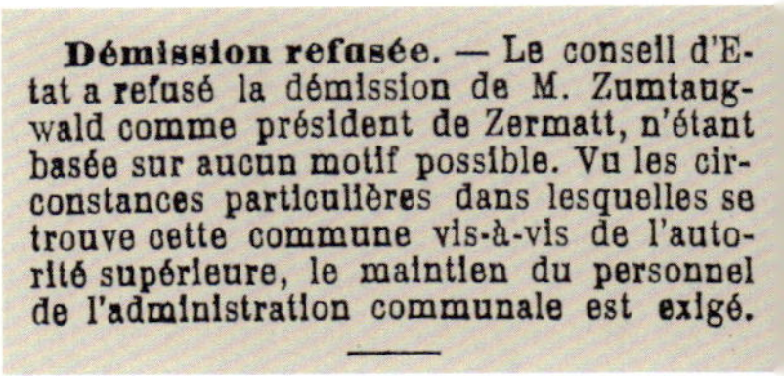

Démission refusée. — Le conseil d'Etat a refusé la démission de M. Zumtaugwald comme président de Zermatt, n'étant basée sur aucun motif possible. Vu les circonstances particulières dans lesquelles se trouve cette commune vis-à-vis de l'autorité supérieure, le maintien du personnel de l'administration communale est exigé.

L'Ami du Peuple, 21. Juli 1888.

Der Fall wurde inzwischen nicht nur im Wallis, sondern in der ganzen Schweiz rege diskutiert. Das *Thuner Wochenblatt* meldete am 18. Juli 1888:

> «Wallis. Herr Seiler besitzt bekanntlich in Zermatt und auf Riffelalp grosse Hotels. Durch seine Energie, seine Kühnheit allein hat er Verdienst und Geld in dies abgeschiedene Alpenthal gebracht. Die Gemeinde Zermatt will ihn

> nun absolut nicht in's Bürgerrecht aufnehmen. Der Staatsrath des Kantons Wallis weiss aber wie man die querköpfigen Unterthanen zu behandeln hat. Er kennt die etwas begriffsstutzigen Walliserschädel und hat darum der renitenten Gemeinde einen Landjäger ins Ouartier geschickt. Der thut sich nun bei 5 Fr. Tagelohn, alles auf Kosten der Gemeinde, gütlich und geht nicht eher, als bis Herr Seiler Bürger geworden ist. Da werden die Zermatter wohl gar bald mürbe werden, schreibt die Morgenzeitung.»

Und das *Geschäftsblatt für den oberen Teil des Kantons Bern* vom 1. August 1888 doppelte nach:

> «Gemeindekrieg gegen den Gasthofbesitzer Seiler. Die fünf Mann hohe staatliche Landjägerbesatzung in Zermatt erregt bei den Fremden einige Verwunderung. Da die zähen Zermatter noch immer nicht nachgeben wollen, so hat der Staatsrath ernstlich daran gedacht, eine ganze Kompagnie Infanterie in das Dorf zu legen und nur darauf verzichtet, um die Fremdensaison nicht zu stören. Die Vorgänge zu dieser Geschichte sind folgende: Herr Seiler, der intelligente Wirth, der in seinen fünf Zermatter Hotels etwa 300 Personen beschäftigt und Zermatt sozusagen geschaffen hat, bewirbt sich schon seit 1875 um das Bürgerrecht und alle Instanzen, der Staatsrath, der Grosse Rath, der Bundesrath und die Bundesversammlung haben entschieden, er habe alle gesetzlichen Requisite und das Bürgerrecht müsse ihm – um die ansehnliche Summe von 2000 Fr. – gewährt werden. Er zahlt der Gemeinde jährlich 1500 Fr. Steuern und darf, weil er nicht Bürger ist, weder Stein noch nutzlos verfaulendes Holz ohne Bezahlung für sich verwenden. Er muss Holz mit grossen Kosten aus Randa und St. Nicolas beziehen und für sein 2220 Meter hoch gelegenes Hotel Riffelalp entweder Kohle aus der Ebene oder aber Holz per Maulesel aus Zermatt kommen lassen, während 100 Schritte vom Hotel entfernt in der Gemeindewaldung ganze Stämme herumliegen und verfaulen. Die Opposition kommt von Kutschern her, die sich benachteiligt glauben durch die Hotel-Kutscherei.»

Am 20. November 1888 bestätigte der Zermatter Bürgerrat erneut seine früheren Beschlüsse. Damit blieben alle bisherigen Bemühungen und die vom Staatsrat bereits verhängten Massnahmen fruchtlos. Als letztes Mittel blieb eigentlich nur noch die Amtseinstellung des Gemeinderats zusammen mit der Verhängung einer Zwangsverwaltung. In den danach folgenden Debatten im Staatsrat und im Grossen Rat stand auch die eigentliche Frage des Bürgerrechts nicht mehr zur Diskussion, da bereits früher alle kantonalen und nationalen Instanzen zu Seilers Gunsten entschieden hatten. Man beschränkte sich jetzt nur noch auf die Frage, wie denn am besten die Ausstellung des Bürgerbriefs zu bewerkstelligen sein würde. In der alles entscheidenden Grossratssitzung vom 30. November 1888 in Sitten wurde über den Fall Seiler stundenlang debattiert und man entschied sich letztlich für die Anwendung von Artikel 43 §8 der Verfassung: Es wird eine Kuratel, auch «staatliche Vormundschaft» genannt, über die Gemeinde verhängt, wobei man aber der Gemeinde noch einmal eine allerletzte 15-tägige Frist gewähren will.

Der Bezirkspräfekt von Visp, Adolf Burgener, wurde mit der undankbaren Mission beauftragt, den grossrätlichen Beschluss persönlich vor Ort zuzustellen und den Zermattern noch ein letztes Mal alle möglichen Konsequenzen zu erläutern:

> «Sie, hochgeachteter Herr Regierungsstatthalter, werden demnach ersucht, Ihren persönlichen, wohlbekannten Einfluss und die ganze Amtswürde, mit der Sie beehrt sind, geltend zu machen, und mit den Behörden und der Bevölkerung von Zermatt die Lage zu erörtern, die Sie durch Fortsetzung ihres unberechtigten Widerstandes und Ungehorsams gegen die Landesbehörden schaffen würden. Sie werden denselben die ganze Tragweite und alle Folgen einer Regie-Verwaltung auseinanderlegen und wir zweifeln nicht daran, dass es Ihnen gelingen wird, die Urversammlung und den Gemeinderat zu besseren Gefühlen zu bringen.»

So begab sich Burgener wenig erfreut in das in tiefen Winterschlaf versunkene Zermatt und versuchte zwei Tage vor Weihnachten 1888, den Bürgerrat umzustimmen. Besonders heikel war die Aufgabe, den Zermattern zu erklären, dass die Soldaten der Ersten Kompagnie des Unterwalliser Bataillons 11 bereits auf Pikett gestellt worden seien und falls nötig jederzeit zur Intervention ins Dorf würden beordert werden können. Da es Burgener trotzdem nicht gelang, den Rat zu überzeugen, berief dieser für den 23. Dezember eine ausserordentliche Urversammlung ein, an der Burgener der versammelten Gemeinde die Sachlage und deren Konsequenzen noch einmal ausführlich erörterte. Danach wurde wieder über das alte Begehren abgestimmt: 116 anwesende Burger lehnten den Antrag erneut einstimmig ab, und somit begann die vom Grossen Rat gewährte allerletzte Frist für die Ausstellung der Burgerurkunde. Die Zermatter beschlossen ihrerseits am 31. Dezember 1888, sich nach einem neuen Rechtsanwalt umzusehen, mit dem Ziel, beim Bundesgericht eine verfassungsrechtliche Beschwerde gegen die Kantonsregierung einzureichen.

Nachdem die Zermatter auch die letzte Frist verstreichen liessen, beschloss der Walliser Staatsrat am 8. Januar 1889 einstimmig, die Gemeinde auf unbestimmte Zeit unter staatliche Vormundschaft zu stellen und dort eine Regieverwaltung einzusetzen, bestehend aus Ständerat Gustav Loretan, Präsident des Kantonsgerichts Peter Maria Gentinetta und Grossrat Ludwig Salzmann. Im Februar 1889 wurde diese Kommission noch mit Grossrath Alfred Perrig und dem Major Basilius Monnier ergänzt. Dieser für die Gemeinde bittere Beschluss wurde am 16. Januar 1889 veröffentlicht; Plakate des Dekrets mussten in allen 165 Walliser Gemeinden in deutscher und französischer Sprache ausgehängt werden.

Der Staatsrat mahnte die Zermatter am 17. Januar noch ein letztes Mal, der Verwaltungskommission Folge zu leisten:

> «Departement des Innern, des Kantons Wallis Sitten, den 17. Januar 1889, An den Gemeinderath von Zermatt: [...] Falls die H. H. Mitglieder der Verwaltungskommission oder Ihre Befehle nicht pünktlich befolgt werden sollten, so wird der Staatsrath die nöthigen Massregeln ergreifen, damit dem Geset-

Der Bund, 10. August 1886.

ze Genugthuung geleistet werde. Zu diesem Zwecke hat der Staatsrath die I. Compagnie des Bataillons II unter Piket gestellt, um die Gemeinde Zermatt eventuell zu besetzen […].»

Die Verwaltungskommission erreichte Zermatt am 19. Januar 1889 und beabsichtigte eigentlich, im Hotel de la Poste, im Gasthof des damaligen Gemeindepräsidenten Zumtaugwald unterzukommen. Da Zumtaugwald jedoch mit vier anderen Gemeinderäten mit dem Ziel, einen neuen Rechtsanwalt zu finden, nach Visp gereist war, verwehrte man der Kommission die Unterkunft im Hotel de la Poste, woraufhin diese versuchte, im Hotel Monte Rosa Zimmer zu bekommen. Ein Telegramm wurde eiligst nach Sitten geschickt: «Président Zumtaugwald interpellé – refusant logement, descendons Mont-Rose.» Da das Hotel Monte Rosa im Winter jedoch wie üblich geschlossen war, musste Vater Seiler den «Winterwächter» anweisen, das Hotel eilends und extra für die Kommissionsmitglieder zu öffnen. Landjäger Nanzer, der zum Schutz der Verwaltungskommission nach Zermatt beordert worden war, rapportierte seinem Kommandanten in Sitten die sich überstürzenden Ereignisse:

«Zermatt, 20. Januar 1889, An Herrn Kommandanten der Landjägerei Sitten Mein Kommandant! Ich habe die Ehre, Ihnen folgenden Bericht abzustatten: Am 18. dieses Monats des Morgens in Visp ankommend, erhielten wir von der Kommission den Befehl, bis auf weitere Weisungen des Polizeidepartementes oder des Herrn Präfekten Gentinetta in Visp zu bleiben. Gestern um 12 Uhr erhielten wir von Herrn Gentinetta folgende Depesche: ‹Landjäger Nanzer sofort nach Zermatt, die drei übrigen bleiben in Täsch.› In St. Niklaus überbrachte mir ein von Zermatt kommender Fuhrmann eine zweite Depesche wie folgt: ‹Landjäger Nanzer! Wir sind im Hotel Monte-Rosa, wohin Sie sich in aller Stille begeben werden.› Die Bürger von Zermatt sind sehr aufgebracht; vorletzte Nacht wurden fünf dem Herrn Seiler gehörende Schlitten von Seite der Zermatter zertrümmert und gestern beim Ankommen der Kommission fanden Zusammenrottungen aufständischer Art statt. Heute beim Verlesen des besagten Beschlusses und Aufrufes gab es wieder eine Bewegung unter dem Volke, doch nicht mehr so heftig und jetzt ist alles still […] (sig.) Nanzer, Landjäger.»

Mit gemischten Gefühlen nahmen die Kommissionsmitglieder am nächsten Tag ihre Arbeit auf. Die Ruhe im Dorf war trügerisch, die Atmosphäre angespannt. Hinter vorgehaltener Hand verbreitete sich das Gerücht, die Zermatter hätten gemeinsam mit der befreundeten Gemeinde Evolène gewisse Vorkehrungen getroffen, und die Bürger von Evolène würden den Zermattern im Falle einer gewaltsamen Konfrontation, wenn es denn sein müsste, auch bewaffnet zu Hilfe eilen.

Vier der sieben Zermatter Gemeinderäte waren im Tal. Der Sprecher der übrigen Räte erklärte, man würde keine Entscheide treffen können, solange die Mehrzahl der Ratsmitglieder abwesend wäre. Für die Kommission gab es somit ohnehin nicht viel zu tun, und im Dorf blieb es ruhig. Also wurden die in Täsch stationierten Landjäger nach Visp zurückbeordert, und die Kommissionsmitglieder Loretan und Salzmann machten sich auf den Heimweg, da sie eigenen wichtigen Geschäften nachgehen mussten. Gentinetta blieb derweil mit Landjäger Nanzer in Zermatt und überwachte die tägliche Arbeit der Gemeindeverwaltung allein. Am 29. Januar kehrte einer der vier Gemeinderäte nach Zermatt zurück und verkündete nicht ohne Stolz, man hätte mit dem bekannten Luzerner Advokaten Johann Winkler (1845–1918) einen neuen, vielversprechenden Anwalt engagiert. Die staatsrechtliche Beschwerde gegen die Kantonsregierung sowie der Antrag zur Aufhebung der Zwangsverwaltung wären bereits am 25. Januar beim Bundesgericht in Lausanne hinterlegt worden, und sie würden ganz gewiss zugunsten der Gemeinde entschieden. Die Zermatter fühlten sich in der Folge ermutigt und fingen an, sich über die Besatzung lustig zu machen. Sie stellten am 31. Januar zwischen den Hotels Zermatterhof und Monte Rosa eine Stange mit einem Gesslerhut auf, dazu eine mannsgrosse Puppe, die ihm mit beiden Händen spöttisch die lange Nase zeigte. Auch die Schuljungen hatten ihre Freude an der Schelmerei und liessen es sich nicht nehmen, Gentinetta und Nanzer unbemerkt die Zunge herauszustrecken.[141]

Seilers Sohn Julius, der angehende Priester, unterstützte seinen Vater in einem Brief vom 24. Februar 1888 aus dem englischen Ditton Hall:

> «Lieber Papa, […] Sehr erfreut es mich, dass Sie bis jetzt sich der Gemeinde gegenüber reserviert gehalten. Ich glaube, dass dies der richtige Weg ist. Beim bellenden Pudel geht man ruhig vorbei, sonst macht er noch mehr Spektakel. Der lange Artikel von einem ‹Unparteiischen› war gut. Damit ist sicher der Nagel auf den Kopf getroffen, das merkte man aus der Antwort von Herrn Zumtaugwald. Es ist ganz sicher besser, dass Ihre Persönlichkeit in den Hintergrund tritt. Auch ihr Angebot, die Besatzungskosten zu tragen und einen Gemeindetrunk zu geben, hat mich sehr gefreut. Ich erinnere mich dabei an denselben Rath, den ich Ihnen bei meinem Aufenthalt in Zermatt gegeben, damals wäre vielleicht der ganze Streit vermieden oder wenigstens weniger heftig geworden, doch das konnte man nicht voraussehen. Sollten wir zu einer vollen Versöhnung nicht kommen und das wird nur durch göttliche Hilfe möglich sein, so würde ich meinerseits Ihnen entschieden rathen, wie ich es auch schon früher getan, das ganze Geschäft in Zermatt zu verkaufen, so schwer es Ihnen auch fällt […].»

Nicht nur die Familie Seiler, die Gemeinde Zermatt und der Kanton Wallis fieberten dem endgültigen Verdikt des Bundesgerichts entgegen, sondern mittlerweile die ganze Schweiz. Die Zeit war gekommen, diesem kuriosen Rechtsstreit und den vielen Spekulationen ein Ende zu setzen. So machten in der Presse bereits Vermutungen die Runde, dass die abwehrende Haltung der Gemeinde und des Gemeindepräsidenten Zumtaugwald vielleicht doch eher wirtschaftlichen Motiven entspringen könnte:

> «Wallis. Von einem genauen Kenner der Verhältnisse in Zermatt erhält diese Zeitung folgende Einsendung: Der Handel zwischen der Gemeinde Zermatt und Hrn. Seiler, der seit 1874 obschwebt, wurde im Jahre 1875 vor den Bundesrat gebracht und der Rekurs der Gemeinde gegen Seiler aus materiellen

> Gründen abgewiesen. Warum die Gemeinde Zermatt sich sperrt, Hrn. Seiler als Bürger aufzunehmen, dürfte in folgenden Verhältnissen zu suchen sein: Die Gemeinde Zermatt ist die Besitzerin mehrerer Gasthöfe, ebenso besitzt der Gemeindepräsident Zumtaugwald ein Hotel [de la Poste] und in dritter Linie sind es eine Anzahl Bürger von Zermatt, die gemeinschaftlich mit Advokat Graven, dem Präsidenten des Grossen Rates, als Kommanditär, das neue Hotel zum Schwarzen See erbaut und in Betrieb gesetzt haben. Es handelt sich nun darum, Hrn. Seiler als Konkurrenten die Existenz in Zermatt unmöglich zu machen und die Früchte sich zu sichern, die Hr. Seiler seit dreissig Jahren mit unermüdlicher Arbeit grossgezogen. Dazu ist die Verweigerung des Bürgerrechts kein schlechtes Mittel, es schliesst diese Verweigerung von der Benützung der Alpe und der Gemeindewaldung aus und man hat Hrn. Seiler schon seit Jahren in Zermatt kein Brennholz mehr verkauft, so dass sein Hotel Riffelalp (2300 m) aus den Gemeinden Täsch und Randa mit solchem versorgt werden musste, während in den umgebenden Waldungen Wurzelstöcke und unbenützt gefälltes Holz in Menge verfault. – Der Entscheid des Bundesgerichts wird der Sache Seiler, die übrigens Sache der Walliser Regierung geworden ist, kaum schaden; auf alle Fälle steht zu hoffen, dass mit demselben einer Trölerei, die seit vierzehn Jahren nicht zum Stehen gebracht werden konnte, ein Ziel gesetzt werde.»[142]

Am 8. Februar wurde der Zermatter Einspruch gegen die kantonale Verfügung der staatlichen Zwangsverwaltung vom Bundesgerichtspräsidenten abgewiesen. Endlich, am 22. März 1889, fällte das Lausanner Bundesgericht in einem einstimmigen Urteil den sehnlichst erwarteten Entscheid über den Rekurs der Gemeinde wegen einer möglichen Verfassungsverletzung:

1. Der Rekurs wird abgewiesen.
2. Eine gerichtliche Busse (émolument de justice) von 20 Franken sowie die Kosten, Speditions- und Spesengebühren gehen zulasten der Rekurrenten.

Nach einer Sitzung in Zermatt, in der das Urteil aus Lausanne erörtert wurde, erklärte sich der suspendierte Gemeinderat schliesslich bereit, die Bürgerurkunde doch noch selbst auszustellen, sofern auch die Gemeindeversammlung dem Antrag zustimmen würde. Diese Urversammlung wurde am 5. April 1889 abgehalten, und beim Verlesen des Lausanner Bundesgerichtsurteils schwanden auch die letzten Vorbehalte der Anwesenden. Seilers Antrag wurde schliesslich mit 95 zu 6 Stimmen angenommen.

So fand am 5. April 1889 ein 18-jähriger Rechtsstreit ein Ende. Die 75-tägige staatliche Zwangsverwaltung wurde aufgelöst und die Verwaltungskommission verliess gleichentags das Dorf. Gentinettas letztes Telegramm aus Zermatt nach Sitten vom 5. April meldete: «Merci au Conseil d'Etat pour prompte levée – Reconnaissance au Département pour confiance et dévoués appuis – Rapportons fruit de notre mission près du Cervin – Saluons Sion.» Der *Walliser Bote* verkündete am 13. April 1889: «Da die Gemeinde Zermatt beschlossen, Hrn. Seiler und Familie die Burgerurkunde auszustellen, wird die staatliche Verwaltung derselben, sowie die Piketstellung der 1. Kompagnie des Bataillons Nr. II wieder aufgehoben.»

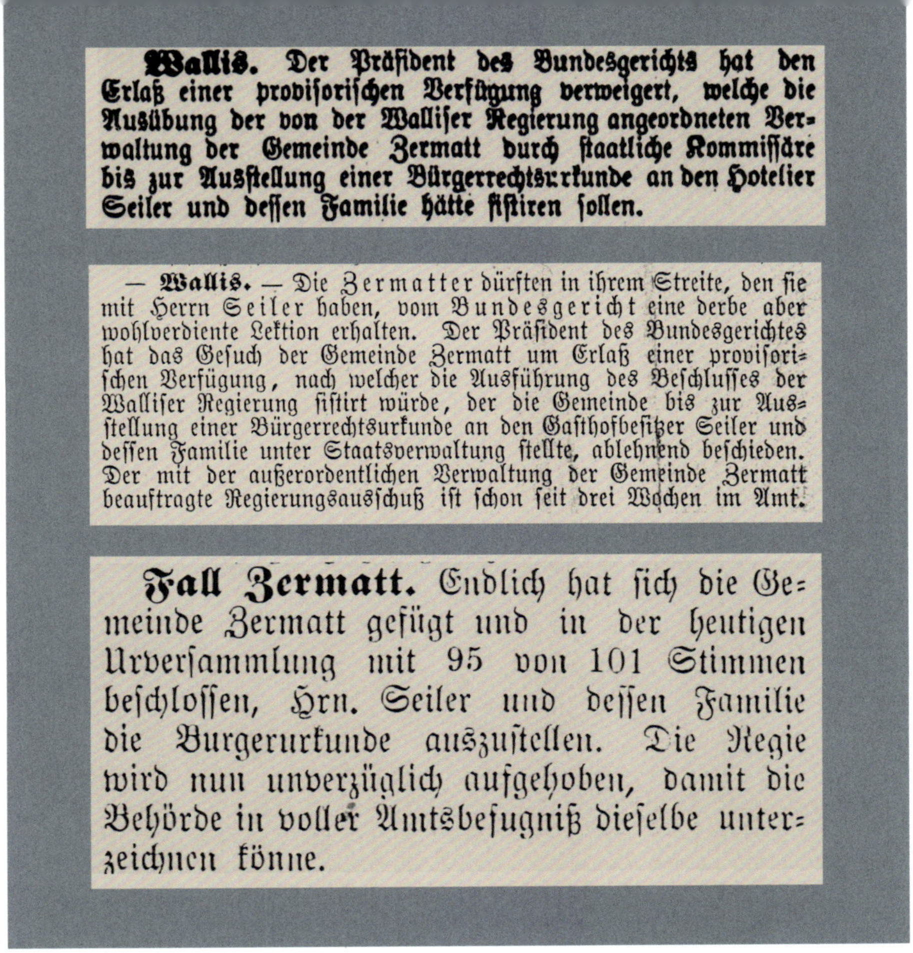

Wallis. Der Präsident des Bundesgerichts hat den Erlaß einer provisorischen Verfügung verweigert, welche die Ausübung der von der Walliser Regierung angeordneten Verwaltung der Gemeinde Zermatt durch staatliche Kommissäre bis zur Ausstellung einer Bürgerrechtsurkunde an den Hotelier Seiler und dessen Familie hätte sistiren sollen.

— **Wallis.** — Die Zermatter dürften in ihrem Streite, den sie mit Herrn Seiler haben, vom Bundesgericht eine derbe aber wohlverdiente Lektion erhalten. Der Präsident des Bundesgerichtes hat das Gesuch der Gemeinde Zermatt um Erlaß einer provisorischen Verfügung, nach welcher die Ausführung des Beschlusses der Walliser Regierung sistirt würde, der die Gemeinde bis zur Ausstellung einer Bürgerrechtsurkunde an den Gasthofbesitzer Seiler und dessen Familie unter Staatsverwaltung stellte, ablehnend beschieden. Der mit der außerordentlichen Verwaltung der Gemeinde Zermatt beauftragte Regierungsausschuß ist schon seit drei Wochen im Amt.

Fall Zermatt. Endlich hat sich die Gemeinde Zermatt gefügt und in der heutigen Urversammlung mit 95 von 101 Stimmen beschlossen, Hrn. Seiler und dessen Familie die Burgerurkunde auszustellen. Die Regie wird nun unverzüglich aufgehoben, damit die Behörde in voller Amtsbefugniß dieselbe unterzeichnen könne.

Ausschnitte: *Intelligenzblatt für die Stadt Bern*, 13. Februar 1889. Mitte: *Zürcherische Freitagszeitung*, 15. Februar 1889. Unten: *Walliser Bote*, 6. April 1889.

Die Verwaltungskosten, die der Gemeinde Zermatt in Rechnung gestellt wurden, beliefen sich auf insgesamt 7865.65 Franken. In einem separaten Abkommen zwischen Seiler und der Gemeinde erklärte sich Seiler bereit, einen Betrag von 5000 Franken zu übernehmen und der Gemeinde auch in anderen Anliegen entgegenzukommen. Das Abkommen schloss mit den versöhnlichen Worten: «Eintracht, Friede, Einigkeit und gegenseitiges Zutrauen sollen stetsfort zwischen den Zermattern und der Familie Seiler walten.»

«Burger-Brief
für Alexander Seiler, Sohn Christians von Blitzingen,
Der Burgerrath der Gemeinde Zermatt, Bezirkes Visp, Kanton Wallis, bestehend aus den Herren Alphons Zumtaugwald, Präsident; Joseph Lauber, Vizepräsident; Josef Perren, Kassier; Peter Aufdenblatten, Waisenamtspräsident; Joseph Biner, Vorsteher der Waldverwaltung und Viktor Furrer, Gemeindeschreiber.
Eingesehen den Beschluss des Staatsrates vom einundzwanzigsten April 1875;
in Anbetracht, dass die an Einstimmigkeit grenzende Mehrheit der stimmfähigen Burger von Zermatt sich für die Ausstellung des vorliegenden Burgerbriefes erklärt hat:
stellt Urkunde aus
a), dass Herr Grossrath Alexander Seiler, ein Sohn weiland Christians von Blitzingen, und seine Nachkommen als Burger von Zermatt angenommen worden seien;
b), dass dieselben zu geniessen befugt sind alle mit der Eigenschaft eines Burgers verbundenen Rechte.

So gegeben in Zermatt den siebenten April 1889
(sig.) Zumtaugwald Alphons, Präsident; Joseph Lauber, Vizepräsident; Josef Marie Julen; Peter Aufdenblatten; Joseph Perren; Joseph Biner; Viktor Furrer, Schreiber.»

Der Kanton Wallis hatte sich erwartungsgemäss gegen die Gemeinde durchgesetzt, und der umstrittene Burgerbrief wurde der Familie Seiler am 7. April 1889 ausgehändigt. Es waren fast 18 Jahre vergangen, seit Seiler sein Gesuch vom 6. Juni 1871 um Aufnahme in die Zermatter Burgerschaft eingereicht hatte. Das Verhältnis zwischen den beiden Parteien jedoch blieb zerrüttet. So publizierte Alt-Gemeindepräsident Stanislaus Kronig in seinem 1927 erschienenen Buch «Familienstatistik und Geschichtliches über die Gemeinde Zermatt» abermals Unwahrheiten und falsche Anschuldigungen, unter anderem auch gegen die Familien Perren und Seiler. Das führte zu neuen Rechtsstreitigkeiten, über die die Zeitung *Der Oberwalliser* vom 22. April 1932 berichtete:

«Der Streit Seiler-Kronig vor dem Kantonsgericht – Das vom Alt-Präsidenten Stanislaus Kronig von Zermatt im Jahre 1927 veröffentlichte Buch über Zermatt, darin Familienstatistiken von Zermatt angeführt und historische Begebenheiten wiedergegeben werden, hat so viel Staub aufgewirbelt, dass sich nun auch das Kantonsgericht damit zu befassen hat. In dem Buche, dem ein historischer und kultureller Wert nicht abzusprechen ist, begibt sich der Verfasser auch auf das politische Gebiet, wobei die Familien Perren und Seiler schlecht wegkommen, was zu verschiedenen Prozessen geführt hat. Der von der Familie Seiler angestrengte Prozess kam am letzten Donnerstag vor das Kantonsgericht. Die Familie Seiler wurde durch Herrn Advokat Metry vertreten, während Herr Advokat Evequoz für Kronig plädierte. Metry machte sieben Hauptklagen gegen Kronig geltend. Besonders behandelte er die irrige Darstellung Kronigs betreff des Bürgerrechtes der Seiler in Zermatt.»

Kronig verlor sämtliche gegen ihn in dieser Angelegenheit angestrengten Prozesse und wurde verpflichtet, sein Buch einzuziehen und es entsprechend zu korrigieren. Ausserdem musste er der Familie Seiler eine Entschädigung von 1500 Franken entrichten.

Auch noch hundert Jahre nach Alexander Seilers Tod liess sich der Zermatter Chronist Georg Julen (1931–1993) in der Neuauflage der Zermatter Burgergeschichte von 1991 zu einer immer noch sehr subjektiven und – zumindest was die Geschichte der Familie Seiler angeht – unausgewogenen Schilderung verleiten. Er gab alte, unbelegte Erzählungen wieder, ignorierte entscheidende Argumente und ging nicht näher auf die unmissverständlichen Beschlüsse sämtlicher Behörden ein. Zur Zwangsverwaltung Zermatts schrieb Julen in der ersten Person: «Wir wurden entmündigt.» Damit lieferte er den Schlüssel zum Verständnis des Verhaltens der Zermatter Burgerschaft. Juristisch gesehen aber war die Angelegenheit mit der Erteilung des Burgerrechts an Alexander Seiler durch den Staatsrat des Kantons Wallis bereits am 21. März 1875 eindeutig entschieden. Danach waren sämtliche

Rechts: Bundesgerichtsurteil vom 22. März 1889 (Ausschnitt).

15

5.) Le recours étant dénué de fondement et apparaissant comme téméraire et interjeté dans le but de prolonger une résistance abusive, il se justifie d'infliger au Conseil communal recourant un émolument de justice en application de l'art. 62 al. 2 de la loi sur l'organisation judiciaire fédérale.

Par ces motifs,

Le Tribunal fédéral prononce :

1.) Le recours est écarté.

2.) Un émolument de justice de 20 fr., ainsi que les frais d'expédition et débours, s'élevant à 24 fr. 10 c, sont mis à la charge de la partie recourante.

3.) Communication du présent arrêt sera faite par écrit au Conseil d'Etat du canton du Valais et au Conseil communal de Zermatt.

Lausanne, le 22 Mars 1889.

Au nom du Tribunal fédéral suisse:

Le Président,

sig. Stamm.

p. Le Greffier,

[illegible]

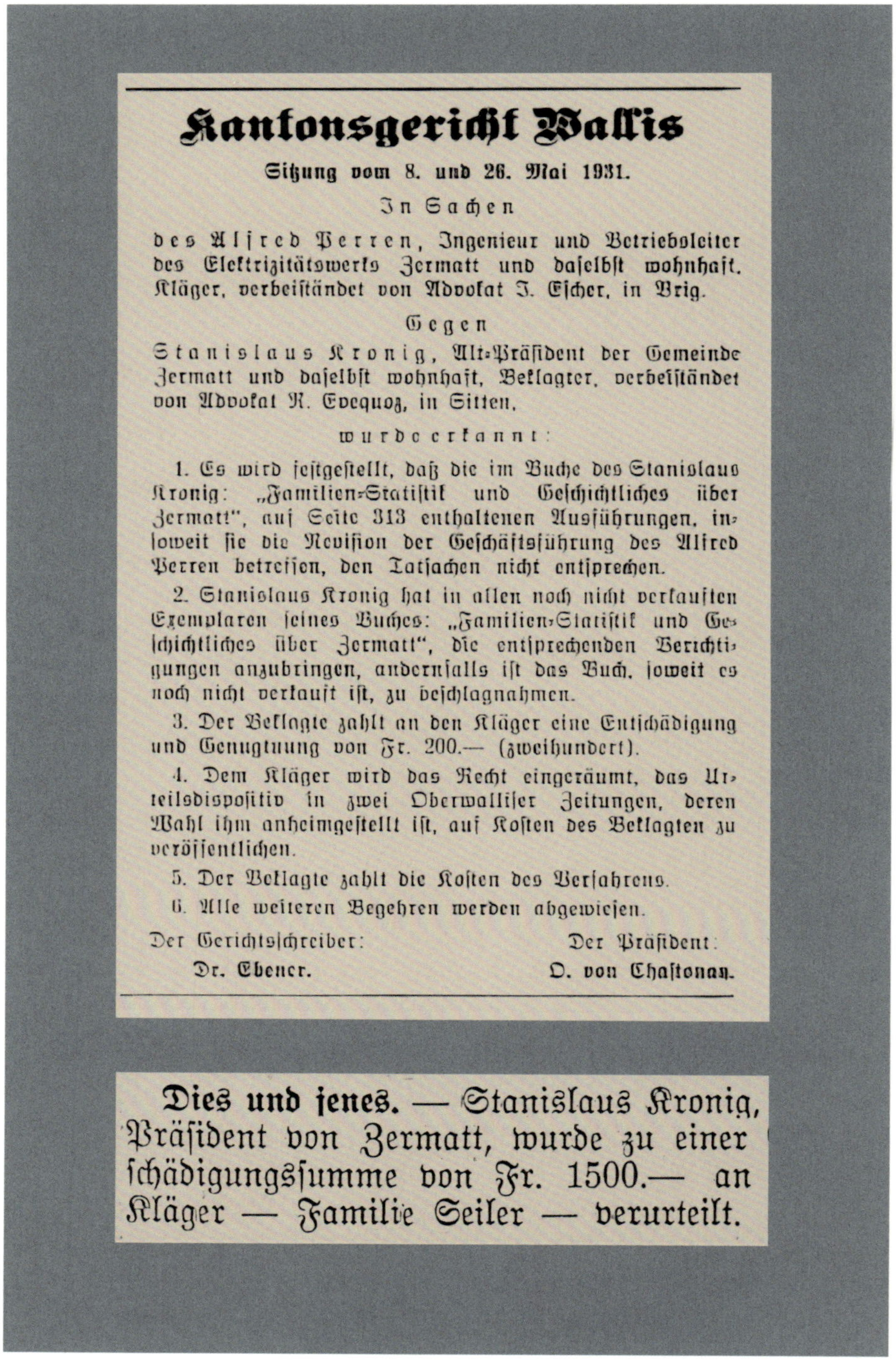

Kantonsgericht Wallis

Sitzung vom 8. und 26. Mai 1931.

In Sachen

des Alfred Perren, Ingenieur und Betriebsleiter des Elektrizitätswerks Zermatt und daselbst wohnhaft. Kläger, verbeiständet von Advokat J. Escher, in Brig.

Gegen

Stanislaus Kronig, Alt-Präsident der Gemeinde Zermatt und daselbst wohnhaft, Beklagter, verbeiständet von Advokat R. Evequoz, in Sitten,

wurde erkannt:

1. Es wird festgestellt, daß die im Buche des Stanislaus Kronig: „Familien-Statistik und Geschichtliches über Zermatt", auf Seite 313 enthaltenen Ausführungen, insoweit sie die Revision der Geschäftsführung des Alfred Perren betreffen, den Tatsachen nicht entsprechen.
2. Stanislaus Kronig hat in allen noch nicht verkauften Exemplaren seines Buches: „Familien-Statistik und Geschichtliches über Zermatt", die entsprechenden Berichtigungen anzubringen, andernfalls ist das Buch, soweit es noch nicht verkauft ist, zu beschlagnahmen.
3. Der Beklagte zahlt an den Kläger eine Entschädigung und Genugtuung von Fr. 200.— (zweihundert).
4. Dem Kläger wird das Recht eingeräumt, das Urteilsdispositiv in zwei Oberwalliser Zeitungen, deren Wahl ihm anheimgestellt ist, auf Kosten des Beklagten zu veröffentlichen.
5. Der Beklagte zahlt die Kosten des Verfahrens.
6. Alle weiteren Begehren werden abgewiesen.

Der Gerichtsschreiber: Dr. Ebener. Der Präsident: O. von Chastonay.

Dies und jenes. — Stanislaus Kronig,
Präsident von Zermatt, wurde zu einer
schädigungssumme von Fr. 1500.— an
Kläger — Familie Seiler — verurteilt.

Das Kantonsgericht fällte Urteile gegen Kronig zugunsten der Familien Seiler, Aufdenblatten, Zumtaugwald, Perren (im Bild), Julen, Lauber und Biner. Unten: Notiz im Der Oberwalliser, 29. April 1932.

Rechts: Beschluss vom 5. April 1889: Die über die Gemeinde Zermatt verhängte Staatsverwaltung ist aufgehoben.

diesbezüglichen Beschlüsse und Manöver seitens der Zermatter Burger im Voraus zum Scheitern verurteilt.

Die aussergewöhnlich kuriose Einbürgerung der Familie Seiler als 21. Zermatter Burgerfamilie war denn auch die letzte im Dorf für die nächsten hundert Jahre. Erst im Jahr 1984 gelang es Roslin Schaller, ebenfalls nach langem Kampf und wiederum erst durch einen Gerichtsbeschluss, in das begehrte Zermatter Burgerrecht aufgenommen zu werden.

Beschluß

vom 5. April 1889

durch welchen die über die Gemeinde Zermatt verhängte Staatsverwaltung aufgehoben wird.

Der Staatsrath des Kantons Wallis,

Auf Einsicht des ersten Absatzes des Artikels 4 des staatsräthlichen Beschlusses vom 16. Januar 1889, durch welchen die Gemeinde Zermatt unter Staatsverwaltung gestellt wurde;

in Anbetracht der vom Gemeinderath von Zermatt ausdrücklich übernommenen Verpflichtung, dem Herrn Alexander Seiler und dessen Familie die Burger-Urkunde auszustellen;

in Erwägung, daß erwähnte Gemeinde und deren Behörde sich durch diese Verpflichtung dem Gesetze und den Beschlüssen der Ober-Behörden des Kantons unterworfen haben;

auf den Antrag des Departementes des Innern,

Beschließt!

Art. 1. Die über die Gemeinde Zermatt verhängte Staatsverwaltung ist aufgehoben.

Art. 2. Ein Kommissär wird für einstweilen mit der Prüfung der Finanz-Verwaltung der Gemeinde beauftragt werden.

Art. 3. Die durch die Landjäger-Besatzung und die Staatsverwaltung verursachten Kosten lasten auf der Gemeinde Zermatt unter Vorbehalt deren Rekurses gegen die schuldbaren Verwalter.

Gegeben im Staatsrathe zu Sitten, den 5. April 1889, um in allen Gemeinden des Kantons öffentlich verlesen und angeschlagen zu werden.

Der Vize-Präsident des Staatsrathes:
Walther.

Der Staatsschreiber:
R. Dallèves.

HÔTEL BELVÉDÈRE
À 1 HEURE DU GRAND HÔTEL DU GLACIER DU RHÔNE
et à 20 Minutes du Col de la Furka
HÔTEL BELVÉDÈRE
J. SEILER
PROPRIÉTAIRE
DU GRAND HÔTEL DU GLACIER DU RHÔNE
DES
GRANDS HÔTELS SEILER À ZERMATT
& RIFFELALP.
Le plus beau point de vue
SUR LE GLACIER DU RHÔNE ET LES ALPES VALAISANNES. (CERVIN · WEISSHORN)
POSTES & TÉLÉGRAPHES · RESTAURATION A TOUTE HEURE · Pour séjour prolongé prix réduits ·

Hotels werden erweitert, Bahnen eröffnet 1890–1895

Der Berggasthof zum Schwarzsee wurde 1885 durch die Zermatter Peter Taugwalder Vater und Sohn, Severin Biner, Josef Perren, Johann Lauber, Leo Lauber, Johann Kronig und Alphons Zumtaugwald am Fusse des Matterhorns auf 2589 Metern über Meer erbaut und 1886 unter der Leitung des ehemaligen Zermatter Gemeindepräsidenten Alphons Zumtaugwald eröffnet. Dieser war bereits 1883 mit dem Kauf des Hotel de la Poste in das lokale Gastgewerbe eingestiegen.

Der einfache kleine Berggasthof mit dreissig Betten wurde schnell zum beliebten Ausgangspunkt für Touren im Matterhorngebiet. Der Betrieb stellte sich jedoch für die Eigentümer bald als zu problematisch heraus, und so wurde 1890 auch dieses Berghotel der Familie Seiler in Pacht abgegeben. 1898 kauften die Seilers den Anteil von Peter Taugwalder, 1903 denjenigen von Johann Kronig, 1904 den von Johann Lauber. Ab 1927 war die Seiler Hotels AG zu fünfzig Prozent Miteigentümerin des Berggasthofs zum Schwarzsee. Die andere Hälfte blieb im Besitz der Familie Severin Biner und Stanislaus Kronig. In der Nacht vom 15. auf den 16. Oktober 1957 brannte der Gasthof bis auf die Grundmauern nieder, wohl wegen mangelnder Vorsicht bei den Umbau- und Renovationsarbeiten, die schon seit Wochen im Gang gewesen waren, um das Hotel für den Winterbetrieb einzurichten. 1961 wurde es von der neu gegründeten Schwarzsee Hotelgesellschaft wieder aufgebaut und bis Ende der 1980er-Jahre von den Seiler Hotels betrieben.

Die Gastgewerbe-Karriere von Alphons Zumtaugwald, dem früheren Gemeindepräsidenten von Zermatt, war nicht von Erfolg gekrönt. 1883 hatte er das von Johann Lauber gebaute Hotel de la Poste erworben, und schon 1890 geriet er in finanzielle Turbulenzen. Das Hotel Schwarzsee, das er bisher geleitet hatte, ging im selben Jahr pachtweise an die Familie Seiler über. Sein Hotel de la Poste ging 1891 in Konkurs; Ferdinand Mathier und Cäsar Gattlen erwarben es an einer Versteigerung. Zumtaugwald verliess daraufhin Zermatt und wanderte 1892 nach Argentinien aus, wo er noch zwei Jahre lang die deutsche Schule in der bedeutenden Schweizer Kolonie Felicia in der Provinz Santa Fe leitete. Er starb im Dezember 1894 in Argentinien.

Obwohl schon seit einigen Jahren gesundheitlich arg geschwächt, arbeitete der inzwischen siebzigjährige Vater Seiler unermüdlich am weiteren Ausbau seines Reichs. Mit der Visp-Zermatt-Bahn verhandelte er über eine mögliche Pacht des noch zu bauenden Zermatter Bahnhofbuffets mit geplanten dreissig Betten. Im April 1890 begann er mit dem Bau der «Dependance A»

HOTEL DE LA POSTE
à Zermatt
Petit hôtel très confortable. Prix modérés-Vue splendide sur le Cervin. Restauration à toutes heures, Mathier et Gattlen, nouveaux propriétaires. 7511

Das Hotel de la Poste geht 1891 Konkurs; Ferdinand Mathier und Cäsar Gattlen erwerben es an einer Versteigerung. *Tribune de Genève*, 14. Juni 1892.

Links: Werbeplakat Hotel Belvédère, nach 1900.

Das Hotel Monte Rosa um 1891 nach der letzten Vergrösserung von 70 auf 110 Betten. Im Vordergrund die Parkanlage des »Zermatterhofs».

auf der Riffelalp, wo fünfzig neue Betten vorgesehen waren. Gleichzeitig erfuhr auch das Hotel Monte Rosa eine letzte grosse Erweiterung mit einem zusätzlichen fünften Stockwerk, zehn Balkonen auf der Frontseite sowie einem zusätzlichen Dachgeschoss mit zwanzig neuen Mansardenzimmern und neu 110 statt nur 70 Betten. Daher mussten Speisesaal, Küche, Keller und Waschräume ebenfalls vergrössert werden. Zusammen mit der Pachtübernahme des Hotel Schwarzsee konnte Alexander Seiler damit kurz vor seinem Tod im Jahr 1891 sein Hotelreich noch einmal um hundert zusätzliche Betten erweitern.

Eine Bahn auf das Matterhorn?

Das Projekt einer familienfreundlichen Ausflugsbahn auf das Matterhorn wurde am 22. August 1890 lanciert, also bereits ein Jahr vor der Eröffnung der Visp-Zermatt-Bahn. Der Bieler Druckereibesitzer und SAC-Mitglied Kaspar Leonhard Heer-Bétrix (1835–1890) reichte mit Seilers Schwiegersohn Xaver Imfeld als leitendem Ingenieur ein erstes Konzessionsgesuch ein. Sie griffen damit nach den Sternen, denn als Endstation der Bahn war der Gipfel des Matterhorns geplant. Zudem war das Projekt an den Bau einer zweiten Bahn auf den Gornergrat gekoppelt. Die Projekteingabe formulierte das wortwörtlich hochgesteckte Ziel folgendermassen: «Die Zermatter-Hochgebirgsbahnen haben den Zweck, eine bequeme Verbindung des Bahnhofes Zermatt mit den zwei hauptsächlichen Aussichtspunkten Gornergrat und Matterhorn herzustellen und dadurch deren Besuch zu erleichtern.»

Das Projekt von 1890 sah eine Verlängerung der Visp-Zermatt-Bahn vor. Vom Zermatter Bahnhof sollte die neue Strecke das Dorf in einem 180 Meter langen Tunnel westlich umfahren und bis zur Station Gorges bei der Gornerschlucht führen. Hier war eine Trennung in zwei Teilstrecken vorgesehen, einerseits nach links zur Talstation Moos, Richtung Riffelalp/Gornergrat, andererseits zur Station Zum See, Richtung Schwarzsee und dann zur

Rechts: Postkarte Hotel Schwarzsee, um 1888. Unten: Touristen verlassen das Hotel Schwarzsee für einen Ausflug auf Maultieren, um 1888.

3. Sektion: Whympershütte-Matterhornspitze, deren horizontale Länge zu 1780 m., die Höhendifferenz zu 1345 m., die schiefe Länge zu 2230 m. und die mittlere Steigung zu 75,5 % angegeben wird. Als Konstruktion ist vorgesehen: Eine Drahtseilbahn von 0,80 m. Spurweite mit Motor und Umstieg in der Mitte der Seillänge. Besondere Maßnahmen betreffs Betriebssicherheit, Erhöhung der Seilbiegsamkeit durch Verwendung mehrerer Seile, mehrfache Bremsung, Geschwindigkeits-Regulirvorrichtungen. Treppenanlage längs der ganzen Bahn und Nischen in kurzen Zwischenräumen. Das Tracé verfolgt in schwach nach unten ausgebogener, in vertikaler Ebene liegender Bahn den Nordostkamm des Matterhorns, wobei es, soweit dies bezüglich der Bauverhältnisse erwünscht und mit Rücksicht auf die Temperatur erlaubt erscheint, möglichst nahe an die Oberfläche gerückt werden soll. Die Bahn erreicht die Gegend des höchsten Punktes 4505 m. des von Ost nach West verlaufenden nahezu horizontalen Gipfelkammes circa 20 m. unterhalb der Kammhöhe. Daselbst werden längs des Gipfelkammes Gallerien angelegt und Räumlichkeiten für Restauration, für Betriebspersonal, die Führer und einige Schlafkabinen vorgesehen. Die beigegebene Skizze gibt Aufschluß über die topographische Beschaffenheit des Gipfels und die Placirung der vorgesehenen Anlage.

Auszug des Projektbeschriebs für die 3. Sektion zum Matterhorngipfel vom 22. August 1890.

Station Whympershütte am Fuss der eigentlichen Matterhornpyramide. Die dritte und letzte Etappe, eine elektrische Standseilbahn, gezogen von einer sogenannten Wurfhakenlokomotive, sollte unterirdisch in einem Tunnel bei einer maximalen Steigung von fast hundert Prozent bis zwanzig Meter unter den Gipfel führen. Dort hätten, neben einer Aussichtsgalerie, ein Restaurant und auch einige Schlafmöglichkeiten für Touristen sowie für das Betriebspersonal eingerichtet werden sollen. Das Bewerbungsdossier berechnete für das Matterhorn 6000 und für den Gornergrat 12 000 Besucherinnen und Besucher pro Jahr. Eine Matterhornfahrt sollte stolze 50 Franken kosten. Dies hätte sich nur eine gut betuchte Kundschaft leisten können; gemessen an der damaligen Kaufkraft entspräche der Fahrpreis heute 800 Franken. Die Bauzeit war auf vier Jahre angesetzt und die einzelnen Teilstücke sollten etappenweise von Jahr zu Jahr eröffnet werden. Die Gesuchsteller erwarteten mit der Eröffnung der Visp-Zermatt-Bahn gleichzeitig eine Vervielfachung der Anzahl Besucher, was freilich auch das abrupte Ende des idyllischen Bergdörfchens Zermatt bedeutet hätte.

Aus Rücksicht gegenüber seinem Schwiegervater Seiler unterzeichnete Ingenieur Xaver Imfeld das erste Konzessionsgesuch nicht mit. Seiler befürchtete, er hätte nach dem langen Streit mit der Gemeinde erneut in ernsthafte Schwierigkeiten geraten können, was sich dann aber als unbegründet herausstellte. «Wenn Herr Imfeld das bisherige Concessionsgesuch damals nicht unterzeichnete, so geschah dies nur aus Rücksicht gegenüber seinem Schwiegervater Herr A. Seiler in Zermatt, welcher nach dem bekannten Bürgerrechtsstreite mit der Gemeinde Zermatt befürchtete, durch diese Concessionsbewerbung seitens seines Tochtermannes wieder in erneute

Rechts: Projektskizze von Xaver Imfeld/Heer-Bétrix für die geplante Bergstation am Gipfel des Matterhorns, 4485 m ü.M.

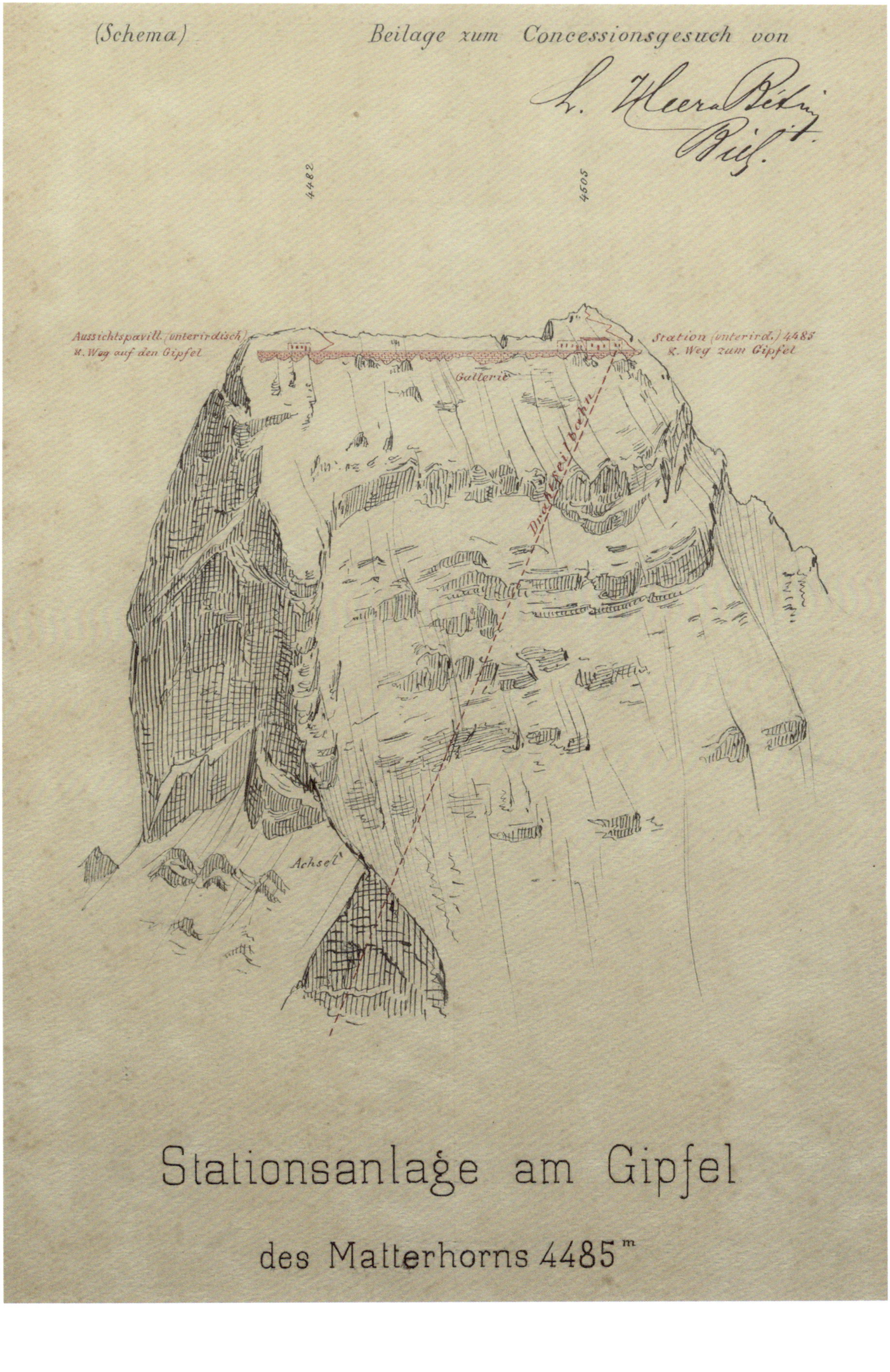
(Schema)
Beilage zum Concessionsgesuch von
4482
4505
Aussichtspavill. (unterirdisch)
u. Weg auf den Gipfel
Station (unterird.) 4485
u. Weg zum Gipfel
Gallerie
Drahtseilbahn
Achsel
Stationsanlage am Gipfel
des Matterhorns 4485m

Schwierigkeiten zu geraten.» Einen Monat später beantragten der Walliser Nationalrat Jean-Antoine Rothen und Kantonsingenieur Julius Zen Ruffinen eine ähnliche Konzession, die sich aber als Kopie des Gesuchs von Imfeld und Heer-Bétrix herausstellte und deshalb wenig später zurückgezogen werden musste.

Alexander Seiler und sein Schwiegersohn Imfeld reichten ihrerseits am 23. November 1890 ein weiteres Konzessionsgesuch ein, das unter anderem die Hotels Riffelalp, Riffelberg, Gornergrat und Schwarzsee mit eigenen Bahnstationen verband. Doch auch dieses Gesuch wurde kurz darauf, am 7. Mai 1891, wieder zurückgezogen, denn inzwischen hatten sich Alexander Seiler, die Gemeinde Zermatt, die Visp-Zermatt-Bahn und Heer-Bétrix in Bezug auf das erste Gesuch von Heer/Imfeld geeinigt, in welchem mittlerweile die Bedürfnisse aller Involvierten berücksichtigt wurden.[143]

Am 12. Dezember 1890, eine Woche vor seinem plötzlichen Tod, teilte der 55-jährige Heer-Bétrix dem Bundesrat noch mit, dass er mit Xaver Imfeld einen Vertrag abgeschlossen hätte und demnach die Konzession an beide Herren erteilt werden sollte. Es war die Zeit der grossen Eisenbahn- und Bergbahneuphorie. Sowohl der Ständerat als auch der Nationalrat winkten das Gesuch diskussionslos durch, und am 20. Juni 1892 erteilte der Bundesrat die Konzession für den Betrieb einer Bahn aufs Matterhorn an Xaver Imfeld und den Erben des am 20. Dezember 1890 verstorbenen Leo Heer-Bétrix. Doch dann geschah lange nichts. Imfeld war nach seiner strapaziösen Montblanc-Expedition von 1891 schwer erkrankt und vorübergehend nicht mehr in der Lage, seiner Arbeit nachzugehen. Er trat deshalb von der Konzessionsvereinbarung zurück und überliess die Durchführung des Projekts dem Architekten August Haag aus Biel. Trotzdem erhielt Xaver Imfeld 1896 an der Landesausstellung in Genf noch den Grand Prix für sein Matterhornbahn-Projekt.

Die Matterhornbahn blieb, aus heutiger Sicht glücklicherweise, nur ein Projekt auf dem Papier. In der Bundesratssitzung vom 16. Dezember 1895 wurde das endgültige Erlöschen der Konzession für die Matterhornbahn und gleichzeitig eine Fristverlängerung für den Bau einer Gornergratbahn beschlossen. Imfeld zeichnete jedoch die Pläne für andere grosse Bergbahnprojekte, die dann tatsächlich auch umgesetzt wurden, wie die Visp-Zermatt-Bahn (1886), die Lauterbrunnen-Mürren-Bahn (1887), die Gornergratbahn (1890), die Jungfraubahn (1896) und die Brig-Gletsch-Bahn (1904).

Doch auch gegenüber dem Projekt einer Bahn auf den Gornergrat war die Walliser Kantonsregierung lange Zeit skeptisch; sie befürchtete, dass die Bahn den zahlreichen Führern und Trägern eine «beträchtliche und verderbliche Konkurrenz» schaffen könnte. Als dann schliesslich am 11. Juni 1896 die Aktiengesellschaft zur Finanzierung der Gornergratbahn gegründet wurde, ging von den 4000 ausgegebenen Aktien nur eine einzige in den Kanton Wallis – erworben von Alexander Seiler Junior.

Prospekt.
GORNERGRATBAHN
(Aktien-Gesellschaft).
Aktienkapital Fr. 2,000,000, Obligationenkapital Fr. 1,500,000.
Sitz in Sitten.

Der Bund, 20. Mai 1896.

Die Dampflok Nr. 2 «Monte-Rosa» im Bahnhof Zermatt.

Die Bewilligung des Bundes für den regulären Betrieb der Visp-Zermatt-Bahn für das letzte Teilstück von St. Niklaus nach Zermatt war zwar erst für den 18. Juli 1891 erteilt worden; die offizielle Einweihung der Visp-Zermatt-Bahn fand dennoch schon zwei Wochen vorher, am Montag, dem 6. Juli 1891, statt. Nachdem der Bischof von Sitten, Adrien Jardinier (1808–1901), die Eisenbahnlinie in Visp gesegnet hatte, fuhr die Dampflok, getauft auf den Namen «Monte Rosa», mit ihren bunt geschmückten Waggons und den geladenen Ehrengästen am frühen Nachmittag talaufwärts. Der Zug wurde an den verschiedenen Haltestellen nicht nur mit freudigen Herzen empfangen. Die Talbewohner waren sich sehr wohl bewusst, dass für sie mit diesem Tag ein neues Zeitalter begann. Wer vom Tourismus und vom Transportwesen durch das Tal lebte, musste sich nun wohl oder übel mit den neuen Begebenheiten abfinden und zwangsläufig nach anderen Einnahmequellen suchen.

Der erste Dampfzug erreichte Zermatt am 6. Juli 1891 gegen 17 Uhr und wurde dort von einer einheimischen Musikkapelle begrüsst. Es herrschte allerdings eine bedrückte Stimmung im Dorf, denn die ankommenden Gäste erfuhren von besorgten Einheimischen, dass es Vater Seiler gesundheitlich sehr schlecht ging; man rechnete mit dem Schlimmsten.

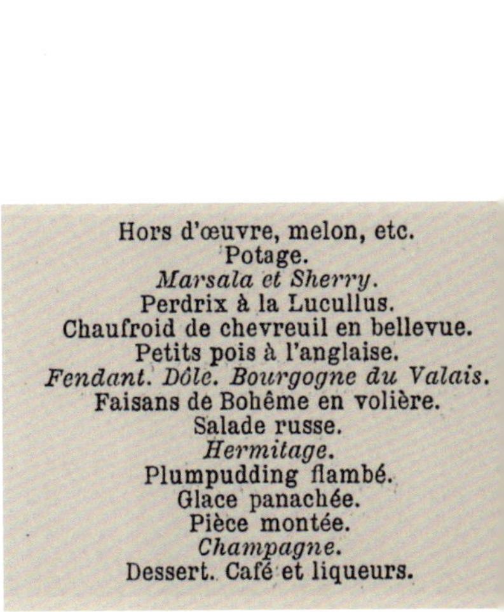
Hors d'œuvre, melon, etc.
Potage.
Marsala et Sherry.
Perdrix à la Lucullus.
Chaufroid de chevreuil en bellevue.
Petits pois à l'anglaise.
Fendant. Dôle. Bourgogne du Valais.
Faisans de Bohême en volière.
Salade russe.
Hermitage.
Plumpudding flambé.
Glace panachée.
Pièce montée.
Champagne.
Dessert. Café et liqueurs.

Festmenü anlässlich der Eröffnung der Visp-Zermatt-Bahn vom 6. Juli 1891 im Hotel Mont Cervin.

Nach einem kurzen Umzug durch das Dorf bezogen die Gäste ihre Quartiere in den Hotels und trafen sich abends um 18.30 Uhr im Hotel Mont Cervin, wo als feierlicher Höhepunkt ein überaus prächtiges, perfekt organisiertes Bankett für über hundert Personen zelebriert wurde. Die Tische waren mit frischen Alpenblumen, exotischen Früchten, Melonen und Pfirsichen geschmückt. Dankesreden und musikalische Einlagen rundeten den offiziellen Teil des grossen Einweihungsfests ab. Gastgeber Alexander Seiler konnte allerdings an diesem denkwürdigen Festtag selbst nicht mehr dabei sein,

Beginn der Zermatter Dorfstrasse um 1898 zwischen den beiden Bahnhöfen der Gornergratbahn (links) und dem Bahnhof der Visp-Zermattbahn (rechts). Das Hotel Victoria befindet sich im Bau.

obwohl er viele Jahre ganz gezielt auf diesen einen Tag hingearbeitet hatte. Er lag schwer krank im Bett und starb am Freitagnachmittag, dem 10. Juli 1891, nur gerade vier Tage nach der glanzvollen Eröffnungsfeier und nur eine Woche, bevor die Bahnstrecke dann auch offiziell dem öffentlichen Verkehr hatte übergeben werden können. Anfänglich fuhr die Bahn in der kurzen Hochsaison von Mitte Juli bis Ende August vier Mal täglich in beide Richtungen, wobei die Fahrt zwischen Visp und Zermatt jeweils 2½ Stunden dauerte und in der dritten Klasse etwa zehn Franken kostete.

Alexander Seilers Tod und sein Vermächtnis

Alexander Seilers Leichnam wurde unter grosser Anteilnahme am 13. Juli mit einer Extrafahrt ins Tal gebracht, begleitet von seiner Familie und einiger seiner engsten Freunde. Die Zeitung *Der Bund* vom 15. Juli 1891 berichtete von einer eigentümlichen Stimmung, wie sie Zermatt noch nie gesehen habe.

> «Seiler ist der Schöpfer des heutigen Zermatt, wo sechs Hotels von ihm geleitet werden. Allen Fremden ist er als freundlicher, dienstbereiter Wirt in der besten Erinnerung. Auch die Bewohner der Gegend, welche bis vor wenigen Jahren eine feindliche Haltung ihm gegenüber einnahmen, sind durch sein biederes Wesen nach und nach umgestimmt worden. Das zeigte denn auch, die allgemeine Beteiligung bei der Trauerfeier. Ganze Korporationen mit den prächtigsten Kränzen von Alpenblumen, unter denen solche von 2 M im Durchmesser sich befanden, schritten an dem Sarge vorbei. Unter dem Geläute aller Glocken begab sich dann der Zug, bei dem besonders die Gletscherführer mit ihren gebräunten Gesichtern und den Eispickeln in der Hand auffielen, durch das feierlich stille Dorf, wo Einheimische und Fremde in teilnehmender Haltung dastanden, dem Bahnhof zu. Der Sarg wurde von Hotelangestellten getragen. Eine Anzahl der Kinder und einige Freunde gaben dem Toten das Geleite talabwärts. Für Zermatt bleibt diese Feier insofern denkwürdig, als eine alte und eine neue Zeit sich hier berühren. Mag aber dieser Ort noch so sehr durch den eröffneten Verkehr sich entwickeln, der Name Alexander Seiler wird dort nie vergessen werden.»

Der *Walliser Bote* vom 18. Juli 1891 berichtete dann auch von einer monumentalen Beisetzung auf dem Friedhof Brig/Glis:

> «Ein grossartiger Leichenzug, wie man einen solchen wohl im Kanton noch selten gesehen, bewegte sich am 13. Juli von Brig nach Glis. Herrliche Blumenkränze schmückten den Sarg. Zwanzig geistliche Herren im Ornate folgten demselben. An der Spitze des Geleites befand sich das Bureau des Grossen Rathes. Der Präsident des Regierungsrathes, Regierungsräthe, Mitglieder der Bundesversammlung, Mitglieder der hl. Geistlichkeit, Grossräthe, zahlreiche Abordnungen und eine Menge Volkes aus allen Ständen bildeten den unabsehbaren Zug. Man wurde es inne, dass einer bedeutenden Persönlichkeit die letzten Ehren erwiesen wurden. Sie hatte sich aus bescheidenen Verhältnissen zu einem Grossindustriellen des schweiz. Gasthofwesens emporgearbeitet und sich einen europäischen Ruf verschafft.»

Rechts: Alexander Seiler kurz vor seinem Tod 1891.

Tabelle 3: 170 Jahre Entwicklung Bettenkapazität Seiler Hotels Zermatt und Gletsch

Hotels	1853	1858	1867	1875	1880	1884	1892	1909	1921	1945	1963	1970	1990	2020
Direktion Zermatt	Alexander Seiler I	Alexander Seiler I	Alexander Seiler I	Alexander Seiler I	Alexander Seiler I	Alexander Seiler I	Katharina Seiler	Alexander Seiler II	Hermann Seiler	Joseph Seiler	Bernard Seiler	Maurice Boillat	Wolfgang Pinkwart	André Seiler
Monte Rosa	12	35	35	60	70	70	110	110	150	100	100	100	90	82
Riffelberg		20	48	48	48	48	48	48						
Mont Cervin & Dep.			68	180	180	180	300	350	350	230	230	200	220	315
Zermatterhof					150	150	150	150						
Des Alpes						40	40	40	40	40				
Riffelalp						150	250	280	300	240			40	
Schwarzsee							30	30	30	30	30	30		
Buffet de la Gare							30	30	30					
Belvédère Gornergrat								10						
Viktoria & Angleterre								250	200	180	180			
Beausite									150					
Nicoletta													111	
Porte d'Octodure													110	
Schweizerhof													120	
Direktion Gletsch		Franz Seiler	Alexander Seiler I	Guillaume Guglielminetti	Guillaume Guglielminetti	Guillaume Guglielminetti	Joseph Seiler	Joseph Seiler	Hermann Seiler	Hermann Seiler	Eduard Seiler	Eduard Seiler	verkauft	verkauft
Glacier du Rhône		12	40	80	80	80	80	320	300	200	150	150	0	0
Belvédère Furka						12	24	90	90	90	60	60	0	0
Betten Zermatt	12	55	151	288	448	638	958	1298	1250	820	540	330	791	397
Betten Gletsch	0	12	40	80	80	92	104	410	390	290	210	210	0	0
Total Kapazität	**12**	**67**	**191**	**368**	**528**	**730**	**1062**	**1708**	**1640**	**1110**	**750**	**540**	**791**	**397**

Im Jahre 1909 erreichte die Seiler'sche Hotelgruppe mit über 1700 Betten ihren grössten Umfang (dabei nicht eingerechnet ist die Beteiligung der Seilers an den Cathrein Hotels am Eggishorn, welche sie 1910 abtraten.

Die Ostschweiz berichtete am 12. Juli 1891 über den Tod des bekannten Walliser Hoteliers:

> «[...] In Zermatt starb der Hotelbesitzer Alexander Seiler im Alter von 71 Jahren. Er war der Begründer der Zermatter Hotels, die heute einen Weltruf besitzen. Seiler war ein ‹self made man›, der sich von unten heraufgearbeitet hatte. Er hatte aber nie etwas vom Protzenthum der Emporkömmlinge an sich, im Gegentheil, der energische Mann war Armen und Nothleidenden gegenüber die Güte selbst und auch sonst ein Mann von seltener Liebenswürdigkeit. Der Schreiber selbst kam einst mit sehr wenig Geld aber mit Sehensdrang und noch mehr Hunger und Durst in Zermatt als Philosophiestudent an. In einem bescheidenen Winkel eines Seiler'schen Hotels suchte er Unterkunft. Papa Seiler kam dazu, führte den jungen Mann in ein hübsches Zimmer, sagte: ‹Um die und die Zeit ist Table d'Hôte und im Übrigen bleiben Sie für etliche Tage mein Gast.› So war der Mann, Er ruhe sanft!»

In seinem letzten Lebensjahr 1891 bezahlte Seiler für seine sieben Zermatter Hotels Mont Cervin, Monte Rosa, Des Alpes, Riffelalp, Zermatterhof, Riffelberg und Schwarzsee eine Jahressteuer von insgesamt 2200 Franken, dazu summierten sich 600 Franken für die beiden an Guglielminetti verpachteten Hotels in Gletsch. Ebenfalls bemerkenswert war Seilers Fuhrpark: Ihm gehörten im Jahr 1891 fast die Hälfte der 43 im Dorf Zermatt registrierten Pferde, dazu zahlreiche Kutschen, Fuhrwerke und Schlitten. Damit war er unter den Walliser Hoteliers der mit Abstand grösste Steuerzahler.[144] Die Abgabe war verhältnismässig hoch, wenn man bedenkt, dass Seiler alle seine Hotels nur in den vier Sommermonaten von Juni bis September betreiben konnte und die Gasthöfe während dem Rest des Jahres geschlossen blieben. Vergleichsweise bescheiden erscheint daher die Steuerrechnung über nur 550 Franken für den Ganzjahresbetrieb der Briger Nobelherberge «Couronnes et Poste», wo 1867 der später weltberühmte Cäsar Ritz (1850–1918) seine Hotelfachkarriere mit einem wenig erfolgreichen Praktikum als

Alexander Seilers ganzer Stolz, seine drei eigenen Zermatter «Grandhotels».

Kaffeekellner begonnen hatte: «Aus dir wird nie ein rechter Hotelier», wird Patron Joseph Escher wohl gesagt haben, und entliess den jungen Mann schon bald.

Die zwei Gommer Familien Seiler und Ritz stammten aus den Nachbargemeinden Niederwald und Blitzingen. Sie kannten sich gut und waren seit jeher befreundet. Und so war der Teenager Ritz nach seiner Erfahrung in Brig offenbar für ein oder zwei Sommersaisons in der Lehre bei Alexander Seiler in Zermatt. Der bekannte Walliser Historiker Leo Hallenbarter jedenfalls berichtete im Jahr 1928: «An dieser Stelle darf wohl auch daran erinnert werden, dass der später so berühmt gewordene Gründer der Ritz-Hotels, gebürtig aus Niederwald im Goms, ein Verwandter von Alexander Seiler war und dass er zu Anfang seiner glänzenden Karriere in Zermatt in dessen Diensten stand. Ritz sind dort zweifellos viele Anregungen zuteilgeworden, und beide Männer haben ein Leben lang gute Beziehungen zueinander bewahrt.»[145]

Der Zermatter Volksmund wusste ebenfalls von einem Kellner namens Cäsar Ritz im Hotel Monte Rosa zu erzählen:

> «Er sei ein äusserst flinker und charmanter Bursche gewesen, der um die langen Table d'Hôtes mehr geflogen als gegangen sei und sechs bis sieben Platten auf einmal zu tragen verstanden hätte. Wer das Zeremoniell einer Seiler'schen Table d'Hôtes aus jener Zeit kannte – Seiler sass höchst persönlich an der Spitze des Tisches und eröffnete selbst den Service, gab Zeichen für Beginn und Ende des Mahles und beherrschte das ganze Blickfeld der äusserst langen Tafel – der begreift, dass gerade hier dem jungen Kellner Ritz die Pläne und neue Ideen aufgehen mussten. Wer weiss, vielleicht ist ihm damals im Monte Rosa, wenn er fluchend um die ungeheuer langen Tische springen musste, der Gedanke vom ‹Service par Petit Tables› gekommen, der ihn nachher weltberühmt und seine Hotels zu den Ritz Hotels gemacht hat.»[146]

Cäsar Ritz galt als «König der Hoteliers und Hotelier der Könige», Bild um 1897.

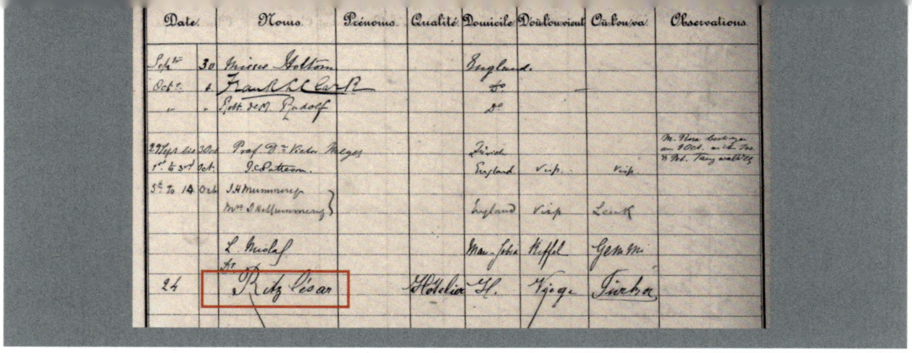

Gästebucheintrag für Cäsar Ritz vom 24. September 1880, unterste Zeile.

Vater Seiler hinterliess ein Testament, das er bereits einige Jahre zuvor, im April 1882, verfasst hatte. Seinen gesamten Besitz am Rhonegletscher vermachte er seinen Söhnen; die Anteile an den Hotels am Eggishorn gingen an seine Gattin, und das Zermatter Hotelgeschäft vererbte er zu gleichen Teilen an alle seine Kinder, wobei er auch hier den Söhnen das Vorkaufsrecht einräumte. Er vergass dabei auch nicht, die Kirchen, die Schulen und die Armen seiner drei Heimatgemeinden Blitzingen, Brig und Zermatt mit verschiedensten Spenden zu bedenken.

Testament, den 6. April – 1882
Indem ich beabsichtigte eine kleine Reise mit meiner Gattin zu machen und der Mensch nicht weiss was und wann der liebe Gott ihn von diesem Leben ins jenseitige abberuft, so schreibe ich hiermit meinen letzten Willen nach meinem Ableben oder Tod eigenhändig nieder.

1. Empfehle ich meine arme sündige Seele dem lieben Gott und der lieben Mutter Gottes und meinem lieben Schutzengel am letzten End.
2. Gebe ich für mein Seelenheil folgende Verordnungen, die meine liebe überlebende Gattin und überlebende Kinder zu entrichten haben.
1. Meiner Heimatgemeinde Blitzingen für Schulfundum Franken fünfhundert.
2. In derselben Pfarrei Blitzingen für eine ewige Messe.
3. In der obigen Kirche Blitzingen fünf und zwanzig Pfund kleine Wachskerzen.
4. In der Pfarrkirche in Niederwald eine ewige Messe für sämtliche Familie.
5. Und allda fünf und zwanzig Pfund kleine Wachskerzen.
1. Hier in der Pfarrkirche in Glis eine ewige Messe.
2. Hier in Brig für Armenfundum Franken zweihundert und fünfzig.
1. In Zermatt in der Pfarreikirche eine ewige Messe.
2. Für Arme in der Gemeinde Zermatt zwei Säcke Salz und vier Säcke Maismehl soll ausgetheilt werden.
3. Und für ein Armenfundum zweihundert und fünfzig Franken.
4. Für Schulfundum zweihundert und fünfzig Franken.
5. Für meine zeitlichen Verordnungen mache ich:
1. Setze ich meine überlebende Gattin als testamentalische Verwalterin aller meiner minderjährigen Kinder. Als ihr Verbeiständer und Helfer bitte ich meinen lieben Schwager Emil meiner Gattin in Allem beizustehen als testamentalischer Gehülfe meiner Gattin.
2. Uebergebe ich voraus meinen vier Söhnen als Joseph, Alexander, Andres, Hermann den Gasthof zum Rhonegletsch mit allem, was drum und dran hängt, laut Act mit Herrn Rothen, kurz der Gasthof mit Allem, was ich auf dieser Alpe besitze für hinendeweg als ihr ewiges Eigenthum mit den darauf lastenden Schulden. Für Verwalter von dem Ganzen Geschäft in Gletsch für meinen minderjährigen Kinder oder Söhne bitte ich meinen Schwager Emil Cathrein anzunehmen mit einem jährlichen Gehalt von Franken zweihundert.

Für alle Wirtschaft-Geschäfte von Zermatt haben die vier obgemeldeten Söhne, um die Schatzung das Vorrecht an sich zu ziehen.
Meinen Anteil am Hotel Eggishorn samt daran guthabendem Capital von zwei und fünfzig tausend neun und dreissig Franken gebe ich lebenslänglich meiner Frau. Sie ist berechtigt selbens zu wenden für ihr Unterterhalt [sic!] und der Kinder nach ihrem Belieben. Dieses als dankbare Liebe, die sie stets für mir gehabt hat.
Meiner Schwägerin Marie Clausen und dem Felix Clausen für so langjährige für mich geleisteten Dienste gebe ich ihnen Franken fünf tausend, welches meine Kinder laut Uebereinkommen zu entrichten haben. Alles überdisz hoffe ich, dass mein Wille genau und pünktlich entrichtet werde und in diesem Namen ertheile ich allen meinen Kindern meinen väterlichen Segen und bitte Gott, dass er alle meine Nachkommen beschützen und behüten wolle von aller Gefahr und sie alle recht reichlich segnen wolle.

Brig den 6. April 1882. Alexander Seiler

Der olografische act mit dem Hinterlegungsact einregistrirt in der Amtsstube zu Brig unter No. 161 am 19. September 1891. Für getreue Abschrift am 25. Sept. 1891, Roth Joseph, Notar

Catharina Seiler führt die Hotelunternehmung

Catharina Seiler-Cathrein war eine aussergewöhnlich liebenswürdige und kluge Geschäftsfrau mit messerscharfem Verstand und schier unendlicher Energie.

Seit ihrer Heirat mit Alexander Seiler im Jahr 1857 waltete sie als die eigentliche gute Seele über den ausgedehnten Hotelbetrieb. Während ihr Gatte Alexander sich überwiegend um die enormen logistischen Herausforderungen bei Transport und Verpflegung, um Politik sowie um die Erweiterung seines verzweigten Hotelgeschäfts kümmerte, war Catharina für die Leitung des Zentralbüros und vor allem auch für das Tagesgeschäft der Hotels in Zermatt zuständig. In Ablöse ihres verstorbenen Ehemanns wurde Catharina Seiler an der Bundesratssitzung vom 6. August 1891 zur neuen Leiterin der Zermatter Telegrafenstation und am 25. August 1891 auch zur offiziellen Zermatter Posthalterin gewählt, eine zusätzliche Verantwortung, die sie trotz der sonst schon grossen Belastung übernahm. Daneben fand sie immer noch genügend Zeit, sich um die mannigfaltigen Anliegen der Gäste, um die vielen Sorgen ihrer Angestellten und vor allem auch um ihre Kinderschar zu kümmern, und sie verstand es bestens, auch in turbulenten Situationen immer eine herzliche Atmosphäre zu schaffen.

1891 stand die 56-jährige Catharina Seiler plötzlich an der Spitze der damals wahrscheinlich grössten Hotelunternehmung der Schweiz.

Am 7. September 1891, zwei Monate nach dem Tod von Vater Seiler, traf sich die Erbengemeinschaft in Zermatt und bevollmächtigte Mama Seiler, das Hotelgeschäft ganz im Sinne des verstorbenen Vaters allein weiterzuführen. Die zehn Kinder und die vier Schwiegersöhne verfügten:

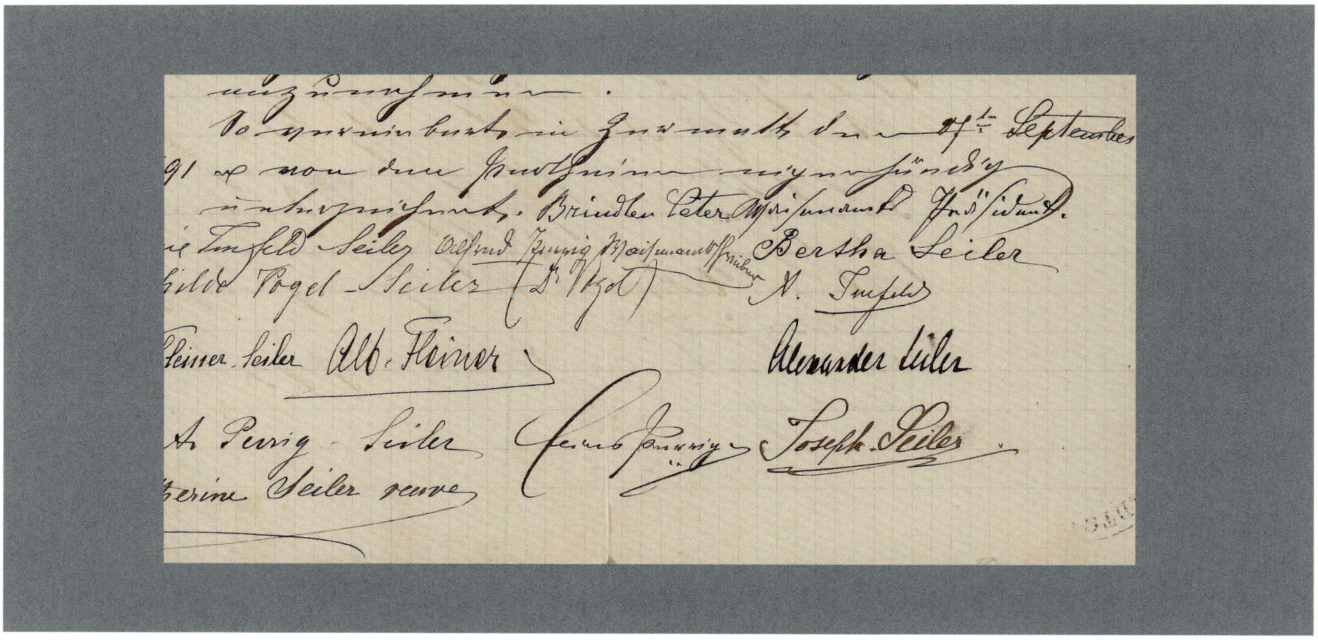

Vollmacht der Erbengemeinschaft an Catharina Seiler 1891 (Ausschnitt).

«[Wir] erklären und bescheinen an Ihrer Frau Mutter Katharina Seiler, geb. Cathrein, wohnhaft in Brig gänzliche und unumschränkte Vollmacht zu ertheilen, zur Vertretung ihrer Interessen in dem Nachlass Ihres sel. Vaters Herrn Grossrath Alexander Seiler. Frau Seiler wird daher ermächtigt für die Gefertigten Gelder zu behändigen und auszuzahlen, Quittungen auszustellen, Käufe und Verkäufe abzuschliessen, alle die Geschäfte betreffenden Unterschriften zu leisten, kurz zu schalten und zu walten in ihrem Namen wie ihr gemeinsamer Vater Herr Alexander Seiler geschaltet und gewaltet, mit dem feierlichen Versprechen alle für sie abgeschlossenen Handlungen und Akte gutzuheissen und zu genehmigen. Frau Seiler erklärt ihrerseits die ihr übertragenen Vollmachten anzunehmen. So vereinbart in Zermatt, den 7ten September 1891 und von den Partheien eigenhändig unterzeichnet.»

Damit stand die 56-jährige Catharina Seiler plötzlich an der Spitze der damals wahrscheinlich grössten Hotelunternehmung der Schweiz. Sie übernahm die Verantwortung für den Zermatter Hotelbetrieb mit rund tausend Betten und fast 600 Angestellten. Ein auswärtiges Bankenkonsortium bot ihr kurz darauf eine ausserordentlich hohe Summe für den Verkauf ihres Zermatter Hotelgeschäfts an. Doch sie lehnte das Angebot ohne Zögern ab; das Geschäft sollte weiterhin in der Familie und vor allem im Wallis beheimatet bleiben, so wie es sich auch Vater Seiler gewünscht hätte.

Bahnhofbuffet Zermatt. Holzstich von Edward Whymper, Valley of Zermatt and the Matterhorn 1897.

Im Rahmen der Fertigstellung der Visp-Zermatt-Bahn war inzwischen das kleine, aber schmucke Zermatter Bahnhofsgebäude mit Restaurant im Erdgeschoss und dreissig Betten im oberen Stockwerk fertiggestellt und dieses der Familie Seiler in Pacht übergeben worden. Im Herbst 1891 standen somit praktisch alle Zermatter Gasthöfe unter der Leitung der Witwe Catharina Seiler. Einzig das soeben in Konkurs gegangene Hotel de la Poste von Alt-Präfekt Alphons Zumtaugwald und die etwas ausserhalb des damaligen Dorfkerns

«Hotel Zermatt» – Werbebild um 1893, signiert «Veuve Alex. Seiler».

gelegene Pension Bellevue, die im Jahr 1887 von Lukas Gsponer erbaut wurde, gehörten nicht dazu.

Catharinas Schwester Marie Clausen, die das Hotel Riffelalp leitete, die Töchter – Bertha, Direktorin des «Riffelberg», Marie Imfeld-Seiler, Direktorin im Zermatterhof, und Katharina, Direktorin im Hotel Schwarzsee – sowie der älteste Sohn Joseph, Direktor im Hotel Mont Cervin, unterstützten Mama Seiler in dieser schwierigen Übergangszeit nach dem Hinschied ihres Gatten. Das Hotel Monte Rosa leitete Catharina Seiler selbst. Der 27-jährige Rechtsanwalt Alexander junior übernahm zunächst die vielen gesellschaftlichen und politischen Verpflichtungen seines Vaters und kümmerte sich um die diversen juristischen Angelegenheiten. Die verschiedenen, noch vom Vater begonnenen Bauprojekte galt es nun zu vollenden, so den Bau der Dependance A auf der Riffelalp mit fünfzig neuen Betten und den Umbau der Dependance Magasins zum «Felsenhaus», welcher die Kapazität des Hotel Mont Cervin von 180 auf 300 Betten erhöhen sollte. 1892 mussten der Speisesaal, die Küche und der Keller des Hotel Mont Cervin vergrössert und den neuen Kapazitäten angepasst werden. Den vorläufigen Abschluss der Bauarbeiten unter der Leitung von Catharina Seiler bildeten 1893 die neue verglaste Veranda auf der Südseite des Ostflügels des «Mont Cervin» sowie zwischen 1893 und 1894 die Installation der elektrischen Beleuchtung in sämtlichen Seiler Hotels.

Erster Versuch der Einführung einer Wintersaison

Im Januar 1891, nur wenige Monate vor seinem Tod, hatte Alexander Seiler noch ein letztes Mal einige Wintergäste beherbergt, diesmal im «Zermatterhof». Einer dieser Gäste berichtete:

> «Mittlerweile aber war es Abend geworden; die schneidende Kälte hatte durch den Anblick des Matterhorns keineswegs an Gehalt verloren, und wenn man auf ‹Ohren› einen Vers gemacht hätte mit ‹gefroren› oder dergleichen, so wäre dies weder formell noch inhaltlich eine Ungereimtheit gewesen. Darum beschleunigten wir unsere Fahrt und langten bald im Hotel Zermatt an. Herr Seiler war selbst von Brig heraufgekommen und empfing uns mit liebenswürdiger Freundlichkeit. In Nr. 12 brannte ein gewaltiges Kaminfeuer, was sehr hübsch und poetisch anzusehen, was jedoch nicht zu verhindern vermochte, dass hinter unseren Rücken das Wasser auf den Tischen zugefror. Doch dergleichen nebensächliche Erscheinungen dienten nur dazu, das Interesse für unsern kleinen Winterfeldzug zu erhöhen, und wenn auch draußen eine Kälte von −18 Grad herrschte, so brachten wir doch da drinnen durch den Gebrauch geeigneter Medikamente von vorzüglicher Walliser Qualität unsere Stimmung sehr bald auf eine Höhe von mindestens ebenso viel Grad über Null ...» [147]

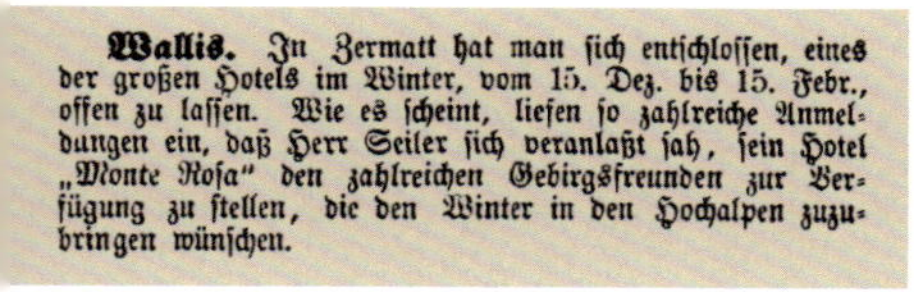
Wallis. In Zermatt hat man sich entschlossen, eines der großen Hotels im Winter, vom 15. Dez. bis 15. Febr., offen zu lassen. Wie es scheint, liefen so zahlreiche Anmeldungen ein, daß Herr Seiler sich veranlaßt sah, sein Hotel „Monte Rosa" den zahlreichen Gebirgsfreunden zur Verfügung zu stellen, die den Winter in den Hochalpen zuzubringen wünschen.

Ankündigung der ersten Wintersaison, *Intelligenzblatt für die Stadt Bern*, 17. September 1892.

Vater Seiler hatte sich die Einführung einer Wintersaison immer wieder so sehnlichst gewünscht, dass ihm die Erben nun diesen Traum posthum erfüllen wollten. Sie entschieden sich, das Hotel Monte Rosa im Winter 1892/93 versuchsweise und erstmals ganz offiziell während zwei Monaten zu öffnen; die erste richtige Zermatter Wintersaison sollte nun endlich Tatsache werden.

Im Fremdenbuch des Hotel Monte Rosa findet man allerdings für diese erste Wintersaison 1892/93 lediglich neun Einträge von Gästen, die allesamt nur wenige Nächte blieben. Trotz der ernüchternden Bilanz im ersten Winter wiederholte man den Versuch im nächsten Jahr. Im Dezember 1893 bezog eine Gruppe bekannter englischer Alpinisten ihr Quartier im Hotel Monte Rosa, wo Mama Seiler gemeinsam mit den beiden Söhnen Joseph und Alexander junior und der Tochter Catherine alles für einen möglichst gemütlichen Aufenthalt vorbereitet hatte. Hinter dem Dorf bei der Einmündung des Findelenbachs in die Visp wurde sogar ein kleiner Eislaufplatz hergerichtet; eine Fotografie davon soll heute noch im Hotel Monte Rosa zu sehen sein.

> «Sonst aber begnügte sich das muntere Völklein zu Fuss und auf den traditionellen bäuerlichen Hörnerschlitten mit dem, was die grandiose Winterlandschaft ungekünstelt an Ergötzlichem bot. Und es war dessen vollauf froh, bis ein Lawinenniedergang das Talsträsschen und alle Verbindungen mit der Welt abschnitt. Damit nahm die Expedition ein vorzeitiges Ende. Sobald wieder ein Fussweg gepfadet war, entflohen die Gäste heimwärts.» [148]

Laut Gästebuch konnte am 25./26. März 1894 sogar eine erfolgreiche Winterbesteigung des Matterhorns durch Charles Simon aus Strassburg und die beiden Führer Alexander Burgener und Alois Pollinger stattfinden.

Insgesamt funktionierte die Einführung der Zermatter Wintersaison im zweiten Jahr etwas besser, waren doch zwischen Dezember 1893 und März 1894 schon 23 Einträge im Gästebuch verzeichnet. Das Projekt musste dennoch wieder aufgegeben werden, denn die langwierige und gefährliche Anreise – zu Fuss und mit Pferdeschlitten durch das oft von Lawinen heimgesuchte Vispertal – blieb ein allzu grosses Hindernis.

Und es wurde Licht

Am 18. Juli 1879 brannte in St. Moritz zum allerersten Mal in der Schweiz elektrisches Licht; der Engadiner Hotelpionier Johannes Badrutt (1819–1889) sorgte in seinem Hotel Kulm mit einem festlich beleuchteten Speisesaal für eine Sensation. Hundert Gäste, die nichtsahnend beim Abendessen sassen, sprangen von ihren langen Tischen auf, jubelten und schwenkten begeistert ihre Servietten, als Badrutt den Lichtschalter erstmals betätigt hatte. Es herrschte grosse Aufregung im Saal, denn so etwas hatten die meisten der Anwesenden noch nie gesehen.

Ab dem Jahr 1882 folgten einzelne andere Hotels dem Beispiel Badrutts, so das Hotel Victoria Interlaken oder das Hôtel des Trois Couronnes in Vevey. Erst zehn Jahre später aber, zu Beginn des Jahres 1892, erwog man auch in Zermatt die Installation einer elektrischen Beleuchtung. Zuvor waren in den Hotels meist Petroleumlampen zum Einsatz gekommen, in den Wohnhäusern benutzte man günstigere Talglichter, Öllampen oder einfach Kerzenlicht. Am 24. Juli 1892 wurde in Zermatt das Syndicat éléctrique de Zermatt mit dem Ziel gegründet, die elektrische Beleuchtung auch in Zermatt einzuführen. An dieser Gesellschaft waren drei Parteien beteiligt: Catharina Seiler im Namen der Seiler Hotels, die Visp-Zermatt-Bahn und die Burgergemeinde Zermatt zu je einem Drittel. Die Zermatter stellten in diesem Abkommen Wasserkraft aus dem Triftbach für 99 Jahre sowie das benötigte Grundstück für die Errichtung des Kraftwerks zur Verfügung. Die Gemeinde verpflichtete sich zudem, keiner anderen Firma eine ähnliche Konzession zu erteilen. Die Visp-Zermatt-Bahn übernahm ein Drittel der Kosten und die Leitung der gesamten Bauarbeiten. Die Hotels der Familie Seiler beteiligten sich als künftige Hauptabnehmer mit einem Drittel an den Kosten. Da die Gemeinde aber nicht über die nötigen finanziellen Mittel zur Begleichung ihres Anteils verfügte, gewährten ihr die beiden anderen Parteien ein Darlehen über deren Anteil von 60 000 Franken. Im Herbst 1892 begannen die ersten Bauarbeiten und schon am 12. Mai 1893 konnte die Konzession für das Kraftwerk am Triftbach erteilt werden. Der Betrieb der elektrischen Anlage wurde am Sonntag, dem 8. Juli 1893, zuerst versuchsweise für jeweils ein paar wenige Stunden täglich aufgenommen. Eine Woche später, am 14. Juli 1893, wurde auch in den Seiler Hotels die elektrische Beleuchtung erstmals eingeschaltet und der historische Anlass mit einem grossen Freudenfest

Eclairage électrique. — Dimanche soir, le village de Zermatt et les hôtels Seiler ont été éclairés, pour la première fois, à la lumière électrique. L'installation n'est pas encore complète, mais elle ne tardera pas à l'être. La force motrice est fournie par le Trifibach ; elle est au total de 420 chevaux, dont 160 sont déjà utilisés. On compte fournir la lumière de 2000 lampes à incandescence, y compris celle de l'hôtel Riffelalp, et de dix lampes à arc, de 2000 bougies chacune, pour l'éclairage public. Un millier de lampes sont déjà placées dans les différents hôtels Seiler. L'usine marche provisoirement avec une seule turbine, mais elle peut en recevoir trois. Nous avons déjà dit que les machines ont été fournies par les Ateliers de construction de Vevey et que l'ensemble de l'ins-

L'Ami du peuple valaisan, 15. Juli 1893.

Am 14. Juli 1893 brannte in den Seiler Hotels erstmals elektrisches Licht. Im Bild die Speisesäle der beiden Hotels Viktoria und Mont Cervin.

gefeiert. Zermatt war das erste Walliser Bergdorf, das mit elektrischem Strom versorgt wurde. Ab 1894 lieferte das Kraftwerk zuverlässig genügend Strom während des gesamten Sommers; erst sechs Jahre später konnte auch im Winter Strom erzeugt werden. Bis 1898 waren in den Seiler Hotels schon 1052 Glühlampen installiert, aber erst 1905 waren dann auch sämtliche privaten Haushalte im Dorf mit elektrischem Licht ausgestattet.[149]

Das Syndikat mit Sitz in Zermatt wurde ursprünglich vom Lausanner Bankier Charles Masson, der die Visp-Zermatt-Bahn vertrat, von Joseph Seiler, dem ältesten Sohn von Alexander und Catharina, und von einem Repräsentanten des Zermatter Burgerrates verwaltet. Doch die Zusammenarbeit zwischen den drei Parteien mit ihren unterschiedlichen Interessen erwies sich schon von Anfang an als schwierig, sodass sich die Visp-Zermatt-Bahn 1908 entschloss, wieder aus dem Syndikat auszutreten und ihren Anteil von 60 000 Franken am 22. April zu gleichen Teilen an die beiden Partner verkaufte. Die Spannungen zwischen den zwei verbliebenen Parteien hielten jedoch an. Man stritt sich ständig über irgendwelche Unregelmässigkeiten, wie die Ablesung der Stromzähler, zu tätigende Installationen, über Strompreise und Rabatte sowie auch ganz generell über die Buchführung. Die Gemeinde warf den damaligen Geschäftsführern Paul Buchschacher und Alfred Perren Veruntreuungen vor, was im Jahr 1912 sogar zu einer Strafklage führte. Auf immer grösser werdenden Druck der Gemeinde, welche die Stromversorgung für die Allgemeinheit gefährdet sah und der Familie Seiler mit Enteignung drohte, stimmte diese am Ende gezwungenermassen einem Verkauf ihres Anteils zu. Diese Trennung wurde allerdings erneut von jahrelangen juristischen Auseinandersetzungen begleitet, denn der damalige Zermatter Burgerpräsident Stanislaus Kronig führte den Kampf um die Expropriation des Anteils der Familie Seiler bis vor das Bundesgericht, welches schliesslich am 31. Dezember 1923 zugunsten der Munizipalgemeinde Zermatt entschied. Nach endlosen Verhandlungen einigte man sich schliesslich auf eine Entschädigungszahlung an die Seiler Hotels AG von 150 000 Franken.

Politiker von Weltformat in Zermatt

Die Seiler'schen Gästebücher belegen auch die Anwesenheit von jungen Alpinisten, die später zu weltbekannten Persönlichkeiten wurden. So besuchte Mitte August 1893 der 19-jährige Winston Churchill (1874–1965) Zermatt, begleitet von seinem Bruder Jack und einem Lehrer. Sie stiegen für einige Tage im Hotel Monte Rosa bei Catharina Seiler ab. Auf der Rückreise übernachtete die Gruppe am 23. August 1893 im Grand Hotel Couronne et Poste in Brig. Von dort schrieb Churchill einen Brief nach Hause, in dem er notierte:

Der junge Winston Churchill besuchte Zermatt erstmals 1893 und bestieg 1894 die Dufourspitze.

> «Zermatt war charmant, da wir ausserordentlich schönes Wetter hatten. Wir haben jeden Tag Wanderungen zu den nahen Gletschern unternommen. Am Samstag haben wir den Gornergletscher gesehen, der eine Stunde von Zermatt entfernt ist. Es war sehr interessant, denn ich hatte vorher noch nie einen Gletscher gesehen. Grosse Eisbrocken in allen Richtungen, die das Tal wie ein Fluss ausfüllten.»

Und vom Matterhorn schrieb er: «Wir hatten eine gute Sicht auf diesen Berg, der eindrücklich und faszinierend aussieht. Es erstaunt mich nicht, dass immer wieder Leute hinaufklettern, obwohl der Friedhof voller Gräber ist.» Im folgenden Jahr kehrte der begeisterte Churchill wieder ins Wallis zurück und bestieg am 23. August 1894 mit dem Bergführer Johann Aufdenblatten die 4634 Meter hohe Dufourspitze. Drei Tage später vermerkte er aus Lausanne in einem Brief an seine Mutter: «Als wir in Zermatt waren, kletterte ich auf den Monte Rosa. Es war nicht gefährlich. Mr. Little hatte Nachforschungen angestellt. Aber ermüdend war es, über 16 Stunden zu Fuss.» Churchill kam in den nächsten Jahren immer wieder ins Wallis und verbrachte auch verschiedene Male seine Sommerferien in der feudalen Villa Cassel auf der Riederfurka, die dem Finanzmann Sir Ernest Cassel, einem Freund und Mentor, gehörte.

Schon 13 Jahre zuvor war ein anderer junger Politiker ins Dorf am Matterhorn gekommen. Es war der damals 23-jährige Theodore Roosevelt (1858–1919) aus New York, der am 3. August 1881 mit den Führern Joseph Taugwalder und Mathias Zumtaugwald den Gipfel des Matterhorns erreichte. Roosevelt berichtete seiner Schwester Anna am 5. August 1881 in einem Brief über seine geglückte Gipfeleroberung:

Der spätere Präsident der Vereinigten Staaten, Theodore Roosevelt, besuchte Zermatt 1881 und bestieg am 3. August das Matterhorn.

> «Darling Bysie, Day before yesterday, at nine in the morning, I started off, accompanied by two guides, to make the ascent of the Matterhorn. I was anxious to go up it because it was reputed very difficult and a man who has been up it can fairly claim to have taken his degree as, at any rate, a subordinate

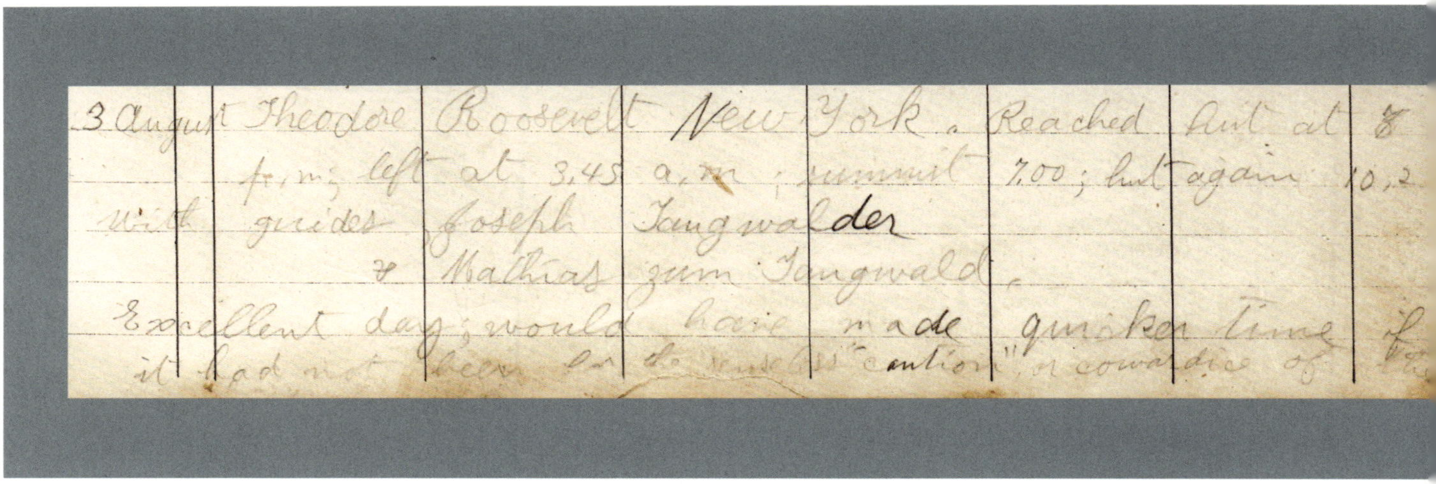
3 August Theodore Roosevelt New York. Reached hut at 7
from; left at 3.45 a.m.; summit 7.00; hut again 10.2
with guides Joseph Taugwalder
& Mathias zum Taugwald.
Excellent day; would have made quicker time if
it had not been for the needless "caution", or cowardice of the

Roosevelts Eintrag im Gästebuch vom 3. August 1881.

kind of mountaineer [...] The mountain is so steep that snow will not remain on the crumbling, jagged rocks, and possesses a certain somber interest from the number of people that have lost their lives on it. Accidents, however, are generally due either to rashness, or else to a combination of timidity and fatigue; a fairly hardy man, cautious but not cowardly, with good guides, has little to fear.»

Roosevelt wurde zwanzig Jahre später, am 14. September 1901, im Alter von erst 42 Jahren, als jüngster Präsident der Vereinigten Staaten vereidigt. Er setzte sich früh für den Naturschutz ein und gründete während seiner Präsidentschaft fünf Nationalparks in den USA.

Andreas Seiler verunglückt am Matterhorn

Andreas Seiler war ein begeisterter Bergsteiger.

An einem Montag, dem 7. August 1893, am Tag nach dem kirchlichen Patronatsfest in der Schwarzsee-Kapelle Maria zum Schnee, verliessen Alexanders und Catharinas zweitjüngster Sohn Andreas Seiler (1875–1893) und sein Freund Oskar Gysi mit den Führern Johann Biner, Josef Taugwalder und Leo Moser das Hotel Schwarzsee. Sie wollten den Aufstieg auf das Matterhorn über den Furggpass auf der italienischen Seite versuchen und dann über die schweizerische Seite zurückkehren. Die Gruppe beabsichtigte, noch am gleichen Abend die italienische Klubhütte an der Südseite des Matterhorns zu erreichen, dort zu übernachten und am folgenden Tag den Gipfel zu besteigen. Beim Aufstieg zur Hütte teilte sich die Gesellschaft in zwei Parteien. Die beiden Freunde Andreas Seiler und Johann Biner banden sich an ein Seil, die drei Übrigen an ein anderes. So begannen sie den eigentlichen Aufstieg. Andreas Seiler ging dabei oft so rasch voraus, dass die anderen ihn mehrmals zu grösserer Vorsicht mahnten.

Am Fusse des «Kamins», einer fast senkrecht nach oben verlaufenden Spalte, sollte eigentlich Rast gemacht werden, aber Seiler und Biner kletterten weiter den Felsvorsprung hinauf und waren schon bald ausser Sichtweite. Um

«The Last Accident on the Matterhorn», August 1893, Zeichnung von Joseph Nash.

drei Uhr nachmittags geschah das furchtbare Unglück. Die vorausgehenden Seiler und Biner rutschten an einer glatten Stelle aus und stürzten über die Köpfe der unteren Seilschaft hinweg in die Tiefe. Diese schwierige und oft vereiste Stelle ist heute noch als «Seilerplatte» bekannt. Andreas Seiler war erst 18 Jahre alt; der tüchtige junge Bergführer Johann Biner, für seinen kühlen Kopf und seine Besonnenheit bekannt, war 23 Jahre alt. Die beiden waren ein eingespieltes Team, sie hatten zuvor schon schwierigste Touren zusammen bewältigt, wie die Besteigung des Matterhorns über den Hörnligrat im Frühjahr desselben Jahres oder die des anspruchsvollen Zinalrothorns.

Später fand man die beiden bis zur Unkenntlichkeit entstellten Bergsteiger, noch immer aneinandergeseilt, 500 Meter unter der Unglücksstelle. Am 8. August frühmorgens brachte eine aus 18 Führern bestehende Bergungskolonne, angeführt von Andreas Seilers Schwager Elias Perrig, die Verunglückten nach Zermatt. Es war nicht nur für die beiden Familien Seiler und

Zermatt. Es wird gemeldet, die Königin von Italien habe ihre Ankunft in Zermatt anmelden und im Hotel Riffelalp für nächste Woche mehrere Zimmer reserviren lassen. Im gleichen Hotel weilen gegenwärtig die Herzogin von Bedford, Erzbischof von Canterbury und die Herzogin von Kent.

Walliser Bote, 26. August 1893.

Biner, sondern für das ganze Dorf Zermatt ein herzzerreissender Moment. Die beiden Verunglückten waren nach insgesamt elf Todesfällen seit der Erstbesteigung vor 18 Jahren die allerersten Einheimischen, die am Matterhorn den Tod fanden. Catharina Seiler war zu diesem Zeitpunkt schon leidgeprüft, denn sie hatte bereits fünf Kinder und ihren Gatten zu Grabe getragen. Als ihr Sohn Alexander junior ihr die Unglücksbotschaft überbrachte, befand sie sich gerade im Hotel Riffelalp, wo sie sich um einige sehr prominente Gäste kümmern musste.

Ein eigentümlicher Zufall verschlimmerte den Schmerz und die Sorgen der verwitweten Mutter: Fast zeitgleich mit der Meldung vom schrecklichen Unglück ihres Sohnes Andreas am Matterhorn erhielt sie eine Depesche vom Hotel Eggishorn, in der ihr der jüngste Sohn Hermann mitteilte, er sei soeben zur Besteigung der Jungfrau aufgebrochen. Der erst 17-jährige Hermann musste auf seiner Route eine sehr gefährliche Stelle passieren, an welcher vor einigen Jahren sechs Zürcher Lehrer den Tod gefunden hatten.

Zu verkaufen

gegen Baar, verschiedene

Kutschen, Wagen und landwirthschaftliche Geräthe

angehörend der Konkursmasse G. Guglielminetti, in Brig.

Sich zu wenden an Hrn. Franz Kreuzer, Rathsherrn, in Brig. 1210

Die Verwaltungskommission.

Walliser Bote, 28. April 1894.

Schlechte Nachrichten kamen derweil auch vom Rhonegletscher. Der langjährige Pächter Guglielminetti geriet im Spätsommer 1893 in ein Konkursverfahren, und es stellte sich nun die Frage, wie es mit dem dortigen Hotelbetrieb weitergehen sollte. Da die Söhne das Geschäft am Rhonegletscher von ihrem Vater geerbt hatten, einigte man sich schnell. Der im Hotelfach weitaus erfahrenste Sohn Joseph sollte ab 1894 mit seiner Frau Victorine den Betrieb leiten. Joseph schrieb am 11. Januar 1894 an seinen Bruder Hermann: «Werde also den künftigen Sommer nach Gletsch gehen und das Geschäft dort übernehmen. Ungünstige Verhältnisse gegenüber Herrn Guglielminetti haben mich zu diesem Schritte gezwungen.»

Der drittälteste Sohn Alexander junior sollte deshalb künftig an Josephs Stelle seiner Mutter in Zermatt zur Seite stehen. Der 28-jährige Jurist war jedoch bereits ein ziemlich beschäftigter und erfolgreicher junger Mann; Politiker, Landwirt und Hotelier in einem. So amtete er in der Sektion Monte Rosa des Schweizer Alpenclubs SAC, dessen Präsidium er am 24. Mai 1891 von Sektionsgründer Antoine De Torrenté übernommen hatte. Im gleichen Jahr hatte man ihn – mit 553 von 871 Stimmen – als Nachfolger seines verstorbenen Vaters zum Abgeordneten des Bezirks Goms in den Walliser Grossen Rat gewählt. Alexander junior war zu dieser Zeit auch amtierender Präsident des Verbands der landwirtschaftlichen Vereine des Wallis gewesen und Mitglied des Organisationskomitees der landwirtschaftlichen Ausstellung, die 1892 in Sitten stattfand. Aufgrund seiner vielseitigen Ämter und zum Leidwesen seiner Mutter war Alexander junior deshalb im elterlichen Geschäft in Zermatt noch häufig abwesend. Der Freigeist entwickelte zudem eine ganz eigene, moderne politische Haltung, welche im erzkatholischen Wallis sowie bei seiner Familie nicht immer auf volles Verständnis stiess. Seine Mutter befürchtete sogar, Alexander junior könnte ein «Sonderling» werden:

> «[…] er hüllt sich in ein mystisches Halbdunkel, einmal ist er resoluter Katholik und conservativ, dann wieder lieber altconservativ, kurz er ist nichts und

will nichts sein. Nicht dass Alex schlecht sei, gewiss nicht, nur ein Kontradiktionsgeist, der nur das tut und sein will, was andere thun, widersprechen und widersprechen ist ihm das Liebste und doch hat er eine allgemeine Bildung und schöne Kenntnisse, ich fürchte er wird ein Sonderling werden.»

Zu Mama Seilers Leidwesen erkrankte zur gleichen Zeit ihr Schwiegersohn Xaver Imfeld nach einer strapaziösen Montblanc-Expedition an Poliomyelitis, der sogenannten Kinderlähmung; sie pflegte ihn wochenlang liebevoll. «Wallis – Der bekannte Ingenieur Imfeld, welcher infolge seiner ausserordentlichen Anstrengungen während seines Aufenthaltes auf der Montblancspitze sich eine Lähmung zuzog, befindet sich gegenwärtig als reconvalescent in Zermatt bei seiner Schwiegermutter, Frau Mama Seiler. Die Genesung macht grosse Fortschritte.»[150]

Mama Seiler aber konnte sich von diesen schweren Schicksalsschlägen nie mehr vollständig erholen. Wie sehr sie unter dem Tod ihres Gatten Alexander (1891) und dem Verlust ihres Sohnes Andreas (1893) litt, erfährt man in einem Brief, den sie 1893 an ihre einzige Schwester Marie Clausen-Cathrein geschrieben hatte:

«[...] Wie viel Sorge und Kummer hat dies eine Jahr über mich gebracht. Wenn eine Witwe mit unerzogenen Kindern zurückbleibt, ist sie gewiss bedauernswert, aber ebenso ist es die Witwe und Mutter erwachsener Söhne und Töchter, der Inhalt des Leidenskelches ist unendlich bitterer. Mein Leben ist ganz anders geworden; wie ein trüber Tag ohne Sonnenschein. Die Last der Sorgen und Verantwortlichkeit ist zu gross, doch will ich auf den lieben Gott vertrauen. Der schwere Schlag, den mir der Tod des armen lieben Andreas gegeben, lastet schwer auf mir, ich fühle mich so müde und gebrochen, dass ich dir nicht sagen kann wie. Es ist seit meines armen Gatten Tod, so viel Bitteres über mich gekommen, dass ich nicht sagen kann wie viel trübe Stunden ich durchlebt. Doch wie Gott will, es geht alles vorüber. Möge der liebe Gott mir die Kraft geben auszuharren, bis es ihm gefällt mich abzuberufen.»

Ebenso in einem anderen Brief an ihren Bruder Emil kurz vor ihrem Tode:

«Die Last, die Ich trage, ist schwer, Kränkungen u. Kummer aller Ort, ob und wie lange ich die Kraft besitzen werde dieselben weiter zu schleppen weiss Gott!»

Alexander junior hatte sich inzwischen mit der bildschönen Emeline, Tochter des Luzerner Staatsschreibers Anton Willimann, verlobt; sie war eine äusserst talentierte Musikpädagogin, die in Leipzig ihr Diplom als Konzertpianistin erworben hatte. Emeline kannte Alexander juniors Schwester Bertha vom Mädchenpensionat in Aigle, wo die beiden eine Zeit lang gemeinsam die Schule besucht hatten.

Im Sommer 1893 verbrachte Emeline auf Berthas Einladung einige Ferienwochen in Zermatt, wo sie dann auch ihren Alexander kennenlernte. Es war Liebe auf den ersten Blick. Die beiden heirateten nur wenige Monate später, am 5. Januar 1894, in Luzern. Emeline gab damit ihre vielversprechende

Ab 1894 erschienen die Hotels unter dem Namen Alexandre Seiler Jr.

Zu vermieten auf 10 bis 12 Jahre:

Hotel Zermatt. – Hotel Riffelberg.
Restaurant Gornergrat. { **Eigentum der Gemeinde Zermatt.**

Dieselben sind möbliert und mit Wasser, sowie auch mit dazu gehörigen Nebengebäuden und Gärten versehen. Antritt des Mieters 1. Januar 1895. Offerten mittelst rekommandierten Briefen sind zu richten an den Herrn **Präsidenten der Gemeinde Zermatt.** Falls auf die gemachten Anträge innert 10 Tagen keine Antwort erfolgt, ist man gebeten, unter Bezugnahme auf dieselben zu reklamieren. o [2493 M] 7028

Der Bund, Nr. 192, 13. Juli 1894.

musikalische Karriere auf – zugunsten ihres neuen Ehegatten und für das Zermatter Hotelgeschäft. Die beiden Jungvermählten übernahmen im Frühling 1894 die Direktion der Hotelgeschäfte in Zermatt, vorerst noch unter den wachsamen Augen von Mama Seiler.

Pachterneuerung und höchste Bahn Europas

Da der Pachtvertrag für den «Zermatterhof» und das Hotel Riffelberg mit der Familie Seiler per Ende 1894 auslief, schrieb die Gemeinde Zermatt im Juni des gleichen Jahres ihre beiden Hotels öffentlich zur Neuvermietung aus. Dazu gesellte sich neuerdings auch das 1894 auf dem Gornergrat von Joseph Perren und Joseph Marie Biner für die Burgergemeinde erbaute Restaurant Gornergrat mit zehn Betten. Das einfache Berghaus ersetzte die «[die] Gemütlichkeit der Touristen nicht störende kleine Hütte»,[151] in der seit 1886 den wenigen Besuchern kleine Erfrischungen angeboten worden waren.

Obwohl sich die Zermatter offensichtlich und sehr intensiv um einen neuen Pächter für ihre gemeindeeigenen Betriebe bemühten und zwischen Juni und September 1894 wöchentlich Zeitungsinserate in der Schweizer Presse veröffentlichten, fanden sie keinen passenden Interessenten, der ihnen zuverlässig genug erschien.

Zwar meldete sich der damalige Präsident des Schweizerischen Hotelier-Vereins Josef Döpfner (1838–1904), der in Luzern seit 1870 das Hotel St. Gotthard mit seinen 35 Zimmern und einige Jahre später auch das angrenzende Bahnhofbuffet leitete. Döpfner stellte der Gemeinde Zermatt anfänglich eine recht hohe Pachtsumme von 36 000 Franken jährlich in Aussicht;[152] möglicherweise hatte er dabei aber übersehen, dass die drei Gasthäuser nur während der kurzen Sommersaison betrieben werden konnten. Die Verhandlungen verliefen jedenfalls im Sand und die Angelegenheit wurde von beiden Seiten nicht ernsthaft weiterverfolgt. Stattdessen entschied sich Josef Döpfner im Mai 1895, lieber in seiner Heimat zu investieren, und kaufte in Interlaken das renommierte Hotel Beau Rivage zu einem stolzen Preis von einer halben Million Franken.

Rechts: Das «Gifthittlj», eine «die Gemütlichkeit der Touristen nicht störende kleine Hütte», bot den Touristen auf dem Gornergrat seit 1886 kleine Erfrischungen an. Unten: Ein Tourist bestaunt die Aussicht vom ««Gifthittlj» durchs Fernrohr.

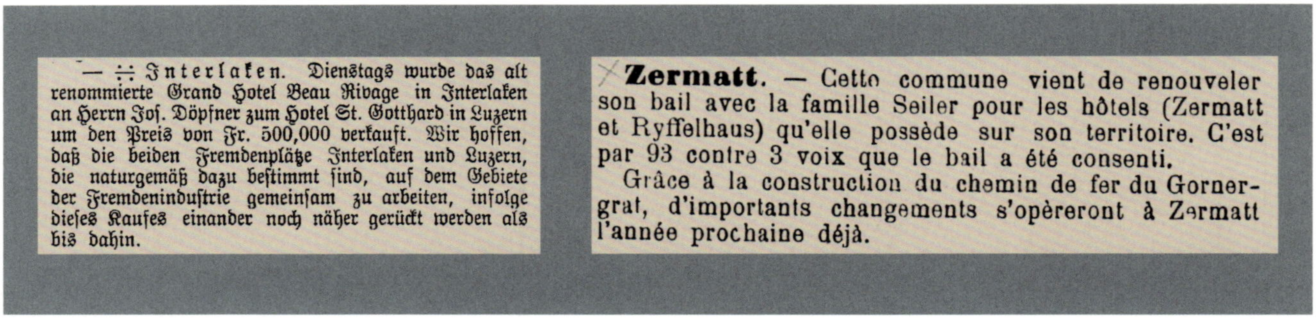

— ∴ Interlaken. Dienstags wurde das alt renommierte Grand Hotel Beau Rivage in Interlaken an Herrn Jos. Döpfner zum Hotel St. Gotthard in Luzern um den Preis von Fr. 500,000 verkauft. Wir hoffen, daß die beiden Fremdenplätze Interlaken und Luzern, die naturgemäß dazu bestimmt sind, auf dem Gebiete der Fremdenindustrie gemeinsam zu arbeiten, infolge dieses Kaufes einander noch näher gerückt werden als bis dahin.

Zermatt. — Cette commune vient de renouveler son bail avec la famille Seiler pour les hôtels (Zermatt et Ryffelhaus) qu'elle possède sur son territoire. C'est par 93 contre 3 voix que le bail a été consenti.

Grâce à la construction du chemin de fer du Gornergrat, d'importants changements s'opèreront à Zermatt l'année prochaine déjà.

Links: *Der Bund*, Nr. 129, 10. Mai 1895, Ausgabe 2. Rechts: *Gazette du Valais*, 27. Oktober 1894.

Ohne echte Alternativen genehmigte die Versammlung der Burgergemeinde Zermatt daher im Herbst 1894 die Pachtverlängerung mit der Familie Seiler mit 93 zu 3 Stimmen, also praktisch einstimmig. Der neue Pachtvertrag für die drei gemeindeeigenen Häuser mit insgesamt 208 Betten lief somit ab Dezember 1894 bis Ende 1909 während weiterer 15 Jahre und zu einem vereinbarten Pachtzins von jährlich 26 200 Franken.

Der ehemalige Gemeindepräsident Stanislaus Kronig beklagte sich noch vierzig Jahre später, indem er in seiner umstrittenen Chronik behauptete, dass das kleine «Belvédère» auf dem Gornergrat allein den gesamten Pachtzins abgeworfen hätte. Er schrieb: «Es liegt heute offenkundig, dass allein das kleine Hotel auf dem Gornergrat nahezu den Betrag dieses Pachtzinses abwarf, und die beiden anderen Häuser somit fast umsonst waren.»[153] Kronig vertrat dabei auch die Ansicht, dass der Gemeinde durch diesen «unvorteilhaften Vertrag» ein Schaden von 150 000 Franken entstanden sei. Der Zermatter Chronist Georg Julen (1931–1993) übernahm diese fragwürdigen Aussagen 1991 erneut und ging dabei sogar noch einen Schritt weiter, indem er behauptete, die verantwortlichen Zermatter würde man heute als «Wirtschaftskriminalisten» bezeichnen. Er unterstellte damit einzelnen Gemeindemitgliedern von damals, Seiler trotz anderer, besserer Angebote bevorzugt zu haben, indem er schrieb: «Einigen Zermattern – ‹Seilerianern›, wie sie Kronig in seiner Familienstatistik u. a. nannte – war es gelungen, die Verantwortlichen dahin umzustimmen, dass Herr Seiler diese volle Pacht übernehmen konnte. Wir würden sie heute als ‹Wirtschaftskriminalisten› bezeichnen, welche ihrem persönlichen Verdienst zuliebe, der eigenen Burgergemeinde in diesen 15 Jahren der Pacht aller drei Häuser 150 000 Franken zu Schaden waren. Zins und Zinseszins nicht eingerechnet!»[154]

Diese aus der Luft gegriffenen Behauptungen entsprachen keineswegs den Tatsachen. Das neu zu pachtende «Belvédère» mit seinen zehn Betten war erst im Jahr 1896 betriebsbereit gewesen. Es war nicht nur sehr klein, sondern auch äusserst bescheiden eingerichtet, ähnlich einer einfach gehaltenen Berghütte. Zudem war die Touristensaison in dieser Höhenlage auf dem Gornergrat noch kürzer als unten im Dorf Zermatt. Bei einer Betriebsdauer von knapp hundert Tagen mit einer durchschnittlichen Bettenbelegung von sechzig Prozent zu einem Pensionspreis von drei bis vier Franken pro Nacht

Rechts: Das «Restaurant» Belvédère auf dem Gornergrat, gebaut von den Zermattern Joseph Perren und Joseph Marie Biner.

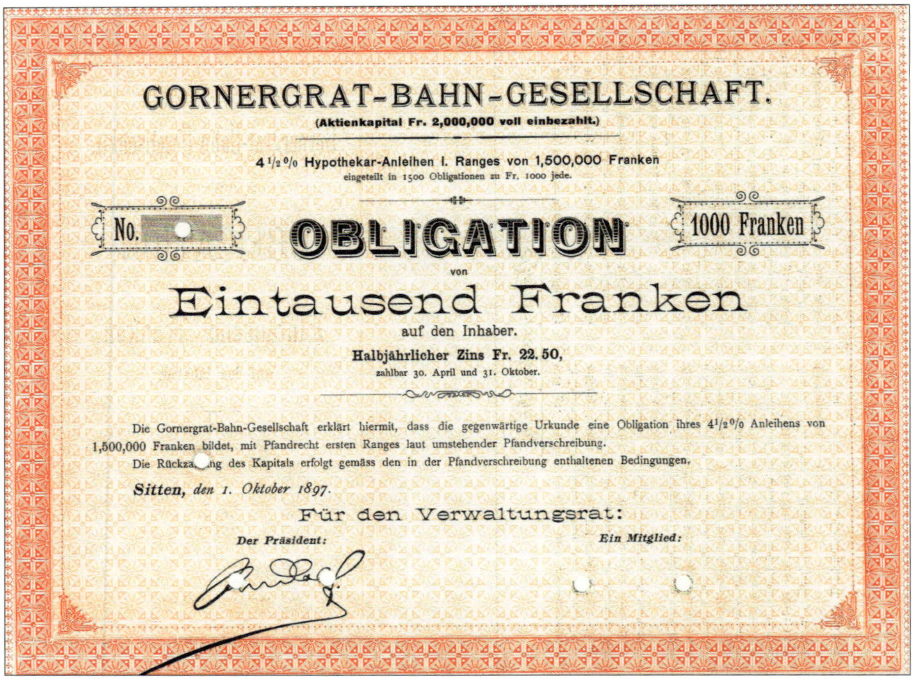

Als am 11. Juni 1896 die Aktiengesellschaft zur Finanzierung der Gornergratbahn gegründet wurde, ging von den 4000 ausgegebenen Aktien nur eine einzige in den Kanton Wallis – erworben von Alexander Seiler junior.

konnte im kleinen «Belvédère» nur ein äusserst bescheidener Umsatz erwirtschaftet werden. Gemäss Zeitungsanzeige der Gemeinde Zermatt im *Bund* vom 15. Juni 1894 sprach die Gemeinde damals selbst vom «Restaurant Belvédère» und nicht von einem eigentlichen Hotel. Das kleine Berghaus war zu jener Zeit für den Zermatter Tourismus noch so unbedeutend, dass es in den Prospekten der Seiler Hotels praktisch nie als Hotel erwähnt wurde, vielfach liess man es sogar ganz weg.

Zermatt. Mit der Erstellung eines neuen Hotels auf dem Gornergrat ist begonnen worden. Das Haus kommt zirka 3 Minuten unterhalb des Gipfels zu stehen und wird zirka 50 Betten erhalten. Der Bau wird drei Jahre dauern. Alsdann wird das gegenwärtige kleine Hotel auf dem Gipfel abgetragen; es schädigt die Aussicht und man muß, um das vollständige Panorama zu genießen, um das Gebäude herumspazieren.

Briger Anzeiger, 4. August 1906.

Mit dem Bau des eigentlichen Hotels auf dem Gornergrat wurde erst 1906 begonnen, und die Burgergemeinde konnte es erst vier Jahre später, am 6. Juni 1910, als «Kulmhotel Gornergrat» mit 43 Zimmern und 70 Betten eröffnen. Am 15. Juli wurde dann auch das alte kleine «Belvédère» wieder abgebrochen, da es an einer ungünstigen Stelle stand und die uneingeschränkte Rundsicht auf das Zermatter Bergpanorama behinderte. Dies alles geschah erst, nachdem der Pachtvertrag der Gemeinde mit der Familie Seiler im Jahr 1909 bereits wieder abgelaufen war.

Die Gornergratbahn existierte zudem beim Abschluss der Pachtverlängerung von 1894 zwischen Catharina Seiler und der Gemeinde Zermatt noch nicht. Der lange Aufstieg zum Aussichtspunkt auf dem Gornergrat musste bis August 1898 zu Fuss gemacht werden, oder aber man liess sich von Sesselträgern hinauftragen. Die Mehrheit der einheimischen Bevölkerung, inklusive die Familie Seiler, war gegenüber dem Bahnprojekt auf den Gornergrat anfänglich eher kritisch eingestellt; man befürchtete, die Bahn könnte die einheimische Träger- und Führergemeinschaft zu stark konkurrieren und ihnen ihre Lebensgrundlage wegnehmen. Der Bundesrat besänftigte jedoch die Gegner mit dem Hinweis, dass sich solche Befürchtungen im Berner Oberland als grundlos erwiesen hätten.

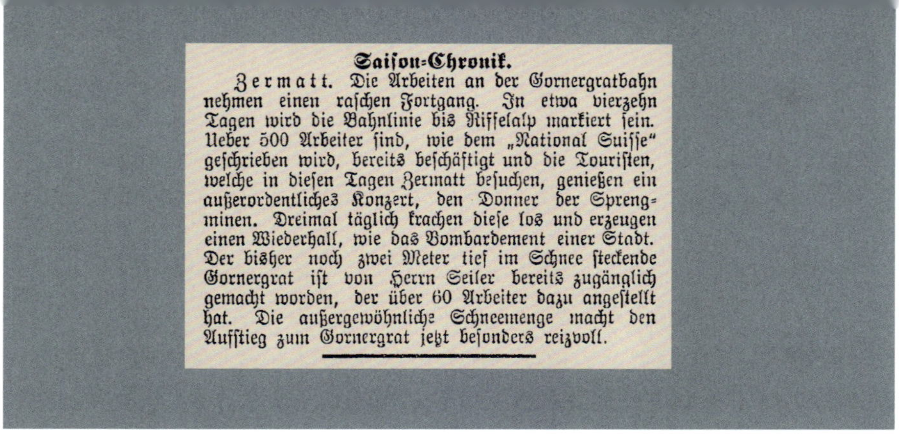

Saison-Chronik.

Zermatt. Die Arbeiten an der Gornergratbahn nehmen einen raschen Fortgang. In etwa vierzehn Tagen wird die Bahnlinie bis Riffelalp markiert sein. Ueber 500 Arbeiter sind, wie dem „National Suisse" geschrieben wird, bereits beschäftigt und die Touristen, welche in diesen Tagen Zermatt besuchen, genießen ein außerordentliches Konzert, den Donner der Sprengminen. Dreimal täglich krachen diese los und erzeugen einen Wiederhall, wie das Bombardement einer Stadt. Der bisher noch zwei Meter tief im Schnee steckende Gornergrat ist von Herrn Seiler bereits zugänglich gemacht worden, der über 60 Arbeiter dazu angestellt hat. Die außergewöhnliche Schneemenge macht den Aufstieg zum Gornergrat jetzt besonders reizvoll.

Der Bund, Nr. 186, 6. Juli 1896.

Im Winter 1894/95 wurde die genaue Linienführung der Bahn auf den Gornergrat festgelegt, das Projekt detailliert und ein erster Kostenvoranschlag erstellt. Nach von der Firma Haag & Gräulich durchgeführten Abklärungen wurde die Bahn schliesslich als Zahnradbahn mit einer Steigung von maximal zwanzig Prozent und überraschenderweise auch mit elektrischem Antrieb konzipiert. Es würde die allererste elektrische Zahnradbahn der Schweiz werden, die zweite weltweit und gleichzeitig auch die höchste Bahn Europas, einzig übertroffen von der Pikes Peak Cog Railway in Colorado, USA. Anfang 1895 erfolgte die Finanzierung durch ein Bankenkonsortium, das die Beschaffung von 3,5 Millionen Franken in Aktien und Obligationen übernahm. Am 11. Juni 1896 übertrug die Generalversammlung des Konsortiums den Bau der Gornergratbahn an die Bieler Firma Haag & Gräulich mit einem Budget von drei Millionen Franken unter der Bedingung, dass die Bahn einschliesslich des Rollmaterials und der elektrischen Einrichtung bis zum 1. Juli 1898 fertigzustellen sei.

Nachdem die Finanzierung gesichert war, begann im Frühsommer 1896 der Bau der 9,3 Kilometer langen Bahnstrecke. Rund 2400 vorwiegend italienische Arbeiter aus der Region Bologna waren am Bau beteiligt; manchmal arbeiteten bis zu tausend Arbeiter gleichzeitig an den verschiedenen Baustellen. Wegen der in diesen Höhenlagen ungewohnt dünnen Bergluft litten viele von ihnen sehr bald an Ermüdungserscheinungen. Atembeschwerden, Kopfschmerzen, Herzklopfen machten sich bemerkbar und die Arbeitsleistung sank markant, sodass viele Arbeiter krankheitshalber ausgetauscht werden mussten.

Bei Wiederbeginn der Arbeiten im Frühjahr 1897 mussten zuerst die mehrere Meter hohen Schneeberge weggeschaufelt werden, damit man überhaupt erst an die verschiedenen Baustellen gelangen konnte. Alexander junior stellte eigens dafür sechzig Mann zur Verfügung, denn auch er war daran interessiert, dass die Bahn seine Hotels Riffelalp und Riffelberg so schnell wie möglich bedienen konnte. Je höher man mit den Bauarbeiten kam, desto grösser wurden die Schwierigkeiten, ganz zu schweigen von der enormen logistischen Herausforderung der Unterbringung und Verpflegung von mehr als tausend hungrigen Bauarbeitern. Ganze Karawanen von Saumtieren mit ihren Treibern waren tagtäglich unermüdlich unterwegs und brachten Essen, Werkzeuge und tonnenweise Sprengstoff an die verschiedenen Bauplätze. Es krachte und donnerte den ganzen Sommer lang, und das Echo der Sprengungen war weitherum im Tal zu hören.

Plakat zur Eröffnung der Gornergratbahn. Rechts: «Das Stationsgebäude ist das schmucke Haus der Ortschaft und bildet als solches eine wahre Zierde für Zermatt.»

«In langen Karawanen zog es den Berg hinan; es waren in Zermatt nicht genug Reittiere aufzutreiben, um alle Personen auf den Gornergrat zu befördern, die sich die Mühe des Bergsteigens ersparen wollten. Die Gornergratbahn, deren Bau rasche Fortschritte machte, sandte ihnen donnernde Grüsse zu. Der ganze Berg erdröhnt und ächzt und brüllt, wenn die Sprengminen ihm die Flanken zerfleischen und seine Felsenrippen herausgebrochen werden, um den Weg für diese grossartige Bergbahn zu ebnen. Aus allen Schlünden und Klüften hallt das Echo donnernd zurück, bis es sich an den höchsten Gletscherwänden des Matterhorns und Monte Rosa bricht, eine Symphonie mit dem Paukenschlag von einer noch nie gehörten Grossartigkeit.»[155]

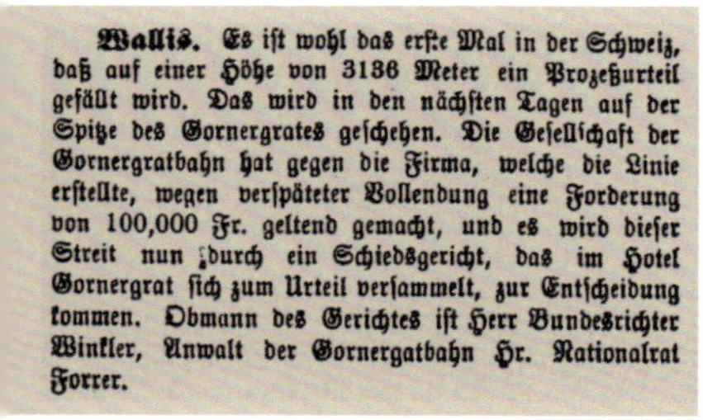
Wallis. Es ist wohl das erste Mal in der Schweiz, daß auf einer Höhe von 3136 Meter ein Prozeßurteil gefällt wird. Das wird in den nächsten Tagen auf der Spitze des Gornergrates geschehen. Die Gesellschaft der Gornergratbahn hat gegen die Firma, welche die Linie erstellte, wegen verspäteter Vollendung eine Forderung von 100,000 Fr. geltend gemacht, und es wird dieser Streit nun durch ein Schiedsgericht, das im Hotel Gornergrat sich zum Urteil versammelt, zur Entscheidung kommen. Obmann des Gerichtes ist Herr Bundesrichter Winkler, Anwalt der Gornergatbahn Hr. Nationalrat Forrer.

Zuger Volksblatt, Nr. 106, 12. September 1899.

Aus Rücksicht auf die Touristen und die Einwohnerinnen und Einwohner im Dorf wurde es dem Bauunternehmen bald verboten, zwischen 22 Uhr abends und 5 Uhr in der Früh Sprengungen durchzuführen. In Anbetracht der Tatsache, dass man nur tagsüber und auch nur in den schneefreien Sommermonaten bauen konnte, wurde die Bahn erstaunlich schnell, nach einer Bauzeit von etwas mehr als zwei Jahren, am 20. August 1898 eröffnet. Dennoch musste das Bieler Bauunternehmen eine Konventionalstrafe von 50 000 Franken an die Gornergratbahn AG bezahlen, da die Bahn erst mit 51 Tagen Verzögerung – nicht wie ursprünglich vereinbart am 1. Juli 1898 – dem Betrieb übergeben werden konnte.

Das Rollmaterial der ersten elektrisch angetriebenen Bergbahn der Schweiz bestand ursprünglich aus je einem Triebwagen für sechzig und einem Personenwagen für fünfzig Fahrgäste. Insgesamt lag die Beförderungskapazität im Eröffnungsjahr bei 110 Personen pro Fahrt und die durchschnittliche Geschwindigkeit betrug sieben Kilometer pro Stunde. Im ersten Jahr waren vier Fahrten täglich vorgesehen, wobei die Bahn für die ganze Strecke inklusive Halt an den Zwischenstationen etwa eineinhalb Stunden benötigte. Die Station beim Hotel Riffelalp wurde zusätzlich einmal pro Tag für dessen umfangreichen Güter- und Gästetransport bedient. «Die Saison 1910 war vom Wetter nicht begünstigt. Sie zählte wie 1909, 122 Betriebstage, von denen nur 48 schönes Wetter aufwiesen. Die totale Reisendenzahl betrug (Hin- und Rückfahrt doppelt gezählt) 36 753 gegenüber 39 084 im Vorjahre.»[156]

Rechts: Die erste Bergstation auf dem Gornergrat führte noch etwa 100 Meter unter den Gipfel (1899). Unten: «Elektrische Lokomotive der Gornergratbahn»: Illustration von Poyet (1846–1913).

Poyet

Die römischen Münzen vom Theodul

Die Familie Seiler vermachte unter anderem 35 römische Münzen dem Zermatter Alpinen Museum als Leihgabe.

Eines Abends im September des Jahres 1895, Edward Whymper war wieder zu Besuch in Zermatt, wurde er von einem jungen Mann angesprochen, der ihm einige antike Münzen zum Verkauf anbot. Man hätte diese kürzlich auf dem Theodulpass gefunden, an der Grenze zwischen der Schweiz und Italien. Da der junge Mann die Münzen nicht dabeihatte, vereinbarten sie, dass er am kommenden Vormittag zurückkommen sollte, damit Whymper diese würde prüfen können. Doch der Mann kam nicht wieder ... Trotzdem konnte Whymper anderntags eine dieser Münzen begutachten, die inzwischen schon den Besitzer gewechselt hatte, und er erkannte darin eine Prägung des römischen Kaisers Konstantin des Grossen. Man sagte ihm, man hätte insgesamt über fünfzig solcher Münzen gefunden, die alle ähnlich aussähen.

Da Whymper einen Tag später zurück nach London reisen musste, konnte er die Sache vorerst nicht weiterverfolgen. Als er aber im September 1896 nach Zermatt zurückkehrte, hörte er von Elisa Varonier, der Besitzerin des Hotel Gornergrat, dass bei ihr eine 22-jährige junge Frau aus Valtournenche beschäftigt wäre, die im Jahr zuvor am Theodulpass die römischen Münzen gefunden hätte. Whymper bat Madame Varonier, die Frau zu holen, und erfuhr von ihr, dass sie Josephine Pelissier hiess und im Vorjahr in der Theodulpasshütte in der Küche gearbeitet hatte. Sie sei am 24. August 1895 Wasser für die Küche holen gegangen. Etwa fünfzig Meter vom Gasthaus entfernt, habe sie unter einem flachen Stein 54 Münzen gefunden. Elf davon habe sie bereits verkauft, 43 seien noch vorhanden. Whymper bot ihr dafür sechzig Franken, und nach einigen Tagen Bedenkzeit akzeptierte sie sein Angebot. Von diesen 43 Münzen schenkte Whymper im Jahr 1898 deren 35 der Familie Seiler, welche diese wiederum als Leihgabe dem Zermatter Alpinen Museum vermachte. Erhalten haben sich dort aber nur die Originalschatulle und 21 der anfänglich 53 Münzen, die zwischen 200 v. Chr. und 400 n. Chr. geprägt worden waren. Der Verbleib der 14 restlichen Münzen ist bis heute unbekannt.

Es war nicht das erste Mal, dass man auf dem Theodul römische Münzen gefunden hatte. Vier Jahre zuvor, am 2. November 1891, schrieb nämlich Guillaume Guglielminetti, der Pächter des Hotel Glacier du Rhône der Familie Seiler, folgende Zeilen an einen Professor, der sich für den Fund von 1891 interessiert hatte:

> «Brig, 2.11.1891 – Hochgeehrter Hr. Professor, Hr. Joseph Seiler kam erst gestern von Italien retour. Habe ich sofort ihn interpelliert. Es sind ca. 30 Münzen gefunden, von denen 2 Stück in Joseph Seilers Münzensammlung gelangt sind. Die übrigen wurden von einem Führer nach Aosta getragen. Gefunden wurden die Münzen dicht bei der Theodulhütte, da wo die 3 Gebäude zusammenkommen, und zwar wie sie geehrter Professor ganz richtig vermutet haben, nicht im Gletscher, sondern im felsigen Sand beim Graben eines Fundamentes zum Vergrössern der Cabane. Die eine Münze ist klein,

> wie unser Nikel 20 Centimes Stück mit Kopf des Diocletian. Die andere ist grösser Aug VIII. Ich werde Hr. Seiler bitten, ihnen die Münzen zur Ansicht zuzusenden. Gegebenfalls möchte Hr. Joseph Seiler auch noch andere Münzen von St. Luc, Visp und Binn ihnen beilegen, vielleicht interessieren sie die Sachen. Hr. Joseph Seiler hat nämlich in Sitten einen Wallensteindegen deponiert, gefunden vor einigen Jahren oben auf dem Gletschereis, etwa auf der Colhöhe, etwas auf der Zermatterseite. Dass vor 6 Jahren ein Pfarrer Imboden aus Randa etwas unter der Theodulhütte auf der italienischen Seite beim Ofen (auf der Karte) 2 Cadaver entdeckt hat, werden sie wohl schon vernommen haben. Falls ich in der Sache Ihnen von Nutzen sein könnte, bitte mir nur umgehend schreiben zu wollen. Mit aller Hochachtung und freundlichen Grüssen von Seilers und meiner Familie – G. Guglielminetti.»

Die *Neue Zürcher Zeitung* vom 25. September 1891 berichtete ebenfalls über den ungewohnten Fund:

> «Auf dem Theodulgletscher ist ein interessanter Fund gemacht worden. Nachdem schon im Jahre 1887 unter dem Gletschereis ein Hufeisen gefunden wurde, wodurch die alte Ueberlieferung an Wahrscheinlichkeit gewann, dass der 3322 Meter hohe Theodulpass in früherer Zeit nicht vergletschert war, fand man letzter Tage unter dem Gletschereis mehrere alte Münzen. Beim Nachgraben unter dem Eise kamen etwa zwanzig Münzen zum Vorschein; es sind meist Bronze- und Silbermünzen aus der römischen Kaiserzeit. Die Bildnisse zeigen Augustus und Diocletian, die Inschriften sind ebenfalls noch deutlich erhalten. Wahrscheinlich führte früher über den noch nicht vergletscherten Theodul eine Heer- und Handelsstrasse.»

Die Experten waren sich uneinig, wie genau die Münzen dorthin gelangen konnten. Hatte ein Römer diese vor Jahrhunderten dort verloren oder versteckt? War es ein neuzeitlicher Alpenüberquerer oder gar ein Dieb gewesen, der die Beute auf der Passhöhe des Theodul verborgen hatte, in der Absicht, später wieder zurückzukehren? Aber wer versteckte schon einen Geldbeutel im ewigen Eis auf über 3000 Metern Höhe an einem Ort, wo meterhoher Schnee, Eis und Schmelzwasser das Versteck leicht unkenntlich machen könnten? Man würde es wohl nie genau erfahren. Am wahrscheinlichsten scheint die Theorie, dass es sich dabei um Weih- oder Opfergaben einer Kultstätte handelte, die dort in früheren Zeiten dem Heiligen Theodul, dem Schutzheiligen der Alpen, geweiht gewesen war.

Hotel d'Angleterre in Brig

Wenige Monate, nachdem der neue Pachtvertrag zwischen der Familie Seiler und der Zermatter Burgerschaft 1894 für weitere 15 Jahre unter Dach und Fach gebracht worden war und kurz nach Baubeginn der Gornergratbahn erwog Catharina Seiler, sich nun doch gänzlich vom Hotelgeschäft zurückzuziehen und die Leitung der Zermatter Betriebe an ihren Sohn Alexander junior zu übertragen. Noch im Januar 1895 hatte sie das traditionsreiche Hotel d'Angleterre im Herzen der Briger Altstadt an der alten Simplonstrasse

HOTEL D'ANGLETERRE à BRIGUE
(Wallis).
Unterzeichnete haben diesen Gasthof seit dem 1. Mai eröffnet und neu möblirt. Sie werden sich bestreben, die Gäste bei jeder Ankunft des Eilwagens durch aufmerksame Bedienung, gute Tafel und billige Preise zu befriedigen, und empfehlen ihr Hotel auch den Herrschaften, die Excursionen nach Zermatt, Grimsel, Furka und Eggischhorn machen wollen.
Escher & Loretan.

Das altehrwürdige Hotel d'Angleterre in Brig hatte viele verschiedene Pächter, so zum Beispiel die Herren Escher und Loretan im Jahr 1361.

von der Familie Perrig gekauft, nicht etwa, weil sie das Seiler'sche Hotelgeschäft auch noch nach Brig ausdehnen wollte, sondern weil das altehrwürdige Haus künftig der neue Wintersitz der Familie Seiler in Brig werden sollte. «Brigue – L'Hôtel d'Angleterre de cette ville, propriété de la famille Perrig, qui a changé ces dernières années bien fréquemment ses locataires, vient d'être vendu à la famille Seiler, déjà propriétaire des hôtels au glacier du Rhône, Eggishorn et Zermatt. Il sera considérablement agrandi.»[157]

Das schon seit Jahrzehnten als Gasthof genutzte «Angleterre» soll am 10. November 1779 bereits den durchreisenden Dichter Johann Wolfgang von Goethe beherbergt haben. In seinen Briefen aus der Schweiz schrieb Goethe allerdings über seinen Aufenthalt in Brig nur: «Wir haben ein ganz artiges Wirtshaus und, was uns zu grossem Vergnügen dient, in einer geräumigen Stube ein Kamin angetroffen. Wir sitzen am Feuer und machen Ratschläge wegen unserer weiteren Reise.»

Das Restaurant im Erdgeschoss des «Angleterre» war seit jeher ein äusserst beliebter Treffpunkt der Briger Gesellschaft. Dort verkehrten die einflussreichen Geschäftsleute, und Politiker versuchten neue Anhänger zu gewinnen, indem sie dort ihre Ideen verbreiteten. Im grossen Saal wurden Feste gefeiert, Versammlungen, Auktionen und Ausstellungen abgehalten. Kurios ist 1918 die Ankündigung eines kleinen Weltwunders, das gegen fünfzig Rappen Eintritt zu besichtigen war: «Der Seppitoni, der kleinste Schweizer Rekrut, hat sich heute morgen in Begleitung seiner Schwester und eines Impressarios auf unserer Redaktion vorgestellt. Das Männlein, in echter Innerrödler Tracht, ist kaum einen Käse hoch, raucht aber wie ein Türk und jodelt: ‹Min Vater isch en Appizeller›.»

Anzeige für den «Seppetoni» aus Appenzell, April 1918.

Nach dem Ankauf durch die Familie Seiler wurde das «Angleterre» besser bekannt unter dem Namen «Seilerhaus», denn dort verbrachte die Hoteliersfamilie nun alljährlich die Wintermonate, traf die Vorbereitungen für die nächste Sommersaison und rekrutierte das dafür benötigte Personal. 1920 übernahm der jüngste Sohn Hermann Seiler die Liegenschaft; sie blieb danach noch viele Jahre lang in Familienbesitz, bis sie schliesslich 1978 an die Versicherungsgesellschaft Mobiliar verkauft wurde. Das alte ursprüngliche Wirtshausschild mit dem Wappen der englischen Königsfamilie Windsor thront heute wieder über dem Eingang des Restaurants, nachdem es zuvor

Die Familie Hermann Seiler vor ihrem Wintersitz, dem Hotel d'Angleterre in Brig.

jahrzehntelang an der Fassade des Hotel Glacier du Rhône in Gletsch gehangen hatte. Der angrenzende, 2012 von der Stadt Brig eingeweihte Seiler-Platz mit einem Brunnen erinnert an die bedeutende Walliser Hoteliers- und Politikerfamilie.

Catharina Seilers plötzlicher Tod

Wie Catharina Seiler ihrem Bruder Pater Victor SJ noch im Spätsommer 1895 anvertraute, hatte sie vor, nach beendeter Saison 1895 die Leitung des Zermatter Geschäfts definitiv an ihren Sohn Alexander abzugeben und sich gänzlich nach Brig zurückzuziehen. Dort wollte sie sich besonders um ihre hochbetagte Mutter Katharina Cathrein-Venetz und auch wieder vermehrt um die Aktivitäten des Elisabethenvereins kümmern, den sie in den letzten

Jahren wegen der grossen Arbeitsbelastung etwas vernachlässigt hatte. Aber kaum war Catharina Seiler von ihrem letzten kurzen Besuch in Brig nach Zermatt zurückgekehrt, erkrankte sie ganz plötzlich. Am Dienstag, dem 10. September, wurde vermeldet: «Zermatt, 12. d. Frau Alexander Seiler, Witwe des Schöpfers der Fremdenstation Zermatt, ist schwer an einer Lungenentzündung erkrankt. Die 61-jährige Frau geniesst die Sympathien der ganzen Bevölkerung.» Die in Zermatt praktizierenden Ärzte Dr. Riedi und Dr. de Courten sowie auch der von der Familie Seiler eilends aus Lausanne herbeigerufene Dr. Bugnion kümmerten sich mit den wenigen verfügbaren Mitteln um die Todkranke, aber sie alle waren machtlos. Am Mittwoch war ihr Zustand bereits kritisch und verschlimmerte sich noch gegen Abend. Catharina Seiler starb unerwartet schnell am Donnerstag, dem 12. September 1895, kurz vor 21 Uhr.[158] Die Bestürzung über den Tod der allseits beliebten und geachteten Catharina Seiler war gross.

Ihre Nichte, die 21-jährige Marie Plattner-Clausen, beschrieb die bangen Momente in ihrem Tagebuch:

> «Welch schreckliche Stunden nun für uns folgten, das vermag ich nicht zu schildern, die Schrecklichsten, die ich bis dahin noch durchlebt – es war ein entsetzliches Leben, eine schreckliche Qual, ein Hoffen und Bangen. So ging's bis Donnerstagabends, ich fürchtete mich, mein Bruder Alfred und mein Vetter Julius Cathrein waren bei mir und sprachen mir Mut und Hoffnung ein. Es war 9½ Uhr als man uns die schrecklichste Nachricht brachte, die mich, schien es mir wenigstens, hätte treffen können. Die gute Frau Seiler ist ins bessere Jenseits abgerufen worden. Was ich in dem Momente gefühlt, das weiss nur Gott, ich werde mein Lebtag diesen Augenblick nicht vergessen. Es war mir als sei mein Herz durchstochen. Ich vermochte nicht zu weinen und nicht zu beten. Gedankenlos hatte ich mich auf die Knie geworfen und starrte vor mich hin, bis sich der Schmerz Bahn brach. Welch furchtbare Momente! Ich werde nicht mehr darüberschreiben – es tut zu weh. Mein Herz möchte aufschreien vor bitterem Schmerz und doch nein, es darf nicht sein – ich muss mich fassen meines teuren Mütterleins wegen. Am Freitag durften mein Schwesterlein [Anna Clausen] und ich nach Zermatt gehen, um die teuerste Tante zum letzten Male zu sehen. Wie schön, wie friedlich lag sie da auf ihrem Paradebett! Es kam mir unmöglich vor an das Schreckliche, an den Hinschied der edlen Seele zu glauben und doch, so war's. Gott habe sie selig! Am Sonntag führte man die Leiche nach Brig. Der Augenblick, wo man die teuerste Tante hinaus trug aus dem Monte Rosa war ein schwerer, es bot sich ein herzzerreissender Anblick. O, die Glocken, wie schrecklich klagten sie. Ich musste meine Hände vors Gesicht drücken, um nichts mehr sehen zu müssen, ich glaubt, ich könnt es nicht ertragen.»

Unter grosser Anteilnahme des ganzen Dorfes trugen ihre treuesten Angestellten den Sarg am Morgen des 14. September aus dem Hotel Monte Rosa zum Bahnhof, wo die Verstorbene ihre letzte Reise nach Brig antrat. Catharina Seiler wurde am 15. September im Beisein ihrer Familie, des Walliser Regierungsrates und der versammelten Gemeinderäte von Zermatt und

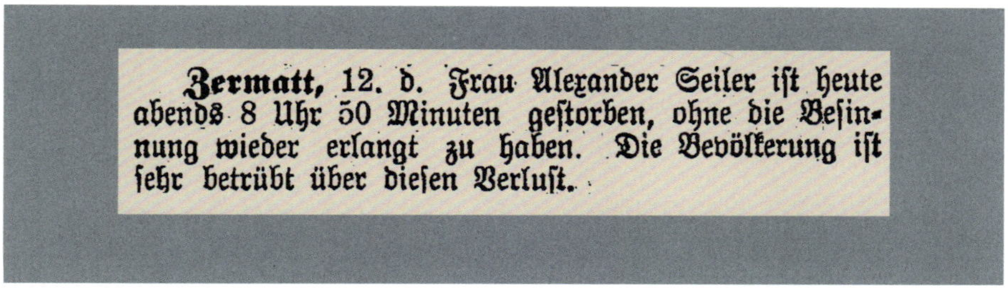
Zermatt, 12. d. Frau Alexander Seiler ist heute abends 8 Uhr 50 Minuten gestorben, ohne die Besinnung wieder erlangt zu haben. Die Bevölkerung ist sehr betrübt über diesen Verlust.

Der Bund, Nr. 254, 13. September 1895, Ausgabe 2.

Brig im Familiengrab in Glis beigesetzt. Am Begräbnis nahmen 55 Priester und über 3000 Trauergäste teil, 130 prächtige Blumenkränze wurden an der Grabstätte niedergelegt.

Im *Walliser Boten* vom 21. September 1895 erschien der Nachruf auf Catharina Seiler:

> «Mama Seiler – Die ausserkantonale Presse hat der Verblichenen bereits in ehrenvollster Weise gedacht. Auch dieses Blatt möchte ihr bescheiden einen Kranz auf das Grab legen. Katharine Seiler war die älteste Tochter des gewesenen Regierungsstatthalters Andreas Cathrein. Sie hatte im März 1834 das Licht der Welt erblickt. Für die damalige Zeit kann ihre Erziehung eine vortreffliche genannt werden. Nach Vollendung der Primarschule erlernte sie im Hause des hochgebildeten Staatsrathes Gross in Martinach die französische Sprache. Ins väterliche Haus zurückgekehrt, erhielt sie Unterricht in der Buchhaltung und kaufmännischer Korrespondenz und leistete den Eltern aushülfe im Betrieb einer Eisenhandlung. Von der noch lebenden, jetzt neunzig-jährigen Mutter wurde die Verstorbene unterwiesen in den weiblichen Hausarbeiten und insbesondere im Kochen. Trotz dieser praktischen Richtung hatte die junge, schöne Tochter eine grosse Vorliebe für Literatur und Kunst. Als im Jahre 1856 Hr. Josef Mengis mit einer Elite von gebildeten jungen Männern in Brig die bekannten theatralischen Aufführungen in Szene setzte, wurde die Rolle der Jüdin dem Fräulein Catharine Cathrein übertragen. Ihr Erfolg war durchschlagend. Seither hatte sie oft Gelegenheit, bei theatralischen Vorstellungen zu gemeinnützigen Zwecken ihr angeborenes dramatisches Geschick zu bekunden. Ihre Vermählung mit Herrn Alexander Seiler erfolgte im Jahre 1857. Sie war die Mitbegründerin der weltberühmten Geschäfte Seiler im Oberwallis. Der Scharfblick und die Energie des Gatten sorgten für die äusseren Angelegenheiten. Im Inneren des Hauses waltete Frau Seiler mit seltener Hingebung und Umsicht.
> Während nahezu vierzig Jahren führte sie die Buchhaltung und die Korrespondenz eines ausgedehnten Geschäftes. Den Gästen gegenüber wusste sie zu verkehren mit Würde und herzgewinnender Liebenswürdigkeit. Ihr entging nichts in der Einrichtung der Häuser. Vom Erdgeschoss bis in die obersten Dachzimmer übersah sie das gesamte Mobiliar. Bei Unfällen und Krankheiten war sie stehts gleich zur Hand für die erste Hülfe. Als früher einmal im Hotel Monte Rosa der Koch den Streik erklärt hatte, zog Frau Seiler rasch die Küchenkleidung an und konnte der Verlegenheit steuern. Mit seltenem Takt hatte sie es verstanden, Zucht und Ordnung unter dem zahlreichen Dienstpersonal aufrecht zu erhalten. Treue Dienstboten wurden von ihr reichlich belohnt und geehrt.

> In hohem Masse besass die Verstorbene die Gabe der Rede. Sie vermochte die schwierigsten Charaktere zu gewinnen. Mit Gewandtheit trat sie ein, wo es galt, die Rechte ihres Geschlechtes zu verteidigen. Man wird solch erinnern der salbungsvollen Artikel, welche von der Hand der Verstorbenen geschrieben in den Spalten dieses Blattes erschienen sind, in denen die unwürdige Behandlung Tadel erfährt, die in manchen unseren Gebirgsgegenden dem schönen Geschlechte zu Theil wird. Da geht sie strenge ins Gericht mit dem Manne, welcher, das Pfeifchen im Munde, die Hände in den Hosentaschen auf der Dorf Bank sitzend, seiner Frau zusieht, wie diese gebückt unter der Last, mit dem Milchkübel und dem Brennholz auf dem Rücken, von der weitentfernten Stallung zurückkehrt.
> Herz und Bildung machten ihr die Religion theuer. Sie rechnete es sich stets zur Ehre an, den Priestern würdig zu begegnen. Sie zählte deren sechs zu ihren geistlichen Söhnen. Um den Segen des Allerhöchsten auszuwirken über ihre zahlreichen Kinder, liess sie sich aufnehmen in den dritten Orden des hl. Franziskus. Nicht nur mit Worten, sie war auch religiös durch ihre Werke. Ihre Wohltätigkeit kannte keine Grenzen. In Zermatt und in Brig wurde sie die Mutter der Armen genannt. Seit vielen Jahren befand sie sich an der Spitze des Elisabethvereins, welcher in Brig so viel Elend gemildert und so manche Noth gestillt hat. Es gereichte ihr zur Freude, während des ganzen Jahres Gaben zu sammeln, um mittelst derselben den armen Kindern einen reich ausgestatteten Weihnachtsbaum zu bereiten.
> Die neue Einrichtung des alten Maltheserspitals in Brig muss der Verblichenen zum Verdienste angerechnet werden. Die Beerdigung hat am 15. verflossenen September stattgefunden. Die Theilnahme der Bevölkerung war eine ausserordentliche. Die Zahl der Theilnehmer wird auf 3000 geschätzt. Die bischöfliche Kurie und der Regierungsrath waren vertreten. Die Gemeinderäthe von Brig und Zermatt in corpore, sowie die geistlichen Söhne schritten hinter dem Sarge einher. Über vierzig Geistliche befanden sich im Leichenzuge. Auch die Waisenhäuser von Sitten und St. Moritz hatten Abordnungen geschickt. Die barmherzigen Schwestern mit den Waisenkindern legten das beredtste Zeugnis ab von dem Wohlthätigkeitssinne der Dahingeschiedenen. Über 130 Kränze wurden auf dem frischen Grabeshügel niedergelegt. Möge ihr Streben und Wirken Nachahmung finden! Sie ruhe im Frieden!»

Die Freiburger Zeitung *La Liberté* stellte am 18. September 1895 zustimmend fest, dass die Feier mehr einer «Apotheose», einer Vergöttlichung, geglichen habe als einer Beerdigung.

Laut Geschäftsbilanz der Familie Seiler beliefen sich die Aktiven beim Tod des Vaters im Jahr 1891 auf 2 373 147 Franken und beim Tod der Mutter vier Jahre später auf 3 150 477 Franken. In den vier Jahren zwischen 1891 und 1894 erwirtschafteten ihre Hotels in Zermatt einen durchschnittlichen Reingewinn von nur 220 000 Franken, welcher aber immer wieder fast vollständig in das Geschäft zurückinvestiert wurde. Abzüglich der Passiven von 208 472 Franken ergab sich somit im Jahr 1895 ein Reinvermögen von fast 3 Millionen Franken. Dabei nicht eingerechnet sind die Besitztümer am Rhonegletscher von rund 500 000 Franken, die Vater Seiler seinen Söhnen 1891 separat vererbt hatte. Die Hotels samt Inventar in Zermatt und der Anteil an

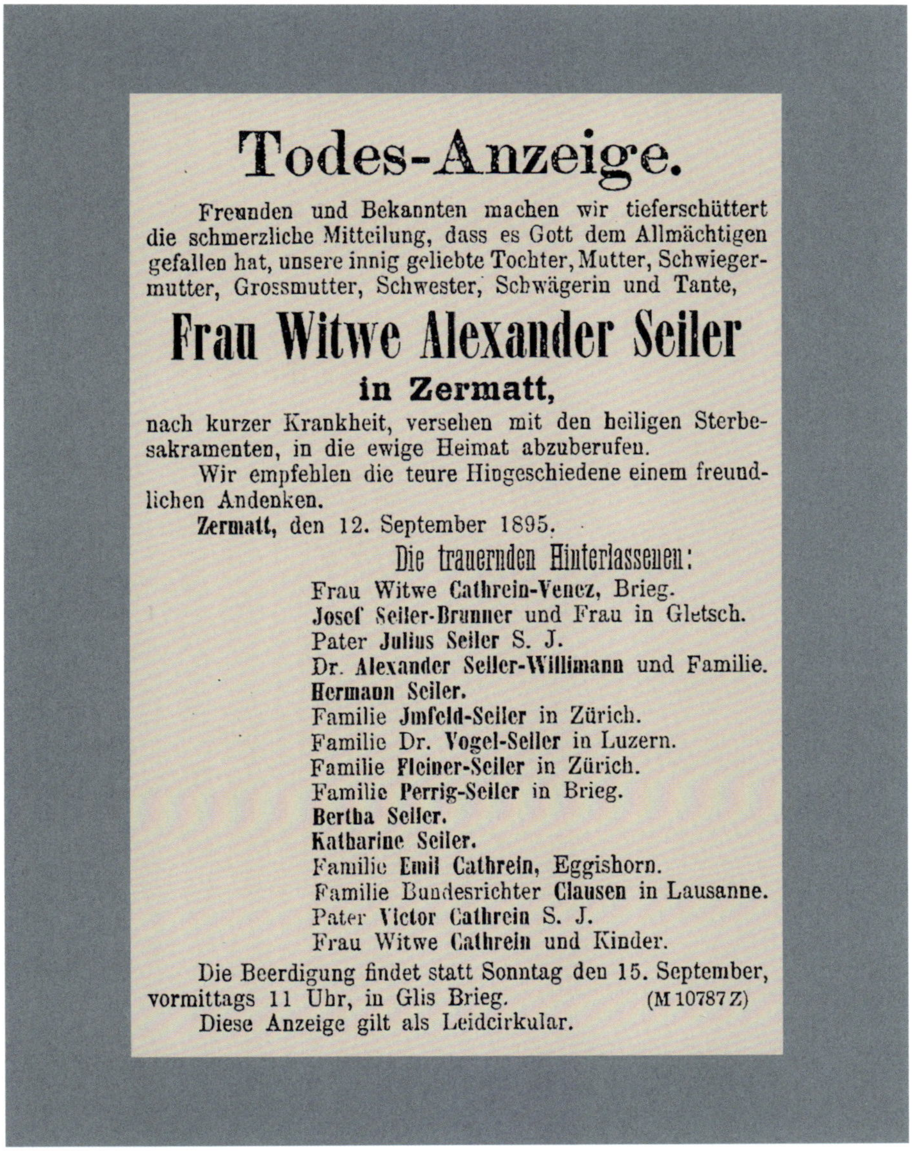

Todes-Anzeige.

Freunden und Bekannten machen wir tieferschüttert die schmerzliche Mitteilung, dass es Gott dem Allmächtigen gefallen hat, unsere innig geliebte Tochter, Mutter, Schwiegermutter, Grossmutter, Schwester, Schwägerin und Tante,

Frau Witwe Alexander Seiler

in Zermatt,

nach kurzer Krankheit, versehen mit den heiligen Sterbesakramenten, in die ewige Heimat abzuberufen.

Wir empfehlen die teure Hingeschiedene einem freundlichen Andenken.

Zermatt, den 12. September 1895.

Die trauernden Hinterlassenen:

Frau Witwe **Cathrein-Venez**, Brieg.
Josef Seiler-Brunner und Frau in Gletsch.
Pater **Julius Seiler** S. J.
Dr. **Alexander Seiler-Willimann** und Familie.
Hermann Seiler.
Familie **Jmfeld-Seiler** in Zürich.
Familie Dr. **Vogel-Seiler** in Luzern.
Familie **Fleiner-Seiler** in Zürich.
Familie **Perrig-Seiler** in Brieg.
Bertha Seiler.
Katharine Seiler.
Familie **Emil Cathrein**, Eggishorn.
Familie Bundesrichter **Clausen** in Lausanne.
Pater **Victor Cathrein** S. J.
Frau Witwe **Cathrein** und Kinder.

Die Beerdigung findet statt Sonntag den 15. September, vormittags 11 Uhr, in Glis Brieg. (M 10787 Z)

Diese Anzeige gilt als Leidcirkular.

Der Bund, 15. September 1895.

den Cathrein-Hotels am Eggishorn wurden mit 2 Millionen Franken bewertet (siehe unten), der Rest des grossen Vermögens setzte sich hauptsächlich aus Immobilien und Ländereien zusammen, verteilt über das ganze Oberwallis.

Tabelle 3: Bewertung der Immobilien 1895

Hotel Mont Cervin	680 000.–
Hotel Monte Rosa	215 000.–
Felsenhaus, Apotheke und Postbüro	100 000.–
Hotel Riffelalp	655 000.–
Hotel des Alpes	40 000.–
Diverse Dependancen	100 000.–
Inventar Zermatterhof	85 000.–
Inventar Hotel Riffelberg	22 000.–
Anteil Eggishorn, Riederalp	137 000.–

Die zweite Generation Seiler 1895–1910

Nach dem Tod von Mutter Catharina Seiler übernahm die zweite Generation die Verantwortung über den grossen Familienbetrieb. Fünf der 16 Kinder von Catharina und Alexander Seiler starben im Kindesalter, Julius trat in den Jesuitenorden ein, Andreas verunglückte als 18-Jähriger am Matterhorn tödlich. Die übrigen neun Kinder gründeten 1896 die Kollektivgesellschaft Alexander Seiler & Cie., die sämtliche Zermatter Hotels umfasste. Da Joseph bereits seit zwei Jahren mit der Leitung der Hotels am Rhonegletscher betraut war und der 19-jährige Hermann gerade erst sein Jurastudium begonnen hatte, wurde der 31-jährige Rechtsanwalt Alexander junior einstimmig von seinen Geschwistern zum handelsbevollmächtigten Geschäftsführer der neuen Firma ernannt. Alexander junior trat damit in die grossen Fussstapfen seines Vaters.

Eröffnung der Gornergratbahn

Angezogen durch verschiedenste kühne Schweizer Bergbahnprojekte besuchte der milliardenschwere amerikanische Eisenbahnkönig Cornelius Vanderbilt (1843–1899) im August 1897 die Schweiz. In Begleitung des Schweizer «Eisenbahnkönigs» Adolf Guyer-Zeller machte er einen Ausflug auf die Kleine Scheidegg, wo sich die beiden ausgiebig über technische Details und die grossen Herausforderungen des gewagten Jungfraubahn-Projekts unterhielten. Nach einem Besuch in Interlaken reiste er nach Glion und besichtigte dort die damals zweitsteilste Standseilbahn der Welt, die Territet-Glion-Rochers-de-Naye-Bahn. Zum Abschluss seiner Schweizer Reise verbrachte er mit seinen Söhnen noch einige Ferientage im Hotel Riffelalp oberhalb Zermatt, wo er sich ausführlich über die schon weit vorangeschrittenen Bauarbeiten für die Gornergratbahn informieren liess. Vanderbilt war jedoch gesundheitlich angeschlagen, nachdem er im Vorjahr einen Schlaganfall erlitten hatte. Er konnte deshalb nur mehr schwer gehen und litt an chronischem Appetitmangel. Umso mehr genoss er den erholsamen Aufenthalt in der Zermatter Höhenluft: «Er soll sich aber königlich gefreut haben über den köstlichen Appetit, welchen man in den Bergen hat. Während man für gewöhnlich mit einem Poulet im Tage genug hätte, dürfe man sich in der reinen Alpenluft ohne besondere Mühe an zwei wagen.»[159]

Eisenbahnkönig Cornelius Vanderbilt (1843–1899).

Getrübt wurden seine Ferien auf der Riffelalp einzig durch die vielen Bettelbriefe, die er täglich gleich stapelweise per Post erhielt. Der

Links: Alexander Seiler Junior (1864–1920): Nationalrat, Verkehrspolitiker und Bauernvertreter, um 1910.

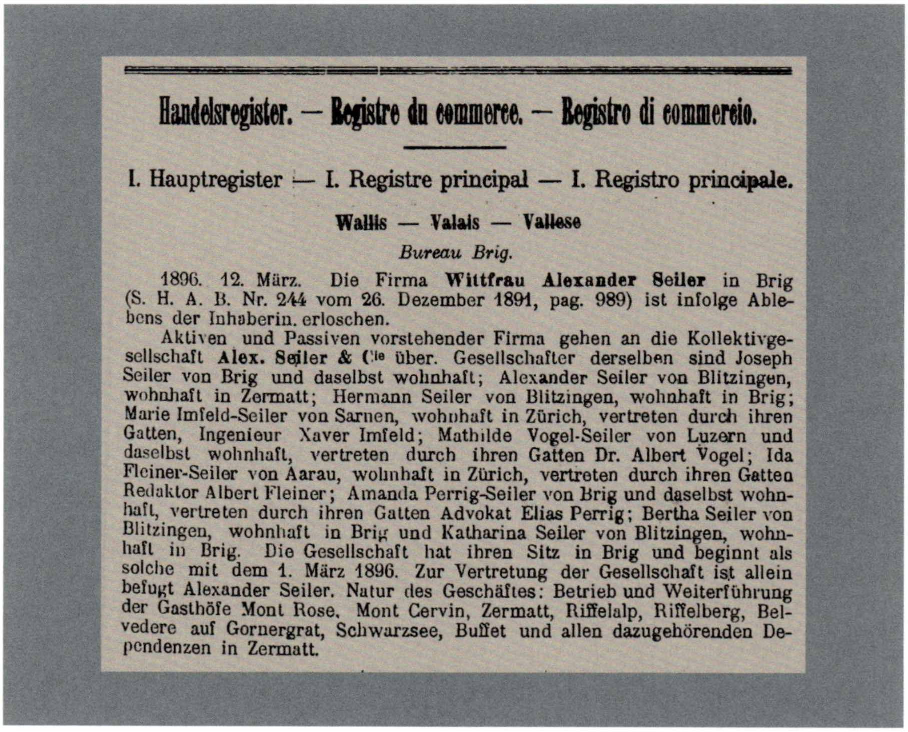

Handelsregister. — Registre du commerce. — Registro di commercio.

I. Hauptregister — I. Registre principal — I. Registro principale.

Wallis — Valais — Vallese

Bureau Brig.

1896. 12. März. Die Firma **Wittfrau Alexander Seiler** in Brig (S. H. A. B. Nr. 244 vom 26. Dezember 1891, pag. 989) ist infolge Ablebens der Inhaberin. erloschen.

Aktiven und Passiven vorstehender Firma gehen an die Kollektivgesellschaft **Alex. Seiler & Cie** über. Gesellschafter derselben sind Joseph Seiler von Brig und daselbst wohnhaft; Alexander Seiler von Blitzingen, wohnhaft in Zermatt; Hermann Seiler von Blitzingen, wohnhaft in Brig; Marie Imfeld-Seiler von Sarnen, wohnhaft in Zürich, vertreten durch ihren Gatten, Ingenieur Xaver Imfeld; Mathilde Vogel-Seiler von Luzern und daselbst wohnhaft, vertreten durch ihren Gatten Dr. Albert Vogel; Ida Fleiner-Seiler von Aarau, wohnhaft in Zürich, vertreten durch ihren Gatten Redaktor Albert Fleiner; Amanda Perrig-Seiler von Brig und daselbst wohnhaft, vertreten durch ihren Gatten Advokat Elias Perrig; Bertha Seiler von Blitzingen, wohnhaft in Brig und Katharina Seiler von Blitzingen, wohnhaft in Brig. Die Gesellschaft hat ihren Sitz in Brig und beginnt als solche mit dem 1. März 1896. Zur Vertretung der Gesellschaft ist allein befugt Alexander Seiler. Natur des Geschäftes: Betrieb und Weiterführung der Gasthöfe Mont Rose, Mont Cervin, Zermatt, Riffelalp, Riffelberg, Belvedere auf Gornergrat, Schwarzsee, Buffet und allen dazugehörenden Dependenzen in Zermatt.

Handelsregister, 17. März 1896.

gewissenhafte Amerikaner liess sich jedes Schreiben von der Direktorin Marie Clausen ins Englische übersetzen, was angeblich täglich mehrere Stunden in Anspruch nahm. Die meisten Briefe wanderten direkt ins Feuer, nur wenige behielt er zur näheren Abklärung zurück. Als besonders dreist befand er ein Schreiben einer Zürcherin, die 20 000 Franken erbat, damit sie sich von der Bürde ihrer Hypothek befreien könnte.

Am Freitag, dem 19. August 1898, begannen unten im Tal im Visper Bahnhofbuffet die Feierlichkeiten für die Eröffnung der Gornergratbahn. Anwesend waren Vertreter des eidgenössischen Eisenbahndepartements, Mitglieder des Verwaltungsrats, des Bankkonsortiums, der Walliser Regierung und der Presse. Die Visp-Zermatt-Bahn offerierte einen opulenten Imbiss; Verwaltungsrat de Weck hiess die Anwesenden willkommen und würdigte in gewandten Worten die neue Bergbahn. Um zwei Uhr fuhr die Gesellschaft per Extrazug nach Zermatt und bezog ihr Quartier im Hotel Mont Cervin. Am Samstagmorgen um 8.30 Uhr begann die eigentliche Feier mit der Abfahrt des Eröffnungszugs auf den Gornergrat, wo die Geladenen bei schönstem Wetter die atemberaubende Aussicht auf die Berg- und Gletscherwelt bestaunten. Die Fahrt dauerte anderthalb Stunden, je eine halbe Stunde nach Riffelalp, Riffelberg und Gornergrat. Begeisterte Kundgebungen vonseiten der Lokalbevölkerung blieben aus; einzig im «Riffelberg» hatte sich der Chefkoch mit einem Fähnlein in der Hand zusammen mit den anderen Hotelangestellten aufgestellt, um den ersten Zug zu begrüssen. Ein geladener Journalist erzählte in der Zeitung *Der Bund* am 23. August 1898

Rechts: Bergstation Riffelberg. Unten: Die erste Bergstation Gornergrat befand sich noch etwa 100 Meter unterhalb des Gipfels, um 1898.

von der Jungfernfahrt durch idyllische Wälder und Alpwiesen, vorbei an Steinschluchten und hinauf in die prachtvolle Gletscherwelt:

> «Langsam gleitet der Zug in das Geleise der letzten Station: ‹Gornergrat, alles aussteigen!› Herr Haag begrüßte im Namen der Unternehmung die Gäste mit einem stolzen Wort; er durfte das thun und konnte sich kurzfassen, denn der Rundblick auf die Wunder der Berg- und Gletscherwelt, die sich gleichsam um den Gornergrat scharen, sagte genug. ‹Seid uns gegrüßt an dieser Stelle› – sagte Herr Haag – ‹auf der vor kurzer Spanne Zeit noch hoher Schnee gelegen. Mit der höchsten Bergbahn Europas haben wir Euch in angenehmster Fahrt auf diese Höhe geführt. Die Bahn ist sicher erstellt und mit gutem Gewissen dürfen wir sie heute dem öffentlichen Verkehr übergeben, und nun genießt das großartige Schauspiel, das sich Euch hier bietet.› [...] In 15 Minuten war die Höhe erreicht, auf der die Gemeinde Zermatt das ‹Hotel zum Gornergrat› gebaut hat. Fast unbegreiflich ist es, wie man das Gebäude gerade auf die Mitte dieses herrlichsten Aussichtspunktes stellen konnte, so daß man sich daran herumdrücken muß, wenn man das ganze Panorama überschauen will.»

Alexander junior lud anschliessend zu einem Imbiss auf die Aussichtsterrasse des «Belvédère» ein und begrüsste die geladenen Ehrengäste mit seinem volksnahen Schalk, für den er bestens bekannt war.

> «Es könnte wie Ironie klingen, dass gerade ich die Gäste des Eröffnungszuges der Gornergratbahn hier begrüße. Bin doch ich es gewesen, der seinerzeit in Wort und Schrift gegen die Erteilung der Konzession an dieses Unternehmen tätig war. Die Bevölkerung fürchtete, dass sie durch die Bahn ein schönes Stück Verdienst verlieren werde. Seit dem Tage aber, an dem die erste Lokomotive der Visp-Zermatt-Bahn das Thal heraufkeuchte, ist in unserm Fremdenverkehr ein gewaltiger Umschwung eingetreten. Was früher nur wenigen Bevorzugten möglich war zu schauen, das ist durch die Bahn großen, weitern Kreisen erschlossen worden. Vielen ist es nun vergönnt, in Bewunderung vor dieser Berg- und Gletscherwelt zu stehen. Ich stehe nicht an zu erklären, dass ich daher meine Ansichten über die Bergbahnen geändert habe, und gebe der Hoffnung Ausdruck, dass die Gornergratbahn, als die höchste und schönste Bergbahn Europas, unsern Fremdenverkehr mächtig fördern und dass sich auch die Bevölkerung mit ihr aussöhnen werde.»[160]

Kaum hatte er seine Rede beendet, trafen auch schon die ersten Touristen ein, die mit dem allerersten Zug im regulären Betrieb angereist waren. Statt in einzelnen kleinen Karawanen kamen von nun an die Besucherinnen und Besucher gleich in grossen Gruppen und in regelmässigen Abständen viermal täglich. Um 12.20 Uhr begann die Talfahrt, und alle bestaunten erneut das Wunderwerk der Technik, die ruhige Fahrt der Bahn, die sanft Richtung Tal dahinglitt. Die Festlichkeiten endeten mit einem grossen Bankett im Hotel Mont Cervin. Die Musikkapelle des Hotels spielte zum Festmahl auf. Der geschichtsträchtige Tag ging mit einem grossen Feuerwerk und verschiedenen Höhenfeuern zu Ende. In den ersten zwei Betriebsmonaten transportierte die erste elektrische Zahnradbahn der Schweiz über 10 000 Fahrgäste; schon im Folgejahr 1899 wuchs diese Zahl auf 35 000 Passagiere.

Allerdings war die Freude über die neueste Errungenschaft nicht überall gleich gross: Ein verärgerter Journalist bemerkte im *Walliser Boten* vom 27. August 1898 ziemlich bissig:

> «Vom Gornergrat redet bald die ganze Welt. Man bedenke nur, dass vor Kurzem an einem Tage gegen 500 Fremde ihn besucht und ihn mit gar herzigen Worten ‹beautiful›, ‹splendid› und ‹grossartig› und ‹famos› nahezu hätten konfus machen können. Und jetzt geht das erst recht los und steigert sich; denn jetzt können sich alle Krüppel und Fettsüchtigen sogar gegen ein paar Batzen, sage Fünffränkler, behaglich auf Polster und Sessel hinter Glas und Vorhang hinaufziehen lassen zu dem unvergleichlichen Höhenschauspiel, wohl dem herrlichsten der Schweiz. Ja, so ist's …»

Das Riffelalp-Tram

Zwar hatte Vater Seilers Schwiegersohn Xaver Imfeld die Linienführung der Gornergratbahn entworfen, doch war es ihm aus topografischen Gründen nicht gelungen, die Bahnstation ganz nahe am Hotel Riffelalp vorbeizuführen, und so wurde die Station Riffelalp etwa 475 Meter entfernt vom Hotel erbaut. Die vornehmen Gäste mit ihren teilweise riesigen Gepäckbergen mussten zu Fuss und mit Maultieren über den engen Trampelpfad durch den Wald zum Hotel gebracht werden. Alexander junior war sich darüber im Klaren, dass er seinen Gästen einen einfacheren Transport zum Hotel ermöglichen musste; es lag auf der Hand, einen Zubringer von der Bahnstation zum Hotel zu planen. Noch vor der Eröffnung der Gornergratbahn reichte Alexander junior deshalb bei der Gemeinde Zermatt ein Gesuch für den Bau eines schmalen Strässchens ein, das durch den gemeindeeigenen Burgerwald führen sollte. Aber dafür hätten etwa vierzig alte Bäume gefällt werden müssen. Die Zermatter verweigerten ihm die nötige Bewilligung mit der Begründung, der Baumschlag würde die Lawinengefahr erhöhen. Die ablehnende Haltung der Gemeinde war für Alexander junior frustrierend und trübte erneut die schon fast wieder normalisierten Beziehungen zwischen den ehemals zerstrittenen Parteien. Eine alternative Lösung musste gefunden werden. Statt sich erneut auf einen langwierigen Prozess mit der Gemeinde einzulassen, stellte Alexander junior am 25. März 1898 ein Konzessionsgesuch für den Bau einer elektrisch betriebenen Tramverbindung an das eidgenössische Post- und Eisenbahndepartement in Bern. Für die Erteilung von Bahnkonzessionen waren die Bundesbehörden allein zuständig und die Gemeinden hatten in dieser Hinsicht wenig bis gar keinen Handlungsspielraum. Aus den Verhandlungen des Walliser Grossen Rates in der Sitzung vom 24. Mai 1898 unter dem Vorsitz des Präsidenten Alfred Perrig waren folgende Details bekannt:

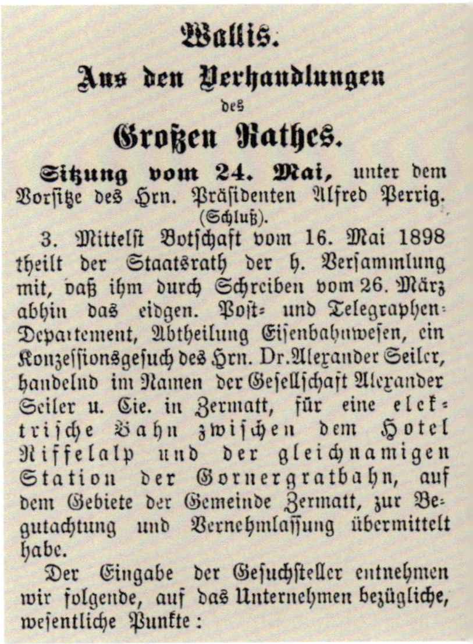
Wallis.
Aus den Verhandlungen des Großen Rathes.
Sitzung vom 24. Mai, unter dem Vorsitze des Hrn. Präsidenten Alfred Perrig. (Schluß).
3. Mittelst Botschaft vom 16. Mai 1898 theilt der Staatsrath der h. Versammlung mit, daß ihm durch Schreiben vom 26. März abhin das eidgen. Post- und Telegraphen-Departement, Abtheilung Eisenbahnwesen, ein Konzessionsgesuch des Hrn. Dr. Alexander Seiler, handelnd im Namen der Gesellschaft Alexander Seiler u. Cie. in Zermatt, für eine elektrische Bahn zwischen dem Hotel Riffelalp und der gleichnamigen Station der Gornergratbahn, auf dem Gebiete der Gemeinde Zermatt, zur Begutachtung und Vernehmlassung übermittelt habe.
Der Eingabe der Gesuchsteller entnehmen wir folgende, auf das Unternehmen bezügliche, wesentliche Punkte:

Walliser Bote, 18. Juni 1898.

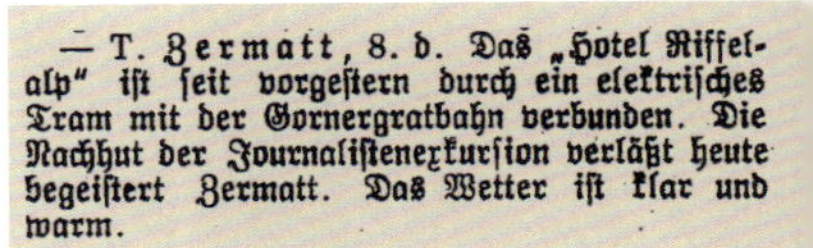
— T. Zermatt, 8. d. Das „Hotel Riffelalp" ist seit vorgestern durch ein elektrisches Tram mit der Gornergratbahn verbunden. Die Nachhut der Journalistenexkursion verläßt heute begeistert Zermatt. Das Wetter ist klar und warm.

Der Bund, Nr. 190, 10. Juli 1899.

«Die Bahnstrecke ist 475 Meter lang; die Maximalsteigung beträgt 5 Prozent. Das Trace befindet sich in einer durchschnittlichen Höhe von 2220 M. und die Kosten sind auf Fr. 53 000 veranschlagt. Die Betriebskraft wird vom Elektrizitätswerk der Gornergratbahn abgegeben und für ein Tram benutzt, welches zum Transport der Reisenden und deren Effekten und des zum Betriebe des Hotels nötigen Materials bestimmt ist. Die Gemeinde Zermatt, welcher dieses Gesuch übermittelt worden sei, habe durch Schreiben vom 9. April gegen die Ausführung dieses Unternehmens förmlich Einsprache erhoben. Da sich die Weigerung hauptsächlich auf forstliche Rücksichten gründe, habe der Staatsrat die Forstverwaltung mit einer Untersuchung beauftragt, betr. die von der Gemeinde geltend gemachten Bedenken und Befürchtungen beladen. Der Kantonsförster habe sich demzufolge auf Ort und Stelle verfügt. Seinem Berichte zufolge bilde das Trasse eine fast waagerechte Linie, durchschneide auf einer Länge von 400 Meter den Burgerwald von Zermatt und mache das Fällen von etwa 40 alten Bäumen nötig. Der Kantonsförster spreche die Ansicht aus, die Bahnanlage sei, weil dieselbe einen fast horizontalen Erdwall bilde, ganz und gar ungefährlich, sondern vielmehr geeignet, den Anbruch von Lawinen, d. h. Schneerutschungen zu verhindern. Anderseits werde der Bau, dieser den Verkehr zwischen dem Gasthof Riffelalp und Zermatt erleichternden Bahn, von der zahlreichen Fremdenkolonie, welche diese weltberühmten Gebirgsstationen besuche, zweifelsohne mit Freuden begrüßt werden.
Demzufolge beehre sich der Staatsrat zu beantragen, das Konzessionsgesuch in befürwortendem Sinne zu begutachten. Immerhin sei er der Ansicht, er sei der Verpflichtung der Gemeinde zur Wiederaufforstung einer gleich großen Waldfläche, wie die durch den Bahnbau in Anspruch genommene, bei der Festsetzung des Expropriations-Preises gebührend Rechnung zu tragen. Auf den Antrag des Ausschusses tritt der Große Rath den Schlüssen des Staatsrates bei.»[161]

Die Konzession für das Riffelalp-Tram erteilte der Bundesrat am 1. Juli 1898 für die Dauer von achtzig Jahren, und die Gemeinde Zermatt musste der Familie Seiler das benötigte Stück Wald doch abtreten. So konnte Alexander junior schon ein Jahr später, am 8. Juli 1899, die höchst gelegene – und mit 475 Metern Länge wahrscheinlich auch die kürzeste – Tramstrecke der Welt versuchsweise in Betrieb nehmen. Eine knappe Woche später, am 13. Juli 1899, wurde sie offiziell für den Verkehr freigegeben. Und weil neben den Geleisen auch ein schmaler «Dienstweg» für Unterhaltsarbeiten gebaut werden musste, kam Alexander junior unverhofft auch zum gewünschten Verbindungssträsschen. Die Gesamtinvestition für das Tram belief sich auf rund 50 000 Franken. Das putzige «Riffelalp-Trämli» wurde zu einer beliebten Touristenattraktion, entzückte Jung und Alt und transportierte mehr als sechs Jahrzehnte lang Tausende von Hotelgästen mit ihrem Gepäck gemächlich hin und her.

Rechts: Das «Riffelalp-Trämli» wird zu einer beliebten Touristenattraktion und entzückt Jung und Alt.

HOTEL RIFFELALP

Gründung des Zermatter Kurvereins

Um 1856 zählte Zermatt pro Jahr etwa 1600 Besucherinnen und Besucher. Bis ins Jahr 1890 stieg diese Zahl auf fast 10 000, und mit der Eröffnung der Visp-Zermatt-Bahn im Jahr 1891 verdoppelte sich die Gästezahl noch einmal auf einen Schlag. Die Bahn selbst übertraf die kühnsten Erwartungen ihrer Aktionäre, zählte sie doch in ihrer ersten Sommersaison fast 34 000 Fahrgäste. Mit der Inbetriebnahme der Gornergratbahn im Jahr 1898 stieg die Zahl der Besucherinnen und Besucher in Zermatt noch einmal stark an. Kaum jemand liess es sich entgehen, den wohl schönsten Aussichtspunkt der Alpen in über 3000 Metern Höhe mit der neuen Bahn zu besuchen. Im Sog der Euphorie angesichts des blühenden Fremdenverkehrs wurde daher in der Nähe des Bahnhofs Zermatt kurz vor der Jahrhundertwende eine ganze Reihe neuer Hotels gebaut: 1891 eröffnete Peter Aufdenblatten das Hotel Gornergrat, 1892 folgte das Hotel d'Angleterre, erbaut von Anton Perren, 1893 das Hotel Terminus von Madame Dol-Lauber (vermutlich die Tochter des Wundarztes Lauber), 1894 das ehemalige Taugwalderhaus (heute: Hotel Pollux). 1898 folgte der «Schweizerhof», erbaut von Lukas Gsponer, der schon die Pension Bellevue besass, und schliesslich gesellte sich 1899 noch das neue Hotel Victoria dazu, erbaut von Albert de Preux, einem Weinhändler aus Crans-Montana.

Doch die neu eröffneten Hotels hatten allesamt einen schwierigen Einstand, denn auch sie mussten gegen die übermächtige Konkurrenz der Seilers ankämpfen. Nur ein Jahr nach der Eröffnung verkaufte Anton Perren sein Hotel d'Angleterre an Albert de Preux. Elisa Varonier übernahm von Anton Perren im gleichen Jahr das Hotel Gornergrat beim Bahnhof. Die drei Hotels Bellevue, Terminus und Schweizerhof wurden 1904 in der neu gegründeten Société d'Hôtels à Zermatt S. A. vereint. Im gleichen Jahr musste das erst wenige Jahre alte Hotel d'Angleterre am Bahnhofplatz der Bahnhoferweiterung weichen, es wurde von der Visp-Zermatt-Bahn gekauft und abgerissen. Albert de Preux gab nach nur fünf Betriebsjahren auf und verkaufte sein Hotel Victoria 1904 an die Gebrüder Seiler, welche gleichzeitig auch den Namen «Hôtel d'Angleterre» erwarben und so das ehemalige «Victoria» in «Hôtel Victoria et d'Angleterre» umbenannten.

Hôtels à Zermatt

Grand Hôtel Mont-Cervin	MM. Alex. Seiler & Frères.
Grand Hôtel de Zermatt	
Hôtel Mont-Rose	
Hôtel Ryffelalp, sur le Ryffel (2227 m.)	
Hôtel Ryffelberg (2569 m.)	
Hôtel Schwarzsee (2589 m.)	
Buffet de la Gare	
Restaurant Belvédère, au sommet du Gornergrat (3136 m.)	
Hôtel Terminus	M. Dol-Lauber.
Hôtel Bellevue	M. Gsponer.
Grand Hôtel Schweizerhof	"
Hôtel de la Poste	MM. Mathier & Gattlen.
Hôtel Gornergrat	Mme Varonier.

Hotels in Zermatt um 1901.

Auch sonst war Alexander junior inzwischen nicht untätig geblieben. Seit er die Leitung des Familienbetriebs im Jahr 1895 übernommen hatte, war kein einziges Jahr vergangen, in dem nicht irgendwo gebaut, vergrössert oder modernisiert wurde. Geld schien dabei keine allzu grosse Rolle mehr zu spielen; die Geschäfte liefen so gut wie nie zuvor. Das Hotel Riffelalp erhielt 1897/98 neu eine grosse, überdachte Aussichtsveranda auf der Vorderseite des Hotels.

In unmittelbarer Nähe wurde bereits die zweite Dependance «B» gebaut, womit die Kapazität des Hotel Riffelalp auf 280 Betten anstieg. Vor dem Hotel Mont Cervin entlang der heutigen Hinterdorfstrasse vergrösserte Alexander junior die «Dependance Bains», indem er das Gebäude um ein weiteres Stockwerk

erhöhte. Im Jahr 1899 kaufte er das alte «Zermatter Weibelhaus» an der Dorfstrasse nördlich des Hotel Mont Cervin und liess es abbrechen. Es war das letzte Haus in Zermatt, welches laut Volksmund noch von einem «richtigen Geist» bewohnt wurde. Es war ein «Silli,» ein Bub, so erzählt die Sage, der immer abends kam, sich auf die Ofenbank setzte und die Familie mit allerlei Unfug quälte. An dieser Stelle errichtete Alexander junior im Jahr 1901 einen modernen fünfstöckigen Neubau mit fünfzig Betten und gab ihm den Namen «Villa Margherita», dies zu Ehren der italienischen Königin, die schon öfters mit ihrer Entourage in Zermatt ihre Sommerferien verbracht hatte. Im Parterre der neuen Villa zog das Seiler'sche Zentralbüro ein, im ersten Stock fand die Zermatter Poststelle und das Telegrafen- und Telefonamt ein neues Zuhause.

Oben von rechts nach links: Bahnhof, Hotel d'Angleterre, Hotel Gornergrat, Hotel National, Hotel Bellevue, Schweizerhof (im Bau), Englische Kirche, Felsenhaus, Hotel Mont Cervin um 1898. Unten: Der Bahnhof Zermatt mit dem Hotel d'Angleterre auf dem Bahnhofplatz und dahinter das sich noch im Bau befindende Hotel Victoria (um 1900).

— MM. Seiler frères sont autorisés à modifier l'enseigne de leur hôtel à Zermatt sous le nom „Hôtel d'Angleterre" en celle de „Hôtel Victoria et d'Angleterre".

Das Hotel Viktoria in Zermatt ist von den Herren Gebrüder Seiler käuflich erworben worden. Der bisherige Eigentümer, A. de Preux, bleibt als Direktor.

Oben: *Le Confédéré*, 17. Dezember 1904.
Unten: *Walliser Bote*, 19. März 1904.

Die Pläne für diesen auffälligen Neubau entwarf der Architekt Louis Bezencenet (1843–1922), der danach auch für den Ausbau des monumentalen Hotel Victoria engagiert wurde. Dieses Grossprojekt begann im Jahr 1904 mit der Errichtung eines riesigen Trakts gegen Osten, entlang der Gleise der Gornergratbahn. Da bis zu 200 Bauarbeiter gleichzeitig im Einsatz standen, konnte das damals modernste und luxuriöseste Zermatter Hotel mit 220 Betten am 14. Juli 1905 nach nur einem Jahr Bauzeit eingeweiht werden. Und weil die Brüder Seiler mit einem baldigen Winterbetrieb rechneten, wurde das Hotel Victoria auch als erstes Zermatter Hotel wintergerecht ausgestattet, mit Heizung und fliessend Warmwasser in allen Gästezimmern.

Der *Briger Anzeiger* vom 15. Juli 1905 schrieb sichtlich begeistert von einer überaus prachtvollen Hoteleröffnung:

> «Gestern wurde das Hotel Viktoria eröffnet. Es ist ein grossartiger Bau, mit wundervollen Einrichtungen. So etwas hat Zermatt noch nie gesehen. Der Spe sesaal allein ist ein Wunderwerk. Es ist fast, als ob man in die Hallen einer Kirche hineintrete, Säulen, Bögen, Gesimse, Skulpturen allüberall. Und erst das Vestibul! Dort ist alles vereint, was Kunst und Technik vermögen, um etwas Großartiges zu schaffen. Eine Beschreibung würde zu viel Raum hier einnehmen. Aber hier ist etwas gebaut worden, was dem Wallis Ehre macht. Das ganze Haus ist ferner mit Dampfheizung, mit kaltem und warmem Wasser versehen. Die Einrichtung oder Dekoration der Zimmer ist vielfach im Jugendstyle durchgeführt. Doch es wäre eitles Unterfangen, wollte ich etwas von dem Luxus der Salons und Wohnräume sprechen. Man muss dies selbst sehen, um es zu begreifen ... Möge dem neuen Hause, das den königlichen Namen Viktoria trägt, denn auch eine glänzende, königliche Zukunft beschieden sein!»

Gleichzeitig mit der Vergrösserung des Hotel Victoria wurde auch das Aussehen des Hotel Mont Cervin verändert. Die Fassaden erhielten Fachwerkverzierungen, analog der Villa Margeritha, und 23 kunstvoll aus Holz gearbeitete Balkone. Ein riesiger Speisesaal mit verglaster Veranda wurde gegen die Dorfstrasse erstellt, wo man nun auch bei Vollbesetzung des Hotels praktisch alle Gäste auf einmal bewirten konnte. Im Garten des Mont Cervin wurde die neue schicke Confiserie Seiler eröffnet. Alle Dependancen (Felsenhaus, Bains, des Alpes und Villa Margherita) eingerechnet, konnte das Hotel Mont Cervin nun fast 400 Gäste gleichzeitig beherbergen und war damit eines der grössten

Rechts: Das alte «Weibelhaus». An dieser Stelle errichtete Alexander junior im Jahr 1901 einen modernen fünfstöckigen Neubau mit fünfzig Betten, die Villa Margherita. Unten: Die Villa Margherita 1910.

Die neue Fassade des Hotel Mont Cervin und die neu gebaute Villa Margherita gaben der Zermatter Dorfstrasse ein ganz neues, mondänes Erscheinungsbild. Rechts: In der Dependance, gegenüber des Mont Cervin, entstand 1905 im Parterre die «Confiserie Seiler» und neue Gästezimmer in den oberen Stockwerken.

Hotels der Schweiz. Die Seiler Hotels kontrollierten im Jahr 1905 mit fast 1300 Betten allein in Zermatt den grössten Teil des dortigen Hotelmarkts.

Einen Eindruck über die rapide Entwicklung der Zermatter Hotellerie lieferte der *Walliser Bote* im Juli 1905:

> «Der Fremdenverkehr ist bis anhin zur Befriedigung der Hotelbesitzer abgelaufen. Er war reger denn je. Allerdings sind es der Bergsteiger noch wenige, da auf den Hochgebirgen noch ziemlich viel Schnee liegt, aber bald werden sie truppenweise kommen mit Sack und Pack, Seil und Beil und auch dem letzten der diplomierten Bergführer Gelegenheit geben einige Groschen zu verdienen. Nur zu zahlreich sind jetzt die Gasthöfe Pensionen und Restaurationen, die Zermatt besitzt. Jedes Jahr werden neue erstellt. Sie scheinen fast wie Pilze über Nacht aus der Mutter Erde emporzuschießen. Es sind deren nicht weniger als 25, um die ganz kleinen Restaurationen zu übergehen. Von diesen 25 Hotels und Pensionen sind einige sehr groß wie Viktoria, Mont Cervin, Zermatterhof, Monte-Rosa, Ryffelalp, Schweizerhof. Alle 25 zusammen fassen ungefähr 3000 bis 4000 Reisende. Das geräumigste und großartigste ist das neue Hotel Viktoria, erbaut mit allem Comfort von Alex. Seiler und Brüdern. Sehr schön und geschmackvoll erbaut ist auch die noch fast neue Villa Margaritha zugleich Post und Telegraphen Haus.»[162]

Wie schon sein Vater verstand es auch Alexander junior, mit dem Geist der Zeit zu gehen. Eines seiner erklärten Ziele war es, Zermatt nun auch für «Nichtbergsteiger» attraktiver zu gestalten, indem er neue Anreize und moderne Infrastrukturen auch für Familien schuf. Das Hotel Mont Cervin erhielt 1899 die erste Zentralheizung und einen modernen Personenaufzug. Bereits ein Jahr zuvor, im März 1898, hatte er bei den Behörden in Bern den Antrag für den Anschluss des Dorfs an das schweizerische Telefonnetz gestellt und am 28. August 1900 fand das erste Ferngespräch aus Zermatt statt.

Vitrine mit Reliquien des Matterhornunglücks von 1865 im Museum Zermatt.

Nun waren seine Gasthöfe nicht nur untereinander, sondern auch mit der ganzen Welt per Telefon verbunden.

Ein kleines Museum wurde noch kurz vor der Jahrhundertwende in den Räumen der Dependance Felsenhaus gegenüber dem Hotel Mont Cervin eingerichtet. Dort konnten interessierte Hotelgäste die Sammlerstücke bestaunen, die schon Vater Seiler zusammengetragen hatte. Diese privat angelegte Sammlung wurde später von der Familie als eine Art Stiftung in die Obhut der Alpinen Vereinigung Zermatt übergeben und 1946 unter Angliederung eines kleinen Heimatmuseums in einem separaten Pavillon im Seiler-Garten untergebracht. Neben präparierten Tieren, Insekten und seltenen Mineralien aus der Zermatter Bergwelt fand man dort die römischen Münzen, die auf dem Theodulpass entdeckt wurden, das prachtvolle Matterhornrelief von Xaver Imfeld, die Habseligkeiten vieler verunglückter Bergsteiger aus längst vergangenen Zeiten und als Hauptattraktion das zerrissene Seil von Whympers Erstbesteigung.

Rudolf Taugwalder (1867–1953), ein entfernter Verwandter der Matterhorn-Erstbesteiger, wachte ab 1910 während 35 Jahren über das kleine Museum; er hatte im Jahr 1908 während der Erstbesteigung des Huascarán Norte (6655 m ü. M.) in Peru den rechten Fuss und die linke Hand verloren und deshalb den Bergführerberuf aufgeben müssen. Da seine Auftraggeberin, die US-Amerikanerin Annie Smith Peck (1850–1935), es nicht für nötig gehalten hatte, eine Versicherung für die Expedition abzuschliessen, hätten dem nun halbinvaliden Bergführer in seiner Heimat Armut und Verbitterung gedroht. Deshalb verhalf ihm Alexander junior im Museum zu einem neuen Posten als Museumsleiter. So konnte Taugwalder, wenn auch auf eine ganz andere Art, weiterhin mit den Touristen und dem Alpinismus in Verbindung bleiben. Im August 1983 widmeten ihm die Seiler Hotels eine Gedenktafel für seine langjährigen treuen Dienste: «Rudolf Taugwalder 1867–1953, Betreuer des Alpinen Museums 1909–1944 und Bergführer Ararat 1893, Himalaya 1898, Nordgipfel Huascaran 1908, In Dankbarkeit Seiler Hotels, Zermatt.»

Auf Wunsch einiger englischer Gäste, die sich bei schlechtem Wetter langweilten, bauten die Brüder Seiler eine Kegelbahn mit eigener Bar; unterhalb der englischen Kirche wurde zur Freude der Kinder ein grosser Steinbockpark angelegt. Die Hotels Riffelalp und Mont Cervin erhielten moderne, fünfzöllige Fernrohre von Zeiss-Jena, sodass die Gäste fortan die wagemutigen Kletterpartien am Matterhorn bequem und aus sicherer Entfernung gespannt mitverfolgen konnten. Auch sonst bot man auf der Riffelalp allerlei Neues: Der höchst gelegene Tennisplatz Europas wurde dort eingeweiht, Five o'Clock Tea, Picknicks, Galadinners, Maskenbälle und rauschende Tanzabende wurden organisiert. Neue Spazier- und Wanderwege sowie grosse Hotelparkanlagen entstanden, wo Musikkapellen zweimal täglich öffentliche Konzerte spielten – Neuerungen, die allerdings nicht überall auf Beifall stiessen. So beklagte sich der bekannte italienische Bergsteiger und Schriftsteller Guido Rey 1905 über das neue bunte Treiben in Zermatt:

Gepäcketikette des Hotels Mont Cervin um 1905.

Ein speziell für die Seiler Hotels gebrautes «Seiler Pils» fand grossen Anklang bei den Gästen.

> «Auf einmal kommt ein scharfer Ton durch die stille Luft, eine Dissonanz, die mir in den Ohren gellt und in die Seele schneidet; es ist Musik, aber die wunderbare Stille, die um mich war, ist nun dahin, und ich bin wütend über sie. Ich stürze auf die Straße hinaus und entdecke ein veritables Orchester mit zehn Musikanten, die mit ernsten Mienen in einem kleinen Holzpavillon vor ihren Notenpulten sitzen und durch dick und dünn ihr ganzes Tagesprogramm herunterspielen. Rings um das Orchester sieht man Kinder ihre Reifen treiben, vor den Nachbarhotels liegen die englischen Reisenden in den bequemen Korbstühlen und lesen ruhig ihre *Times* weiter; einige andere Herren erledigen Korrespondenzen im Freien oder schlürfen ihren Fünfuhr-Tee; unbeschäftigte Führer sitzen auf der Mauer an der Straße und schwatzen und rauchen ihre Pfeifen; niemand hört auf das Konzert, niemand scheint es überhaupt hören zu wollen.
> Zermatt ist selbst eine Dissonanz zwischen dem Alten und dem Neuen; die prachtvollen Hotels drücken die kleinen Häuschen aus der alten Zeit ganz nieder, und durch die helle Tünche der neuen Gebäude erscheint die schöne dunkle Holzfarbe der alten, vom Regen gewaschenen, von der Sonne gebräunten Hütten schmutzig. Die großen Hotelwagen, die die Reisenden von der Station abholen, nehmen den halben Fahrweg für sich in Anspruch und bringen die ruhigen Kuhherden, die durch das Dorf ziehen, in Verwirrung; die neue anglikanische Kapelle, so sauber und korrekt, kontrastiert mit der alten Pfarrkirche mit dem buntfarbigen Altar und den barocken Statuen und steht da wie das Symbol der modernen Kultur, die selbst bis in diesen äußersten Winkel des katholischen Kantons vorgedrungen ist, ihm Reichtum bringt und die Poesie nimmt.
> Hundert kleine Buden mit allen möglichen alpinen Verkaufsartikeln stehen vor den Häusern der einzigen Straße des Dorfes, mit der Rückwand an sie gelehnt, und auf den kleinen Ständen im Freien, rot ausgeschlagen wie auf

Rechts: Gäste mit einem der Fernrohre von Carl Zeiss Jena, um 1905..
Unten: Im Garten des Mont Cervin entstanden Museum, Kegelbahn, Bar, Steinbockgehege und ein botanischer Garten.

JARDIN de l'HOTEL MONT CERVIN.

den Märkten, sieht man neben den Ansichtskarten und den photographischen Aufnahmen des Matterhorn die geschnitzten hölzernen Gämsen aus dem Oberland, die Sorrentinischen Muschelkästchen, die Florentiner Mosaikarbeiten und die deutschen Galanteriewaren. Während der ganzen wenigen Sommermonate wird hier feilgehalten; nach Maria Geburt packen die Händler ihre Waren wieder zusammen und ziehen mit ihren Kisten an die Seen oder an die Meeresküste; die Musikanten nehmen ihre Instrumente unter den Arm und beglücken einen andern Ort mit ihrem Repertoire; die Hotels werden geschlossen; acht Monate lang wieder ruht Zermatt aus und träumt sich in die Zeit zurück, da es noch das stille kleine Praborgne war.»[163]

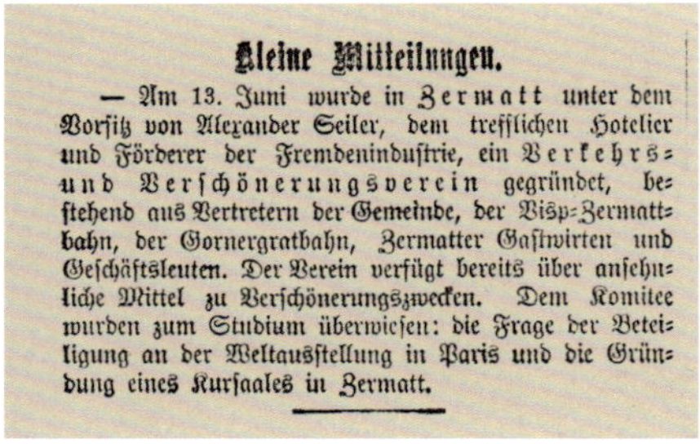
Kleine Mitteilungen.

— Am 13. Juni wurde in Zermatt unter dem Vorsitz von Alexander Seiler, dem trefflichen Hotelier und Förderer der Fremdenindustrie, ein Verkehrs- und Verschönerungsverein gegründet, bestehend aus Vertretern der Gemeinde, der Visp-Zermattbahn, der Gornergratbahn, Zermatter Gastwirten und Geschäftsleuten. Der Verein verfügt bereits über ansehnliche Mittel zu Verschönerungszwecken. Dem Komitee wurden zum Studium überwiesen: die Frage der Beteiligung an der Weltausstellung in Paris und die Gründung eines Kursaales in Zermatt.

Neue Zürcher Zeitung, Nr. 164, 15. Juni 1898, Ausgabe 3.

Alexander junior gründete am 13. Juni 1898 mit einigen Kollegen den Zermatter Verkehrs- und Verschönerungsverein – einen Vorläufer des späteren Kurvereins –, dem er auch gleich als erster Präsident vorstand. Ein grosses Ärgernis für die Hoteliers war beispielsweise der desolate Zustand der Zermatter Dorfstrasse, denn diese war fast so holprig und ungepflegt wie vor siebzig Jahren. Zudem stieg aus der Strasse, je nach Wetterlage, ein ziemlich übler Geruch empor, hervorgerufen durch die immer noch offenen Abflussrinnen und die Hinterlassenschaften der vielen Vierbeiner, die täglich hinauf- und hinuntergetrieben wurden. Die Gemeinde selbst hatte hier kaum investiert, obwohl ihr nicht nur die Touristen, sondern auch die Dorfbewohner dankbar gewesen wären, wenn sie die einzige richtige Strasse im Dorf etwas besser gepflegt hätte.

«Zermatt ist in seinen Pfaden die verkehrte Welt. So weit das Dorf mit seinen Hütten reicht, sind Wege und Stege so übel, dass man zu Armen und Beinen Sorge tragen muss. Draußen und droben aber führen Spazierpfade, die jedem Park Ehre machen würden, bis zu Eis und Schnee. Im Dorf gebietet eben die Gemeinde, die Bergwege aber sind zum großen Teil Eigentum der Gasthöfe. Diese haben nun zwar den Dörflern schon lange das Anerbieten gemacht, aus eigenen Mitteln eine schöne Dorf- und Thalstraße herzustellen, aber ein solches Geschenk anzunehmen gibt dem Zermatter Völklein der Stolz nicht zu und um aus Gemeindemitteln eine gute Straße zu bauen, dazu ist es zu geizig oder zu arm oder zu konservativ. Wozu bessere Straßen als die, auf denen schon Vater und Großvater gegangen sind?»[164]

Der von Alexander junior ins Leben gerufene Verschönerungsverein sollte nun solche Aufgaben gemeinsam mit der Gemeinde angehen und neue Ideen im Interesse des Tourismus und des allgemeinen Fortschritts im Dorf vorantreiben. Fünf Jahre später löste Hermann Seiler seinen Bruder Alexander junior als neuer Präsident im Vereinsvorstand ab. Der *Briger Anzeiger* vom 7. Februar 1903 berichtete über die wesentlichsten Anliegen des Vereins und deren 58 Vereinsmitglieder:

«Gestern tagte in Siders der Verschönerungsverein von Zermatt. Die Versammlung war zahlreich besucht. Die Behörden von Zermatt und die Eisenbahngesellschaften Visp-Zermatt und Gornergrat waren vertreten. In den Jahren 1901 und 1902 wurden vom Vereine Fr. 6811 vereinnahmt, die zur Abzahlung der für Erstellung der Trottoirs, der Strasse zu den Stecken,

Spaziergänge etc. eingegangenen Verbindlichkeiten verwendet werden. In der Kasse blieben 1300 Fr. Für die Verlängerung des Trottoirs vom Ausgange des Dorfes bis zur Vispe wurde vom Vereine ein Beitrag von 3000 Fr. beschlossen. Die Kosten dieser Arbeit sind auf Fr. 10 000 veranschlagt, an welche die Visp-Zermatt-Bahn Fr. 2000, die Gornergrat-Bahn Fr. 1500 und die Herren Gebr. Seiler Fr. 3500 beitragen. Es wurde des Ferneren beschlossen, daß auf Kosten des Vereines den ganzen Sommer hindurch auf den verschiedenen Spazierwegen 4 Kantoniere beschäftigt werden sollen. Der Verein wird auch bei der Regierung und der Gemeinde Zermatt vorstellig werden, daß die Bahnhofstraße endlich einmal mit einem Steinbett versehen werde. Die Herren Hoteliers haben sich bereit erklärt, vor ihren Häusern diese Arbeit auf ihre Kosten machen zu lassen. Der Vorstand wurde für die nächsten drei Jahre bestellt aus den HH Dr. Hermann Seiler, Präsident; Bankier Masson, Vizepräsident; Ingenieur Ammann, Sekretär und Kassier, Gemeinderat Hermann Perren und Albert de Preux, Hotelier, Beisitzer.
Der Verein hat der Fremdenstation Zermatt bereits ausgezeichnete Dienste geleistet. Seit seinem Bestehen im Jahre 1898 hat der Verein für Verbesserung der Spazierwege, Erstellung von Trottoirs, Wegweiser, Sitzbänke etc. die Summe von Fr. 18 393 verausgabt. Es bleibt aber noch sehr viel zu machen. Unter der tüchtigen Leitung unseres jungen Vereinspräsidenten wird der Verein ganz gewiss Vorzügliches leisten. Derzeit zählt der Verein 58 Mitglieder.»

Der erste Skikurs für Bergführer in der Schweiz

Während sich Alexander junior mit der Modernisierung der Hotelbetriebe und der Verschönerung des Dorfs beschäftigte, studierte sein zwölf Jahre jüngerer Bruder Hermann Rechtswissenschaften an den Universitäten in Paris, Berlin und Bern. Der junge Hermann, seit frühester Jugend berg- und sportbegeistert, unternahm regelmässig anspruchsvolle Bergtouren; so stand er schon als 16-Jähriger auf dem Gipfel des Matterhorns.

Während seiner Universitätsjahre schloss er sich den ersten Vorreitern des alpinen Wintersports an – ein ganz neuer Trend, der in der Schweiz aus den Zürcher und Berner Studentenkreisen hervorgegangen war. Im Jahr 1900 half er mit, den Berner Skiclub, heute der zweitälteste Skiclub der Schweiz, zu gründen. Nach Beendigung seines Studiums kehrte er 1899 aus Bern ins Wallis zurück und begann dort erste Bergführerkurse zu veranstalten, die er manchmal auch selbst mitleitete, wie der *Briger Anzeiger* vom 23. Juni 1900 berichtete: «Vom 3. bis 13. Juni fand in Sitten der alle zwei Jahre wiederkehrende Vorbereitungskurs für unsere Bergführer statt. Kurslehrer waren die Herren Professor F. D. Wolf, Oberstleutnant Ribordy, Hermann Seiler und Dr. Deneriaz. Im Ganzen waren es 35 Teilnehmer und von diesen haben 31 das Diplom als Bergführer erhalten.»

Im Jahr 1901 wurde Hermann im Alter von erst 25 Jahren zum 10. Präsidenten der SAC-Sektion Monte Rosa gewählt, und in dieser Funktion organisierte er vom 9. bis zum 14. Januar 1902 in Zermatt den allerersten Skikurs, der je in der Schweiz abgehalten wurde. Er wollte den Bergführern

Dr. Hermann Seiler organisierte vom 9. bis zum 14. Januar 1902 in Zermatt den allerersten Skikurs für Bergführer, der je in der Schweiz abgehalten wurde.

damit eine neue Einkommensquelle verschaffen; künftig sollten sie mit Gästen im Winter geführte Touren auf Skiern unternehmen und sich so auch in der kalten Jahreszeit ein regelmässiges Einkommen sichern können. Hermann engagierte als Kursleiter die zwei damals besten Skifahrer der Schweiz, Victor de Beauclair (1874–1929) vom Skiclub Zürich und Albert Weber (1876–1955) vom Skiclub Bern. Bereits am vierten Kurstag stieg die Gruppe zur Bétemps-Hütte auf, und am fünften Tag wagten die Teilnehmer eine genüssliche Abfahrt von der Cima di Jazzi über den Findelengletscher bis hinunter ins Dorf. Die *Neue Zürcher Zeitung* bilanzierte: «Was sich Hermann Seiler erhofft hatte – die Walliser Führer für das Skifahren einzunehmen –, war erreicht. Als Ergebnis des Kurses konnte er abschließend feststellen: Die Sache der Skier kann in den Walliser Alpen als eine gewonnene betrachtet werden. Folgenden zwölf Führern und Aspiranten konnte das Zeugnis ‹Genügende Fertigkeit im Skilauf zur Begleitung von Touristen› erteilt werden: Auf den Blatten Johann, Biner Alois, Biner Joseph, Gentinetta Augustin, Perren Hermann, Perren Peter, Perren Hans Peter, Schaller Adolf, Taugwalder Rudolf, Zumtaugwald Gabriel, Lauber Elias, Sohn, Supersaxo Alfons.»[165]

Zum Abschluss des Kurses schenkte Albert Weber der Zermatter Jugend zehn Paar Ski. Unglücklicherweise stürzte der 22-jährige Zermatter Elias Lauber am 10. März 1903 bei einer einfachen Fahrt in der Steinmatte so schwer, dass er an den Folgen des Unfalls starb. Dieses tragische Ereignis veranlasste den Zermatter Dorfpfarrer dazu, den Jugendlichen und Kindern das Skifahren wieder zu verbieten, was die Entwicklung des Skisports in Zermatt für einige Jahre hemmte. Nach der erfolgreichen Durchführung des ersten Skikurses war es dennoch nur eine Frage der Zeit, bis der erste Skiclub in Zermatt gegründet wurde. Dies geschah im Dezember 1908. Der neu gegründete Club zählte zu Beginn an die fünfzig begeisterte Mitglieder.

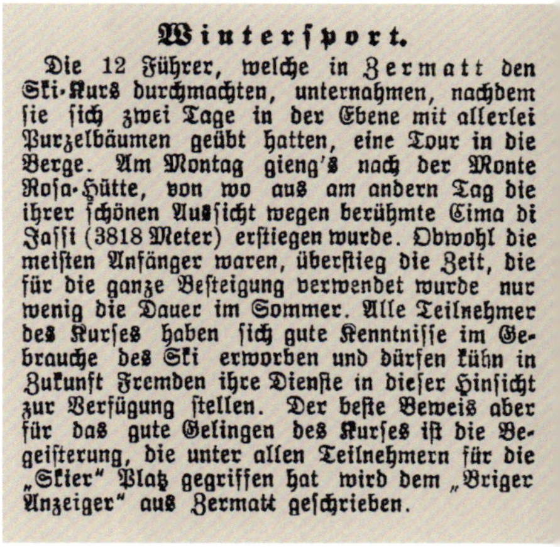

Wintersport.

Die 12 Führer, welche in Zermatt den Ski-Kurs durchmachten, unternahmen, nachdem sie sich zwei Tage in der Ebene mit allerlei Purzelbäumen geübt hatten, eine Tour in die Berge. Am Montag gieng's nach der Monte Rosa-Hütte, von wo aus am andern Tag die ihrer schönen Aussicht wegen berühmte Cima di Jassi (3818 Meter) erstiegen wurde. Obwohl die meisten Anfänger waren, überstieg die Zeit, die für die ganze Besteigung verwendet wurde nur wenig die Dauer im Sommer. Alle Teilnehmer des Kurses haben sich gute Kenntnisse im Gebrauche des Ski erworben und dürfen kühn in Zukunft Fremden ihre Dienste in dieser Hinsicht zur Verfügung stellen. Der beste Beweis aber für das gute Gelingen des Kurses ist die Begeisterung, die unter allen Teilnehmern für die „Skier" Platz gegriffen hat wird dem „Briger Anzeiger" aus Zermatt geschrieben.

Der Bund, Nr. 23, 23. Januar 1902, Ausgabe 2.

Das Seiler-Denkmal in Zermatt

Im Jahr 1892 schlug eine Gruppe englischer Alpinisten erstmals vor, dem verstorbenen Vater Alexander Seiler für seine Leistungen zur Förderung des Zermatter Tourismus ein Denkmal zu errichten. Nach dem Tod seiner Gattin Catharina 1895 wurde die Idee von Antoine de Torrenté, dem Gründer des SAC Monte Rosa, wieder aufgenommen. Zusammen mit dem späteren Ständerat de Chastonay und dem Zermatter Arzt de Courten, der viele Jahre für die Familie Seiler tätig gewesen war, lancierten die drei im Jahr 1899 eine Spendenaktion, bei der in kürzester Zeit 4000 Franken zusammenkamen. Den Auftrag zur Ausführung des etwa fünf Meter hohen Denkmals erhielt der bekannte Zürcher Bildhauer Louis Wethli (1842–1914). Am 24. September 1902 konnte das Monument im Garten des Hotel Mont Cervin eingeweiht werden:

Postkarte des Seiler-Denkmals in Zermatt.

> «Am letzten Mittwoch ist nun, wie wir der *Gaz. de Lausanne* entnehmen, dieses Denkmal unter starker Beteiligung eingeweiht worden. Vor uns steht eine etwa fünf Meter hohe Felsgruppe, in deren Mitte zwei Medaillons von weißem Marmor eingelassen sind. Das eine zeigt das Brustbild von Alexander Seiler über einem Palmenzweig, das andere dasjenige seiner treuen Lebensgefährtin Katharina Seiler mit einem Edelweißkranz geschmückt. Beide sind sehr sprechend und lebhaft dargestellt. Unter den Medaillons sind in schwarzem Marmor die Worte eingelassen: Alexander Seiler Katharina Seiler geb. Cathrein. Den Gründern der Fremdenstation Zermatt Aus Freundschaft und Anerkennung. 1902. Etwas seitwärts steht, in weißem Marmor modelliert, ein Walliser Führer fast in Lebensgröße mit Gletscherseil und Pickel, eine Palme in der linken Hand. Das Denkmal übt

Copie de la liste de souscription

en faveur

DU MONUMENT SEILER

		Fr.
1.	Le Comité d'initiative	150 —
2.	Mme Dr de Courten	50 —
3.	Mr. et Miss Walker	125 —
4.	Dr Porgès, Wien	30 —
5.	Dr Colin Campbell, Dundee, Scotland	10 —
6.	Mr. Bertsch, Geheimrath	20 —
7.	Francis O. Werthered	50 —
8.	E. C. (Valais) (E. Cathrein)	100 —
9.	Bouvier frères, Neuchâtel	50 —
10.	Francisque Gabet de Lyon	50 —
11.	A. A. Preiswerk Söhne, Bâle	30 —
12.	A. Roth de Markus	50 —
13.	Anonyme	5 —
14.	Dol-Lauber	50 —
15.	Ed. Wolff, Sion	20 —
16.	Raoul de Riedmatten, Sion	20 —
17.	Mme E. de Markus	50 —
18.	M. Rod. Lindt, Berne	20 —
19.	D. S. Abercromby	25 —
20.	M. Alb. de Preux	50 —
21.	M. Th. S. Evans	50 —
22.	Imboden Nicolas	10 —
23.	Mme Alfred Williams of Salisbury	25 —
24.	Mr. Alfred Galland, consul anglais	50 —
25.	M. Hermann Goll, Lausanne	10 —
26.	G. A. Oesch	50 —
27.	B. Zurbriggen, curé, Zermatt	10 —
28.	Mr. T. P. Jackson	125 —
29.	Bezencenet, architect, Lausanne	20 —
30.	G. Loppé, peintre-artiste, Chamonix	40 —
31.	de Lavallaz Joseph, avocat, Sion	10 —
32.	Employés de l'Hôtel Riffelalp	90 —
33.	Employés du Restaurant au Gornergrat	36 —
34.	Rdes Sœurs de l'Orphelinat de St-Maurice	25 —
35.	Employés de l'Hôtel Riffelberg	23 —
36.	Albert Lugardon, peintre-artiste, Genève	20 —
37.	Vieux employés de l'Hôtel Zermatt	20 —
38.	Dr Beck, député, Monthey	10 —
39.	Michel Zufferey, Hôtel Bellevue, Sierre	50 —
40.	Anonyme	25 —
41.	William Kündig, Genève	5 —
42.	Ruffieux, lieutenant-colonel, Lausanne	10 —
43.	Girardet, architect, Lausanne	20 —
44.	Maison Comte, Genève	20 —
45.	Gétaz et Romang, Vevey	30 —
46.	Bickel Jos., Sion	5 —
47.	P.-M. de Riedmatten, Sion	5 —
48.	Sohn L. Pante, England	25 —
49.	Léon Willa, avocat Loèche	20 —
50.	Miss Burke, Brigue	10 —
51.	Employés de l'Hôtel Mont Cervin	35 50
52.	Comp. de Chemin de fer Viège-Zermatt	200 —
53.	Röthlisberger et Cie, Berne	20 —
54.	Employés de l'Hôtel Mont Rose	53 50
55.	M. Bernhard Studer-Steinhäutli, Berne	20 —
56.	Mannel frères, Lausanne	50 —
57.	Schwob frères, Berne	50 —
58.	Edward Whymper, Angleterre	50 —
59.	Société du Grand Hôtel, Territet	100 —
60.	M. Ami Chessex, Territet	50 —
61.	M. Victor Lorie-Bey, Montreux	5 —
62.	M. Seymour-King, London	100 —
63.	T. Hulton, London	25 —
64.	Frédéric Gardiner, Liverpool	25 —
65.	Morel-Marcel, Lausanne	25 —
66.	Ch. Pilkington the Headlands, Prestwich	75 —

ALEXANDER SEILER, KATHARINA SEILER GEB. CATHREIN
DEN GRÜNDERN ZERMATT
AUS FREUNDSCHAFT UND ANERKENNUNG
— 1902 —

MENU

Potage Valaisan

Darnes de Saumon pochées
Sauce Helvétia
Pommes de terre à la nature

Contre-filet à la Mont-Cervin
Sauce Marsala

Chaufroid de Volaille
en Belle-Vue

Petits pois de Saxon à la crème

Sorbets au Champagne

Cuissot de chamois rôti
Sauce Venaison

Salade de Laitue
Poudding Salvator
Sauce Suchard

Parfaits à la Mascotte
Pièce de Biscuit sur socle

Imprimerie du Journal de Zermatt

in der malerischen Umrahmung von Tannen und Farnkraut starke Wirkung aus; zur Einweihungsfeier war es reich geschmückt mit prachtvollen Kränzen. Das Denkmal steht nicht weit vom Hotel du Cervin auf der Terrasse unter der englischen Kapelle. Die Feier war einfach und würdig. Die Familie Seiler war fast vollzählig zugegen, an der Spitze die drei Brüder Joseph, Alexander junior und Hermann Seiler; der vierte Bruder Julius befindet sich gegenwärtig in Holland. Unter den Anwesenden bemerkte man auch Herrn Bundesrichter Clausen. Die Feier begann mit einem weihevollen Gottesdienst in der Kirche. Um 12 Uhr begab sich die festliche Versammlung vor das Denkmal. Herr de Torrenté hielt die Einweihungsrede und übergab das Denkmal der Familie Seiler und der Bevölkerung von Zermatt. Herr Joseph Seiler dankte sichtlich gerührt. Ein glänzendes Bankett mit vielen Reden schloss sich an. Am Abend flammten in der Umgebung überall Höhenfeuer auf. Am Donnerstag begaben sich die Eingeladenen auf den Gornergrat.»[166]

«Alexander Seiler Katharina Seiler geb. Cathrein. Den Gründern der Fremdenstation Zermatt – Aus Freundschaft und Anerkennung – 1902».

Das Monument wurde mit Spenden von Gästen und Freunden der Familie Seiler finanziert. Unten: «Ein glänzendes Bankett mit vielen Reden schloss sich an. Am Abend flammten in der Umgebung überall Höhenfeuer auf. Am Donnerstag begaben sich die Eingeladenen auf den Gornergrat.»

Ballonflug und der Ring des Spelterini

Hermann Seiler lernte den bekannten «Ballonschiffer» Eduard Spelterini während seiner Studienzeit in Bern kennen. Ursprünglich hiess dieser eigentlich Eduard Schweizer, ein Familienname, den aber schon sein Vater in «Spälti» abgeändert hatte, wobei er jedoch vergass, den neuen Namen im Gemeinderegister einzutragen.

Als junger Kaufmann zog Eduard Spälti nach Italien, wo er wohl den für die Italiener besser klingenden Namen «Spelterini» annahm. Zurück in der Schweiz ersuchte Eduard den Regierungsrat seines Heimatkantons St. Gallen, den Namen Spelterini rechtsgültig eintragen zu lassen, was ihm schliesslich auch bewilligt wurde. Als knapp Zwanzigjähriger verfiel der junge Spelterini den Reizen des Fliegens, reiste nach Paris, erlernte dort die Kunst des Ballonfahrens und erhielt 1877 das Diplom eines «Berufsluftschiffers». Gleich danach liess er sich in Paris seinen ersten eigenen Ballon namens Urania aus gelber Seide nähen und begann, zahlungskräftigen Passagieren in ganz Europa für gutes Geld die Welt von oben zu zeigen.

Am 3. Oktober 1898 überquerte Spelterini von Sitten aus erstmals die Berner Alpen Richtung Nordwesten mit seinem neuen Ballon Vega und flog dabei bis ins französische Rivière-les-Fosses. Es war ein gewagtes Unterfangen, das man bis dahin wegen der grossen Höhe für fast unmöglich gehalten hatte. Sein nächstes Ziel war schnell klar. Er wollte auch die höchsten Gipfel der Schweizer Hochalpen in nordöstlicher Richtung bis hin zum Bodensee überfliegen. Auf Anregung der Brüder Seiler wählte er Zermatt als den idealen Ausgangspunkt für die erste Hochalpenüberquerung. Die Unterstützung der Hoteliers, der Gornergrat- und der Visp-Zermatt-Bahn war ihm gewiss, denn das waghalsige Projekt würde mit Sicherheit von der internationalen Presse mit grossem Interesse verfolgt werden. Man versprach sich einen weltweiten Werbeeffekt, der auch nach beendeter Hochsaison zahlreiche schaulustige Gäste nach Zermatt locken würde. Als Passagiere für den Pionierflug waren Hermann Seiler und der Zürcher Millionär Baron Wernecke vorgesehen, der das ehrgeizige Projekt auch finanziell grosszügig unterstützte.

Ende August 1903 wurde hinter dem Hotel Mont Cervin die grosse Wiese eingezäunt, und man begann mit den Vorbereitungen für das spektakuläre Abenteuer. Der kühne Flug sollte alle vorherigen an Höhe und Dauer weit übertreffen. Spelterinis neuester Ballon Stella benötigte 1600 Kubikmeter Wasserstoffgas, das aus 232 grossen Stahlzylindern in den Ballon gepresst werden musste. Allein die Wasserstoffflaschen kosteten über 22 000 Franken. Der Ballon selbst war 18 Meter hoch und musste ein Gewicht von 1700 Kilogramm in die Höhe heben können:

> «Spelterini hofft, seine von Zermatt ausgehende Fahrt mit der ‹Stella› über die Alpen werde sich ungefähr gestalten wie folgt: Der Flug geht über das Weißhorn, dann wird das Rhonetal traversiert; Jungfrau, Mönch und Eiger

läßt der Ballon links, überspringt die Urner- und Glarner Alpen und gedenkt im Rheintal Anker zu werfen. Wenn man bedenkt, daß Zermatt umkrönt ist von himmelragenden Gipfeln, wie Weißhorn, Dent Blanche, Matterhorn, Breithorn, Monte Rosa, Dome, Täschhorn, welche alle über 4000 Meter hoch sind, muß es fast als Abenteuer betrachtet werden, von hier aus einen Aufstieg per Ballon zu wagen. Doch Spelterini schreitet ganz kaltblütig an die Ausführung seines Vorhabens und glaubt auch seiner Sache vollkommen sicher zu sein. Material zum Ballon, welchen er extra für diese Fahrt anfertigen ließ, ist bereits angelangt und am Donnerstag traf der Luftschiffer selbst ein, um die nötigen Vorbereitungen zu treffen.»[167]

Als junger Kaufmann zog Eduard Spälti nach Italien, wo er wohl den für die Italiener besser klingenden Namen «Spelterini» annahm.

Der Abflug war anfänglich für den 6. September 1903 vorgesehen. Während sich das Zermatter Tal normalerweise anfangs September langsam leerte, waren die Hotels diesmal praktisch alle ausgebucht. Zum Verdruss der Hotelgäste verzögerte sich aber der geplante Abflug immer wieder. Sechs, acht, zehn Tage vergingen und nichts passierte. Böse Zungen verbreiteten bald das Gerücht, die Gebrüder Seiler würden den Abflug absichtlich hinauszögern, damit sie mit ihren gut gefüllten Hotels zusätzlich weiterhin gute Kasse machen könnten. Dem war nicht so, denn Spelterini wartete einzig auf günstigere Wetterverhältnisse. Südwestwind und ein wolkenfreier Himmel waren die Voraussetzungen, um den gefährlichen Aufstieg endlich wagen zu können. Auch nach zwölf Tagen konnte der Ballon noch immer nicht aufsteigen. In Zermatt war man natürlich arg verstimmt. So schrieb eine Zeitung verärgert:

«Die zwei günstigsten Tage, Dienstag und Mittwoch, sind verpaßt! Und gestern Donnerstag morgens meldeten bereits Telegramme von allen Seiten eingetretenes Regenwetter und dichtes Gewölk. So wurde denn auch schon nach der ersten Ausschau die Fahrt wieder aufgegeben, und aller Voraussicht nach dürften mehrere Tage vergehen, bis die gewünschte Südwestwindrichtung mit klarem Wetter wieder eintritt. Herr Spelterini hat in einem Anfall von Unentschlossenheit und zu peinlichem Abwägen der Verhältnisse entgegen den bestimmten Zusicherungen und Feststellungen der meteorologischen Wissenschaft einfach die herrlichste Gelegenheit zur vollständigen Traversierung der Alpen in Ostrichtung vorübergehen lassen. Diese Tatsache berührt sehr peinlich. Schon sind viele Fremde abgereist. Die Einheimischen treiben bereits ihren Ulk darüber. Die Herren Gebrüder Seiler unterstützen mit allen nur denkbaren Mitteln in uneigennützigster Weise die Sache, um doch die Fahrt noch zum Gelingen zu bringen.»[168]

Endlich, nach fast zwei Wochen Wartezeit, war Spelterini am 19. September 1903 startklar; um 13.24 Uhr hob der Ballon behutsam vom Zermatter Boden ab. Unter Hurra- und Jubelrufen gondelte «Stella» langsam in nördlicher Richtung durch die Lüfte gegen das Weisshorn. Im Korb befanden sich ausser Spelterini der Baron Wernecke und Hermann Seiler, der die Fahrt im Nachhinein wie folgt schilderte:

«Von Zermatt ging die Fahrt über den Dom (4554 m), das Saas-Tal, das Fletschhorn (4000 m) und den Weißmies (4031 m) zum Lago Maggiore, dann über den See aufwärts gegen Locarno. Bei Brissago wurde mit Hülfe

Spelterinis Ballon «Stella», hier beim Aufbau auf der Wiese hinter dem Hotel Mont Cervin, benötigte 1600 Kubikmeter Wasserstoffgas, das aus 232 grossen Stahlzylindern in den Ballon gepresst werden musste. Alexander Seiler rechts neben dem Korb, Hermann Seiler 4. von links.

eines Dampfers die Landung versucht, konnte aber wegen der ungünstigen Terrainverhältnisse nicht bewerkstelligt werden. Nun war es Nacht geworden. Rasch wurde beschlossen, bis am andern Morgen in der Höhe zu bleiben. Zuerst ging's nun ins Maggia-Tal hinein, dann über den Kamm rechts ins Verzasca-Tal, dieses Tal aufwärts bis Brione, dann hinein in das linke Seitental. Dichter Nebel hüllte uns ein. Dabei trieben wir beständig vorwärts, bis wir endlich in einem Talkessel ruhig blieben. Wir verbrachten die Nacht über einem Schneefeld, 2800 m hoch. Erst beim Morgengrauen konnten wir feststellen, dass wir uns wiederum im Maggia-Tal befanden, und zwar über Peccia. Morgens 6 Uhr, bei Sonnenaufgang, ließ Spelterini den Ballon wieder steigen und wir erreichten rasch wieder eine Höhe von 4900 m. Wunderbar breitete sich das ganze Alpengebiet vor uns aus. Der Wind trieb uns gegen Norden, also den Alpen zu und eine zweite Alpentraversierung wäre möglich gewesen. Einen Augenblick erwägen wir, ob's zu wagen sei. Leider haben wir aber nur noch drei Säcke Ballast. Es muß also gelandet werden. Die Verhältnisse sind zwar für die Landung äußerst schwierige. Spelterinis scharfer Blick erwählt für die Landung die Alpe Chinti über Bignasco. Hier landen wir nach zwanzigstündiger ununterbrochener Fahrt auf einer Höhe von 1800 m morgens 9 Uhr. Erst spät nachmittags traf die vom Tale requirierte Mannschaft ein und erst nachts um halb zwölf Uhr langte die Expedition im Tale an. Die von der ‹Stella› erreichte Maximalhöhe betrug 5300 m, die Durchschnittshöhe 4800 m, die Minimaltemperatur

Frank Gillett: «Across the Alps in a Balloon: The Ascent of Captain Spelterini and His Compagnons from Zermatt».

7 Grad unter Null, die Geschwindigkeit 10 bis 15 km in der Stunde. Während der ganzen Fahrt wurde fleißig photographiert und beobachtet. – So ist Spelterinis jahrelanger Wunsch, die Alpen zu traversieren, erfüllt, dank seinem Mut, seiner Ausdauer und seiner Erfahrung. Sein guter Genius hat sich auf der ganzen Fahrt wunderbar bewährt. Die Landung auf dieser Höhe, zwischen Bäumen und Felsen, zwar äußerst schwierig, vollzog sich ohne den mindesten Unfall. Es ist dies die kühnste Fahrt, die Spelterini bis dahin unternommen hat.»[169]

Die Ballonfahrt hatte allerdings auch ein weniger bekanntes Nachspiel, wie man Jahre später aus den Tageszeitungen erfahren konnte. Während der Füllungsarbeiten am Ballon in Zermatt übergab Spelterini an Hermann Seiler einen wertvollen Brillantring zur Aufbewahrung, da ihn der Ring

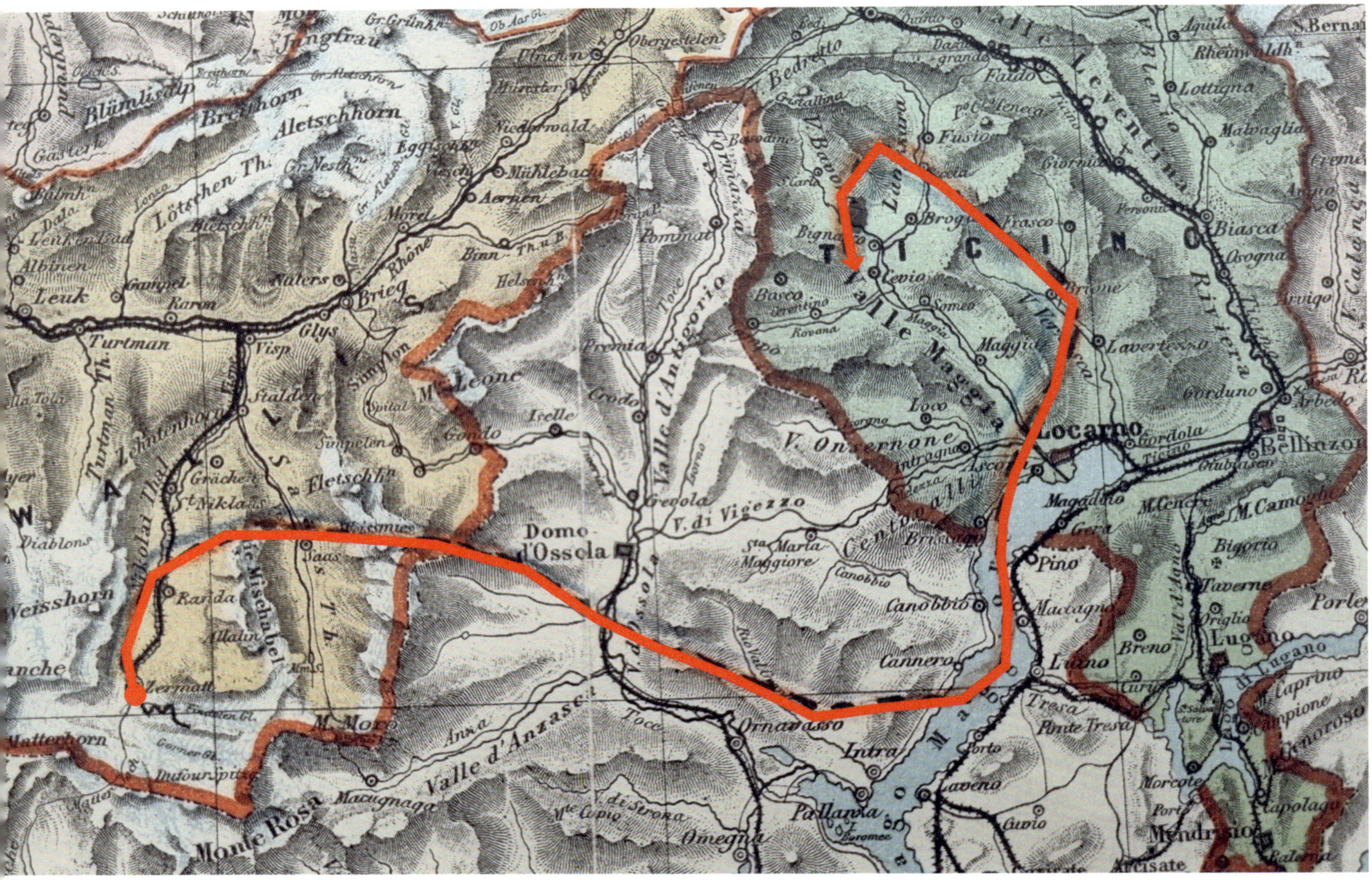

«Von Zermatt ging die Fahrt über den Dom (4554 m), das Saas-Tal, das Fletschhorn (4000 m) und den Weiß-mies (4031 m) zum Lago Maggiore, dann über den See aufwärts gegen Locarno.»

beim Arbeiten störte. Hermann befestigte diesen Ring an seiner eigenen Uhrkette und trug ihn noch im Moment des Aufstiegs, wie nachher durch eine Fotografie nachgewiesen werden konnte. Nach der Landung in unwegsamem Gebiet oberhalb Bignasco führte der Weg durch Geröllhalden und mannhohes Gestrüpp ins Dorf hinunter. In Bignasco angekommen, verlangte Spelterini seinen Ring zurück, doch dieser war nicht mehr auffindbar. Spelterini forderte deshalb von Hermann Seiler Schadenersatz im Wert von 2500 Franken. Seiler aber war der Meinung, dass ihn keine Schuld treffe und er den Ring auch nicht in seiner Eigenschaft als Hotelier in Verwahrung genommen hätte. Trotzdem offerierte er Spelterini grosszügig eine freiwillige Entschädigung von 500 Franken. Spelterini war aber mit diesem Angebot nicht zufrieden und reichte in der Folge eine Schadenersatzklage gegen Seiler beim Kreisgericht Brig ein. Das Kreisgericht und auch der Appellations- und Kassationsgerichtshof des Kantons Wallis wiesen die Klage ab, worauf Spelterini den Fall noch bis ans Bundesgericht in Lausanne weiterzog. Dieses bestätigte am 4. Mai 1907 die vorherigen Urteile zugunsten Seilers und wies das Begehren Spelterinis letztinstanzlich zurück: «Die Walliser Gerichte aller Instanzen wiesen Spelterini mit seiner Klage ab, da der Verlust in keiner Weise Herrn Seiler zur Schuldlast gelegt werden könne. – Insbesondere sei der Art. 486 des Obl. Recht, handelnd von der Anwendung des Hôteliers, nicht anwendbar, da der Ring nicht dem Hôtelier, sondern dem Freund und Reisegefährten anvertraut worden sei. Seiler sei viel eher der Gast Spelterinis gewesen!»[170]

Gründung des «Türkenbunds»

Der etwas seltsam anmutende Name des Briger «Türkenbunds» hatte seinen Ursprung in lokalpolitischen Differenzen zwischen den zwei benachbarten Ortschaften Brig und Visp. Ende 1902 entbrannten im Wallis hitzige Diskussionen um das neue eidgenössische Zolltarifgesetz sowie um die beiden vorgeschlagenen Varianten für die geplante Bahnlinie zwischen Bern und Brig mit Anschluss an die Simplonlinie. Dabei standen sich das traditionell altkonservative Lager und eine Gruppe von Gleichgesinnten unter der Führung von Alexander junior gegenüber. Die beiden Lokalzeitungen, der *Walliser Bote* auf Visper Seite und der vom Verleger Carl Tscherrig (1863–1933) im Jahr 1899 gegründete *Briger Anzeiger* auf Briger Seite, lieferten sich in dieser Angelegenheit monatelang einen heftigen Schlagabtausch.

Die Stadt Brig sowie die Familie Seiler setzten sich mit Nachdruck für die auch von den Bernern bevorzugte Lötschberg-Variante ein. Die Visper und die übrige Walliser Allianz verteidigten die sogenannte «Wildstrubel»-Variante, denn nur so würde man die Bundeshauptstadt von Visp aus ohne den lästigen Umweg über Brig erreichen können. Der *Walliser Bote* bemerkte eines Tages spöttisch, Brig sei noch lange nicht das Mekka des Oberwallis, und der *Briger Anzeiger* konterte schlagfertig: «Allah ist Allah und Brig bleibt Mekka.»[171]

Am Dreikönigstag 1903 versammelte sich auf Alexander juniors Einladung hin eine Fraktion von Gleichgesinnten und Freunden zu einem Treffen in der Briger Hotel-Pension Müller. «Der vom Prophet ausersehene Derwisch Alexander Seiler der Jüngere rief die Getreuen in die Moschee des Li Ben Müller.» Dort beschloss die Gruppe zu vorgerückter Stunde und in weinseliger Stimmung, die Herausforderung des *Walliser Boten* mit dem Schlachtruf «Allah ist Allah und Brig ist und bleibt das Mekka des Oberwallis!» anzunehmen. Sie gründeten auf einem einfachen Bogen Briefpapier den «Türkenbund» als ersten Fastnachtsverein des Oberwallis. «60 war die Zahl der Hadschis, welche nach orientalischer Sitte auf dem Bauche kriechend mit eigenem Blute den Beitritt zum neuen Bunde bekräftigten.»

Alexander junior alias «Ali Ben Said».

Unter den «Türken» der allerersten Stunde befanden sich neben dem Initianten Alexander junior alias «Ali Ben Said» und seinen zwei Brüdern Hermann Seiler alias «Ali Ben Schii» und Joseph Seiler alias «Mattitinhi» ihr Schwager Joseph von Stockalper alias «Derwisch» und der spätere Bundesrat Josef Escher alias «Abdallah el Sempione». Sie verstanden den neu geschaffenen Bund als eine Art Kampfansage gegen die «Ewiggestrigen», wie Alexander

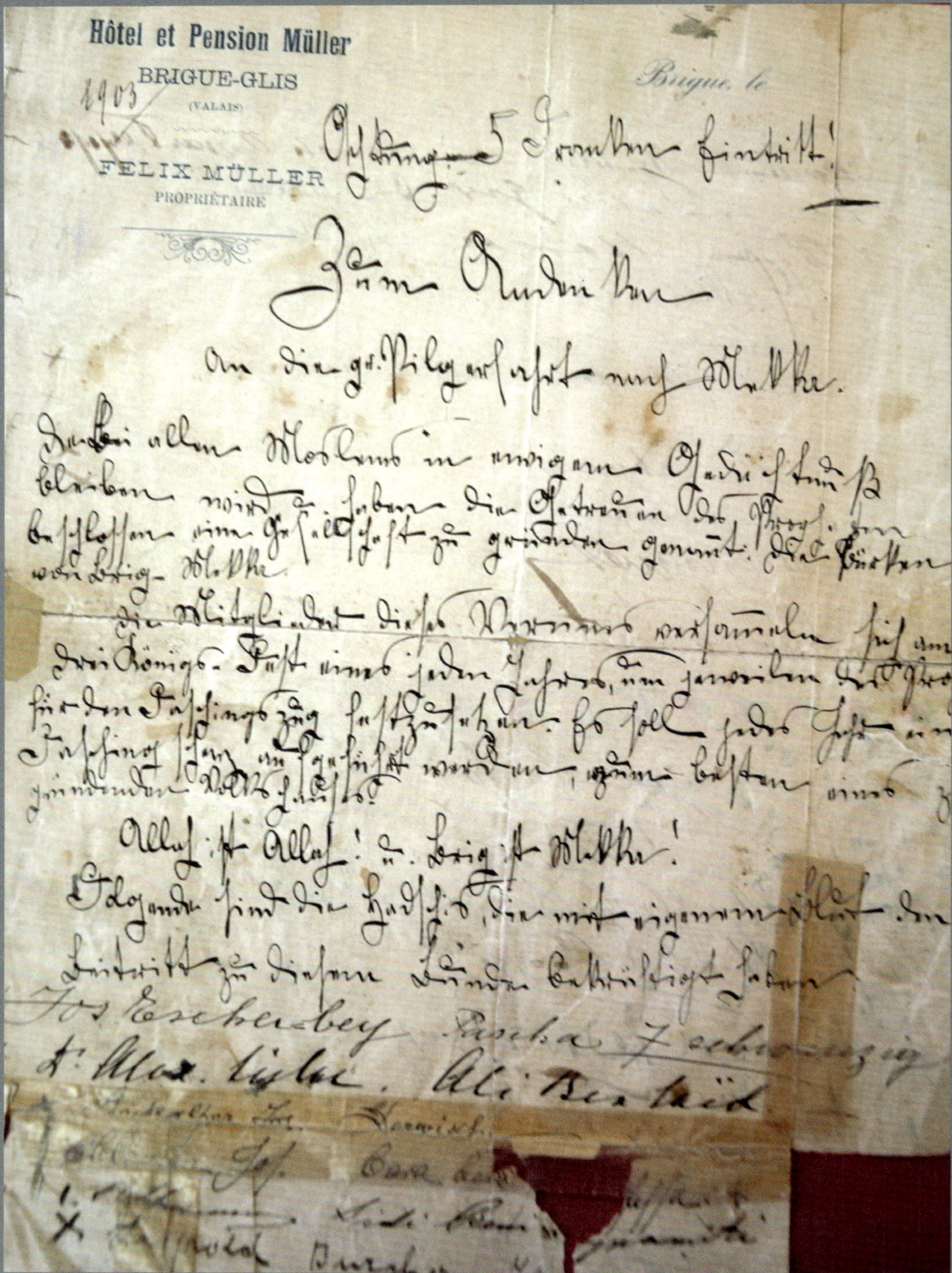
Hôtel et Pension Müller
BRIGUE-GLIS
(VALAIS)
FELIX MÜLLER
PROPRIÉTAIRE
Brigue, le
1903
Zum Andenken
Allah ist Allah! u. Brig ist Mekka!

Mekka-Brig, 19. Februar 1903. 1000. Jahrgang seit der Hedschra.

№ 1.

Mekka-Anzeiger

Allah ist gross!

Und Hadschi ist nicht sein Prophet!

Erscheint vorläufig nur heute

Später jedoch, wenn Lötschberg und Wildstrubel erbaut sind, täglich.

Abonnementspreis:	Verantwortung, Druck und Verlag:	Einrückungsgebühr:
Für das ganze Jahr 20 Cts. Einzelne Nummern nicht billiger.	Mohamed und sein Prophet	Die vierspaltige Paschazeile 1 Piaster; Die Garmondzeile 15 Paras; Bei öfterer Wiederholung ein Gruss

«Mekka-Anzeiger» vom 9. Februar 1903.

die engstirnigen Sesselpolitiker gern nannte, aber auch als Zeichen gegen Trägheit, Sturheit und Intoleranz im Allgemeinen.

Die Behörden entschieden sich schliesslich im Sinne Seilers für den Tunnelbau der Lötschberg-Variante via Brig, denn diese sollte dort ins Trassee der damaligen Jura-Simplon-Bahn einmünden. Als der Simplontunnel zwischen Iselle in Italien und Brig im Jahr 1906 eröffnet wurde, war dieser mit einer Länge von 20 Kilometern der längste Eisenbahntunnel der Welt, und er stellte damit sogar den Gotthard in den Schatten. Der Simplontunnel bescherte dem kleinen Städtchen Brig einen rasch wachsenden Verkehr, verbunden mit einem gewaltigen Bauboom.

Am 27. Juli 1906 wurde die Berner Alpenbahngesellschaft BLS (Bern-Lötschberg-Simplon) gegründet, und man begann sofort mit den Bauarbeiten für den Lötschbergtunnel. Am 31. März 1911 wurde der Stollendurchstich gefeiert, und zwei Jahre später, am 3. Juni 1913, fuhr die erste Elektrolokomotive durch den 16 Kilometer langen Tunnel. Brig wurde, dank Simplon- und Lötschbergtunnel, tatsächlich doch noch so etwas wie das «Mekka des Oberwallis», wie es Alexander junior als erster Grosswesir an der Gründungsversammlung des «Türkenbunds» im Jahr 1903 schalkhaft ausdrückte.

Links: Die Gründung des «Türkenbundes» wurde am Dreikönigstag, dem 6. Januar 1903, auf einem Briefbogen des Hotels Müller in Brig festgehalten.

Moderne Mobilität und Pioniere 1910–1930

Die beiden Brüder Hermann und Alexander begeisterten sich sofort für den neu aufkommenden Automobilismus, nachdem an der Landesausstellung 1896 in Genf erstmals auch in der Schweiz ein fahrtaugliches Automobil mit Verbrennungsmotor vorgeführt worden war. Alexander junior erwarb daraufhin sein allerererstes Kraftfahrzeug noch vor der Jahrhundertwende und beschäftigte mit Cäsar Eggel aus Naters wohl auch den ersten Berufschauffeur im Oberwallis. Hermann hingegen wagte sich als allererster mit einem Automobil über die noch ungesicherte Simplonpassstrasse. Sein Wagen blieb jedoch auf halber Strecke stehen, und Pferde mussten sein Fahrzeug aus der misslichen Lage befreien.[172]

Doch schon im August 1903 erlitt der Automobilverkehr im Wallis einen herben Rückschlag, denn das Befahren der Walliser Alpenstrassen mit Autos wurde von der Regierung bereits wieder verboten:

> «Veranlasst durch einen vorgekommenen schweren Unfall hat die Regierung des Kantons Wallis das Befahren von Bergstraßen mit Automobilen verboten, mit der Begründung, dass Begegnen mit Pferden und leicht scheuenden Maultieren zu Unglücksfällen führen könnte. Dieses Verbot gefällt jedoch den Hoteliers gar nicht und so werden Vorschläge gemacht, wie man die Sicherheit der Straßen trotz dem Automobilverkehr aufrechterhalten könnte. Der eine dieser Vorschläge geht dahin, in jedem Dorf, wo eine Bergstraße abzweigt, einen patentierten Heizer stationieren zu lassen, der gleichsam als Lotse das Automobil über die betreffende Strasse zu begleiten hätte, dass nur die unter seiner Führung reisenden Wagen zuzulassen wären. Von anderer Seite wünscht man durch Beschränkung der erlaubten Geschwindigkeit auf 10 Kilometer, bei welcher kein Geräusch mehr entstände, die Gefahr des Scheuwerdens begegnender Tiere auszuschalten.»[173]

Alexander junior hingegen betrachtete das Reisen mit dem Auto schon damals als aufkommende Selbstverständlichkeit, was er im Nationalrat in seiner ersten Rede zum Thema Verkehrszentrale zum Ausdruck brachte: «Es wäre ewig schade, wenn wir durch diese fortdauernde automobilfeindliche Haltung das Publikum, das nun heute einmal per Auto reisen will und das zur besten Klasse gehört, von den schweizerischen Grenzpfählen abhalten würden.»[174]

Am 5. Dezember 1912 gründete Nationalrat Alexander Seiler im Casino Bern den Verein Pro Sempione, eine lose Organisation, die sich in erster Linie als eine Art Dachverband und als Sprachrohr zur Förderung des Reiseverkehrs in der Westschweiz verstand. Bereits im Vorjahr, am 6. Oktober 1911, hatte er eine Motion im Nationalrat eingereicht, mit dem Ziel, ein

Links: Ab 1920/21 rollten die ersten Saurer-Busse über den Furkapass.

eidgenössisches Amt für den Reiseverkehr zu gründen: «Der Bundesrat wird eingeladen, die Errichtung einer Zentralstelle zwecks Förderung des Fremdenverkehrs in der Schweiz zu prüfen und hierüber Bericht und Antrag zu stellen.» Alexander junior begründete seine Motion, indem er auf die enorme Wichtigkeit des Tourismus für die gesamte Schweizer Wirtschaft hinwies und sein Anliegen mit stichhaltigem Zahlenmaterial untermauern konnte. Obwohl der Vorstoss vom Nationalrat als «erheblich» befunden und auch angenommen wurde, verzögerte sich die Umsetzung immer wieder, und mit dem Ausbruch des Ersten Weltkriegs verschwand er für einige Jahre ganz von der politischen Agenda in Bundesbern.

Die Skepsis der Bevölkerung gegenüber dem Autoverkehr war bis zum Ersten Weltkrieg gross, vielleicht auch deshalb, weil sich nur die Reichen ein solch neuartiges Gefährt leisten konnten. Über Jahre hinweg wehrte sich sogar die Bevölkerung in Alexander juniors Heimat, dem Gommertal, gegen den Automobilverkehr. Erst nach der Eröffnung der Furkabahn vom 30. Juni 1914 schien das anfängliche Misstrauen der Bergbevölkerung gegenüber dem Automobilismus langsam zu schwinden. Der Vormarsch des motorisierten Verkehrs über die Alpenpässe ging zwar schleppend, aber stetig voran. Nach mehreren vergeblichen Anläufen verbuchte Alexander juniors Vereinigung Pro Sempione in der Frage um die Bewilligung des Automobilverkehrs auf der Furkastrasse endlich einen ersten Grosserfolg. Der Staatsrat des Kantons Wallis bewilligte am 15. Juli 1917 das Befahren des Grossen St. Bernhard und versprach gleichzeitig, die Strasse von Gletsch über den Furka- und Grimselpass für den Automobilverkehr wieder zu öffnen. Damit erfüllte sich für die von Alexander Seiler geführte Pro Sempione ein lang gehegtes Anliegen.

Nach den ersten beiden Kriegsjahren übernahm die Oberpostdirektion von der Militärverwaltung 1916 eine grössere Anzahl von Saurer-Militärlastwagen und baute diese zu offenen «Cars Alpins» um. Alexander junior erkannte den Wert solcher motorisierten Postautos für die Gebirgsgegenden sofort, und er setzte sich in Bern mit Nachdruck dafür ein. Er war der Ansicht, dass die stärkeren Lastwagen den Zugang zu den Siedlungen in den Berggebieten viel schneller und billiger als Bahnverbindungen oder traditionelle Pferdekutschen würden erschliessen können. Ein leistungsfähiger Personen- und Postverkehr mit motorisierten Omnibussen würde dem Fremdenverkehr vor allem in abgelegenen Gebirgsgegenden äusserst dienlich sein. So forderte er im Nationalrat einen Kredit für die Schaffung neuer Postautokurse in die Bergtäler: «Die Tage der bespannten Postkutschen sind vorbei», argumentierte Seiler in seiner bedeutsamen Rede im Nationalrat am 12. Februar 1920. Schon im Jahr zuvor hatte Alexander junior bei der Postdirektion die Einführung der Postautokurse über die Oberalp-Furka und über den Grimsel angeregt. Er wies darauf hin, dass während des Ersten Weltkriegs wegen der militärischen Blockaden auf den wichtigsten Alpenpässen jeglicher private Personenverkehr verunmöglicht gewesen sei. Er fand, es sei ein Gebot der ausgleichenden

Hotel Glacier du Rhône, um 1920.

Gerechtigkeit, dass die Eidgenossenschaft nun für die Wiederbelebung des Verkehrs in den Bergen besorgt sein würde.

In seinem Schlusswort wies Seiler nochmals auf die nur mangelhaft erschlossenen Bergtäler hin, deren Bevölkerung auch das Recht hätte, berücksichtigt zu werden. Er gab ferner zu bedenken: «Es geht nicht an, dass man sich auf den Standpunkt stellt, man wolle den Automobildienst erst da einführen, wo ein Jahresbetrieb in Frage steht, und erst später in Gegenden, wo nur der Sommerbetrieb möglich ist. Vom Nutzen des Ausbaus der Automobilpost profitiert nicht nur die betreffende Region, sondern das ganze Land.» Alexander junior stiess zunächst bei einer Mehrheit im Bundesrat auf Widerstand, doch zeigte der damalige Vorsteher des Post- und Eisenbahndepartements, Bundesrat Haab, Verständnis für seine Forderungen und versicherte, dass die Oberpostdirektion in diesem Sinne handeln würde. Nach der bemerkenswerten Rede Seilers und den anschliessenden Ausführungen von Bundesrat Haab wurden die verlangten Kredite gewährt. Es begann ein eigentlicher Umschwung im Alpenpostautobetrieb. Das Jahr 1920 brachte die Eröffnung der Alpenpostkurse Chur–Lenzerheide–Mühlen und Thusis–Splügen. Im Juni 1921 erfolgte die Aufnahme der Kurse über Grimsel, Furka, Oberalp sowie San Bernardino und die typischen Saurer-Postautomobile mit zehn bis zwölf Plätzen verdrängten die Postkutschen allmählich von den Alpenstrassen. Der *Walliser Bote* fasste zusammen:

> «Seilers Standpunkt, der anfangs in bundesrätlichen Kreisen auf einen gewissen Widerstand stieß, erfuhr in den nachfolgenden Jahren eine glänzende Rechtfertigung. Im Jahre 1920 beförderten die Pferdeposten der Grimsel-Furka-Oberalp insgesamt nur 2204 Reisende. Im Jahre 1921, nach der Einführung des Postautomobils, sind es 21 690 Reisende, und 1923 schon stieg die Reisenden Zahl auf 30 678. Grimsel und Furka wurden bald sehr gut rentierende Postautolinien, warfen sie doch im Jahre 1922 einen Gewinn von 122.30 bzw. 117.80 Rappen pro Wagenkilometer ab. Seiler's Verdienste um das schweizerische Alpenpostautomobil lassen sich auf Grund seiner vielen Interventionen beim Postdepartement und bei der Oberpostdirektion wie folgt zusammenfassen: Raschere Einführung der Postautokurse über unsere Alpenpässe, namentlich Simplon, Grimsel, Furka-Oberalp. Fallenlassen der Subventionspflicht der Berggemeinden an Alpenkursen u. Schaffung eines einheitlichen Postautotyps auf Alpenstraßen. Das Jahr 1920 darf als das Jahr der Entscheidung im Alpenpostautobetrieb bezeichnet werden.»

Am 28. November 1917 versammelten sich im Nationalratssaal in Bern 25 einflussreiche Politiker unter dem Vorsitz des Bündner Bundesrats Felix Calonder (1863–1952) und gründeten die Nationale Vereinigung zur Förderung des Reiseverkehrs (1937 umbenannt in Schweizerische Verkehrszentrale, heute: Schweiz Tourismus), die auf Alexander juniors ursprüngliche Initiative vom 6. Oktober 1911 zurückging. Anschliessend an die Gründungsversammlung wurde der Initiator Alexander Seiler zum ersten Präsidenten gewählt, was ihn mit besonderer Genugtuung erfüllte. Allerdings erntete Seiler als Wortführer und Vertreter der «Fremdenindustrie» nicht immer nur Beifall. Bereits wurden erste konservative Stimmen laut, die auf die Gefahren hinwiesen, welche die «Fremdenindustrie» für den Erhalt der nationalen Eigenart in sich bergen würde. Die Gegner monierten, die Initiative wirkte sich negativ auf Schweizer Sitten aus und trüge zur Verunstaltung des Landschaftsbilds bei. Die Jugend würde allzu sehr geneigt sein, das schlechte fremde Beispiel nachzuahmen, welches sie in den Luxushotels zu sehen bekomme. Auch in anderen Ländern versuchte man gegen den mit der Fremdenindustrie einziehenden unerwünschten «Fremdgeist» anzukämpfen.

Hermann Seiler wird Stadtpräsident von Brig

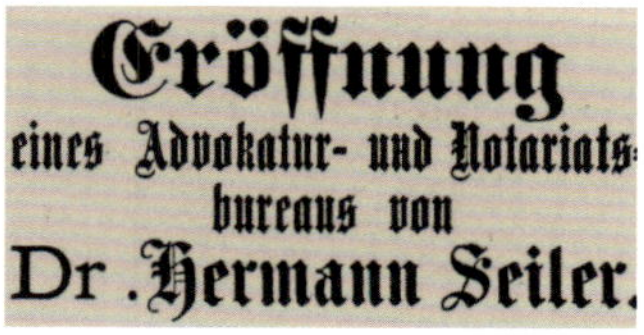
Eröffnung
eines Advokatur- und Notariats-
bureaus von
Dr. Hermann Seiler.

Briger Anzeiger, 24. Dezember 1904.

Als Hermanns Tante Marie Clausen, die während fast 45 Jahren die Hotels Riffelalp und Riffelberg geführt hatte, im Frühling 1904 schwer erkrankte, musste Hermann Seiler in die Lücke springen; er übernahm in den Sommermonaten der nächsten Jahre die Direktion der beiden Hotels oberhalb Zermatt.

Trotzdem absolvierte er noch im Juni 1904 seine Notariatsprüfung und eröffnete im Dezember des gleichen Jahres sein eigenes Advokaturbüro in Brig. Er widmete sich von nun an in den Sommermonaten der Hotellerie und in der restlichen Zeit seinem Anwaltsbüro und vor allem der Politik. Schon im Herbst 1904 kandidierte er für den Briger Stadtrat. Nach heftig geführtem Wahlkampf

Einweihungsfeier Simplontunnel, 1906..

wurde der 28-jährige Hermann im Dezember 1904 als Nachfolger des demissionierenden Joseph von Stockalper in den Stadtrat und gleichzeitig mit einem grossen Mehr von 164 gegen 20 Stimmen zum Briger Stadtpräsidenten gewählt: «Der Stadtrat gewinnt in Herrn H. Seiler eine vorzügliche junge Kraft. Die Wahlen liefen nicht ohne Kampf ab. Das Resultat beweist aber, dass die Wähler den alten Kurs beibehalten wollen. Es mögen sich dies die Leute, die im Trüben zu fischen gewöhnt sind und die in den letzten Tagen das alte Lied von der Religionsgefahr anzustimmen versuchten, für ein und allemal merken.»[175]

Als ersten Markstein in seiner noch jungen politischen Karriere gab der erst 29-jährige Hermann Seiler am 24. Februar 1905 den Durchstich des Simplontunnels bekannt. Ein Jahr danach, am 19. Mai 1906 um 11.28 Uhr, kündete Kanonendonner die Einfahrt des königlichen Einweihungszugs aus Italien an. Um 11.30 Uhr fuhr der Zug mit sieben Wagen, gezogen von zwei mächtigen Lokomotiven, in den Bahnhof Brig ein. Der italienische König Viktor Emanuel III. wurde von Bundespräsident Ludwig Forrer begrüsst; Hermann Seiler, den man in der Armee inzwischen vom Leutnant zum Hauptmann befördert hatte, präsentierte dem italienischen Monarchen die Ehrenkompanie. Seine Nichten Anny Seiler und Käthy Perrig überreichten dem italienischen König und dem Schweizer Bundespräsidenten je einen grossen Blumenstrauss.

Durch die Eröffnung des Simplontunnels 1905 und des Lötschbergtunnels 1913 veränderte sich die Wirtschaft des Kantons Wallis, und die Region erlebte grosse Veränderungen. Die Landwirtschaft blieb zwar weiterhin der wichtigste Wirtschaftszweig, aber die Industrie und vor allem der Tourismus entwickelten sich mehr als erfreulich. Die Industrialisierung und die fremde

Arbeiterschaft entfachten aber bei den Walliser Konservativen auch Ängste, denn mit der zunehmenden Mobilität vergrösserte sich die Ausländerzahl überproportional und es kam zu ersten Arbeiterstreiks.

BERNE
OUVERTURE DU
BERNERHOF
LE 3 JANVIER 1859
Pension avec chauffage et éclairage, au prix de 50 fr. par semaine pour chaque personne.
Le BERNERHOF ne négligera rien pour satisfaire MM. les voyageurs.
KRAFT-RÜFENACHT, propriétaire.

Le Chroniqueur, 15. Dezember 1858.

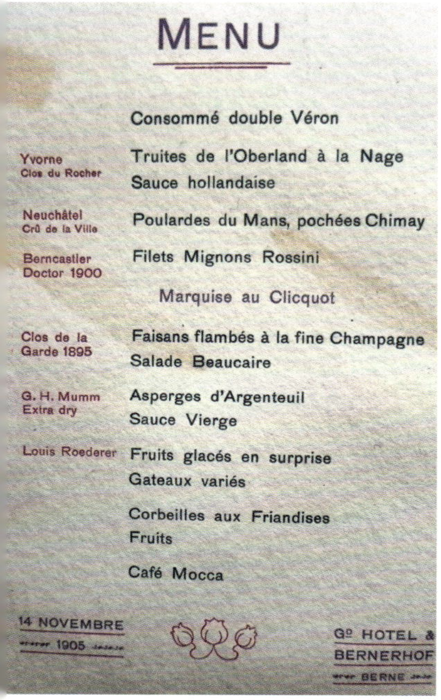
MENU

Consommé double Véron
Yvorne Clos du Rocher — Truites de l'Oberland à la Nage, Sauce hollandaise
Neuchâtel Crû de la Ville — Poulardes du Mans, pochées Chimay
Berncastler Doctor 1900 — Filets Mignons Rossini
Marquise au Clicquot
Clos de la Garde 1895 — Faisans flambés à la fine Champagne, Salade Beaucaire
G. H. Mumm Extra dry — Asperges d'Argenteuil, Sauce Vierge
Louis Roederer — Fruits glacés en surprise, Gateaux variés
Corbeilles aux Friandises
Fruits
Café Mocca

14 NOVEMBRE 1905
Gd HOTEL & BERNERHOF BERNE

Hochzeitsmenu im Bernerhof vom 14. November 1905.

Die Verbindung zur Engelberger Hoteliersfamilie Cattani

Am 14. November 1905 heiratet der frischgebackene Briger Stadtpräsident Hermann Seiler in Bern in der damaligen Nobelherberge Bernerhof die 21-jährige Elizabeth Cattani, eine Tochter der bekannten Engelberger Hoteliersfamilie Cattani. Das von Jean Kraft erbaute Hotel Bernerhof mit 123 Zimmern und 185 Betten galt seit seiner Eröffnung am 3. Januar 1859 als eine der besten Adressen in ganz Europa, und es war das erste Hotel der Schweiz mit einer dampfbetriebenen Zentralheizung.

Zudem verfügte das Hotel von Anfang an über eine Gasbeleuchtung, Toiletten mit Spülung und fliessend Warm- und Kaltwasser im ganzen Haus. Eine hauseigene Dampfwaschanstalt versprach den Gästen, deren Wäsche innerhalb von nur sechs Stunden zu erledigen. So setzte der Bernerhof ab 1859 ganz neue Standards in der noch jungen Schweizer Luxushotellerie. Im Bernerhof stiegen gekrönte Häupter ab: Napoleon III., Kaiser von Frankreich, die Zarin von Russland, der britische König Edward VII., die Königinnen von Schweden und den Niederlanden, der König von Siam, der indische Maharadscha von Jodhpur sowie zahllose hohe Vertreter aus Politik, Wirtschaft, Kunst und Kultur, die in der Bundesstadt zu Gast waren.

Das Hotel wurde 1908 unter Aufnahme von hohen Krediten aufwendig umgebaut und vergrössert. Mit dem Ausbruch des Ersten Weltkriegs blieben jedoch die vielen gut betuchten Gäste aus, und das zuvor schon hoch verschuldete Hotel musste 1923 den Betrieb endgültig einstellen. Es konnte vom Bund zu vorteilhaften Konditionen übernommen werden und beherbergt seit 1924 den Sitz des Eidgenössischen Finanzdepartements.

Ähnlich wie die Seilers in Zermatt war die alteingesessene Engelberger Familie Cattani in der Politik, im Postwesen und auch im Gastgewerbe tätig. Die Familie hatte über fünf Generationen die touristische Entwicklung des Dorfs geprägt und dabei ebenfalls ein Hotelimperium geschaffen, das im Jahr 1905 fast 700 Betten umfasste. Schon Elisabeths Urgrosseltern Josef Maurus Cattani (1783–1817) und seine Frau Rosa Cattani, geborene Amstutz (1781–1865), wirteten seit Anfang des 19. Jahrhunderts im Engelberger Gasthaus Rössli in der Gand. Nach dem frühen Tod von Maurus verkaufte die Witwe Rosa Cattani-Amstutz das Rössli an einen Joseph Kuster und erwarb 1823 von Xaver Hurschler die kleine Herberge zum Engel, welche dieser zehn Jahre zuvor von der Abtei Engelberg gekauft hatte. Die anspruchslose Herberge für Pilger wurde ursprünglich im Jahr 1778 durch die Benediktinermönche etwas ausserhalb der Klostermauern erbaut, damit durch das Kommen und Gehen der Pilger und Handelsreisenden das Klosterleben nicht allzu sehr gestört

Rechts: Hotel Bernerhof. Unten: In der Mitte stehend zwischen ihren Eltern Eduard und Elisa Cattani die junge Elisabeth kurz vor ihrer Heirat mit Hermann Seiler.

Die anspruchslose Herberge «Zum Engel» wurde ursprünglich im Jahr 1778 durch die Benediktinermönche erbaut und 1839 von der Witwe Rosa Cattani beträchtlich vergrössert.

wurde. Es diente zuerst fast ausschliesslich den regionalen Bedürfnissen des abgeschiedenen Engelberger Tals. Hie und da kamen allerdings auch schon vereinzelte Städter von Zürich, Luzern, Bern oder Basel und waren begeistert von den landschaftlichen Reizen und den klimatischen Vorzügen der Gegend.

Die Witwe Rosa Cattani betrieb den Gasthof Engel zusammen mit ihren Kindern so erfolgreich, dass die Familie die Herberge im Jahr 1839 beträchtlich vergrössern und sie zu einem eigentlichen Hotel ausbauen konnte. Nach diesem Umbau übernahm der älteste Sohn Maurus Cattani junior (1803–1857) die Leitung des Hotelbetriebs, während sich sein zwei Jahre jüngerer Bruder Carl Joseph Cattani (1805–1869) dem Studium der Medizin zuwandte. Der Arzt Carl Cattani interessierte sich insbesondere für die Höhenluft sowie Wasser-, Milch- und Molkenkuren, denn man erzählte sich andernorts, dass solche Kuren Hautkrankheiten, Magen- und Darmbeschwerden sowie Tuberkulose und andere Atembeschwerden heilen könnten. Offene Holzfeuer und die steigende Nutzung von Kohle für die aufkommenden Industrieanlagen sorgten dafür, dass über vielen Städten vor allem im Winter eine dunkle Rauchwolke lag. Dazu kam der durch die Pferdekutschen verursachte, mit Schmutz und Tierkot vermischte Strassenstaub, der viele Krankheitserreger enthielt. In den Innenräumen der Wohnungen war die Luftqualität meist sehr schlecht. Die Schadstoffbelastung durch die Holz- und Kohleöfen sowie durch die Petroleumlampen und das Kerzenlicht war enorm; die schlechte Luft in den Innenräumen der Fabriken und Wohnhäuser gehörte zu den grössten Gesundheitsproblemen der damaligen Zeit. Man schätzt, dass damals etwa ein Viertel aller Todesfälle auf diverse Lungenkrankheiten zurückzuführen war. Kuraufenthalte in den Schweizer Bergen wurden deshalb für wohlhabende Patienten aus ganz Europa zum Modetrend, denn die reine Schweizer Bergluft, die würzige Alpenmilch und das heilsame Quellwasser galten als besonders gesund. «Die außerordentliche Reinheit der Alpenluft befördert im Allgemeinen den Athmungsprozeß, der Sauerstoff, dieses Haupterhaltungsmittel der ganzen thierischen Schöpfung dringt in's Blut, belebt und stärkt den Körper, fördert die Eßlust und Verdauung, und hebt die verschiedensten Krankheitsanlagen und selbst schon ausgebildete Krankheiten.»[176]

Die beiden Brüder Cattani beschlossen, sich diesem neuen Gesundheitstrend anzuschliessen, und verbanden ihren Hotelbetrieb mit einem Kurangebot. Bereits am 15. Mai 1840 pries Maurus Cattani in einer Zeitungsannonce das Dorf erstmals als «Kurort Engelberg» an und empfahl seinen Gasthof zum Engel als eigentliche Kuranstalt:

> «Kurort Engelberg. Maurus Cattani, Gastwirth zum Engel, in Engelberg in Unterwalden macht einem verehrten Publikum die Anzeige, daß er zur Aufnahme einer größeren Zahl von Kurgästen seinen Gasthof beträchtlich erweitert und sämtliche Zimmer so bequem als möglich eingerichtet hat. Nach dem Urtheil ausgezeichneter Aerzte eignet sich der Ort Engelberg wie kaum ein anderer als Kurort. Die nahen herrlichen Alpen liefern kräftige Milch und Molken von Kühen und Ziegen, das reinste und frischeste Quellwasser entspringt zunächst am Wirthshause, die mäßige Temperatur des nicht allzu hoch gelegenen Thales, die unendliche Mannigfaltigkeit von Spaziergängen, die stärkende Bergluft, der erhebende Anblick der Alpenwelt beleben den Kranken, der sich zum beständigen Aufenthalt im Freien angeregt fühlt. Betreffend die Pünktlichkeit der Bedienung der Reisenden sowohl als der Kurgäste, die Billigkeit der Preise u.s.w. darf der Obgenannte auf diejenigen Personen sich berufen, die voriges Jahr ihn mit einem Besuche gütigst beehrten.»[177]

Carl Cattani beschäftigte sich in der Folge jahrelang mit den therapeutischen Vorzügen dieser Heilverfahren und publizierte im Jahr 1852 das Buch «Das Alpenthal Engelberg und seine Berg-, Wasser-, Milch- und Molkenkuren». Carl beschreibt darin die Schönheiten des Tals, die Heilkraft des Höhenklimas, erklärt die Vorzüge verschiedenster Kuren, und er empfiehlt darin auch den «Engel» als idealen Ort für einen heilsamen Aufenthalt:

> «Am Ende des Dorfs steht das Kurhaus Zum Engel, ein umfangreiches, aus einem Haupt- und Nebengebäude bestehendes Gasthaus. Das Hauptgebäude hat eine Breite von 45 Fuß, und eben so viel Tiefe, und kehrt seine Hauptfassade dem Titlis zu, damit verbindet sich ein Nebengebäude von 38 Fuß Breite und 29 Fuß Tiefe, mit 22 freundlichen Zimmern, die wegen ihrer ruhigen Lage allein für Kurgäste bestimmt sind. [...] In der ganzen Schweiz wird es keinen Kurort geben, wo man billiger lebt und freundlicher bedient wird als beim Engel in Engelberg. Das Fremdenbuch gibt davon in allen Zungen Zeugniß; der galante Franzose wie der steife Engländer, der redselige Deutsche wie der Schweizer, sprechen darüber in Prosa und in Versen einstimmig.»[178]

Die Publikation fand grosse Beachtung, auch im Ausland, und verhalf dem abgelegenen Dorf dazu, bald auch offiziell als Kurort anerkannt zu werden.

Als der Engel-Wirt Maurus Cattani junior 1857 wie schon sein Vater allzu früh starb, übernahm die Witwe Carolina Cattani-Kuster den Hotelbetrieb, und ihr Bruder Carl blieb für die Leitung der separat geführten Kurabteilung zuständig. Doch bald war die Kapazität des Hotel zum Engel angesichts des

Die Bad=, Ziegenmilch= und Molken=Kuranstalt
zum Engel in Engelberg
ist mit dem 1. Juni eröffnet.
Hôtel und Pension Titlis.
Neu erbauter Gasthof mit comfortabler Einrichtung. Eröffnung: Anfangs Juli.
Es empfehlen sich bestens
M. Cattani, Wittwe, und Kinder.

Der Bund,, Nr. 146, 28. Mai 1865.

Andrangs der vielen Erholung suchenden Gäste im Sommer nicht mehr ausreichend. 1863 beschloss die Familie Cattani deshalb, etwas ausserhalb des Dorfkerns ein weiteres Hotel zu bauen, das 1865 nach zwei Jahren Bauzeit unter dem Namen «Hotel und Pension Titlis» eröffnet wurde. Das neue Haus bot mit seinen eleganten Gästezimmern und der modernen Infrastruktur einen Luxus, den man bisher in dieser Gegend noch nicht gesehen hatte. Die Leitung des neuen Hotels übernahm Carolinas ältester Sohn Eduard Cattani (1841–1908). Die Eröffnung dieses Hotels markierte den Beginn der neueren Engelberger Tourismusgeschichte, die Hotelier Eduard und sein Bruder, der Architekt Alfred Cattani (1846–1921), massgeblich prägten. Als Gründer des Engelberger Kur- und Verschönerungsvereins, dessen Präsident er bis zu seinem Tode blieb, hatte sich Eduard Cattani grosse Verdienste erworben.

In den nachfolgenden Jahren wurden prächtige hoteleigene Park- und Gartenanlagen geschaffen, und sogar ein künstlicher Teich mit eigenen Ruderbooten wurde angelegt. Den Bedürfnissen der internationalen Gäste zuliebe baute Cattani eine deutsch-evangelische und eine anglikanische Kapelle, denen auch das Kloster und die Einheimischen offen gegenüberstanden, denn Gottesdienste für Gäste verschiedenster Konfessionen gehörten damals ganz einfach zu einem attraktiven Kurangebot dazu. 1887 wurde das Hotel Kurhaus Titlis noch einmal wesentlich vergrössert und zu einem internationalen Grandhotel ersten Ranges mit 160 Zimmern und 250 Betten ausgebaut. Im Sommer 1890 verbuchte Engelberg bereits 13 000 Besucherinnen und Besucher, die jedoch noch alle zu Fuss oder mit der Postkutsche den 25 Kilometer langen Weg durch das Tal nach Engelberg hinaufpilgern mussten.

Deshalb bildeten Eduard und Arnold Cattani, zusammen mit dem Dampfschiffverwalter Eduard Schmid aus Luzern und unterstützt von Anselm Villiger, dem damaligen Abt des Benediktinerklosters Engelberg, ein Initiativkomitee mit dem Ziel, Projekte für eine neue Bahnlinie von Stansstad nach Engelberg auszuarbeiten. Die Finanzierung für die geschätzten 2,5 Millionen Franken Baukosten kam jedoch nicht zustande, und es wurde wieder still um das Engelberger Eisenbahnprojekt.

Im Frühling 1891 erschien im Auftrag von Eduard Cattani das vielbeachtete Buch «Engelberg – Streifzüge durch Gebirg und Tal», verfasst von Alexander Seilers Schwiegersohn, dem NZZ-Redaktor Albert Fleiner (1859–1902). Albert hatte ein Jahr zuvor Ida Seiler (1865–1953) aus der Zermatter

Rechts: Werbeprospekt um das Jahr 1870. Unten: 1907 gehört den Brüdern Cattani ein gewaltiger Hotelkomplex mit einer Kapazität von nahezu 700 Betten.

HÔTEL
TITLIS
PENSION
ENGELBERG
ED·CATTANI
·PROPRIÉTAIRE·

Grand Hôtel, Kuranstalt, Concertsaal,
Winterhôtel, Hôtel Titlis & Post, Engelberg

Engelberg Luftkurort 1019 M. ü. M.

I. Rang. 240 Betten. **Hotel Kurhaus Titlis** Elektr. Beleuchtung im ganzen Hause. Lift.

Elektr. Beleuchtung in allen Räumen. **Kaltwasser - Heilanstalt** Centralheizung. 2 Lift.

Neues Etablissement I. Ranges (250 Betten) mit allem modernen Comfort eingerichtet. **Entspricht den weitestgehenden Anforderungen und bietet alles was auf dem Gebiete der Wasser-mechanischen und elektrischen Behandlung gefordert werden kann.**

Kurarzt: Dr. Emil Cattani, Nervenarzt in Luzern. Prospekte mit Pensionstarifen. Saison Mai bis Oktober.

Ed. Cattani, Besitzer.

Engelberg

Grand Hôtel Winterhaus

Eröffnung für Wintersport

10. Dezember.

Neue Zürcher Zeitung, Nr. 108, 19. April 1899. Links: *Der Bund*, Nr. 579, 7. Dezember 1905, Ausgabe 2.

Hoteliersfamilie geheiratet. Ihre Schwester Marie Seiler wiederum war seit 1880 mit dem Obwaldner Topografen Xaver Imfeld (1853–1909) verheiratet, von dem sich einige Illustrationen in diesem Buch finden und der auch öfters für andere Projekte mit dem Hotelier Eduard Cattani zusammengearbeitet hatte. Imfeld schuf über vierzig Gebirgspanoramen, darunter auch das Titlis-Panorama, und er modellierte 13 Alpenreliefs, darunter das Relief von Engelberg. Durch die Heirat von Hermann Seiler (1876–1961) mit Elisabeth Cattani im Jahr 1905 waren die beiden Hoteliersfamilien aus Zermatt und Engelberg nun auch privat eng verbunden.

Im Januar 1897 gelang es schliesslich doch noch, die Finanzierung der Eisenbahn nach Engelberg sicherzustellen, und schon im Sommer begann man mit den Bauarbeiten. Am 5. Oktober, nach Ende der Sommersaison 1898, wurde die Bahn mit vier Monaten Verspätung eingeweiht. Ab dann fuhr die damals längste elektrisch betriebene Eisenbahn der Welt drei Mal täglich im Winter und vier Mal täglich im Sommer von Stansstad nach Engelberg. Im selben Jahr eröffneten die Brüder Cattani das prächtige Hotel Kuranstalt gegenüber dem Hotel Titlis, und im Jahr 1902 bauten sie direkt daneben den neuen, prachtvollen Kursaal.

Das ehemalige Wohnhaus der Familie Cattani. Im Hintergrund das heutige Kempinski Engelberg.

Die Direktion der Kuranstalt übernahm Eduard Cattani junior (1874–1952). Sein Cousin Emil Cattani (1860–1934) fungierte als leitender Arzt. Im Dezember 1905 kam noch das luxuriöse Grand Hotel Winterhaus hinzu; wie der Name andeutet, wurde es ganz spezifisch für den Winterbetrieb eingerichtet. Engelberg war nun bereit für seine erste Wintersaison, und dank des neuen Hotels mit seinem breiten Angebot an Wintersportaktivitäten wie Skikursen, Eislaufen, Curling, Bob-, Skeleton- und Schlittenfahrten wurde das Vorhaben von Anfang an ein grosser Erfolg.

Die *Neuen Zürcher Nachrichten* vom 14. Dezember 1906 berichteten über die zweite Wintersaison:

> «In Scharen rücken jetzt die Wintergäste in das prächtige Thal von Engelberg und bald wird die Saison mit ihrer ununterbrochenen Reihe von sportlichen und gesellschaftlichen Veranstaltungen auf dem Höhepunkt angelangt sein. Es ist eine große Zahl von Skirennen, sowie Wettschlitteln mit Bobsleigh und

kleinen Schlitten vorgesehen, für welche vom Sportklub und den Herren Gebrüder Cattani wertvolle Preise gestiftet worden sind.
Die Wettrennen um die drei sogenannten Cattani's Ehrenpokale (Cattani's Challenge Trophy) finden vom 2.–7. Januar 1907 statt. Auf dem festlich illuminierten Eisplatz werden große Eisfeste veranstaltet werden. Ferner werden Mondscheinschlittenfahrten in die Umgebung, sowie gemeinschaftliche, Ski-Exkursionen nach dem Jochpaß und auf den Titlis, arrangiert vom Sportklub, unter Leitung erstklassiger Führer stattfinden. Im großen Saal des Grand Hotels werden zahlreiche Bälle, ein großer Kostümball am Neujahrsabend, und verschiedene andere Unterhaltungsabende geplant. In sämtlichen für den Wintersport geöffneten Hotels liegen außergewöhnlich starke Bestellungen, hauptsächlich für die Weihnachtsferien vor, sodass die Saison eine erfolg- und abwechslungsreiche zu werden verspricht. Das Orchester des Grand Hotels gibt täglich zwei Konzerte.»

1887 wird das Hotel Kurhaus Titlis vergrössert und zu einem eigentlichen Grand Hotel mit 160 Zimmern und 250 Betten ausgebaut.

1907 gab es in Engelberg, neben einigen kleineren Pensionen, bereits 13 grössere Hotels mit insgesamt 1765 Betten. Von diesen gehörte den Brüdern Cattani ein gewaltiger Hotelkomplex mit einer Kapazität von nahezu 700 Betten (Hotel Engel mit 100 Betten, das Grand Hotel Winterhaus mit 100 Betten, das Grand Hotel Kuranstalt mit 250 Betten und das Grand Hotel Titlis mit 240 Betten). Die prächtige Hotelanlage der Cattani bezeichnete man im Dorf bald als «Klein-Versailles». Der mondäne Kurtourismus im Sommer und der aufkommende Wintersport in Engelberg florierten, die prunkvolle Zeit der Belle Époque erreichte ihren Höhepunkt.

«Es ist eine große Zahl von Skirennen, sowie Wettschlitteln mit Bobsleigh und kleinen Schlitten vorgesehen, für welche vom Sportklub und den Herren Gebrüder Cattani wertvolle Preise gestiftet worden sind.»

Neue Aktiengesellschaften

Hotels Cattani A. G., Engelberg. Zweck: Erwerb und Weiterbetrieb der Hotels Grand Hotel Kurhaus und Regina Hotel Titlis mit Umgelände sowie des dazu gehörenden landwirtschaftlichen Betriebes in Engelberg. Aktienkapital Fr. 380 000. Die Gesellschaft übernimmt die bisher von der Kollektivgesellschaft unter der Firma «Gebr. Cattani» betriebenen Geschäfte zum Preis von Fr. 1 139 400 gegen Uebernahme von Fr. 798 000 Passiven. Verwaltungsrat: Otto Cattani, Küsnacht (Zch.); Eduard Cattani, Engelberg; Alfred Cattani, Engelberg; Dr. Hermann Seiler, Brig; Primus Bon, Zürich, und Norbert Cattani, Engelberg.

Der Bund, Nr. 183, 21. April 1941, Ausgabe 2.

Doch die beiden Weltkriege und die damit verbundene Wirtschaftskrise brachten den Fremdenverkehr in der ganzen Schweiz fast ganz zum Erliegen. Die Hotellerie in den bekannten Ferienorten war besonders stark betroffen, und die meisten Gastbetriebe kämpften mit finanziellen Engpässen; vielen drohte der Konkurs. Auch deshalb entschieden sich die Gebrüder Cattani 1941, die beiden Hotels Titlis und das Grand Hotel Kurhaus mitsamt Umschwung in die Aktiengesellschaft Hotels Cattani AG Engelberg zu überführen. Schwager Hermann Seiler wurde dafür als erfahrener Hotel- und Finanzexperte in den Verwaltungsrat der neu gegründeten Cattani AG einberufen. Doch die finanzielle Situation blieb weiterhin äusserst angespannt. Trotz aller Anstrengungen wurde Ende 1951 über die Cattani AG schliesslich doch der Konkurs eröffnet, was das vorläufige Ende der Engelberger

Grand Hotel Kurhaus Engelberg.

Luxushotellerie bedeutete. Am 15. März 1952 wurden die beiden Hotels Titlis und Kuranstalt weit unter ihrem Wert versteigert, und die Kuranstalt wurde noch im selben Jahr abgerissen, was Eduard Cattani junior das Herz brach. Er starb noch im gleichen Jahr, am 5. November 1952, an einem Schlaganfall. Das heruntergewirtschaftete, schon etwas marode Hotel Titlis fiel am 25. September 1968 während eines heftigen Föhnsturms den Flammen zum Opfer.

Das Stammhaus «Zum Engel» blieb der Familie Cattani erhalten, bis auch dieses im Jahr 2002 abgebrochen werden musste. Das Grand Hotel Winterhaus wurde nach dem Konkurs der Cattani AG verkauft und vom neuen Besitzer wenig erfolgreich als Dreisternehotel Europäischer Hof weiterbetrieben. 2016 erwarb eine chinesische Investorengruppe das denkmalgeschützte Gebäude und investierte 100 Millionen Franken in eine aufwendige Renovation unter Einbezug des historischen Kursaals. Sie eröffnete das ehrwürdige Hotel im Juli 2021 als neues «Kempinski Palace Engelberg» und brachte es zu neuer Blüte.

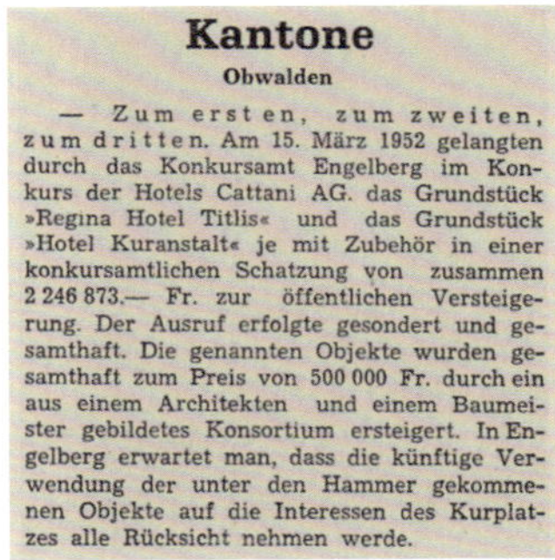

Kantone

Obwalden

— Zum ersten, zum zweiten, zum dritten. Am 15. März 1952 gelangten durch das Konkursamt Engelberg im Konkurs der Hotels Cattani AG. das Grundstück »Regina Hotel Titlis« und das Grundstück »Hotel Kuranstalt« je mit Zubehör in einer konkursamtlichen Schatzung von zusammen 2 246 873.— Fr. zur öffentlichen Versteigerung. Der Ausruf erfolgte gesondert und gesamthaft. Die genannten Objekte wurden gesamthaft zum Preis von 500 000 Fr. durch ein aus einem Architekten und einem Baumeister gebildetes Konsortium ersteigert. In Engelberg erwartet man, dass die künftige Verwendung der unter den Hammer gekommenen Objekte auf die Interessen des Kurplatzes alle Rücksicht nehmen werde.

Oberländer Tagblatt, Nr. 66, 19. März 1952.

Sozialwerke: Kreisspital Brig und Heim St. Josef

Der eigentliche Ursprung des Briger Kreisspitals geht auf das im 14. Jahrhundert gegründete Siechen- und Armenhaus St. Antonius zurück. Catharina Seiler erweckte es während ihrer Präsidentschaft im Elisabethenverein im Jahr 1888 zu neuem Leben und übergab es den Ursulinenschwestern zur Leitung. Das Oberwallis besass ausser dem St. Antonius bis 1907 nur ein einziges kleines Krankenhaus in Leuk, das 1825 errichtet wurde. Mit dem Bau des Simplontunnels und dem Zuzug einer grossen Anzahl fremder Bauarbeiter

Stadtgemeinde Brig.

Bauausschreibung.

Für den **Kreisspital** in Brig werden die Dachdecker-, Spengler-, Schreiner-, Gypser- und Malerarbeiten zur freien Konkurrenz ausgeschrieben.

Offerten-Formulare können vom Architekten M. Burgener in Siders bezogen werden, woselbst auch die Pläne zur Einsicht aufliegen.

Die Offerten sind verschlossen mit der Aufschrift **„Kreisspital Brig"** bis zum 24. August an den Stadtpräsidenten Herrn **Dr. Hermann Seiler** in Brig einzureichen.

Brig, den 6. August 1907. 699-2

Die Gemeindeverwaltung.

Briger Anzeiger, 10. August 1907.

wurden die Gesundheitsprobleme immer grösser. Eingeschleppte Pockenfälle, eine Typhusepidemie und zahlreiche Unfälle beim Bau des Simplontunnels zeigten auf, wie dringend notwendig es war, ein modernes Spital in Brig zu bauen. 1906 gab Stadtpräsident Hermann Seiler den politischen Anstoss für den Bau eines Krankenhauses. Die Bern-Lötschberg-Bahn stellte eine grosszügige Beteiligung von 50 000 Franken in Aussicht, sofern die Stadt das Spital innert nützlicher Frist fertigstellen könnte. Als Gegenleistung musste die Stadt der Bahn während der Zeit des Tunnelbaus 15 Krankenbetten und zwei Privatzimmer durchgehend zur Verfügung stellen. Die Familie Seiler engagierte sich vereint für das grosse Vorhaben. Joseph Seiler war willens, der Stadt ein Terrain von 4000 Quadratmetern als Bauplatz beim alten Bahnhof sehr günstig abzutreten. Die Hälfte dieses Baulands sollte die Stadt Brig wiederum dem neuen Spital unentgeltlich zur Verfügung stellen. Alexander junior startete eine Sammelaktion unter den Mitgliedern des «Türkenbunds», welche den stolzen Betrag von 8500 Franken einbrachte. Der Elisabethenverein unter dem Vorsitz von Amanda Perrig-Seiler organisierte eine Vereinslotterie, welche weitere 4100 Franken einbrachte. Die Frauen verdoppelten diesen Betrag grosszügig mit Eigenmitteln auf 8200 Franken. Sie versprachen darüber hinaus, die gesamte Spitalwäsche in Eigenregie zu produzieren, kauften den Stoff auf eigene Rechnung und liessen diesen von ihren Mitgliedern verarbeiten.

Ohne zusätzliche finanzielle Unterstützung war man aber nicht in der Lage, ein für das Oberwallis «würdiges und den hohen Ansprüchen genügendes Werk» zu schaffen. Hermann Seiler kontaktierte deshalb zusammen mit seinem Ratskollegen Peter Tschieder die angrenzenden Bezirke und bat die Gemeinden, sich mit Bettenrechten zu je 4000 Franken zu beteiligen. Der Briger Stadtrat selbst empfahl für seine Stadt eine Beteiligung von vier bis sechs Betten. Seiler setzte sich für ein noch grösseres Engagement der Stadt

Am 5. Februar 1908 nimmt das Kreisspital Brig seinen Betrieb auf. Der Initiant, Hermann Seiler, bleibt während 53 Jahren Präsident des Verwaltungsrats.

Brig ein, er musste jedoch zuerst die Skeptiker vom Gedanken eines Sozialwerks überzeugen:

> «Vielfach wird das Bedenken geäussert, dass das Geld keine Zinsen abwerfe, falls sie keine Kranken in den Spital zu schicken hätten. Wer von diesem Gedanken ausgeht, der hat für das ganze Unternehmen nicht das richtige Verständnis. Es soll eben eine Wohltätigkeitsanstalt gegründet werden mit dem Grundsatz: Einer für alle, alle für einen. Wenn es uns also ernst ist mit den grossen philanthropischen Ideen, die wir in der Verfassung niedergelegt haben, wenn wir von der Notwendigkeit eines Spitals überzeugt sind, dann ergreifen wir jetzt die günstige Gelegenheit.»

Auf offiziellen Antrag seines Bruders Alexander junior im Briger Stadtrat erhöhte die Stadt schliesslich ihre Beteiligung auf acht Betten zu 4000 Franken pro Bett.

Am 17. März 1907 war der Bau des neuen Kreisspitals amtlich beschlossene Sache: «Nun heute schon ist der Bau gesichert. Die Überzeugung von der Notwendigkeit eines Spitales war allgemein, überall wurde die Idee sympathisch, mancherorts geradezu mit Begeisterung aufgenommen.» Eine gross angelegte öffentliche Spendensammlung brachte weitere 30 000 Franken ein. Dabei beteiligte sich das Hotel Riffelalp allein mit 5000 Franken; die drei Brüder Joseph, Alexander junior und Hermann spendeten zusätzlich noch einmal je 2000 Franken. Unzählige Klein- und Sachspenden aus dem ganzen Oberwallis sammelte auch die Bevölkerung:

> «Zahllos sind die Gaben, die in Natura gespendet wurden, sei es von Lieferanten und Handwerkern durch kleinere und größere Abzüge an ihren Fakturen, sei es durch Mobiliar und Lebensmittel. Erwähnt seien unter anderem zwei

Im Frühjahr 1912 erwerben Hermann und Alexander Seiler zusammen mit Alexis Graven das Schloss Mageran des verarmten Barons Leo von Werra in Susten und gründen das Heim St. Josef.

schöne neue Weinfässer des Herrn Viktor Franzen, verschiedene Hausgeräte des Herrn H. Pacozzi, ebenso von Herrn Josef Escher, eine ganze Bibliothek mit Schrank von Herrn Josef Seiler, Altpräfekt. Ganz besonders fühlen wir es jedoch als unsere Pflicht, hier öffentlich das schönste Geschenk recht herzlich zu verdanken: die schöne Hauskapelle des Frl. Katharina Seiler. Unter den Gaben für das Kreisspital muß noch erwähnt werden ein Geschenk des Grütliverein Brig von Fr. 200, die als Fonds zur Unterstützung unbemittelter Kranken angelegt wurden. Allen Gebern ein herzliches Vergelts Gott! Mögen recht bald andere ihrem Beispiele folgen.»[179]

Am 5. Februar 1908, nach weniger als einem Jahr Bauzeit, nahm das neue Kreisspital mit vierzig Betten seinen Betrieb auf. Der *Briger Anzeiger* vom 12. Februar 1908 vermeldete die Aufnahme der allerersten Patienten:

«Am letzten Montag, den 10. Februar wurden die Kranken der Lötschbergbahnunternehmung vom St. Antoniusspital in den neuen Kreisspital überführt. Der erste Patient war ein Kind unseres Bezirkes, ein Munder namens Moriz Zenklusen. Der 20-jährige Bursche arbeitete an der Dienstbahn vom Lötschberge bei Brigerbad und wurde von einem rollenden Steine so unglücklich getroffen, daß dem Bedauernswerten ein Bein und ein Arm zerquetscht wurden.»

Im ersten Betriebsjahr nahm das Spital schon etwa 500 Patientinnen und Patienten auf. Bis ins Jahr 1912 stieg die Zahl der jährlichen Spitaleintritte auf über 1700. Im Jahr 1940 wurde ein neuer Westflügel mit sechzig zusätzlichen Betten errichtet, mit neuen Operationsräumlichkeiten, einer Geburtenabteilung und einer Aufstockung der Anzahl Zimmer für Privatpatienten. Im Jahr 1955 wurden weitere 55 Betten dem Betrieb übergeben, was die Gesamtkapazität auf 175 Betten erhöhte. Hermann Seiler blieb bis an sein Lebensende, während insgesamt 53 Jahren, als Präsident des Verwaltungsrats an der Spitze des Kreisspitals Brig.

Nach der Verwirklichung des Spitals Brig als eigentliches Gemeinschaftswerk entstand die Idee für ein anderes Sozialprojekt. Auf einer Tagung der «Sozialen Konferenz» in Visp Ende Mai 1910 wiesen Pater Julius Seiler und sein Bruder Staatsrat Hermann Seiler auf die dringende Notwendigkeit eines Armen- und Greisenasyls hin. Auch diese Idee fand sofort grosse Zustimmung, und die Bezirke wurden wiederum eingeladen, sich mit Bettenrechten zu je 2000 Franken zu beteiligen. Im Frühjahr 1912 erwarben Hermann und sein Bruder Alexander zusammen mit Kantonsrichter Alexis Graven auf einer öffentlichen Versteigerung in Susten das Schloss des verarmten Barons Leo von Werra (1864–1945) zum günstigen Preis von 85 000 Franken. Das Anwesen bestand aus einem grossen Hauptgebäude, mehreren landwirtschaftlichen Bauten und 260 Hektar Ackerland. Mit zahlreichen Sach- und Geldspenden konnte das Schlossgut in kürzester Zeit renoviert und neu eingerichtet werden. Ende 1912 übergaben die Initianten die Leitung des neuen Heims dem Orden der Baldegger Schwestern, welche es am 22. Dezember 1912 als Heim St. Josef eröffneten. Von den neunzig Oberwalliser Gemeinden waren fünfzig Jahre später deren 56 Miteigentümer des Heims.

«Das Heim hat weitergewirkt, hat Gutes getan und Liebe verströmt im Sinne der Zielsetzung der Anstalt, wie H. H. Dr. Leo Meyer sie damals umschrieben hat: ‹Das St. Josefsheim ist dafür da, Arme und Greise so billig als nur möglich in menschenwürdiger Weise an Leib und Seele zu verpflegen, es soll damit Nächstenliebe auf breitester Grundlage üben, Sünden und Missbräuchen, die so leicht an Armen und Verlassenen geschehen, durch Opfersinn und Wohltätigkeit wehren.›»[180]

Gründung der Seiler Hotels AG

Da die Mehrheit der sechs Seiler-Töchter unterdessen eigene Familien gegründet hatten und zum Teil auch schon aus dem Wallis weggezogen waren, traten diese im Januar 1901 gemeinsam als Teilhaberinnen aus dem Zermatter Hotelgeschäft aus und wurden von ihren drei Brüdern teilweise ausbezahlt. Es war kein einfacher Entscheid, denn einerseits waren nicht alle Schwestern mit dem Verkauf ihrer Anteile einverstanden und andererseits mussten die drei verbliebenen Brüder das Geschäft mit enorm hohen Schulden belasten. Emil Cathrein beschwichtigte seine Nichte Katharina, die jüngste der sechs Schwestern, in einem Brief vom 19. Oktober 1900:

> «Mit aufrichtigem Bedauern nehme ich wahr, dass die Trennung beinahe unausweichlich ist. Wie schade, dass sich Alexander der Hilfe seiner Schwestern entledigen will, während es in seinem heiligsten Interesse wäre, die tüchtigen Kräfte der eigenen Familie auszunützen. Bei der vorhandenen Sachlage ist es besser, im Frieden auseinander zu gehen als in permanentem Hader zu leben.

Hotelprospekt der Seiler Hotels um 1905.

> Ein Mal muss es doch zu einer Trennung kommen, denn schon bei der zweiten Generation hätten die Hotels in Zermatt so viele Teilhaber, dass man vor lauter Bäumen nicht mehr den Wald sehen würde. Du hast auch noch einen anderen Grund die Schatzung anzunehmen, denn schliesslich sind es dann doch deine Brüder, deren finanzielle Lebensfähigkeit durch einen zu hohen Preis gefährdet werden dürfte. Ihr Ruin könnte dich nicht gleichgültig lassen und gewiss wirst du es versuchen, das Geschäft um einen billigeren Preis in den Händen deiner Brüder zu wissen als es um einen höheren in die Gewalt eines Fremden fallen zu lassen. Wenn möglich, so bleibe wie du bist, doch wenn sich alle deine Schwestern zurückziehen wollen, so trete auch du ab & spanne deinen Brüdern gegenüber den Bogen nicht zu hoch. Bei genauer Prüfung des Expertenberichtes habe ich die Überzeugung gewonnen, dass ich lieber Verkäufer, denn Käufer sein möchte & falls es zu einem Verkaufe kommt, wünsche nur, dass deine Brüder der enormen Schuldenlast Meister werden mögen, welche sie sich aufladen.»

Der *Briger Anzeiger* berichtete am 19. Januar 1901: «Die Geschäfte der Familie Seiler in Zermatt und Umgebung sind durch Ankauf in den alleinigen Besitz der Brüder Joseph, Alexander und Hermann Seiler übergegangen. – Wir wünschen den Herren volle Häuser!»

Die Schwestern Bertha und Amanda Seiler verehelichten sich mit den Briger Rechtsanwälten Joseph von Stockalper (1868–1955) und Elias Perrig (1856–1942). Maria Josepha heiratete den Obwaldner Ingenieur Xaver Imfeld (1853–1909), Mathilde den Luzerner Arzt Albert Vogel (1857–1915) und Ida Seiler 1890 den Zürcher Journalisten Albert Fleiner (1859–1902), Redaktor der *Neuen Zürcher Zeitung*. Dem ältesten Sohn Joseph waren keine Nachkommen vergönnt, obwohl er zweimal verheiratet gewesen war. Pater Julius hatte mit dem Priesterstand das Zölibat gewählt, und nur die jüngste Schwester Katharina Seiler blieb zeitlebens ledig. Den acht Ehen der übrigen Seiler-Kinder entsprangen insgesamt 52 Enkel, 72 Urenkel und 99 Ururenkel der Hotelgründer Alexander und Catharina Seiler (siehe Stammbaum im Umschlag)..

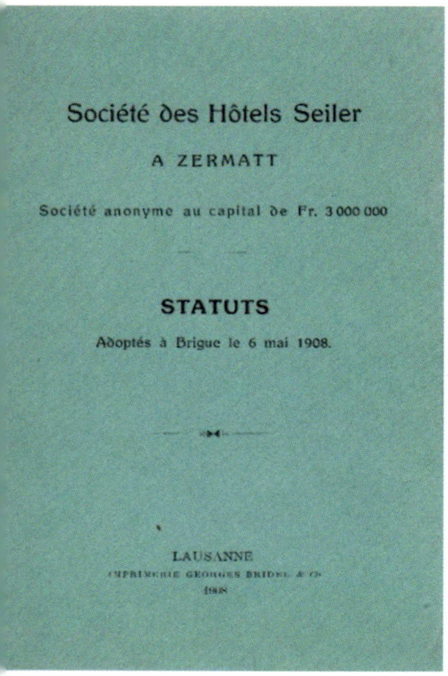
Société des Hôtels Seiler

A ZERMATT

Société anonyme au capital de Fr. 3 000 000

STATUTS

Adoptés à Brigue le 6 mai 1908.

LAUSANNE

Die Gründung der Seiler Hotel AG erfolgte am 6. Mai 1908 mit Sitz in Zermatt.

Im Sommer 1907 trat jedoch der älteste Sohn Joseph wieder aus der Firma aus und erhielt im Gegenzug die Mehrheitsanteile am Hotelgeschäft am Rhonegletscher: «Infolge Austritts des Herrn Josef Seiler, Hotelier in Gletsch, aus der Firma Alexander Seiler und Brüder, ist diese erloschen. Unter der Firma Alex. Seiler und Bruder haben die HH. Alex. Seiler und Hermann Seiler, mit Sitz in Zermatt, eine Kollektivgesellschaft gegründet und die Aktiven und Passiven der erloschenen Firma übernommen.» Die neue Kollektivgesellschaft «Alexander Seiler & Frère» umfasste 1907 in der Region Zermatt neun Hotels mit insgesamt 1200 Betten und 750 Angestellten und galt damals laut Zeitungsberichten als die grösste Hotelunternehmung der Schweiz.[181] Die Eröffnung des Simplontunnels 1906 bescherte dem Walliser Tourismus einen weiteren Höhenflug, sodass sich die beiden Brüder entschlossen, ihre Kollektivgesellschaft in eine Aktiengesellschaft umzuwandeln, um neues Kapital zu schaffen und gleichzeitig ihr grosses Privatrisiko zu vermindern. Diese AG wurde in Brig am 6. Mai 1908 gegründet – mit einem Aktienkapital von 3 Millionen

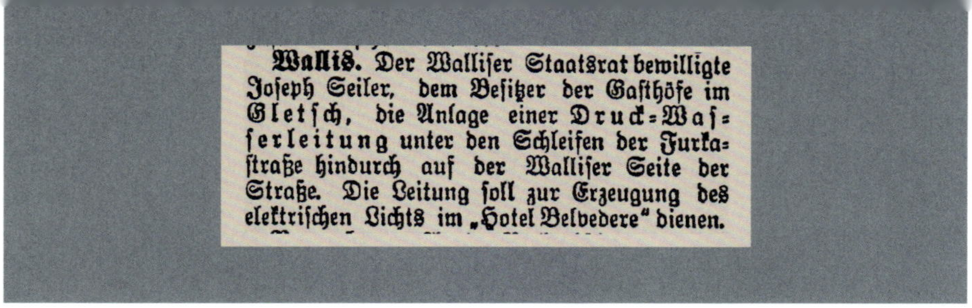

Wallis. Der Walliser Staatsrat bewilligte Joseph Seiler, dem Besitzer der Gasthöfe im Gletsch, die Anlage einer Druck-Wasserleitung unter den Schleifen der Furkastraße hindurch auf der Walliser Seite der Straße. Die Leitung soll zur Erzeugung des elektrischen Lichts im „Hotel Belvedere" dienen.

Der Bund, 15. August 1906.

Franken, bestehend aus 2200 Prioritätsaktien und 3800 Stammaktien zu je 500 Franken und einem Obligationenkapital von 4 Millionen Franken.

Die Eröffnungsbilanz der Seiler Hotels AG wies Vermögenswerte von insgesamt 8 929 142.90 Franken aus. Die beiden Brüder Alexander und Hermann brachten Immobilien und Mobiliar im Wert von 6 768 000 Franken in die neue Gesellschaft ein. Sie erhielten dafür Prioritätsaktien im Wert von 1 900 000 Franken sowie 4 868 000 Franken ausbezahlt, Kapital, mit dem sie Bankschulden begleichen konnten, die sie unter anderem für die Auszahlung ihrer sechs Schwestern aufnehmen mussten. Sämtliche Stammaktien und der grösste Teil der Prioritätsaktien blieben jedoch in den Händen der grossen Familie Seiler. Der erste Verwaltungsrat der neuen AG bestand aus Alexander junior und Hermann Seiler, Elias Perrig, Joseph von Stockalper, Albert Vogel, Alexandre Emery, Albert Cuénod, Marc Morel-Marcel und Jacques Tschumi, dem Gründer und ersten Vorsitzenden der renommierten Hotelfachschule Lausanne-Ouchy, die 1893 als weltweit erste ihrer Art gegründet worden war.

Der Streit um den Rhonegletscher

Nachdem Joseph Seiler 1894 das Zepter in Gletsch übernommen hatte, baute er seinen Betrieb jedes Jahr aus. Er errichtete zwei eigene Elektrizitätswerke – 1900 eines in Gletsch und wenige Jahre später ein zweites oben am Belvédère –, mit denen er nicht nur die beiden Hotelanlagen, sondern auch die Gletscherzunge allabendlich als Attraktion für seine Gäste beleuchtete. Der Ausbau der Hotelanlagen Gletsch und Belvédère in den Jahren 1903/04, als die Schweizer Hotellerie auf dem Höhepunkt der Belle Époque ungeahnte Höhenflüge erlebt hatte, verschlang sehr viel Geld. Joseph setzte bei seinen Um- und Ausbauten auf modernste Infrastruktur und so luxuriöse Einrichtungen, wie man sie sonst nur aus den Nobelherbergen aus den Grossstädten kannte. Man wurde «von Kellnern im Frack bedient, isst das Menu eines Grandhotels und hat als Tischgenossen Gentlemen im Smoking und Ladies in tiefster Ausgeschnittenheit».[182]

Joseph beschäftigte nach dem grossen Ausbau zeitweise bis zu 170 Mitarbeitende in Gletsch und im Belvédère. Der gehobene Service und das gediegene, stilvolle Interieur entsprachen vollends dem Geschmack der internationalen Kundschaft und verbanden die beiden Hotels Glacier du Rhône und Belvédère mit einer ganz speziellen Reputation, die den Namen Gletsch weit über die Landesgrenzen hinaustrug. Daneben gab es seit je in diesen Passantenhotels auch Angebote für weniger betuchte Reisende. So konnte man beispielsweise nach 1900 in

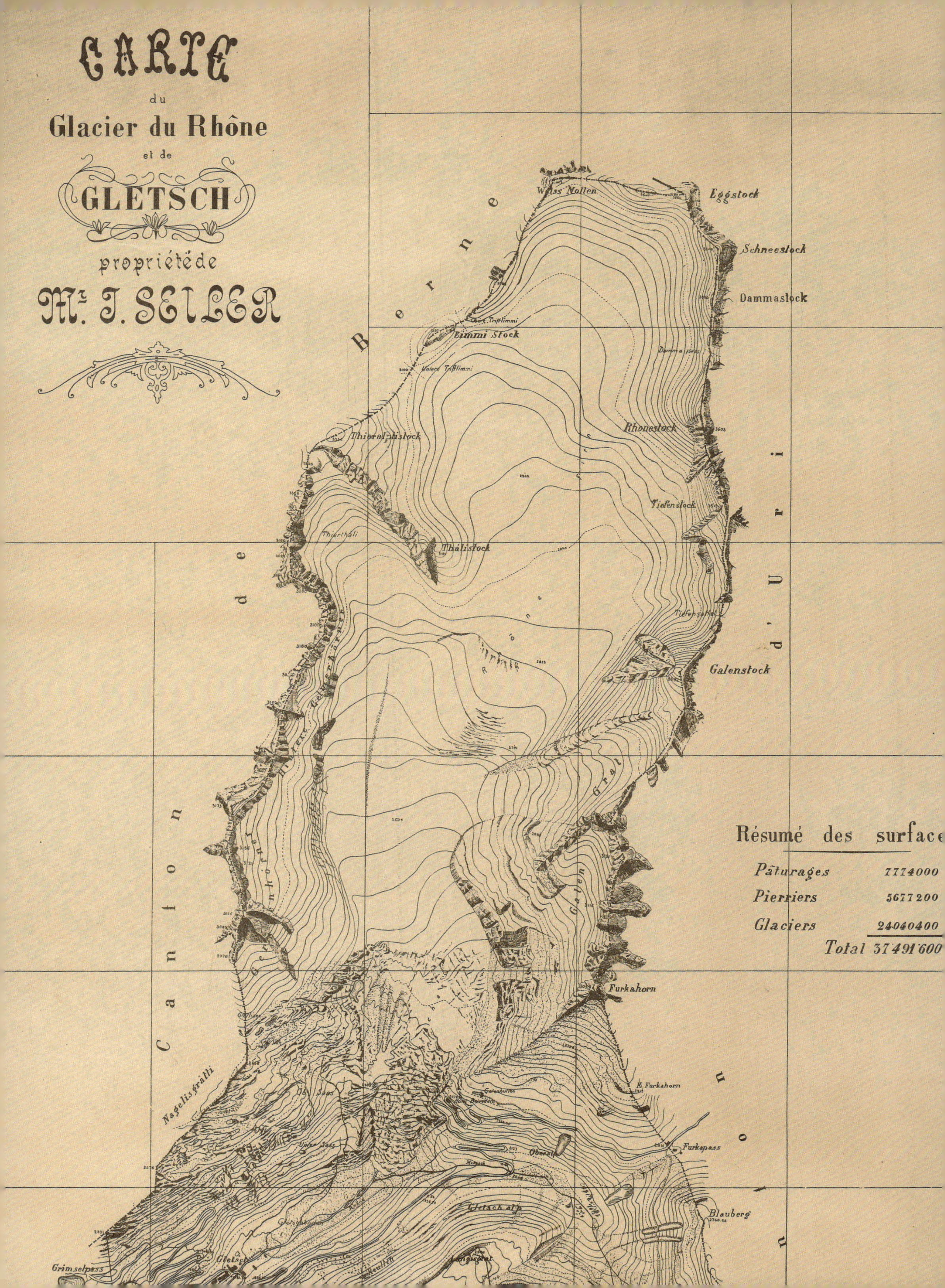

CARTE
du
Glacier du Rhône
et de
GLETSCH
propriété de
Mr. J. SEILER
Canton de Berne
Canton d'Uri
Weiss Nollen
Eggstock
Schneestock
Dammastock
Thieralplistock
Rhonestock
Tiefenstock
Thälistock
Galenstock
Furkahorn
Furkapass
Blauberg
Nägelisgrätli
Grimselpass
Gletsch alp
Résumé des surfaces
Pâturages 7774000
Pierriers 5677200
Glaciers 24040400
Total 37491600

Der Andrang zum Besuch der Gletschergrotte war aussergewöhnlich gross (Postkarte, um 1930).

der Dependance in Gletsch für 2.50 Franken (inflationbereinigt im Jahr 2022: ca. 26 Franken) übernachten. Der christlichsozial orientierte *Walliser Volksfreund,* in der Walliser Presselandschaft einer der Gegenspieler des von der Familie Seiler lancierten (und oft als politisches und unternehmerisches Publikationsorgan genutzten) liberalkonservativen *Briger Anzeigers,* schrieb in seiner Ausgabe vom 28. Mai 1929 in seinem Nachruf auf Joseph Seiler: «[...] seine beispiellose Gastfreundschaft machte [...] ihn bei arm und reich beliebt.»

Wie dies vor dem Ersten Weltkrieg in der prosperierenden Schweizer Hotellerie weithin üblich war, belastete auch Joseph sein Geschäft mit einer grossen Hypothek. Im Jahr 1908 nahm er bei der Eidgenössischen Bank AG in Zürich eine 15-jährige Hypothek zu 800 000 Franken zuzüglich fünf Prozent Jahreszins auf.

Im Bestreben, die Versorgung seines Betriebs mit viehwirtschaftlichen Produkten sicherzustellen und einer allfälligen nachbarschaftlichen Konkurrenz vorzubeugen, setzte Joseph die Landerwerbsstrategie seines Vaters fort, bis er am 20. Januar 1905 auch die allerletzten 14,5 Alprechte von der Familie Carlen kaufen konnte, die noch nicht in seinem Besitz waren. Somit wurde Joseph 1905 Alleineigentümer der gesamten Gletscheralp. In den Jahren 1907 und 1908 liess er sich seinen ausgedehnten Grundbesitz in weiser Voraussicht vom Geometer Louis Diday (1882–1941) aus Nyon und unter Aufsicht eines Instruktionsrichters vermessen und kartografieren. Sein Grundstück grenzte im Osten an den Kanton Uri, im Westen an den Kanton Bern und im Süden an die Gemeinde Oberwald, unter Einbezug des gesamten Rhonegletschers. In der Folge schloss er am 30. September 1908 mit der Gemeinde Oberwald einen Grenzregulierungsvertrag ab, der die genauen Demarkationen seines Grundstücks mit der Gemeinde bereinigte.

Der von Diday erstellte Plan wurde schliesslich am 25. November 1910 vom Kanton Wallis anerkannt und formell genehmigt. Um sicherzugehen, forderte Joseph Seiler in einem sogenannten Ediktalverfahren die

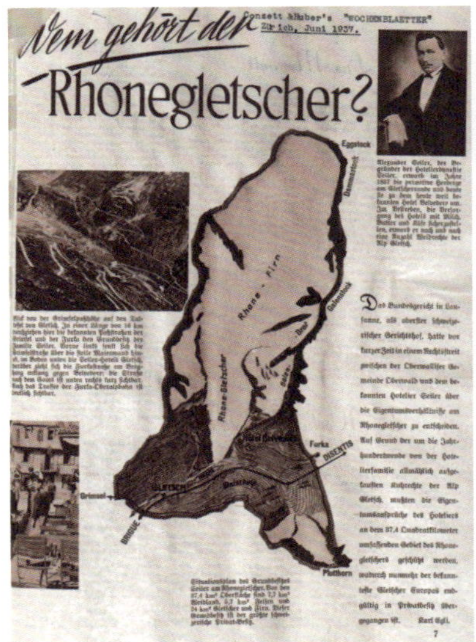
Wem gehört der Rhonegletscher?

«Wem gehört der Rhonegletscher?, *Zürcher Wochenblätter*, Juni 1937.

Links: Joseph Seiler geht 1910 mit seinem 37 Millionen Quadratmeter grossen Grundstück als grösster Privatgrundbesitzer in die Schweizer Geschichte ein.

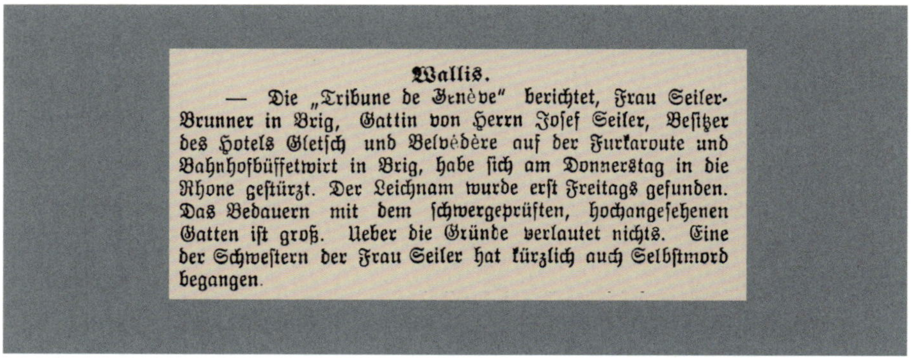

Wallis.

— Die „Tribune de Genève" berichtet, Frau Seiler-Brunner in Brig, Gattin von Herrn Josef Seiler, Besitzer des Hotels Gletsch und Belvédère auf der Furkaroute und Bahnhofbüffetwirt in Brig, habe sich am Donnerstag in die Rhone gestürzt. Der Leichnam wurde erst Freitags gefunden. Das Bedauern mit dem schwergeprüften, hochangesehenen Gatten ist groß. Ueber die Gründe verlautet nichts. Eine der Schwestern der Frau Seiler hat kürzlich auch Selbstmord begangen.

Täglicher Anzeiger für Thun und das Berner Oberland, Nr. 266, 9. November 1907.

Öffentlichkeit zur Anmeldung allfälliger Rechtsansprüche an der Alp und am Gletschergebiet auf, ohne dass sich jemand meldete.

Ab diesem Moment wurde Joseph Seiler sowohl von der Gemeinde Oberwald, vom Kanton Wallis, als auch von der Eidgenossenschaft amtlich und offiziell als alleiniger Eigentümer der Alp Gletsch betrachtet und auch so besteuert. Es war ein unfassbar grosser Landbesitz, der sich über insgesamt 3700 Hektar erstreckte, bestehend aus 2400 Hektar Gletschereis, 600 Hektar Geröllhalden und 700 Hektar Weideland. Damit ging Joseph Seiler als landesweit grösster Privatgrundbesitzer in die Schweizer Geschichte ein. Sein Grundstück war sogar noch etwas grösser als die gesamte Fläche des Kantons Basel-Stadt.

Die drei Seiler-Brüder Hermann, Julius und Joseph vor dem Hotel Glacier du Rhône in Gletsch, um 1928.

Joseph blickte zu diesem Zeitpunkt bereits auf eine sehr erfolgreiche politische Karriere zurück. Er amtete seit 1893 ununterbrochen als Walliser Grossrat, zwischen 1897 und 1900 war er Briger Stadtpräsident und 1903 war er zum Präfekten des Bezirks Brig ernannt worden. Im Jahr 1907 musste er allerdings einen schweren persönlichen Schicksalsschlag hinnehmen, als seine Frau Victorine sich am Abend des 30. Oktober das Leben nahm, indem sie sich in Brig in die eiskalte Rhone stürzte. Ihr Leichnam konnte erst am nächsten Nachmittag kurz vor Visp aus dem Fluss geborgen werden. Die Beweggründe für diese Verzweiflungstat blieben unklar; möglicherweise verkraftete sie den Tod ihrer Schwester nicht, die sich wenige Monate zuvor ebenfalls das Leben genommen hatte. Joseph verheiratete sich drei Jahre später ein zweites Mal, und zwar mit Emma Talon, einer geborenen Sprintz. Doch auch diese Ehe war von Tragik überschattet, denn Emma verstarb schon vier Jahre später, am 30. Juni 1914, an einem Hirnschlag. Der Unfall geschah exakt am Tag, an welchem die Eröffnung des ersten Abschnitts Brig–Gletsch der neuen Furkaeisenbahn im Hotel Glacier du Rhône ausgelassen gefeiert wurde.

Nach dem Ende des Ersten Weltkriegs folgte eine weltweite Wirtschaftskrise, die eine schnelle Erholung der arg gebeutelten Schweizer Hotellerie verhinderte. Die Betriebsergebnisse der Jahre 1912 und 1913 waren schon wenig befriedigend, und der Erste Weltkrieg liess die Einnahmen ab 1914 praktisch ganz versiegen. Joseph geriet deshalb in grosse finanzielle Schwierigkeiten, ihm drohte der Konkurs. Ab dem Jahr 1915 konnte er die Fälligkeiten gegenüber der Bank nicht mehr bedienen und er hielt sich nur dank

Das Hotel Belvédère an der Furkastrasse zur Blütezeit um 1910.

der Unterstützung seiner beiden Brüder Alexander und Hermann knapp über Wasser, die ihm mit finanziellen Mitteln und einer Solidarbürgschaft beistanden. Am 23. September 1918 einigte sich Joseph Seiler mit den Gläubigern auf neue Vertragskonditionen, wobei ihm eine Stundung gewährt und auch vier Jahre Zins erlassen wurden. Da der immer noch hoch verschuldete Witwer Joseph Seiler keine eigenen Nachkommen hatte, einigte er sich mit seinem Bruder Hermann, dass dieser aus familiärer Solidarität die gesamten Anteile in Gletsch übernehmen sollte. Damit würde gewährleistet sein, dass das Traditionsunternehmen weiterhin in der Familie blieb. Am 11. September 1925 übernahm Hermann deshalb das gesamte Geschäft in Gletsch als Alleineigentümer, Joseph blieb aber Leiter der Betriebe bis zu seinem Tod im Jahr 1929.

Der Entzug der Nutzungsrechte für die vielbesuchte Eishöhle am Rhonegletscher durch die Gemeinde Oberwald 1927 war der Grund für ein erneutes Gerichtsverfahren, das 1936 vom Bundesgericht zugunsten der Eigentümer, der Familie Seiler, entschieden wurde.

Im Frühling 1927 entzog die Gemeinde Oberwald dem neuen Besitzer Hermann Seiler völlig unerwartet die Nutzungsrechte für seine Gletschergrotte beim Belvédère und schrieb deren Pacht zur öffentlichen Versteigerung neu aus. Gegen das eigenmächtige Vorgehen der Gemeinde erhob Hermann Seiler umgehend Einspruch. Das Verfahren verzögerte sich jedoch um Jahre, da damals im kantonalen Parlament gerade ein neues Gesetz in Vorbereitung war, das Klarheit darüber schaffen sollte, ob kulturunfähiges Land grundsätzlich als Staats- und Gemeindeeigentum betrachtet werden konnte. 1933 fiel endlich ein Volksentscheid, durch den das besagte Gesetz zugunsten der Gemeinden angenommen wurde. Hermann Seiler erhob daraufhin im Jahr 1934 eine Feststellungsklage gegen die Gemeinde Oberwald, worin er sein Privateigentum an der gesamten Gletscheralp einschliesslich des Rhonegletschers beanspruchte. Durch die verschiedenen vorangegangenen Verfahren in Bezug auf den Seiler'schen Grundbesitz am Rhonegletscher (Plan Diday, Grenzbereinigung, Homologation des Kantons Wallis und Ediktorialverfahren) fiel es ihm nicht allzu schwer, seine Besitzansprüche einwandfrei zu belegen. Das

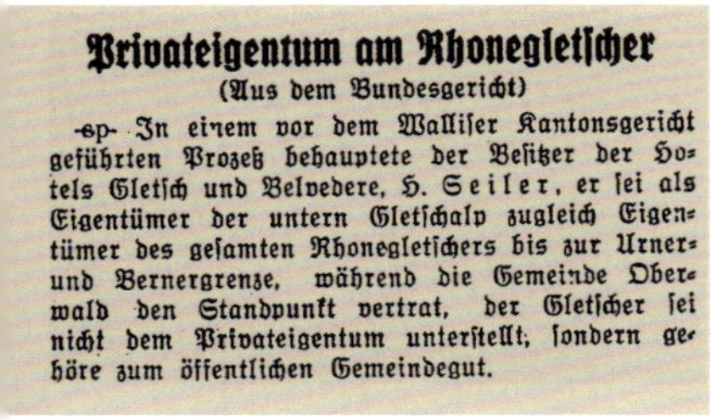
Privateigentum am Rhonegletscher
(Aus dem Bundesgericht)
-sp- In einem vor dem Walliser Kantonsgericht geführten Prozeß behauptete der Besitzer der Hotels Gletsch und Belvedere, H. Seiler, er sei als Eigentümer der untern Gletschalp zugleich Eigentümer des gesamten Rhonegletschers bis zur Urner- und Bernergrenze, während die Gemeinde Oberwald den Standpunkt vertrat, der Gletscher sei nicht dem Privateigentum unterstellt, sondern gehöre zum öffentlichen Gemeindegut.

Der Bund, Nr. 37, 23. Januar 1937.

Kantonsgericht stützte seine Klage in allen Hauptpunkten, woraufhin die Gemeinde Oberwald einen Rekurs beim Bundesgericht einreichte. Unter Punkt 10 im Kantonsgerichtsurteil wurde zudem aufgeführt, «dass die Familie Seiler seit mehr denn einem Menschenalter ein aussergewöhnliches Mass Initiative, Tätigkeit und zudem auch nicht unbeträchtliche Geldsummen aufgewendet hat, um die Naturschönheiten vom Rhonegletscher und Gletsch in aller Welt bekannt zu machen. Sie hat Wege und Stege gebaut, Aussichtspunkte angelegt, Parkplätze und Zugänge zum Gletscher geschaffen und eine sehr intensive Propaganda entfaltet. Es wäre daher in höchstem Grade unbillig, wenn heute ein Dritter kommen könnte, um mühelos da zu ernten, wo andere gesät haben, und diese um einen grossen Teil der Früchte ihrer Bemühungen bringen würde.»

Am 23. Dezember 1936 zog das Bundesgericht einen Schlussstrich unter den schon fast zehn Jahre andauernden Rechtsstreit.

In einem auch international viel beachteten Urteil, das wohl ein rechtshistorisches Unikum in der Schweizer Geschichte darstellt, wies das Bundesgericht die Klage der Gemeinde Oberwald einstimmig ab und stützte die Ansprüche der Familie Seiler mit folgender Begründung:

> «Das alte Walliser Zivilgesetzbuch, welches für den Zeitraum 1846–1933 die in Frage stehenden Rechtsverhältnisse ordnet, zählt das der Kultur nicht fähige Land, nicht zu den dem Privateigentum entzogenen öffentlichen Sachen. Das schweizerische Zivilgesetzbuch erklärt in Art. 664 ausdrücklich, dass an dem der Kultur entzogenen Land wie Felsen, Firnen und Gletscher, unter Vorbehalt anderweitigen Nachweises, kein Privateigentum besteht. Nun hat aber der Kläger nicht nur einen, sondern mehrere solche Nachweise erbracht. Zudem spricht für das Recht des Klägers, die Unvorbedenklichkeit seines Besitzes, welche das Bundesgericht in einem anderen Urteil vom 20. Oktober 1933 folgendermassen definiert hat: ‹Unvordenklicher Besitz liegt dann vor, wenn bestimmte tatsächliche Verhältnisse bestehen, die seit so langer Zeit als rechtmässig gelten, dass nicht nur die lebende Generation von nichts anderem weiss, sondern dass auch deren Vorfahren ihr nie von der Erinnerung an einen gegensätzlichen Zustand gesprochen hätten.›»[183]

Das Gericht war der Meinung, dass die Grottenrechte, welche die Familie Seiler von der Alpteilgemeinschaft über Jahrzehnte käuflich erworben hatte, so weit zurück datierten, dass sie ohne Willkür als «unvorbedenkliche Rechte» angesehen werden konnten. Hermann Seiler blieb somit rechtmässiger Eigentümer des Rhonegletschers und durfte seine Eisgrotte weiterhin konzessionsfrei betreiben. Er war nun auch offiziell der weltweit einzige Hotelier mit einem eigenen Gletscher.

Wintersport in Zermatt – ein weiterer Anlauf

Zwischen 1880 und 1894 hatte sich die Anzahl der Hotels im Wallis ein erstes Mal und zwischen 1895 und 1907 ein weiteres Mal verdoppelt. Im Jahr 1880 zählte man 38,9 Hotelbetten pro tausend Einwohner; 1894 waren es 67,7

Betten und 1907 stieg diese Zahl bereits auf 137 Betten pro tausend Einwohner bei einer durchschnittlichen Hotelgrösse von nur 48 Betten. Laut Statistiken des Schweizer Hotelier-Vereins gab es im Jahr 1907 im Kanton Wallis insgesamt 324 Hotels und 102 kleinere Pensionen mit einer Gesamtkapazität von total 9628 Zimmern mit 15 685 Betten. Davon waren 228 (70 %) reine Saisonbetriebe, die nur im Sommer geöffnet waren. 4611 Hotelangestellte erwirtschafteten jährlich 15 Millionen Franken Umsatz. Das Wallis stand damit in Sachen Tourismus im nationalen Vergleich schon an vierter Stelle, gleich nach den Kantonen Bern, Graubünden und der Waadt. Vier der sechs grössten Walliser Hotels gehörten laut Statistik zu den Seiler'schen Hotelbetrieben: das Hotel Victoria Zermatt mit 220 Betten, das Hotel Riffelalp Zermatt mit 300 Betten, das Hotel Glacier du Rhône mit 320 Betten und das Grand Hôtel du Mont Cervin Zermatt einschliesslich aller seiner Dependancen mit 350 Betten.[184]

Während in Graubünden, im Engadin und auch in der Innerschweiz der Wintertourismus seit einigen Jahren so richtig florierte und sich die Gäste dort bei schönstem Sonnenschein mit Eis- und Skilaufen, Schlitteln und anderen Aktivitäten vergnügten, versank Zermatt immer noch jeweils Ende Oktober in einen sechsmonatigen Winterschlaf – und dies, obwohl das moderne Grandhotel Victoria ja eigentlich schon seit zwei Jahren wintertauglich eingerichtet war. Trotz der wenig erfolgreichen Versuche in den Jahren 1892 und 1893 unternahmen die Brüder Seiler 1907 einen erneuten Anlauf, die Wintersaison in Zermatt nun endlich doch noch einzuführen:

> «Im nächsten Winter soll nun auch der weltbekannte Fremdenort Zermatt dem Wintersport seine Tore öffnen, und es dürfte sich dieser Ort hierzu speziell eignen. Die Hoteliers Gebr. Seiler in Zermatt haben das von ihnen käuflich erworbene Hotel Viktoria vergrößert und mit den neuesten Einrichtungen versehen lassen. Der Bau eines großen Kursaales mit den nötigen Vergnügungslokalitäten steht bevor und so dürften die Fremden in Zermatt den Winter aufs angenehmste verbringen können.»[185]

Alexander und Hermann Seiler luden dafür extra eine Gruppe von 25 Journalisten und einflussreichen Vertretern aus Sport und Verkehr für einen Besuch nach Zermatt ein und öffneten dafür im Februar 1908 erstmals im Winter die Villa Margherita. Anlässlich dieses Ereignisses beschrieb einer der Teilnehmer seine Eindrücke:

> «Die Herren Alexander Seiler und Bruder in Brig, die bekannten Besitzer der Seilerhotels in Zermatt und Umgebung tragen sich schon seit Jahren mit dem Gedanken, Zermatt und das Vispertal der Welt auch zur Winterszeit zu erschließen. In ihren Bestrebungen sind sie mancherorts auf Zweifel, Indifferenz und Widerstand gestoßen. Der bedeutsamste Hebel in der ganzen Frage – der Betrieb der Visp-Zermatt-Bahn – scheint am schwierigsten in Bewegung zu setzen zu sein. Die Herren Seiler wollten sich nun von der Ansicht einer Anzahl Männer, die mit der Öffentlichkeit in Berührung sind, bezüglich der Winter-

> verhältnisse im Vispertal überzeugen und luden zu diesem Zwecke Vertreter der Presse, des Sports und Verkehrswesens, besonders der Westschweiz, zu einem Besuche nach Zermatt ein. [...] Von St. Niklaus nach Zermatt wurde die Reise mittelst Schlitten auf guter Fahrstraße ausgeführt. Die Pferde und Maultiere zogen in gutem Schritt die leichten und schmalen Schlitten talauf. Auch an Täsch kam man nicht vorbei, ohne mit einem wohltuenden Glühwein beschenkt zu werden. In Zermatt war die Villa Margherita für den Anlass geöffnet und in Betrieb gesetzt worden. Alles fand sich vor, wie im besten Winterhotel: eingeschulte Bedienung, elektrisches Licht, Zentralheizung, eine fast nur zu opulente Küche und ein unversieglicher Keller. Am Sonntag, 2. Februar, stieg man im schönsten Sonnenschein und angesichts der prächtigen Berge nach Riffelalp hinauf, 2200 Meter, meist der Linie der Gornergratbahn nach. Hier oben war die Temperatur noch höher als in Zermatt, 28 Grad an der Sonne. [...] Wir haben Zermatt von jeher eine gute Prognose als Winterstation gestellt und können heute unser Urteil, das sich nur befestigt hat, kurz dahin zusammenfassen: Man nehme den Winterbetrieb der Visp-Zermatt-Bahn an die Hand und Zermatt wird von heute auf morgen ein Wintersportplatz von hervorragenden Eigenschaften, wie es das erste Bergsteigerheim der Welt im Sommer ist. Den Herren Seiler, dem Tal der Visp und der Visp-Zermatt Bahn, die uns Gelegenheit gaben, die herrliche Landschaft am Matterhorn in Winterpracht zu schauen, wünschen wir eine baldige Verwirklichung der sehr berechtigten Forderung und Erlösung dieses Tales aus der Wintergefangenschaft und Öde.»[186]

Trotz der Tatsache, dass der Bezirksrat von Visp schon am 6. Januar 1904 in einem amtlichen Antrag an die Bahn erstmals die Aufnahme des Winterbetriebs als oberste Priorität gefordert hatte, sah der Verwaltungsrat der Visp-Zermatt-Bahn auch vier Jahre später noch immer keinen Handlungsbedarf. Beim Durchlesen des 20. Jahresberichts, welchen die Visp-Zermatt-Bahn im Januar 1908 veröffentlicht hatte, gewinnt man sofort den Eindruck, dass der Verwaltungsrat sich dem Winterbetrieb gegenüber generell ablehnend verhielt und das Anliegen bekämpfte, indem er bemerkte, der Kanton könne ja selbst eine wintersichere Strasse durch das Tal bauen lassen. Die Investitionen für einen sicheren Bahnbetrieb im Winter würden viel zu hoch sein, zudem sei ein Winterbetrieb für die Talbevölkerung nicht unbedingt notwendig. Das Begehren sei einzig eine «Anmassung» *(une prétention)* einiger einflussreicher Zermatter Hoteliers ...

Gemeint waren damit die Brüder Seiler, welche das Projekt Wintersaison seit Jahren unablässig vorantrieben und dafür auch immer wieder positive Pressestimmen für sich gewinnen konnten:

> «Seit einigen Jahren gehen gewisse Hoteliers mit dem Gedanken um, aus Zermatt eine Winterstation zu machen und seit drei Jahren versuchen sie es, im Tal eine ihrem Wunsche günstige Stimmung zu inszenieren. Die ganze Bewegung zugunsten des Winterbetriebes wird also den Hoteliers in die Schuhe geschoben und schließlich behauptet der Verwaltungsrat, in dieser Frage könne, solange wenigstens nicht das Gegenteil nachgewiesen werde, die Gesellschaft allein Beschluss fassen. Seit letztem Oktober besteht

ein von einer Volksversammlung in St. Niklaus bestelltes Komitee, das die Angelegenheit zu fördern hat. Diesem Komitee gehören Herr Imboden, Präfekt des Bezirkes, Nationalrat Seiler, sowie die Großräte und Gemeindepräsidenten der Talschaft an. Das Komitee hat dieser Tage in der Landespresse ‹Ein Wort zur Richtig- und Klarstellung› veröffentlicht, aus dem an dieser Stelle einige Sätze wiedergegeben seien: Der Bericht gibt freilich den Anschein, als stehe die Talbevölkerung dem Begehren nach Winterbetrieb herzlich fremd gegenüber und es sei dasselbe mehr nur das Steckenpferd ‹gewisser Hoteliers›, die aus Zermatt eine Winterstation machen wollen. Den Fall gesetzt, als wäre dem wirklich so, stünde gewiss in allererster Linie das Wort jenen ‹gewissen› Hoteliers zu, als den Trägern und Vertretern der Industrie, die zu einer eigentlichen Lebensbedingung für die Täler von Saas und Zermatt geworden ist.»[187]

Allen Anstrengungen zum Trotz blieben die zähen Verhandlungen mit der Visp-Zermatt-Bahn ergebnislos. Auch ein politischer Vorstoss beim Bundesrat konnte die Bahn nicht davon abbringen, ihren Betrieb über den Winter einzustellen. Der Verwaltungsrat verteidigte seine ablehnende Position auch damit, dass die Bahn gemäss der Konzession von 1886, Artikel 12, rechtlich gesehen gar nicht zu einem Winterbetrieb verpflichtet werden könnte. An Bemühungen seitens der Bevölkerung und der Politik fehlte es wahrlich nicht. Noch dringlicher als im ersten Antrag von 1904 hatte der Bezirksrat am 31. Januar 1906 sowie am 18. Mai 1907 den Winterbetrieb gefordert. Mit demselben Nachdruck forderte die Talversammlung St. Niklaus vom 2. Oktober 1907 die Einführung eines Winterfahrplans. Daraufhin griff wenigstens der Staatsrat des Kantons Wallis ein und verlangte erste technische Expertisen. Am 10. Juli 1910 und am 15. Oktober 1911 gelangte das Initiativkomitee «Pro Winterbetrieb» mit der eindringlichen Bitte an den Walliser Staatsrat, er möge doch in Bern vorstellig werden, damit der Bundesrat wenigstens den Winterbetrieb auf der Teilstrecke zwischen Visp und St. Niklaus verfüge. 1913 stellte das Komitee einen ähnlichen Antrag an das Schweizerische Eisenbahndepartement. Allenfalls sollte der Kanton die Bahn erwerben und selbst betreiben. Es nützte alles nichts, mit dem Ausbruch des Ersten Weltkriegs 1914 und dem Wegbleiben der Touristen erledigte sich die Angelegenheit von selbst und die Bahn versank noch einmal während 14 langen Jahren in ihren alljährlichen Winterschlaf.

Das Pachtende mit der Gemeinde Zermatt

In den Jahren 1906 und 1907 baute der Bieler Uhren- und Weinhändler August Gindraux in Zermatt für fast 800 000 Franken das prächtige Grand Hotel Beausite mit 180 Betten und allem erdenklichen Komfort, entworfen vom Engadiner Architekten Hans Winkler aus St. Moritz. Das neue Hotel, umgeben von einer ansehnlichen Parkanlage, thronte ganz allein als allererster Hotelbau an der östlichen Talseite rechts der Vispa.

Oben: Werbung des Grand Hotel Beausite Zermatt. Unten: Zeitungsannonce der Hotels Gindraux Zermatt (um 1910).

August Gindraux war am 9. Oktober 1906 ein Zufallsopfer eines Bombenanschlags im Speisewagen des Simplon-Schnellzuges in Sitten geworden, wobei er seine linke Hand verloren und sich auch sonst schwerste Verbrennungen zugezogen hatte:

«Im Momente, da auf dem Bahnhofe die beiden hier kreuzenden Simplon Schnellzüge anhielten, ereignete sich ein ernstes Unglück. In der Abteilung dritter Wagenklasse wurde eine Bombe bemerkt in der Form einer Flasche mit brennender Zündschnur. Ein Reisender, Herr Gindraux aus Biel, Hotelier in Zermatt, ergriff die Bombe, um sie aus dem Waggon zu werfen. In diesem

Hotel Beausite, um 1910.

Moment explodierte dieselbe. Herrn Gindraux wurde eine Hand weggerissen und er erlitt außerdem schwere Verletzungen. Herr Gindraux wurde in das Spital von Sitten verbracht. Der Urheber des Unglücks ist noch nicht ermittelt. Man glaubt, dass ein anarchistischer Anschlag vorliegt. Laut den neuesten Berichten über das Befinden des Herrn Gindraux leidet dieser an sehr grossen Schmerzen und hat sich einer Amputation der linken Hand unterziehen müssen.»[188]

Trotz seiner körperlichen Beeinträchtigung liess sich Gindraux nicht davon abhalten, im Dezember 1909 zusammen mit seinem Sohn Louis der Gemeinde Zermatt ein verlockendes Pachtangebot für ihre drei Betriebe Zermatterhof, Riffelalp und Gornergrat einzureichen. Sie offerierten der Burgerschaft eine hohe Pachtsumme von 55 000 Franken jährlich; 5000 Franken mehr, als der bisherige Pachtinhaber Seiler der Gemeinde angeboten hatte. Somit erhielten August und Louis Gindraux am 15. Dezember 1909 den Zuschlag, und sie beendeten damit das dreissigjährige Pachtverhältnis zwischen der Familie Seiler und der Gemeinde.

Das Pachtende schien vorerst ein herber Rückschlag für die Seiler Hotels AG zu sein, es stellte sich aber wenige Jahre später als eigentlicher «Glücksfall» heraus, denn die Seilers wurden dadurch vor erheblichen wirtschaftlichen Schwierigkeiten bewahrt, in welche die Familie Gindraux nach Ausbruch des Ersten Weltkriegs geriet. Obwohl die Gemeinde den Pachtzins während des Kriegs um fast die Hälfte auf 30000 Franken reduziert hatte, konnte Gindraux wegen der miserablen Wirtschaftslage den Konkurs seines Hotel Beausite nicht mehr abwenden. Der Bankrott wiederum ermöglichte es den Brüdern Seiler, ihren Hotelbesitz noch einmal zu erweitern, indem sie das Gindraux Hotel Beausite am 28. Mai 1918 aus der Konkursmasse zu günstigen Konditionen ersteigerten. Sohn Louis Gindraux starb während der grossen Grippe-Epidemie am 27. August 1918 mit nur 44 Jahren. Das Pachtverhältnis mit den Gindraux wurde 1919 aufgelöst und die Zermatter beschlossen, ihre gemeindeeigenen Hotel- und Restaurationsbetriebe nun inskünftig selbst zu bewirtschaften.

Chávez' Flug über die Alpen

Geo Chavez vor einem Probeflug im Farman-Doppeldecker.

Im Sommer 1910 erreichte den damaligen Briger Stadtpräsidenten Bernhard Tschieder eine Anfrage der Società Italiana di Aviazione, ob sich die Stadt Brig im Herbst 1910 an der Organisation der Mailänder Flugwochen beteiligen wolle. Als Höhepunkt sei ein Wettfliegen von Brig über den Simplon bis nach Mailand geplant, mit dem ehrgeizigen Ziel, die Alpen erstmals mit einem sogenannten «Aeroplan» zu überqueren. Der Flugwettbewerb war mit einem hohen Preisgeld von insgesamt 100000 Franken dotiert. Der Briger Stadtrat, von der Idee begeistert, unterstützte das Vorhaben sowohl finanziell als auch organisatorisch. Die Stadt hatte dafür verschiedene Auflagen gegenüber Mailand zu erfüllen. So sollten ein geeignetes Flugfeld mit fünf Hektar Fläche, fünf Hangars für die Fluggeräte, Zuschauertribünen mit bis zu 5000 Plätzen und die dazugehörige Infrastruktur auf Kosten der Stadt bereitgestellt werden. Zudem galt es, diverse Sicherheits-, Kontroll- und Rettungsposten auf Walliser Seite entlang des Simplon zu organisieren. An die Spitze des Briger Organisationskomitees wurde Regierungsstatthalter Joseph von Stockalper (1868–1955), ein Schwager von Alexander und Hermann Seiler, gewählt. Nationalrat Alexander Seiler amtete als Beisitzer, behielt aber als eigentlicher Drahtzieher und Organisator der Briger Flugwochen das Heft fest in der Hand. Sein Bruder Hermann unterstützte das Vorhaben seitens der Kantonsregierung als Staatsrat.

Bis zum 1. September gingen bei der Sportkommission in Mailand acht namhafte Anmeldungen ein: Fünf Bewerber wurden schliesslich zugelassen, darunter der 23-jährige peruanische Millionärssohn Jorge Antonio «Geo» Chávez (1887–1910). Der *Briger Anzeiger* vom 3. September 1910 verkündete den historischen Anlass voller Stolz: «In den Tagen vom 18. bis 24. September dieses Monats wird sich nun am Fusse des Simplon ein grossartiges Ereignis abspielen, ein Ereignis unerhört in seiner Kühnheit und Grösse, ein Rekordflug auf dem Gebiete der Luftschifffahrt. Man will mit der Flugmaschine von Brig über den Simplon nach dem sonnigen Italien fliegen.»

Das Flugfeld mit den provisorischen Hangars auf dem Brigerberg in Ried-Brig.

Die Termine der Flugwoche wurden von Mailand im Einverständnis mit dem Briger Komitee auf den 18. bis 24. September 1910 festgelegt. Dabei übersahen die Briger in ihrem Eifer, dass der Montag, 19. September, mit dem Eidgenössischen Bettag, dem höchsten helvetischen Feiertag, zusammenfiel. Wenige Tage vor Beginn der Flugwoche erhielt das Briger Komitee dicke Post von der Kantonsregierung in Sitten: Es war die ausdrückliche Weisung, dass am Eidgenössischen Bettag bis Mittag jeder Flugversuch zu unterbinden sei. Diese behördliche Einschränkung wurde gleichentags nach Mailand übermittelt, worauf es postwendend Protesttelegramme aus Italien in Richtung Wallis hagelte. Eine regelrechte Welle der Empörung mit abstrusen Behauptungen seitens der Mailänder Presse brach los. Die entrüsteten Italiener sowie die beiden Piloten Chávez und Weymann legten formellen Protest gegen die Regeländerung ein und drohten mit einer hohen Schadenersatzklage gegen die Briger Organisatoren.

Stundenlange Krisensitzungen wurden abgehalten, doch schon am Freitag, noch vor dem offiziellen Beginn der Flugwoche, kam es zu tumultartigen Auseinandersetzungen und grotesken Anschuldigungen, deren sich vor allem die Gebrüder Seiler erwehren mussten. Dies wiederum veranlasste das Briger Organisationskomitee, das Flugfeld polizeilich besetzen zu lassen. In der Absicht, die Wogen zu glätten, lud Alexander am Samstag, 17. September 1910, die internationalen Pressevertreter zu einem Mittagessen ein und versuchte ihnen die Bedeutung des Eidgenössischen Bettages für die Bevölkerung im Zusammenhang mit dem behördlich ausgesprochenen, aber zeitlich für wenige Stunden begrenzten Flugverbot zu erklären. Der Dank-, Bitt- und Gebettag, sagte Alexander, sei tief im Bewusstsein der

«Es war der erste Pilotenstreik und gleichzeitig die erste polizeiliche Flugplatzbesetzung in der Geschichte der Aviatik.»

Schweizer Volksmeinung aller Konfessionen und Parteien verankert. Der NZZ-Redaktor Bierbaum notierte, dass Seilers «Friedensbemühungen» eher in ein Streitgespräch denn in eine Annäherung ausarteten. «Wir werden die internationale Presse gegen Sie aufrufen und Ihr Vorgehen an den Pranger stellen», reklamierte ein Wortführer. Seiler entgegnete: «Wichtiger als die Haltung der internationalen Presse ist für uns, dass die schweizerische Presse uns nicht nachsagen kann, wir seien Verächter an dem, was unser Volk mit Recht heilig ist.»

In Anbetracht der festgefahrenen Situation erklärte sich Arturo Mercanti, der Bevollmächtigte des Mailänder Komitees, schliesslich – wenn auch widerwillig – mit dem halbtägigen Flugverbot einverstanden.

Tausende Schaulustige aus dem In- und Ausland reisten in die Simplonstadt. Praktisch alle Züge nach Brig sowie die Hotels in der Stadt waren voll belegt. Trotz der zahlreich anwesenden Zuschauer wurde am Sonntagnachmittag nicht mehr geflogen, kein Pilot war für einen Testflug zu gewinnen. Während der folgenden drei Tage führten einige der Kandidaten immerhin vereinzelte Flugmanöver durch, andere zogen es aber vor – sei es aus Protest oder wegen der starken Winde –, wieder abzureisen. Im offiziellen Startfeld verblieben einzig der Peruaner Geo Chávez und der Amerikaner Charles

Weymann, der aber bei den Testflügen mit seinem Doppeldecker nie die nötige Höhe erreicht hatte und daher resigniert aufgab.

Trotz bedecktem Himmel und leicht windigem Wetter stieg Chávez schliesslich am 23. September mit seiner Blériot XI auf und schraubte sich langsam in die Höhe. Es wurde ein kurzer, aber historischer Flug, denn ihm gelang, was man bisher für fast unmöglich gehalten hatte: die erste Überquerung der Alpen mit einem Flugzeug in über 2000 Metern Höhe. 42 Minuten nach seinem Start in Ried-Brig erreichte Chávez wie geplant das erste Landefeld in Masera bei Domodossola auf der italienischen Seite für einen Zwischenstopp auf dem Weg nach Mailand. Beim Versuch, seine Blériot XI nach einer heftigen Windböe wieder aufzufangen, brach das fragile Flugzeug auseinander und stürzte aus etwa zehn Metern Höhe wie ein Stein vornüber zu Boden. Der junge Chávez wurde von den Trümmern begraben und erlitt schwerste Verletzungen an Beinen, Armen und im Gesicht. Obwohl die Verletzungen von den Ärzten anfänglich als nicht lebensbedrohlich eingeschätzt wurden, starb Chávez vier Tage später, am 27. September 1910, um 14.55 Uhr, im Spital San Biagio in Domodossola. Dem Flugpionier wurden sowohl in Brig als auch in Domodossola Denkmäler errichtet, die an seine heroischen Leistungen erinnern. Der internationale Flughafen von Lima in Peru trägt seinen Namen: Aeropuerto Internacional Jorge Chávez. «Geo Chávez ist tot – Er stieg zum Himmel auf und kehrte mit einer Eroberung zurück, die zu den grössten unserer Zivilisation gezählt werden darf.»[189]

Alexander Seiler – Nationalrat, Verkehrspolitiker und Bauernvertreter

Alexander Seiler junior (1864–1920), von Familie und Freunden oft auch «Xander» genannt, war nicht nur ein begnadeter Gastgeber, der die Seiler'schen Hotelbetriebe Anfang 21. Jahrhundert mit den beiden Hotels Victoria (1905) und Beausite (1918) um weitere 370 Betten ausbaute, sondern als gestandener «Freigeist» auch ein engagierter, wortgewaltiger Politiker mit nationaler Ausstrahlung.

Entschlossen setzte er sich im Parlament für die benachteiligte Bergbevölkerung und die Kleinbauern ein. Von 1891 bis 1920 war er Mitglied des Walliser Grossen Rates, welchen er 1908–1910 präsidierte. Während dieser Zeit kämpfte er hartnäckig für die Erweiterung der Volksrechte und die Wiedereinführung des Referendums, welches 1848 aus der Walliser Kantonsverfassung gekippt worden war. Das Wallis war deshalb, neben dem Kanton Freiburg, der einzige Kanton, der damals kein Volksreferendum besass. Seiler protestierte ebenso heftig gegen die exzessive Gesetzgebung des Grossen Rates, der in den vergangenen 28 Jahren nicht weniger als 72 Gesetze und dreimal so viele Dekrete erlassen hatte. Er monierte: «Wenn das Volk etwas dazu zu sagen gehabt hätte, wäre diese Überproduktion schon gesteuert worden. Kurzum, es sei manches faul im Staate Dänemark und da könne nur eine Verfassungsrevision im vorgeschlagenen Sinne Remedur schaffen.» Leidenschaftlich vertrat er die Einführung der Proporzwahl für Staats- und Ständeräte, weil man damit eine gerechtere Volksvertretung zwischen Stadt und Land erreichen könne.[190]

Mit Blick darauf, seinen politischen Anliegen mehr Gewicht verleihen zu können, unterstützte er im Juni 1899 die Gründung des *Briger Anzeigers*, herausgegeben von seinem Freund Carl Tscherrig (1863–1933). Dieses neu entstandene Lokalblatt sollte als demokratisches Sprachrohr dienen und dem konservativen *Walliser Boten* als Opposition entgegentreten. Von Anfang an waren Alexander Seiler, Carl Tscherrig und Leo Hallenbarter als Chefredakteure tätig. Es wurde in Brig gemunkelt, dass kein wichtiger Leitartikel gedruckt werden konnte, ohne dass Seiler zuvor sein Einverständnis gegeben hätte. Anfangs wurde der Briger Anzeiger nur zweimal wöchentlich mit lediglich vier Seiten Inhalt veröffentlicht. Die Zeitung war anfänglich noch so klein und unbedeutend, dass Xanders Schwager Albert Fleiner, Redakteur der *Neuen Zürcher Zeitung*, dem neuen Lokalblatt einen scherzhaften Beitrag widmete, in dem er mit überspitzter Pointe erklärte: Der *Briger Anzeiger* werde von Tscherrig geschrieben, gesetzt, gedruckt, gefalzt und schliesslich von ihm selbst im Städtchen verteilt.

Probe-Nummer.

Samstag, 3. Juni — 1. Jahrgang. — 1899 — Nr. 1.

Briger Anzeiger

Publikationsorgan für das Oberwallis.

An die geehrten Leser!

Uhrenhandlung und Reparaturwerkstätte Jakob Burkhart, Brig

Grosse Auswahl

Alles unter Garantie.

Der Obige.

Erstausgabe des *Briger Anzeigers* vom 3. Juni 1899.

Die Geburtsstunde von «Schweiz Tourismus»

Zwischen 1905 und 1920 vertrat Alexander Seiler den Kanton Wallis auch als Nationalrat in Bern und setzte sich dort leidenschaftlich für die Belange und Interessen des nationalen Tourismus ein. Bereits im Jahr 1898 hatte er die Gründung des Zermatter Kur- und Verkehrsvereins initiiert. 1911 brachte er im Nationalrat einen politischen Vorstoss ein, der die Gründung einer nationalen Verkaufs- und Marketingorganisation für den Tourismus zum Ziel hatte. Dank seiner visionären Motion wurde am 28. November 1917 im Bundeshaus die Nationale Vereinigung zur Förderung des Reiseverkehrs ins Leben gerufen. Diese Organisation, später bekannt als die Schweizerische Verkehrszentrale (SVZ), operiert heute unter dem Namen «Schweiz Tourismus» und generierte im Jahr 2023 einen Umsatz von rund 45 Milliarden Franken mit über 41 Millionen Übernachtungen. Seiler übernahm mit grosser Genugtuung das erste Präsidium dieser so wichtigen Institution für die Schweizer Tourismusindustrie.

Der Ausbruch des Ersten Weltkriegs 1914 beendete abrupt die Glanzzeit der Belle Époque. Das Gastgewerbe in der Schweiz litt unter der sich verschlechternden Wirtschaftslage, den ungünstigen Wechselkursen und den bürokratischen Hürden für ausländische Besucherinnen und Besucher. 1913, im Vorjahr des Kriegs, beschäftigte die Schweizer Hotellerie schon fast 50 000 Angestellte und verzeichnete insgesamt 22 Millionen Logiernächte

Emeline und Alexander Seiler, ca. 1910.

– eine beeindruckende Zahl, die erst fünfzig Jahre später wieder erreicht werden sollte. Die Gründung der SVZ im Jahr 1917 gab dem stark gebeutelten Gastgewerbe den dringend benötigten Impuls für ein Wiedererstarken. Alexander Seiler führte denn auch seinen eigenen Familienbetrieb in Zermatt sicher durch die schwierigen Kriegsjahre und vergass dabei nicht, auch soziale Verantwortung zu übernehmen. So lud er im Sommer 1915 dreissig Krankenschwestern aus Frankreich, Deutschland und England zu einem dreiwöchigen Erholungsurlaub nach Zermatt ein und motivierte gleichzeitig andere Hoteldirektoren, dasselbe zu tun. Seine Initiative trug dazu bei, dass eine Welle der Unterstützung entstand, und schon bald öffneten auch andere Hotels ihre Türen für erschöpfte Krankenschwestern, die dringend Abstand von den traumatischen Kriegserlebnissen benötigten. Schon im Sommer 1916 konnten sich in Schweizer Hotels fast tausend Krankenschwestern, vorwiegend aus dem Lager der Alliierten, kostenlos erholen.[191] Anlässlich von Seilers 100. Geburtstag gründeten dessen Nachfahren unter dem Vorsitz von Bundesrat Roger Bonvin 1964 aufgrund dieser Aktion die Stiftung Alexander Seiler zur Förderung des Pflegeberufs. Dies geschah als Ausdruck der tiefen Achtung und dem Respekt, den Seiler dem Beruf der Krankenschwestern stets entgegenbrachte.

Der Erste Weltkrieg hatte trotz der neutralen Position der Schweiz verheerende Auswirkungen auf die heimische Volkswirtschaft. Besonders stark betroffen war die Ferienhotellerie, da Touristen aufgrund der Unsicherheit ihre Reisepläne stornierten und die Grenzschliessungen sowie die allgemeine Instabilität in Europa dazu führten, dass praktisch keine ausländischen Reisenden mehr ins Land gelassen wurden. Zahlreiche Ferienhotels mussten schliessen, und deren Mitarbeitende wurden arbeitslos. Die Stadthotellerie traf es etwas weniger hart, da während des Kriegs viele prominente Persönlichkeiten, Intellektuelle und politische Exilanten Schutz in der Schweiz suchten. Dies führte teilweise sogar zu einem leichten Anstieg der Übernachtungen, insbesondere in Städten wie Genf, Zürich und Bern. Die Auswirkungen des Kriegsgeschehens auf den Schweizer Ferientourismus sind anhand der Gästestatistik der Seiler Hotels deutlich ersichtlich: Im Sommer 1913 verzeichneten die sechs Hotels in Zermatt noch über 13 000 Gäste mit etwas mehr als 66 000 Übernachtungen. Im Sommer 1918 hingegen waren es nur noch 1736 Gäste (–87 %) und weniger als 20 000 Logiernächte (–70 %). Nur durch grosszügig gewährte Gästerabatte, temporäre Hotelschliessungen und eine stark verkürzte Saison konnte ein totaler Kollaps verhindert werden. Die saisonale Gesamtbettenkapazität der Seiler Hotels sank infolgedessen von ursprünglich 130 000 auf nur noch 76 000 um fast die Hälfte. Nur dank des anteilmässigen Anstiegs von Schweizer Gästen von 11 Prozent vor dem Krieg auf 77 Prozent im Jahr 1918 mit einer verlängerten Aufenthaltsdauer von durchschnittlich elf Tagen konnte das Hotelgeschäft gerade noch knapp überleben.

Alexander Seiler agierte während diesen Krisenjahren unermüdlich, wie ein Perpetuum mobile. Er behielt souverän den Gesamtüberblick, auch als – zu allem Überfluss – Ende Juli 1918 die Spanische Grippe Zermatt erreichte und über zwanzig Opfer forderte. Schweizweit starben 25 000 Menschen an der Pandemie, die Hälfte der Bevölkerung hatte sich infiziert. Ohne zu zögern, stellte Xander der Gemeinde Zermatt das Hotel Victoria als improvisiertes Lazarett zur Verfügung.

Als Bauernvertreter und Landwirt kämpfte er beharrlich für die Schaffung einer landwirtschaftlichen Schule im Oberwallis. Es gelang ihm sogar, im kantonalen Gesetz für die Organisation der landwirtschaftlichen Fachausbildung vom 17. Mai 1919, den Grundsatz zur Errichtung von zwei Landwirtschaftsschulen im Wallis, eine im deutschen und die andere im französischen Kantonsteil, zu verankern. Genau sechs Monate später, am 17. November 1920, war es so weit: Direktor Franz Buser aus Sissach eröffnete den ersten landwirtschaftlichen Fachkurs in Visp mit 26 Schülern.[192] Die zweite Landwirtschaftsschule «Châteauneuf» eröffnete am 13. Oktober 1923 in Sitten mit 73 Studenten.

Persönliche Briefe, die Alexander Seiler an seine Gattin Emeline schrieb, geben indessen einen Einblick in sein eifriges Schaffen. So politisierte er

Tabelle 5: Gästestatistik Seiler Hotels Zermatt AG 1913

Nationalität	Mont Cervin	Monte Rosa	Victoria	Riffelalp	Buffet Gare	Schwarzsee	Total	%
Deutschland	914	457	574	281	155	69	2450	18,57
Schweiz	597	198	340	65	207	58	1465	11,11
England	1833	663	622	762	25	89	3994	30,28
Frankreich	469	190	440	165	92	48	1404	10,64
USA	1156	166	562	230	9	9	2132	16,16
Belgien/Holland	386	65	156	31	2	5	645	4,89
Russland	43	4	23	25	8	0	103	0,78
Österreich / Ungarn	178	24	95	42	19	5	363	2,75
Italien	171	88	186	18	11	10	484	3,67
Skandinavien	23	1	9	12	2	0	47	0,36
Spanien/Portugal	28	3	32	2	0	0	65	0,49
Asien/Afrika	8	6	0	7	3	0	24	0,18
Australien	0	3	0	0	0	0	3	0,02
Andere	0	0	10	0	0	3	13	0,10
Total Arrivées	**5806**	**1868**	**3049**	**1640**	**533**	**296**	**13192**	**100,00**
Total Übernachtungen	**27878**	**10024**	**12256**	**14215**	**1277**	**660**	**66310**	
Aufenthaltsdauer / Gast	5	5	4	9	2	2	5	
Betten pro Hotel	350	110	250	280	20	50	1060	
Öffnungstage	176	93	92	104	112	81	110	
Bettenkapazität Gesamt	61600	10230	23000	29120	2240	4050	116247	
Bettenauslastung in %	**45,26**	**97,99**	**53,29**	**48,82**	**57,01**	**16,30**		**57,04**

Tabelle 6: Gästestatistik Seiler Hotels Zermatt AG 1918

Nationalität	Mont Cervin	Monte Rosa	Victoria	Riffelalp	Buffet Gare	Schwarzsee	Total	%
Deutschland	44	Fermé	2	2	11	Fermé	59	3.40
Schweiz	691	Fermé	197	197	255	Fermé	1340	77.19
England	39	Fermé	10	0	0	Fermé	49	2.82
Frankreich	40	Fermé	28	12	1	Fermé	81	4.67
USA	13	Fermé	13	0	3	Fermé	29	1.67
Belgien/Holland	43	Fermé	8	3	6	Fermé	60	3.46
Russland	11	Fermé	11	0	0	Fermé	22	1.27
Österreich/Ungarn	32	Fermé	7	5	2	Fermé	46	2.65
Italien	2	Fermé	0	0	0	Fermé	2	0.12
Skandinavien	9	Fermé	2	0	0	Fermé	11	0.63
Spanien/Portugal	0	Fermé	0	0	0	Fermé	0	0.00
Asien/Afrika	0	Fermé	0	1	0	Fermé	1	0.06
Australien	1	Fermé	0	0	0	Fermé	1	0.06
Andere	23	Fermé	11	1	0	Fermé	35	2.02
Total Arrivées	**948**	**0**	**289**	**221**	**278**	**0**	**1736**	
Total Übernachtungen	**12016**	**0**	**3782**	**3317**	**668**	**0**	**19783**	
Aufenthaltsdauer/Gast	13	0	13	15	2	0	11	
Betten pro Hotel	350	110	250	280	20	50	1060	
Öffnungstage	116	0	60	67	86	0	55	
Bettenkapazität Gesamt	40600	0	15000	18760	1720	0	58123	
Bettenauslastung in %	**29,60**	**0,00**	**25,21**	**17,68**	**38,84**	**0,00**		34.04
Einbruch Übernachtungen						**Minus**	**46527**	70.17
Einbruch Anzahl Gäste						**Minus**	**11456**	86.84

Tabelle7: Gästestatistik vor und während des 1. Weltkrieges – Vergleich 1913 mit 1918

Nationalität	Mont Cervin		Monte Rosa*		Victoria		Riffelalp		Buffet Gare		Schwarzsee*		Total	Total	Differenz
	1913	1918	1913	1918	1913	1918	1913	1918	1913	1918	1913	1918	1913	1918	
Deutschland	914	44	457	0	574	2	281	2	155	11	69	0	2450	59	–2391
Schweiz	597	691	198	0	340	197	65	197	207	255	58	0	1465	1340	–125
England	1833	39	663	0	622	10	762	0	25	0	89	0	3994	49	–3945
Frankreich	469	40	190	0	440	28	165	12	92	1	48	0	1404	81	–1323
USA	1156	13	166	0	562	13	230	0	9	3	9	0	2132	29	–2103
Belgien/Holland	386	43	65	0	156	8	31	3	2	6	5	0	645	60	–585
Russland	43	11	4	0	23	11	25	0	8	0	0	0	103	22	–81
Österreich/Ungarn	178	32	24	0	95	7	42	5	19	2	5	0	363	46	–317
Italien	171	2	88	0	186	0	18	0	11	0	10	0	484	2	–482
Skandinavien	23	9	1	0	9	2	12	0	2	0	0	0	47	11	–36
Spanien/Portugal	28	0	3	0	32	0	2	0	0	0	0	0	65	0	–65
Asien/Afrika	8	0	6	0	0	0	7	1	3	0	0	0	24	1	–23
Australien	0	1	3	0	0	0	0	0	0	0	0	0	3	1	–2
Andere	0	23	0	0	10	11	0	1	0	0	3	0	13	35	22
Total Gäste	**5806**	**948**	**1868**	**0**	**3049**	**289**	**1640**	**221**	**533**	**278**	**296**	**0**	**13192**	**1736**	**–11456**
Total Übernachtungen	**27878**	**12016**	**10024**	**0**	**12256**	**3782**	**14215**	**3317**	**1277**	**668**	**660**	**0**	**66310**	**19783**	**–46527**
Aufenthaltsdauer/Gast	5	13	5	0	4	13	9	15	2	2	2	0	5	11	
Bettenkapazität	350	350	110	0	250	250	280	280	20	20	50	0	1060	900	
Öffnungstage	176	116	93	0	92	60	104	67	112	86	81	0	658	329	
Bettenkapazität Gesamt	61600	40600	10230	0	23000	15000	29120	18760	2240	1720	4050	0	130240	76080	
Bettenauslastung in %	**45,26**	**29,60**	**97,99**	**0,00**	**53,29**	**25,21**	**48,82**	**17,68**	**57,01**	**38,84**	**16,30**	**0,00**	**50,91**	**26,00**	

* Die Hotels Monte Rosa und Schwarzsee blieben 1914–1918 geschlossen.

Alexander Seiler mit Sohn Theodore vor der Villa Margherita, ca. 1915.

oftmals tagsüber in Sitten im Grossen Rat und erledigte danach noch bis spät in die Nacht hinein einen Berg von liegen gebliebener Korrespondenz: «Der grosse Rat hat am Montag begonnen, ich werde der morgigen Sitzung beiwohnen, in welcher der Proporz diskutiert wird. Man sagt, dass es stürmisch zugehen werde. Wollen wir hoffen, dass es den gemässigten Elementen gelingen wird, das Prinzip der Minoritäten Vertretung in die Verfassung aufzunehmen. Ich werde wahrscheinlich bis Samstag in Sitten bleiben [...].»[193] Wieder an anderen Tagen reiste er mit Bahn und Kutsche und ging zu Fuss den langen Weg von Zermatt zum Eggishorn hinauf und dann gleichentags wieder hinunter nach Gletsch, um dort nach dem Rechten zu sehen und sich um Angelegenheiten zu kümmern, die seine Präsenz verlangten. Er war in den verschiedenen Hotels überall anzutreffen, in der Küche und im Keller, an der Rezeption, auf den vielen Baustellen sowie auch in der Zentralverwaltung, wo er ein eigenes kleines Büro hatte, in dem er sich aber selten aufhielt, denn er bevorzugte den täglichen Kontakt mit seinen Gästen und den Angestellten. Scherzend meinte er: «Ja, wir Walliser taugen nicht viel für das Büro.»

Doch es gab auch erste Anzeichen politischer Müdigkeit. So schrieb er seiner Gattin Emeline einmal: «Ich finde überhaupt wenig Geschmack mehr an der Politik und sehne mich danach, in stiller Zurückgezogenheit ganz meiner lieben Frau und unseren Geschäften zu leben. Man macht sich in der Politik viel böses Blut, zieht sich Feinde zu, und Dank erntet man doch selten. Bist du nicht auch meiner Meinung, mein liebes Herz?»[194]

Das hektische und arbeitsreiche Leben mit einer stets übervollen Agenda, zahllosen Verpflichtungen verbunden mit offiziellen Anlässen, die oft mit opulenten Mahlzeiten einhergingen und danach fast immer im Qualm von kubanischen Zigarren endeten, forderten ihren Tribut. Am Abend des 27. Februar 1920 war Alexander Seiler in seinem Heim in Brig, als er sich plötzlich unwohl fühlte. Dennoch brach er am Montag, dem 1. März, wieder auf nach Bern, wo die Frühlingssession des Nationalrats tagte. Am 3. März hielt er noch eine wichtige Rede, in der er eine Motion für effektivere Bundeshilfen gegen nicht versicherbare Elementarschäden der Bergbevölkerung einbrachte, die in diesem Jahr schweren Unwetterschäden ausgesetzt war. Sein Antrag für eine ausserordentliche Zuwendung von einer halben Million Franken zugunsten der betroffenen Bergbevölkerung wurde angenommen. Dies war Seilers letzte bedeutende Aktion im Nationalrat. Der «Hotelkönig von Zermatt» verstarb ganz plötzlich in der Nacht zum 4. März 1920 im Alter von nur 56 Jahren an einem Herzinfarkt, den er in seinem Zimmer im Hotel Schweizerhof in Bern erlitt. Aus seiner Ehe mit Emeline Willimann hinterliess er sieben Kinder, wobei die beiden jüngsten, Hedi und Theo, erst elf und zwölf Jahre alt waren. Die Beisetzung des «Hotelkönigs» von Zermatt fand am 7. März 1920 im Familiengrab in Brig-Glis statt und wurde von über 4000 Trauergästen begleitet. Als am 19. Juni 1921 endlich die ersten Postautos über die Furka und die Grimsel fuhren, weilte der Vorkämpfer für die Einführung von Postautokursen über die Alpenpässe nicht mehr unter den Lebenden.

Hermann Seiler – Staatsrat, Verbandspolitiker und Wintersportpionier

Eigentlich rechnete der junge Hermann Seiler (1876–1961) nicht damit, später einmal die alleinige Führung der Seiler'schen Hotelunternehmungen zu übernehmen, denn seine beiden älteren Brüder waren ja bereits in die Fussstapfen der Eltern getreten; Joseph in Gletsch und Alexander in Zermatt. Der Jurist, der in Bern 1902 bei Professor Eugen Huber – dem Schöpfer des Schweizerischen Zivilgesetzbuchs (ZGB) – promoviert hatte, verfolgte stattdessen eine vielversprechende Karriere in der Politik wie auch im Militär. Von 1905 bis 1910 und von 1921 bis 1929 war er Walliser Grossrat, 1905–1910 fungierte er als Briger Stadtpräsident. 1910 wurde er fast einstimmig in den Walliser Staatsrat gewählt. Er führte das kantonale Finanzdepartement im Urteil der NZZ vom 21. August 1961 «mit Auszeichnung» durch das Weltkriegsjahrzehnt.

Hermann Seiler (1876–1961), ca. 1940.

Während der Grenzbesetzung 1914–1918 wurde er zum Major ernannt und kommandierte ein Walliser Gebirgsinfanteriebataillon. 1920 beförderte man ihn zum Oberstleutnant mit eigenem Kommando über ein Waadtländer Regiment. Doch nach dem unerwartet frühen Tod seines Bruders Alexander wurde er auf Einladung der Familie und des Verwaltungsrates der Hotels Seiler AG mit der Frage konfrontiert, ob er weiterhin dem Staat dienen oder lieber die Direktion der Familiengeschäfte übernehmen möchte. Der Entscheid fiel ihm nicht leicht, aber Hermann entschied sich für die Familie und damit für die Hotellerie. Er gab sein Amt als Staatsrat und seinen Wohnsitz in Sitten auf und zog um ins Matterhorndorf, wo er als seine neue Zermatter Residenz für seine grosse Familie das alte Taugwalderhaus – am Standort des heutigen Hotel Pollux – mietete. Er hatte nun bereits zwölf Kinder, wobei sein ältester Sohn Andreas, geboren 1906, am 23. Juli 1939 bei einem Autounfall in St. Moritz tödlich verunglücken sollte.

Hermann Seiler widmete sich von nun an mit grosser Kraft der Hotellerie und beschäftigte sich während der restlichen Zeit mit der Politik. Am 7. Juni 1920 trat er die Nachfolge seines verstorbenen Bruders Alexander im Nationalrat an, dem er bis Ende 1925 angehörte. Als Parlamentarier setzte er sich ebenso leidenschaftlich wie vorher sein Bruder für die Bergbauern und die Interessen des Fremdenverkehrs ein. Als Vereinspolitiker amtete er während zwanzig Jahren im Präsidium des Schweizer Hotelier-Vereins; ab 1925 als Vizepräsident und von 1928 bis 1945 als Zentralpräsident. Ausserdem wurde er 1926 vom Bundesrat in den Rat der Schweizerischen Nationalbank gewählt. Er war Mitbegründer der Walliser Kantonalbank, Mitglied der Schweizerischen Handelskammer und sass unter anderem im Verwaltungsrat der SBB, der Lonza und der Rheinsalinen. 1929 wählten ihn in Rom etwa 300 Delegierte der Alliance Internationale de l'Hôtellerie für eine dreijährige Amtszeit einstimmig zu ihrem Präsidenten und danach zum Ehrenpräsidenten auf Lebzeiten. Schliesslich übernahm Hermann 1932 zusätzlich das Amt des Vizepräsidenten des Schweizerischen Fremdenverkehrsverbands respektive 1933 das der Schweizerischen Fremdenverkehrszentrale.

Erfolgreiche Lancierung und Etablierung der Zermatter Wintersaison

Mitte der 1920er-Jahre stand das Thema «Wintersaison» wieder ganz oben auf Hermann Seilers Agenda, denn inzwischen war Skifahren nicht nur in der Schweiz, sondern auch im Ausland immer beliebter geworden. Der 1908 gegründete Skiclub Zermatt organisierte schon seit 1909 regelmässige Skikurse für seine Mitglieder. Nach dem ersten grossen Zermatter Skirennen im Jahr 1923 beschloss die Clubleitung, jährlich ein internationales Sommerskirennen auf dem Theodulgletscher zu veranstalten, wobei die Teilnehmer den langen, steilen Weg auf den Theodul noch zu Fuss zurücklegen mussten.

·· NOTICE ··

Sommer 1927 u. 1928

ZERMATT im WINTER

Um einem oft geäusserten Wunsche zu entsprechen wird die Direktion der Hotels Seiler, bei genügenden Anmeldungen ein Hotel im Winter öffnen.

Jede Auskunft erteilt die **General Direktion.**

Société des Hotels SEILER

Hermann Seiler informiert 1927 seine Sommergäste, dass im kommenden Winter eines der Seiler Hotels zum ersten Mal geöffnet sein wird.

Die heimische, vom Berner Denis Vaucher angeführte Militärpatrouille mit den Zermatter Brüdern Antoine und Alphonse Julen sowie Alfred Aufdenblatten hatte bereits mehrere nationale Wettkämpfe gewonnen und an der allerersten Winterolympiade in Chamonix 1924 sogar eine olympische Goldmedaille nach Zermatt geholt.[195] Der olympische Sieg machte weltweit auf das wintersportliche Potenzial des Matterhorndorfs aufmerksam, was der Absicht Hermann Seilers entsprach, der den Aufbau wintersportlicher Fähigkeiten der Einheimischen über Jahrzehnte förderte und begleitete.

Die britische Kennerin der Zermatter Tourismusgeschichte, Schriftführerin des Ladies Alpine Club und Gattin des Bischofs von Leicester, Cicely Williams, hielt fest:

> «By the 1920s ski-racing had become popular in many winter sports centers in Switzerland and in 1922 a team of young Zermatt militia men entered for a patrol race at Adelboden.They finished in a rather lowly position, twenty-fourth in fact, but this reverse was soon rectified. Most of the team were the sons of famous guides and were very soon to become guides themselves. Zermatt guides ranked among the best in the world, and these young men realized that the reputation of Zermatt skiers must not fall far behind. They set about training with the greatest determination and the next year obtained third place at Grindelwald. After this they went on from strength to strength, frequently being placed first, and in 1924 covered themselves with glory by winning this race at the first Winter Olympics at Chamonix. Very soon these racers and other Zermatt men were competing in international races, frequently meeting with success. The Julens, the Lehners, Biners and Perrens were to be found racing in all parts of Europe and Otto Furrer, the greatest of all Zermatt skiers, won the Arlberg-Kandahar on three successive occasions. Attention was being attracted by these excellent performances; writers of books and newspaper reporters began to suggest that the ski slopes and glacier touring areas of the Zermatt district might well prove a happy hunting ground for others as well as the local people. Gradually the image of Zermatt as a winter sports centre was being built up and behind it all stood the careful, watchful figure of Dr. Hermann Seiler.»[196]

Bis ins Jahr 1928 fiel das Dorf Zermatt jedoch weiterhin jeweils Ende Oktober in seinen üblichen Winterschlaf, denn zu dieser Zeit verliess das letzte Bähnchen das Dorf talabwärts und der Bahnbetrieb wurde während sechs langer Monate eingestellt. Für die Bewohner des Dorfs blieb die Hoffnung auf

Oben links: Ankunft der allerersten Wintergäste in St. Niklaus.Rechts: Vorbereitung der Kutschen für Material- und Personentransport in St. Niklaus. Unten links: Zwischen Täsch und Zermatt. Rechts: Der erste Tross mit 180 Wintergästen erreicht Zermatt am 31. Dezember 1927.

die dringend benötigte neue Einkommensquelle in Form einer touristischen Wintersaison also lange Zeit unerfüllt. Das Finanzierungsproblem und das Kostenrisiko für die erforderlichen Lawinenverbauungen der Eisenbahnlinie auf dem letzten Teilstück nach Zermatt schienen den zuständigen Stellen immer noch zu gross. Im Sommer 1927 dann traf Hermann Seiler den beherzten Entscheid, wenn nötig auch ohne Bahnverbindung eine erste Wintersaison versuchsweise auf eigenes Risiko zu organisieren. Im Juli informierte er die anwesenden Hotelgäste darüber, dass das Hotel Victoria erstmals auch im kommenden Winter 1927/28 geöffnet sein würde, sofern genügend Anmeldungen vorlägen. Damit setzte er die zuständigen Behörden vor vollendete Tatsachen. Das Interesse der sportbegeisterten Engländer entsprach seinen grossen Erwartungen. Da wie vorausgesehen keine Bahn fuhr, holte Seiler am Silvesterabend 1927 die 180 angemeldeten Gäste und eine Handvoll Journalisten mit fünfzig Pferdeschlitten, die er vorher im ganzen Tal organisieren musste, am Bahnhof von St. Niklaus ab. Er führte den allerersten Wintertross höchstpersönlich auf dem vordersten Kutscherbock nach Zermatt, wo die ersten Wintergäste vor dem Hotel Victoria von einer einheimischen Musikkapelle mit grosser Vorfreude empfangen wurden.

Das Hotel Victoria registrierte vom 31. Dezember 1927 bis 24. Januar 1928 2285 Logiernächte. Unten links: Der Bankettssaal. Rechts: Der Speisesaal des Victoria 1928.

Das bereits seit mehr als zwanzig Jahren wintertauglich eingerichtete Hotel Victoria verbuchte in dieser vierwöchigen Wintersaison, die vom 31. Dezember 1927 bis am 24. Januar 1928 dauerte, 2285 Logiernächte.[197] Auf Seilers Einladung besuchte schliesslich auch der Verwaltungsrat der Bahngesellschaft Visp-Zermatt (VZ) das verschneite Zermatt und überzeugte sich vor Ort von der Möglichkeit, dort eine erfolgreiche Wintersaison durchzuführen. Während des Abendessens zum Abschluss des Besuchs bemerkte Charles Masson, der VR-Präsident der Visp-Zermatt-Bahn: «Zermatt im Winter ist für mich eine wahre Offenbarung.»[198] Die langjährigen Vorbehalte gegenüber

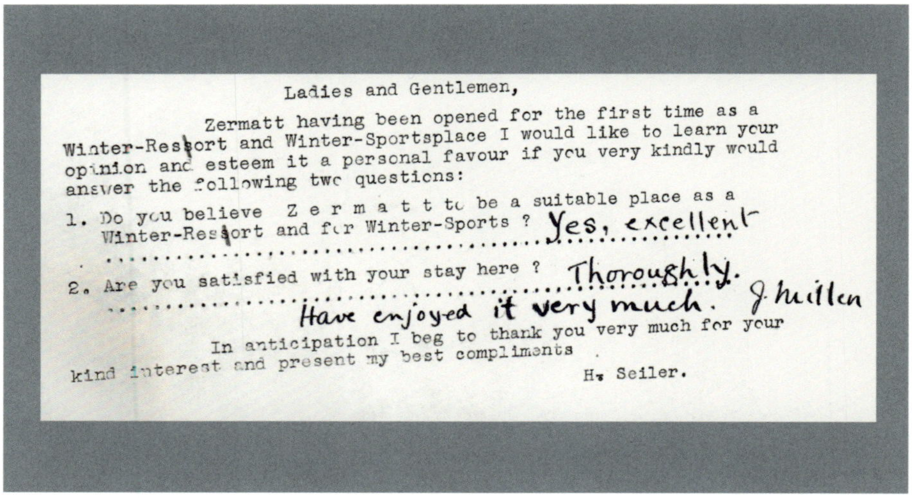

Ladies and Gentlemen,

Zermatt having been opened for the first time as a Winter-Resort and Winter-Sportsplace I would like to learn your opinion and esteem it a personal favour if you very kindly would answer the following two questions:

1. Do you believe Z e r m a t t to be a suitable place as a Winter-Resort and for Winter-Sports ? Yes, excellent
2. Are you satisfied with your stay here ? Thoroughly. Have enjoyed it very much. J. Millen

In anticipation I beg to thank you very much for your kind interest and present my best compliments

H. Seiler.

Eine Umfrage bei den Hotelgästen ergab ein überaus positives Ergebnis für Zermatt als Winterkurort.

einem Winterbetrieb waren endlich verschwunden, und im Sommer 1928 leitete die Bahn – in Zusammenarbeit mit Bund, Kanton und Gemeinden – die erforderlichen baulichen Massnahmen zum Lawinenschutz ein. Gleichzeitig starteten Hermann Seiler und sein zweitältester Sohn, der erst 21-jährige Eduard Seiler (1908–1976), die Planung der neuen Wintersport-Infrastruktur mit offiziell genormten Eisfeldern für den Curling- und den Hockeysport. Die beiden erwogen sogar den Bau einer Bobbahn, ein Vorhaben, welches auch bei der Zermatter Gemeindeverwaltung auf offene Ohren stiess. Guten Rat erhielten sie dabei von ihrem Schwager und Onkel Eduard Cattani in Engelberg, der dort bereits seit zwanzig Jahren Wintersportanlagen betrieb. Cattani antwortete am 26. Juli 1928:

> «Den Brief deines Neffen Eduard beantwortend kann ich Dir mitteilen, dass betreffend des Eisfeld & Curling sowie Hockey ich Dir gerne an die Hand gehen will. Es handelt sich um tadellose Ausnivellierung des Platzes, Legen der Hydrantenleitung zur Bewässerung, Grössenverhältnis für Hockey Spiel & Curling Rings. Da sind die offiziellen Mindestmasse wegleitend & die kann ich Dir genau angeben. Betreffend der Bobbahn glaube ich, dass auch ich da Dir nützlich sein kann, indem ich so ziemlich alle gute Bahnen in der Schweiz kenne. Es wäre vielleicht gut, wenn auch noch der Präsident des westschweizerischen Bobsleigh Clubs Herr Schläppi von Montreux herbeigezogen würde, derselbe ist Ing. & hat auch etwelche Erfahrung.»

Hermann Seiler scheute weder Mühen noch Kosten, um sein Vorhaben zum Erfolg zu bringen. 30 000 neue Winterprospekte wurden gedruckt und per Post in die ganze Welt versandt, Zeitungsinserate platziert und Radiopropaganda geschaltet. Curling-Steine wurden aus Schottland von der berühmten Manufaktur Andrew Kay & Co (Curling Stones) Ltd. geordert, einer 1851 gegründeten Firma, die auch heute noch die offiziellen Steine für die olympischen Curling-Turniere liefert. Bemerkenswert waren die hohen Materialtransportkosten. Allein für die Kohle, die als Brennmaterial für Küche und Heizung benötigt wurde, stellte die Visp-Zermatt-Bahn den Seiler Hotels für

Links: Brief von Hermanns Schwager Eduard Cattani aus Engelberg mit Ratschlägen für die Erstellung von Eisfeldern und einer Bobbahn. Unten: Der Zermatter Gemeindepräsident Aufdenblatten verspricht, Seilers Anstrengungen für den Aufbau einer Wintersportinfrastruktur zu unterstützen.

HOTEL & PENSION
„ENGEL“
ENGELBERG
(CENTRALSCHWEIZ)

SOMMER- & WINTER-RESORT

GEBR. CATTANI . PROPR.

Engelberg,den 26.Juli 1928

Lieber SChwager !

Den Brief meines Neffen Eduard beantwortend kann ich Dir mitteilen,dass betreffend dem Eisfeld & Curling sowie Hockey ich Dir gerne an Hand gehen will. Es handelt sich um tadellose Ausnivelierung des Platzes .Legen der Hydrantenleitung zur Bewässeru Grösseverhältniss für Hockey Spiel & Curling Rinks. Da sind die offiziellen Mindestmass wegleitend & die kann ich Dir genau angeben.

Betreffend der Bobbahn glaube ich,dass auch ich da Dir nützlich sein kann,indem ich so ziemlich alle gute Bahnen in der SChweiz kenne . Es wäre vielleicht gut,wenn auch noch der Präsident des westschweizerischen Bobsleichclubes Herr SChläppi von Montreux herbeigezogen würde,derselbe ist Ing. & hat auch etwelche Erfahrung. Gleichzeitig ist es gut,da Jhr im Rayon der Westschweiz ligt, dass man gleich mit den massgebenden Persöhnlichkeiten in Fühlung steht. ICh will gerne mit Herr SChläppi verhandeln,ich kenne ihn vom Sport sehr gut,wir waren miteinander an der Olympiade in ST. Moritz.

ICh schlage Dir nun Folgendes vor. Auf Anfang Sept. muss ein Geometer besorgt werden . ICh würde dann mit Herr SChläppi nach Zermatt kommen & der Geometer sofort auch . Die Aufnahmen würden dann gemacht,zuerst abgesteckt ,profiliert & dann würde ich gegen 20. September nochmals heraufkommen zur def. Bereinigung des Bobtraces. Mit dem Eisfeld kann,wenn abgesteckt sofort nach der Absteckung begonnen werden & dann Ende September werden dann diese Arbeiter für die Bobbahn frei. Betreffend einem

---

VALLIS PRATO BORNI

Zermatt, den 11. Oktober 1928.

Gemeindeverwaltung
Zermatt.

Gegenstand:

An die
Direktion der Hotelgesellschaft Seiler
Zermatt

Sehr geehrter Herr Direktor !

Wir bekennen uns zum Empfange Ihrer geschätzten Zuschrift vom 9. Okt. und haben die Ehre Ihnen mitzuteilen,dass die Gemeinde soweit sehr gerne bereit ist den Wintersport nach Möglichkeit zu fördern und die Erstellung einer Bobsleighbahn sehr begrüssen würden.

Immerhin wäre es uns angenehm zu vernehmen,wie Sie sich die Unterstützung der Gemeinde denken;ebenso bitten wir um nähere Bezeichnung des Traces dieser Bahn.

Mit vorzüglichster Hochachtung :

Der Gemeinde - Präsident :

Jos. Aufdenblatten

ZERMATT 1.600 m.

LES HOTELS SEILER - DE TOUT CONFORT	
180 lits | Hôtel Victoria	Pension dep. fr. suisses 13.50
60 lits | Maison d'Hiver	Pension dep. fr. suisses 10.00

Ecole suisse de ski. Trains de sport sur la ligne du Gornergrat entre Zermatt et Riffelboden 2.400 m. Voyage parcours suisse 30 p. c. de rabais (séjour une semaine). Prospectus et tarifs sur demande.

Les SPORTS D'HIVER au CŒUR des plus HAUTES ALPES SUISSES

ZERMATT 1600 m.

Les HOTELS SEILER, de tout confort :		
180 lits	HOTEL VICTORIA	Pension dep. fr. s. 13.50
60 lits	MAISON D'HIVER	Pension dep. fr. s. 10. —

Centre des sports d'hiver au cœur des plus hautes Alpes suisses. Trains de sport Zermatt–Riffelboden (2.400 m.) – École suisse de ski. Parcours suisse 30 % de rabais. – Prospectus et tarifs aussi directement par la Cie Viège-Zermatt, à Brigue et les Hôtels Seiler, Zermatt.

Reizen en Trekken

ZERMATT 1600 m.

Wintersport in het hart der hoogste Zwitsersche Alpen

SEILER's HOTEL - bieden alle comfort		
180 bedden	Hotel Victoria	Pens. v.a. frs. 13.50
60 bedden	Winterhaus	Pens. v.a. frs. 10.—

30 % reductie op de trajecten der Zw. spoorwegen. De Brig-Visp-Zermatt-baan rijdt het geheele jaar. Gedurende het winterseizoen sporttreinen van de Gornergratbahn van Zermatt naar Riffelboden 2400 M. Zwitsersche skischool. Veel sneeuw en zon. Groote ijsbanen. Prosp. en tarieven direct bij de Visp-Zermatt-Bahn te Brig en de Seiler Hotels te Zermatt (Zwitserl.) en de N.R.V., Den Haag.

Winterzon + Wintervacantie in Zermatt = Dubbele vacantie.

ZERMATT 1.620 mètres d'altitude. pour tous les sports d'hiver.
HOTELS VICTORIA — MAISON D'HIVER
Pension Fr. fr. 67.50 et Fr. fr. 50.—
Prospectus par HOTELS SEILER ZERMATT

ZERMATT
Hotels Victoria u. Mont-Cervin
(300 Betten), Wintersport. Pensionspreis ab Fr. 13.50. Illustr. Prospekte gratis durch Hotels Seiler, Zermatt.

ZERMATT
Hotels Victoria u. Mont-Cervin
(300 Betten), Wintersport. Pensionspreis ab Fr. 13.50. Illustr. Prospekte gratis durch Hotels Seiler, Zermatt.

ZERMATT
Seiler's Victoria u. Winterhaus
Pension von Fr. 13.50 resp. 10.— an.

ZERMATT 1.620 mètres d'altitude. pour tous les sports d'hiver.
HOTELS VICTORIA — MAISON D'HIVER
Pension Fr. fr. 67.50 et Fr. fr. 50.—
Prospectus par HOTELS SEILER ZERMATT

ZERMATT
Seiler's Victoria u. Winterhaus
Pension von Fr. 13.50 resp. 10.— an.

ZERMATT Seiler's Victoria und Winterhaus
Pension v. Fr. 13.50 resp. 10.— an

ZERMATT 1.620 mètres d'altitude. pour tous les sports d'hiver.
HOTELS VICTORIA — MAISON D'HIVER
Pension Fr. fr. 67.50 et Fr. fr. 50.—
Prospectus par HOTELS SEILER ZERMATT

EXCELSIOR

CHEMINS DE FER FÉDÉRAUX SUISSES AGENCE DE PARIS 37, B[d] des Capucines

SPORTS D'HIVER EN SUISSE

La Suisse est, sans conteste, le paradis des sports d'hiver. Pays de montagne, sa situation exceptionnelle lui assure avec la neige en abondance, un air sec, froid, éminemment sain et vivifiant, sous un ciel bleu et ensoleillé. Les hôtels suisses, de réputation mondiale, ne sont pas plus chers que partout ailleurs.

Ecoles suisses de ski, par professeurs diplômés, dans toutes les stations.

RÉDUCTIONS DE 30 à 45 %
sur les billets de Chemin de Fer et les Autocars.
Billets Circulaires, de Famille et Collectifs. Abonnements Généraux.

RENSEIGNEMENTS ET BILLETS
CHEMINS DE FER SUISSES
37, Boul. des Capucines, PARIS - Tél. : OPÉRA 53-30
qui, sur demande, enverront documentation et brochures sur toutes les Stations Suisses et particulièrement sur :

LES AVANTS-s/-Montreux
(Altitude 1.000 m.). - Station climatique et sportive réputée. — Tous les sports d'hiver. — Magnifiques champs de ski. — Piste de bob de 3 km. — Patinoire de 10.000 m². — Grand Hôtel. — Hôtel des Sports. — Tout confort. — Prix modérés.

CRANS-s/-Sierre
(Valais). — 1.525 m. d'altitude. — A 10 heures de Paris. — Au cœur des plus belles montagnes de la Suisse. — Tous les sports d'hiver au grand soleil. — Champs de ski incomparables. — Ecole Suisse de ski par Professeur Champion du Monde. — Piste de bob et luge avec 2 funiculaires. — Nombreux hôtels réputés et très confortables. — Vie mondaine.

ZERMATT
(Altitude 1.620 m.), au pied du Cervin. — Célèbre centre alpin des plus appropriés à tous les sports d'hiver. — Conditions de neige exceptionnelles grâce à la haute altitude de la station. — Excursions à ski incomparables. — Hôtels tous rangs. — Nombreuses distractions et réunions mondaines.

GURNIGEL
... heure de Berne par autocar. — Centre ... — Terrain de ski idéal au ... même par hiver doux. ... Prix modérés.

schaatsbaan skicursus bobbaan.

ZERMATT
SWITZERLAND - ALTITUDE 5315 FEET
At the foot of the "Matterhorn" and the "Monte-Rosa". Delightful climate, still atmosphere. Magnificent Alpine Scenery.

SEILER'S HOTELS
MONT CERVIN - VICTORIA - BEAU SITE
MONTE ROSA - RIFFELALP
(1.000 BEDS)

The leading and most up-to-date Hotels at Zermatt. Extremely comfortable. Exchange of meals between these hotels. Large gardens; in own ground five first-class tennis-courts. Daily concerts, Dancing. Inclusive terms range from Fr. 12.50 to Fr. 22.—.

SUMMER SEASON - WINTER SEASON

FOR TARIFF AND ILLUSTRATED BOOKLET APPLY TO
HOTELS SEILER, ZERMATT

...rose escursioni sciisti- ...parabile bellezza.

HOTEL VICTORIA (180 letti)
...ere con acqua corrente, prezzo ...nsione da Lire 50.

SEILER'S CASA D'INVERNO (50 letti)
Prezzo di pensione Lire 40.– e 45.–, *camera e riscaldamento compreso.*

... Grande campo di pattinaggio. ... gare sportive e feste.

Prospetti da... ZERMATT

oria u. Winterhaus
resp. 10.— an

Victoria u. Winterhaus
Frs. 13.50 ... an

janvier
... dide s'est ... de Zermatt ... cette épreu... n gros succès. Voici ... Elisabeth Seiler, en 3' ... Berkow, en 4'. ... quo : Mlle Noll et M... ".

Winter-Ferien

in Zermatt — über Nebel und Stadtqualm. Die südliche Lage in 1620 m Höhe macht Zermatt zu einem sonnigen, milden und schneereichen Wintersportplatz. Sportzüge Zermatt-Riffelboden 2400 m., Brig-Visp-Zermatt und Gornergrat-Bahn stark verbilligte Spezialbillette. Gute Hotels und Pensionen. Skischule. Jede Auskunft im neuen Winterprospekt. Also dieses Jahr Winterferien in ....

ZERMATT
beglückende Ferien

SEILER'S HOTELS	
VICTORIA	Pension von Fr. 13.50 an*
WINTERHAUS	Pension von Fr. 10.— an
* Zimmer mit fliessendem Wasser	

MISCHABEL	P. L. Julen	von Fr. 9.- an

Brig-Zermatt u. zurück: Interne Sportbillette, gültig 10 Tage, nur noch . . Fr. 15.20
Sonntagsbillette, Samstag/Montag . Fr. 12.15

.620 mètres d'altitude.

ZERMATT

Les Hôtels Seiler :
Hôtels Victoria ...

... VACANCY two additional clients. ...s written up, tax assessment agreed.—Write Box ..., Daily Telegraph, E.C.

...RMATT.—Exceptional arrangements for Winter Sports and very moderate terms made by gentleman. Departures Dec. 22nd and Jan. 26th. Fortnight Seiler's Victoria. 2nd-class travel. Few vacancies.—

Schon im zweiten Winter 1929 herrschte auf der Zermatter Dorfstrasse reges Wintertreiben.

die erste kurze Wintersaison den hohen Betrag von 8064 Franken Transportkosten in Rechnung.

Im Dezember 1928 war es endlich so weit, die Visp-Zermatt-Bahn nahm erstmals ihren Winterbetrieb nach Zermatt auf, wenn auch noch mit einem sehr bescheidenen und wetterabhängigen Fahrplan. Gleichzeitig setzte auch die Gornergratbahn versuchsweise zwei Züge pro Tag bis zur Riffelalp ein, manchmal sogar bis Riffelboden, was die Wintergäste besonders erfreute. Vom 12. bis 13. Januar 1929 organisierte Hermanns Sohn Eduard ein attraktives Gästeprogramm mit Wettkämpfen im Langlauf, Curling und Eishockey sowie Slalom und Skispringen.[199]

Links: Die Sammelmappen der Seiler Hotels über die Berichte der ersten Wintersaison enthalten tausende Artikel aus aller Welt.

Während dieser ersten regulären Wintersaison, die vom 21. Dezember 1928 bis zum 28. Februar 1929 nun schon ganze zehn Wochen dauerte, verzeichnete

Hermann Seiler war selbst ein begeisterter Wintersportler. Rechts: Hermanns Töchter Rosemarie und Madeleine Seiler beim Eistanz.

Zermatt 565 Gäste mit insgesamt 7600 Übernachtungen. Davon entfielen 6000 Übernachtungen auf die drei geöffneten Seiler Hotels Victoria, Mont Cervin und Beausite. Die internationale Presse feierte das grosse Ereignis mit zahlreichen Artikeln über das winterliche Treiben im neuesten Schweizer Wintersportort. Die Londoner *Times* bilanzierte am 18. Januar 1929:

> «The first regular winter season at Zermatt (5.315ft.) was opened on December 21, when thanks to the initiative and energy of Dr. H. Seiler, three hotels, newly fitted with central heating – Mont Cervin, Victoria, and Beau Site – were opened to visitors. At the same time, and for the first time, a daily service was inaugurated on the Visp-Zermatt railway. So far, this season is a success, and the numerous visitors are enjoying the beautiful weather and excellent air. Ice rinks and tobogganing runs have been arranged, and the neighbouring fields and slopes afford good skiing for beginners. Expert skiers use the Zermatt-Riffelalp railway – on which regular services have now been organized – and make excursions on the Gornergrat ridge, on the Gorner glacier, and to the Betemps Hut (9.190ft.), coming back by the Findelen valley.»

Wintersportplakat der Seiler Hotels, um 1930..

Knapp einen Monat später, am 16. Februar 1929, ist in der gleichen Zeitung zu lesen:

> «Zermatt's first regular winter season has definitely been a success. The hotel accommodation and catering have been excellent and indoor and outdoor sport has been well organized. And there has been glorious weather since the beginning of the year. Zermatt will unquestionably become one of the leading high alpine skiing resorts of Switzerland.»

Rechts: Grusskarte, signiert von Marianne Seiler, der Leiterin der Hotels Monte Rosa und Beausite 1939–1943. Unten: Curling-Wettbewerb.

Damit war die Zermatter Wintersaison endgültig etabliert. Bereits im dritten Winter, 1929/30, öffneten acht Hotels und Pensionen mit fast tausend

Meilleures amitiés
où sont les "as"?

Betten ihre Türen, darunter erstmals auch der «Zermatterhof» der Burgergemeinde. 1827 Wintergäste generierten 13130 Übernachtungen. Auch die *Neue Zürcher Zeitung* frohlockte am 7. Februar 1930: «Die prächtigen Eisbahnen an Stelle der Tennisplätze, auf denen stets ein buntes, fröhliches Leben herrscht, die gutgepflegte Bobbahn und die großartig angelegte Kay-Schanze. gestalten es zu einem erstklassigen Wintersportplatz. Die Gornergratbahn, die täglich dreimal bis Riffelalp fährt, erschließt so schöne Skifelder, wie sie wohl kaum an einem andern Orte zu finden sind.»

Für die Konsolidierung des Zermatter «Sportwinters» vor dem Zweiten Weltkrieg war es allerdings entscheidend, Pressevertreter, ausländische Reiseorganisationen, Wintersportclubs und vor allem auch die treuen Sommergäste zu überzeugen. Die Brüder Andreas und Eduard Seiler reisten daher mit ihrer Cousine Emeline Seiler noch in den 1930er-Jahren regelmässig nach London, Paris, Brüssel, Amsterdam, Stuttgart, Frankfurt, Berlin, Leipzig und Dresden, um neue Kontakte zu knüpfen und alte Bekanntschaften zu pflegen. Sie warben für «Zermatt im Winter» durch zahllose persönliche Briefe und Besuche bei ihren Sommerstammgästen, insbesondere in Paris und London. Die beliebten Cocktailpartys im Londoner «Ritz», Filmmatineen und Vorträge des Zermatter Skiweltmeisters Otto Furrer sowie Schaufensterreklamen in der Schweiz, europäischen Hauptstädten und den USA ergänzten das umfangreiche und sehr erfolgreiche Werbeprogramm.

Wintersportplakat der Seiler Hotels, ca. 1948.

Um den Wintersportlern den Aufstieg zu erleichtern, entstand im Gebiet Sunegga im Jahr 1942 die allererste mechanische Aufstiegshilfe für Skifahrer. Diese wurde jedoch bereits vier Jahre später durch eine 2er-Sesselbahn ersetzt. Im Jahr 1944 übertreffen die Übernachtungszahlen im Winter erstmals diejenigen des Sommers.

Prominenz, Krisenjahre und Finanzsanierungen

Gegen Ende der 1920er-Jahre wurde die Kundschaft in Zermatt noch etwas internationaler, aber auch sehr viel anspruchsvoller; zahlreiche prominente Gäste aus Kultur, Industrie und Politik verbrachten nun ihre Ferien bei den Seilers in Zermatt. Der beliebte Premierminister aus England, David Lloyd George (1863–1945), war der erste prominente Nachkriegsgast, der 1920 mit seiner Tochter und einem grossen Gefolge von insgesamt 58 Personen auf offizielle Einladung von Bundesbern in die Schweiz reiste. Für ihn und sein Geleit von Privatsekretären, Sicherheitsagenten und Geheimpolizisten war ein ganzes Stockwerk im Hotel Riffelalp reserviert. Hermann Seiler liess es sich nicht nehmen, den illustren Gast aus England persönlich in Visp abzuholen und ihn mit der Bahn auf die Riffelalp hinaufzubegleiten. Die Spitzensaisons auf der Riffelalp waren die Jahre 1927–1930. Die Preise spielten zu dieser Zeit keine allzu grosse Rolle, denn die Riffelalp war ganz einfach «in Mode». Die *Oberwalliser Zeitung* vom 6. September 1930 erwähnt zahlreiche Prominenz,

Mitglieder der Wiener Philharmonie spielten tagsüber im Seilergarten und abends im Hotel Riffelalp oder auch im «Mont Cervin».

die zu dieser Zeit bei der Familie Seiler abstieg: Die Königin der Niederlande; Heinrich, Prinz der Niederlande; Manuel II., König von Portugal, samt Gemahlin Augusta Victoria; Ferdinand, Fürst von Hohenzollern; Graf Hermann Keyserling; Gräfin Isabella Esterházy; Arthur Krupp von Bohlen; Sir Austen Chamberlain; David Lloyd Georges; Ethel Rosa Whymper; General Luigi Cadorna; Siegfried Wagner; Henry Bordeaux; Theodor Wundt; Arthur Schnitzler; Theodor Wolff und viele andere. Zur Unterhaltung der Gäste gab es jeweils nachmittags und abends klassische Musikkonzerte des Hausorchesters, welches aus Mitgliedern der berühmten Wiener Philharmoniker bestand. «Während der Kammermusikabende war es im Salon mäuschenstill. Die Gäste schätzten die herrlichen Trios und Sonaten, so auch meine Mutter, die in Leipzig ihr Pianisten Diplom absolviert hatte und dort noch Brahms begegnet war. Mama, eine geborene Willimann aus Luzern, hat uns Kindern die Liebe zur Musik in die Wiege gelegt.»[200]

Als letzte der grossen Friedenskonferenzen, die nach dem Ersten Weltkrieg die politische Welt neu ordnen sollte, zog die Konferenz von Lausanne eine grosse Anzahl an Diplomaten, Journalisten und Aktivisten an den Genfersee, wo während Monaten zähe Verhandlungen über die Zukunft des Nahen Ostens geführt wurden. Am 24. Juli 1923 unterzeichneten die Vertreter

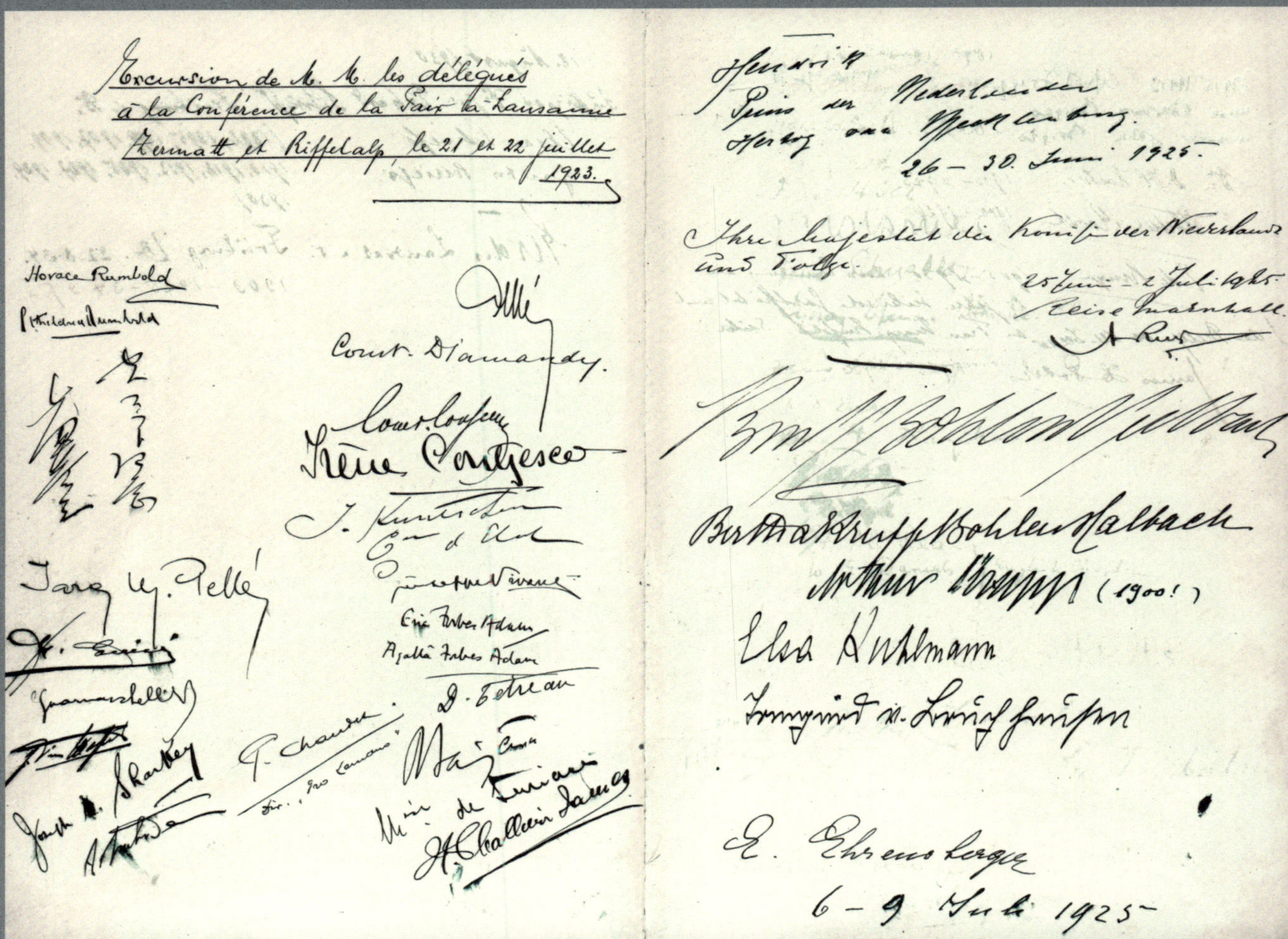

Excursion de M. M. les délégués à la Conférence de la Paix à Lausanne Zermatt et Riffelalp le 21 et 22 juillet 1923.

Horace Rumbold

Const. Diamandy

Hendrik Prins der Nederlanden Hertog van Mecklenburg. 26 – 30. Juni 1925.

Ihre Majestät die Königin der Niederlande und Folge. 25 Juni – 2 Juli 1925 Reisemarschall

Bertha Krupp Bohlen Halbach

Arthur Krupp (1900!)

E. Ehrenberger 6 – 9 Juli 1925

Einträge im Ehrengästebuch des Hotel Riffelalp: Eine Delegation der Friedenskonferenz von Lausanne besucht am 21./22. Juli 1923 das Hotel Riffelalp (linke Seite). Ihre Majestät, die Königin der Niederlande, verbringt ihre Ferien mit Sohn und Gefolge auf Riffelalp vom 25. Juni bis 2. Juli 1925 (rechte Seite).

der alliierten Mächte und der Türkei den Vertrag von Lausanne, der den Frieden mit dem ehemaligen Osmanischen Reich regelte. Zwei Tage zuvor zog sich ein Teil dieser Delegation zu Gesprächen nach Zermatt ins Hotel Riffelalp zurück. Im Juni/Juli 1925 tragen sich Hendrick, Prinz der Niederlande, Herzog zu Mecklenburg, und Wilhelmina, Königin der Niederlande, ins Gästebuch ein.

Nach dem Tod ihrer Mutter Emeline Seiler-Willimann am 29. Juni 1931 übernahm deren Tochter Emeline Zschokke-Seiler die Direktion des Hotels Riffelalp und leitete es umsichtig während vier Jahrzehnten. 1974 veröffentlichte sie ihre Lebenserinnerungen unter dem Titel «Vierzig Jahre Riffelalp». In diesen Erinnerungen erzählt sie von prominenten Gästen, darunter Prinz und Prinzessin von Monaco mit ihrem Sohn Rainier sowie die Familie des

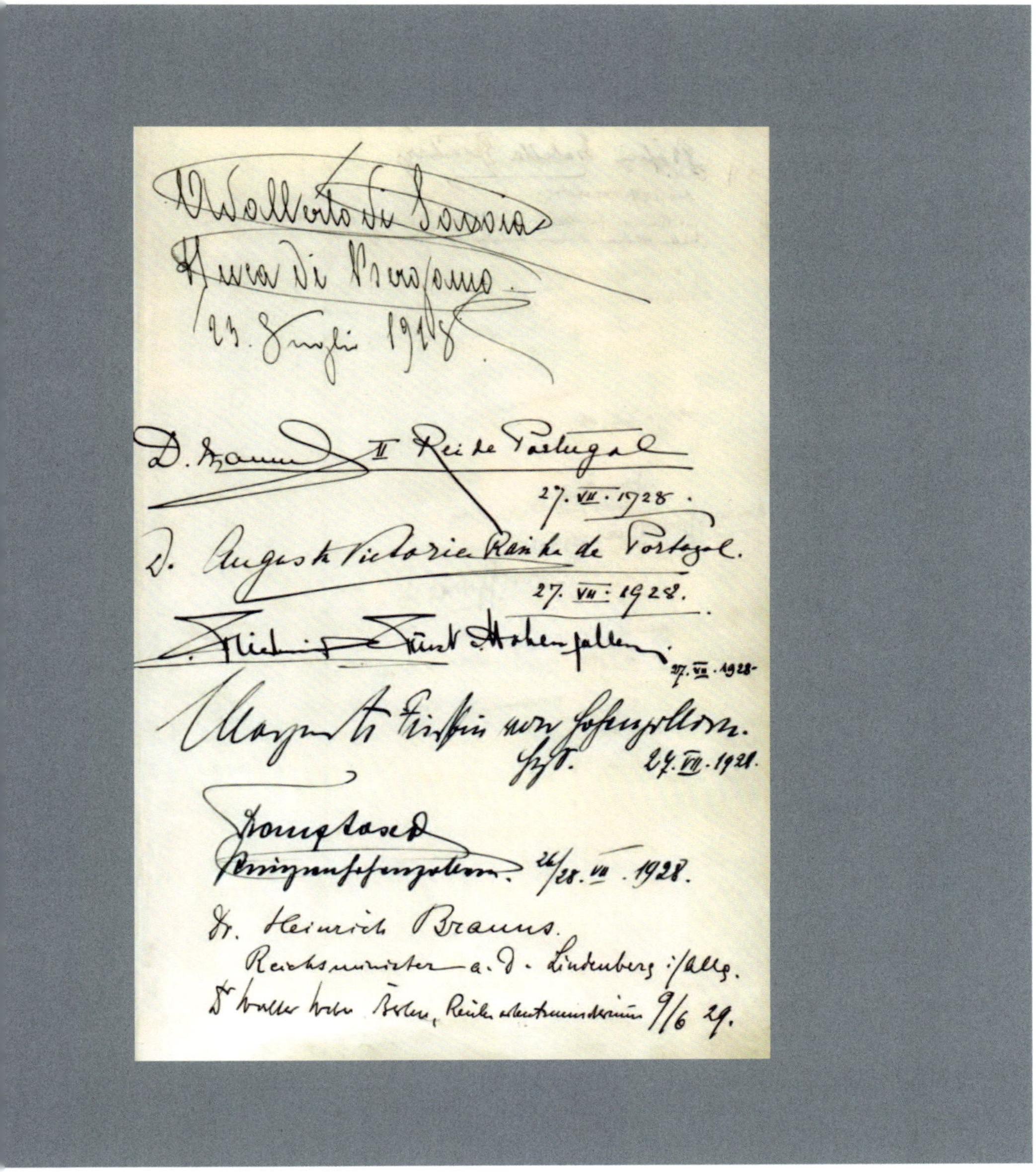

D. Manuel II Rei de Portugal
27.VII.1928.
D. Augusta Victoria Rainha de Portugal.
27.VII.1928.
Dr. Heinrich Brauns.
Reichsminister a. D. Lindenberg i/Allg.

Das portugiesische Königspaar Dom Manuel II. und Augusta Victoria waren nicht nur bei den Seilers in Zermatt, sondern öfters auch in den Hotels in Gletsch anzutreffen.

italienischen Grafen Francesco Matarazzo und seine elegante Ehefrau Lidia Pignatari, die aus Brasilien stammte. Sie war die Mutter des brasilianischen Millionärs und Grossindustriellen Francisco (Baby) Matarazzo Pignatari, der damals als zwölfjähriger Junge mit ihr auf die Riffelalp reiste. Die Abende waren von grosser Eleganz geprägt, und zu den Kostümbällen orderte Lidia Pignatari ihre exquisiten Kleider direkt aus Paris. Madame Rose Elizabeth Fitzgerald Kennedy, die Mutter des zukünftigen US-Präsidenten «JFK», verbrachte in den 1950er-Jahren mehrmals zwei Ferienwochen auf der Riffelalp. Während eines ihrer Aufenthalte organisierte der langjährige Riffelalp-Concierge Adrian Werlen einige Studenten, die ihr Deutsch- und Französischunterricht gaben, denn gute Sprachkenntnisse waren für sie wichtig, auch für die bevorstehende Wahlkampagne ihres Sohnes. Nach Kriegsende kamen

HOTELS SEILER, ZERMATT

TARIF SOMMER 1932

DIE PREISE VERSTEHEN SICH PRO TAG UND PRO PERSON

		Zimmer von Fr. an per Bett	Pensionspreise mit Zimmer von Fr. an bis Fr.
HOTEL MONT CERVIN (Matterhorn) Fliessendes, warmes und kaltes Wasser in allen Zimmern des Haupthauses - Lichtsignal-Anlage Zentralheizung			
Haupthaus: Zimmer ohne Privatbad	AUFZUG	5.—	13.50 - 24
Einzelzimmer mit Privatbad		15.—	25 - 35
Doppelzimmer mit Privatbad		25.—	
und Pension für 2 Personen			50 - 65
Nebengebäude: Zimmer ohne Privatbad		4.—	12.50 - 17
VILLA MARGHERITA durch eine gedeckte Gallerie mit dem Hotel Mont-Cervin verbunden - Zentralheizung			
Zimmer ohne Bad		4.—	12.50 - 20
Zimmer mit Bad		15.—	24 - 33
~~**HOTEL MONTE ROSA**~~ *geschlossen*	AUFZUG	4.—	10 - 20
HOTEL VICTORIA Staatstelephon und fliessendes Wasser in allen Zimmern Lichtsignale - Zentralheizung			
Zimmer ohne Bad	AUFZUG	4.—	12.50 - 24
Einzelzimmer mit Privatbad		15.—	25 - 35
Doppelzimmer mit Privatbad		25.—	
und Pension für 2 Personen			48 - 65
~~**HOTEL BEAU-SITE**~~ *geschlossen* Fliessendes, kaltes und warmes Wasser in allen Zimmern mit Ausnahme derjenigen im 5. Stock - Zentralheizung			
Zimmer ohne Bad	AUFZUG	4.—	13 - 24
Einzelzimmer mit Privatbad		15.—	25 - 35
Doppelzimmer mit Privatbad		25.—	
und Pension für 2 Personen			50 - 65
HOTEL DES ALPES		3.50	9 - 15
HOTEL RIFFELALP oberhalb Zermatt, 2227 m. ü. M. Station der Gornergratbahn - Zentralheizung			
Haupthaus: Zimmer ohne Privatbad	AUFZUG	6.—	14 - 26
Einzelzimmer mit Privatbad		20.—	30 - 37
Doppelzimmer mit Privatbad		30.—	
und Pension für 2 Personen			55 - 70
Nebengebäude: Zimmer ohne Privatbad		4.50	13 - 18
Zimmer mit Privatbad im Nebengebäude		16.—	23 - 27
BAHNHOF HOTEL ZERMATT		3.—	9 - 13
+ **HOTEL SCHWARZSEE** ob Zermatt - 2589 m. ü. M.		4.—	11 - 15

PREISE DER MAHLZEITEN	Frühstück Fr.	Lunch Fr.	Dîner Fr.
HOTEL RIFFELALP	2.25	6.—	7.—
« MONT CERVIN	2.—	5.50	6.50
« VICTORIA			
« BEAU SITE			
« SCHWARZSEE	2.25	5.50	6.50

Der beliebte Premierminister aus England, David Lloyd George (1863–1945), war der erste prominente Nachkriegsgast, der 1920 mit seiner Tochter und grossem Gefolge von insgesamt 58 Personen auf offizielle Einladung von Bundesbern in die Schweiz reiste.

vermehrt bekannte und wohlhabende amerikanische Familien auf die Riffelalp, angeführt von den äusserst einflussreichen Rockefellers, Vanderbilts und Morgans.

Emeline Zschokke-Seiler berichtet in ihren Memoiren auch von der Begegnung der beiden europäischen Reifenfabrikanten Alberto und Giorgio Pirelli aus Mailand und den konkurrierenden Etienne und Pierre Michelin aus Frankreich, die sich persönlich erst zufällig als Hotelgäste im Hotel Riffelalp kennenlernten. Die beiden Familien kamen danach Jahr für Jahr mit ihren Kindern und Grosskindern auf die Riffelalp und belegten dabei die beiden Dependancen.

Bis ins Jahr 1927 gab es allerdings nur wenige Apartments mit eigenem Bad, trotzdem waren die feinen Herrschaften meist auch so zufrieden, denn sie brachten ihre eigenen Gummisitzbäder mit und wurden von der legendären Gouvernante Antoinette Walker aus Mörel täglich mit heissem Wasser in Krügen und mit warmen Bettflaschen versorgt. Um den hohen Ansprüchen zu genügen, mussten jedoch nicht nur auf der Riffelalp, sondern auch in den

Links: Preisliste Sommer 1932, zu Beginn der grossen Wirtschaftskrise. Die Hotels Monte Rosa und Beausite bleiben geschlossen. Im Hotel Victoria war ein einfaches Zimmer ohne Bad für 4 Fr. und im «Mont Cervin» für 5 Fr. erhältlich.

Tabelle 8: Finanzsanierungen Seiler Hotels Zermatt AG

1908	**Gründungskapital**			Fr..
	Obligationen			4 000 000.–
	Prioritätsaktien	2200.–	500.–	1 100 000.–
	Stammaktien	3800.–	500.–	1 900 000.–
	Total	**6000.–**		**7 000 000.–**
1921	**1. Sanierung**			
	Obligationen			4 000 000.–
	Prioritätsaktien 1. Ranges	4000.–	100.–	400 000.–
	Prioritätsaktien 2. Ranges	8800.–	100.–	880 000.–
	Stammaktien	7600.–	100.–	760 000.–
	Total	**20 400.–**		**6 040 000.–**
	Sanierungsgewinn			960 000.–
1934	**2. Sanierung**			
	Obligationen			3 980 000.–
	Prioritätsaktien 1. Ranges	4000.–	80.–	320 000.–
	Prioritätsaktien 2. Ranges	8800.–	70.–	616 000.–
	Stammaktien	7600.–	50.–	380 000.–
	Total	**20 400.–**		**5 296 000.–**
	Sanierungsgewinn			724 000.–
1942	**3. Sanierung**			
	Obligationen			1 592 000.–
	Prioritätsaktien 1. Ranges	27 860.–	50.–	1 393 000.–
	Prioritätsaktien 2. Ranges	1760.–	50.–	88 000.–
	Stammaktien	20 400.–	1.–	20 400.–
	Total	**50 020.–**		**3 093 400.–**
	Sanierungsgewinn			2 182 600.–
1947	**4. Sanierung** gemäss Bundesgerichtsentscheid vom 13. Okt. 1947			
	Prioritätsaktien 1. Ranges	3980.–	280.–	1 114 400.–
	Prioritätsaktien 2. Ranges	29 620.–	40.–	1 118 400.–
	Stammaktien	20 400.–	1.–	20 400.–
	Total	**54 000.–**		**2 319 600.–**
	Sanierungsgewinn			773 800.–
	Wertverlust total	**66.30%**		**4 640 400.–**

anderen Hotels unten im Dorf die Zimmer nach und nach renoviert und mit fliessendem Wasser ausgestattet werden, denn bis anhin hatten nur die luxuriösesten Suiten ein eigenes Bad. Im Jahr 1929 erreichten die Seiler Hotels in Zermatt mit insgesamt 70 355 Übernachtungen ein vorläufiges Rekordergebnis.

Doch anstelle des grossen Aufschwungs folgten mit der Pfundabwertung 1931 wiederum Jahre der Krise, dicht gefolgt vom verheerenden Zweiten Weltkrieg. Nachdem im Jahr 1932 bereits die Hotels Monte Rosa und Beausite ihren Betrieb vorübergehend einstellen mussten, blieben in den beiden ersten Kriegsjahren 1939 und 1940 alle Seiler Hotels in Zermatt geschlossen. Im Sommer 1941 öffnete zwar ein Teil der Häuser wieder, aber nur für eine stark verkürzte Saison. Die angespannte finanzielle Lage der Hotelgesellschaft führte am 30. Dezember 1941 zum Verkauf des Hotels Beausite samt Umschwung an die Bank Brig. Damit konnte ein Teil der hohen Schulden getilgt werden. Nachdem Hermann Seiler im Jahr 1921 bereits eine erste einschneidende Finanzsanierung vorgenommen hatte, mussten 1934 nach dem Börsencrash und in den Jahren 1942 und 1947 noch drei weitere empfindliche Sanierungen durchgeführt werden, wobei das ursprüngliche Aktien- und Obligationenkapital der Seiler Hotels Zermatt AG vom Jahr 1908 fast siebzig

Prozent seines Werts verlor. Die Stammaktien, zum allergrössten Teil noch im Besitz der Familie, wurden auf den symbolischen Wert von nur einem Franken zurückgestuft.

Die Wirtschaftskrise der frühen 1930er-Jahre und der Zweite Weltkrieg stellten nicht nur die Seiler Hotels, sondern den ganzen Tourismussektor auf eine harte Probe. Während dreier Jahrzehnte war eine gesunde Entwicklung in der Hotellerie praktisch unmöglich. Es konnten kaum Abschreibungen und fast keine neuen Investitionen getätigt werden. Viele Aktionäre mussten daher grosse finanzielle Opfer bringen. Die Finanzbücher der Seiler Hotels Zermatt AG zeigen deutlich auf, dass die Betriebsergebnisse der Gesellschaft zwischen 1914 und 1944 über einen Zeitraum von dreissig Jahren – trotz einiger Lichtblicke zwischen 1927 und 1930 sowie der Einführung der Wintersaison im Jahr 1928 – durchwegs enttäuschend blieben. Die Aktienwerte der Seiler Hotels erreichten im Jahr 1942 ihren Tiefpunkt und blieben über Jahrzehnte hinweg ohne Dividenden. Im Revisionsbericht des Jahres 1940/41, erstellt von der Schweizerischen Hotel-Treuhand-Gesellschaft, wiesen die Revisoren auf die fragile finanzielle Lage hin:

> «Obschon die Seiler Hotels bei einigermassen genügender Einnahmen immer noch recht gute Betriebsergebnisse herausbringen, so kommt doch andererseits in der Gegenüberstellung der Umsatz- und Ertragsziffern der beiden letzten Geschäftsjahre die Krisenempfindlichkeit dieses Grossunternehmens eindeutig zum Ausdruck. Man wird dabei neben der Bereitstellung genügender Betriebsmittel auch die Frage der Instandhaltung der Gebäulichkeiten sowie die Ergänzung des Inventars nicht vernachlässigen dürfen, da die hierfür erforderlichen liquiden Mittel während der Kriegs- und Nachkriegszeit wohl kaum in ausreichender Höhe aus den Betriebsresultaten finanziert werden können. Es ist klar, dass der Unterhalt der weitverzweigten Anlagen – es handelt sich zum grossen Teil um Gebäude und Mobiliar aus älterer Zeit – in den letzten Jahren nur ungenügend dotiert werden konnte und dass die Betriebsergebnisse weit ungünstiger ausgefallen wären, wenn dem normalen Unterhaltsbedürfnis zu Lasten der Betriebsrechnung hätte Genüge geleistet werden müssen. Es dürfte sich daher auch empfehlen, der Frage einer Veräusserung von Aktiven, die für den Hotelbetrieb nicht unentbehrlich sind, näher zu treten, sobald die finanzielle Reorganisation abgeschlossen sein wird. Der Erlös könnte dann teils zur Amortisation der noch verbleibenden Schulden, teils für Instandhaltungsarbeiten und Ersatzanschaffungen verwendet werden.»

Seiler's Mont Cervin

Die Seiler Hotels in dritter und vierter Generation 1930–2020

Im Jahr 1943 übergab der damals 67-jährige Hermann Seiler die Leitung des Zermatter Hotelgeschäfts an die dritte Generation, an seine beiden Neffen Joseph und Franz. Dies geschah auch im Zusammenhang mit einer Veränderung der Aktienmehrheit innerhalb der Familie.

Hermann, der das Familienunternehmen während zweier schwieriger Jahrzehnte geprägt hatte, blieb weiterhin im Verwaltungsrat der Zermatter Hotelgesellschaft, widmete sich indes von nun an aber hauptsächlich seinem anderen Hotelgeschäft in Gletsch. In der zweiten Hälfte der 1940er-Jahre folgte ihm sein Sohn Eduard im Zermatter Verwaltungsrat nach – ab 1967 als Vizepräsident –, wo er den eigenen Familienzweig bis zu seinem Tod 1976 vertrat. 1945 beendete Hermann sein Wirken als Zentralpräsident des Schweizer Hotelier-Vereins. Die NZZ urteilte, dass er das höchste Amt des Schweizer Branchenverbands «mit der ganzen Umsicht, Tatkraft und Überlegenheit einer für einen solchen Posten in ungewöhnlichem Masse befähigten Persönlichkeit»[201] ausgeübt und so «wesentlich zur Sanierung des gesamten Gastgewerbes»[202] beigetragen habe. Die *Hotel-Revue* schrieb am 14. Juni 1945:

> «Die grösste und bleibendste Errungenschaft, auf die Herr Dr. H. Seiler zurückblicken kann, ist die Eingliederung der schweizerischen Hotellerie in die nationale Volkswirtschaft. Er hat es durchgesetzt, dass unsere Hotellerie von den Bundesbehörden als ein Bestandteil des Wirtschaftslebens unseres Landes anerkannt und gewürdigt wird.»

Somit übernahmen im Oktober 1943, mitten im Zweiten Weltkrieg, Xanders Söhne Joseph (1896–1948) als Delegierter und Franz (1897–1966) als Präsident des Verwaltungsrates in der dritten Generation die Leitung des Zermatter Hotelgeschäfts. Mit Albert Candrian debütierte 1944 zudem erstmals ein Nichtfamilienmitglied als Generaldirektor der Seiler Hotels.

Ganz der Familientradition folgend, hatte Joseph zuerst das Jesuitengymnasium in Feldkirch und danach die Hotelfachschule in Lausanne besucht. Er durchlief eine klassische Hotellaufbahn mit verschiedensten Praktikumsstationen in renommierten Häusern im In- und Ausland, bis er 1928, als 32-Jähriger, die Direktion des vom Berner Oberländer Charles Bähler (1868–1937) erbauten Grand Hotels Assuan in Ägypten und zwei Jahre später die Leitung des 1931 in Jerusalem eröffneten Luxushotels King David mit 350 Betten übernahm. 1937 kehrte Joseph in die Schweiz zurück und pachtete mit dem Bahnhofbuffet Basel einen der damals wohl umsatzstärksten Gastrobetriebe in der Schweiz. Auch er versuchte, mit einer innovativen Idee mehr zahlungskräftige

Links: Die Brüder Joseph und Franz Seiler mit Generaldirektor Albert Candrian (rechts), ca. 1945.

Hermann Seiler übergibt 1943 die Leitung des Familienbetriebs in die Hände seiner beiden Neffen Joseph (Mitte) und Franz (rechts).

Touristen nach Zermatt zu bringen und eröffnete am 5. November 1947 auf seinem privaten Grundstück im «Schalli» in Randa einen kleinen «Sportflugplatz». Der *Walliser Bote* vom 7. November 1947 berichtete euphorisch: «Zermatt dem Luftverkehr erschlossen. Am 5. November landete auf dem von Herrn Joseph Seiler (Büffet SBB – Basel) auf seinem Landgut Schalli in Randa neu erstellten Flugplatz das Spezialflugzeug «Pelikan Sb-2» der ALPAR in Bern. Die erste Landung ging tadellos vonstatten. Drei Piloten versuchten Start und Landung mit bestem Erfolg. Im ganzen startete die Pelikan ca. 10 Mal nacheinander und flog gegen 13 Uhr nach Bern zurück. Nun ist es den hohen Gästen aus fremden Landen möglich, nach Umsteigen auf den Flugplätzen Genf, Basel, Zürich usw. in ca. einer Stunde im Schalli (Randa) vor Zermatt zu sein. – Der Pelikan vermag eine Nutzlast von ca. 800 kg aufzunehmen. In der Kabine haben mit dem Pilot vier Personen Platz. Nachdem der erste Versuch glänzend gelungen ist, möge sich recht bald ein reger Verkehr einsetzen. Gratulation dem Herrn Joseph Seiler für seine grosszügige Initiative.»

Zwei schwarz behangene Pferde ziehen die Kutsche mit dem Sarg von Joseph Seiler. Der Trauerzug führt vom «Mont Cervin» in die Kirche Zermatt.

Doch Joseph stirbt 1948 in Basel völlig unerwartet im Alter von nur 52 Jahren an einem plötzlichen Herzversagen, wie zuvor schon sein Vater. Josephs Ehe mit Germaine Bonvin (1902–1979), einer Tochter des gleichnamigen Walliser Weinhauses, entsprangen die Tochter Marie Jose (1933–2019) und die beiden Söhne Christian (1943) und Bernard Seiler (1931–2013). Letzterer wird 1955, als erst 24-Jähriger und erster Vertreter der vierten Generation das operative Zepter des Familienbetriebs übernehmen.

Rechts: Amerikanische Soldaten auf Erholungsurlaub im «Mont Cervin», Zermatt, ca. 1945. Unten: Nach dem Ersten Weltkrieg prägten die sogenannten Doppelspanner-Pferdeomnibusse der drei grossen Hotelkonkurrenten Zermatterhof (Burgergemeinde), Mont Cervin (Seiler Hotels) und Schweizerhof (Zimmermann Hotels) das Strassenbild von Zermatt.

Aufschwung, Schicksalsschläge und andere Tragödien

Franz Seiler war ebenfalls ein promovierter Jurist und führte nach dem Tod seines Bruders Joseph das Seiler'sche Unternehmen als Präsident und Delegierter des Verwaltungsrats durch die schwierigen Nachkriegsjahre. Als Direktor der Schweizerischen Hotel-Treuhand-Gesellschaft und ab dem Jahr 1944 auch als erster vollamtlicher Präsident des Schweizer Hotelier-Vereins setzte er sich im Besonderen für die Wiederankurbelung des helvetischen

HOTELS
NATIONAL SCHWEIZERHOF
BELLE VUE
Seiler's
HOTEL MONT CERVIN
GRAND HOTEL
ZERMATTERHOF

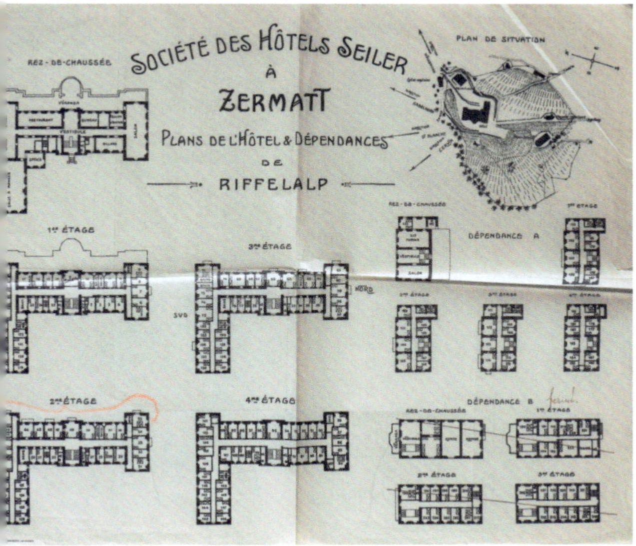
Société des Hôtels Seiler
à
Zermatt
Plans de l'Hôtel & Dépendances
de
Riffelalp
Plan de situation
Rez-de-chaussée
1er étage
2me étage
3me étage
4me étage
Sud
Nord
Dépendance A
Dépendance B
Rez-de-chaussée
1er étage
2me étage
3me étage
4me étage

Tourismus nach dem Weltkrieg ein. Franz, ein begeisterter Musikfreund, der selbst gerne Geige spielte, begründete die bekannten Zermatter Meisterkurse unter dem Patronat seiner beiden Musikfreunde Pablo Casals (1876–1973) und Mieczyslaw Horszowski (1892–1993). Unter seiner Leitung wurde 1957 an der Stelle der alten Confiserie das Seilerhaus mit dem neuen Postgebäude errichtet. 1958 konnte im Untergeschoss die Otto-Furrer-Stube eingeweiht werden.

Traurige Kulisse vor tollem Hintergrund: Die Brandruine der Riffelalp.

Allerdings musste Franz auch einen herben Rückschlag hinnehmen, denn ein folgenschweres Ereignis traf das Familienunternehmen in der Nacht vom 15. zum 16. Februar 1961 mit ganzer Härte. Das noch für Renovierungsarbeiten geschlossene Hotel Riffelalp fiel innerhalb von nur 120 Minuten den Flammen zum Opfer und brannte bis auf die Grundmauern nieder. Der Alarm wurde spätabends, um 23 Uhr, durch Frau Zbinden, der Leiterin des höhergelegenen Hotel Riffelberg, ausgelöst, nachdem sie den unheilvollen Feuerschein unten auf der Riffelalp entdeckt hatte. Als die Feuerwehr aus Zermatt 45 Minuten später mit einem Extrazug der Gornergratbahn eintraf, stand das Hotel bereits lichterloh in Flammen. Nur die Nebengebäude mit den beiden Kapellen und den Dependancen konnten noch gerettet werden. Der Brand brach in einem der Zimmer im Südflügel aus, der gerade renoviert und mit fliessendem Wasser sowie Heizungsradiatoren für den kommenden Winterbetrieb ausgestattet wurde. Ironischerweise geschah der Brand zu einem Zeitpunkt, als die Renovierungsarbeiten im gesamten Gebäude schon fast vollständig abgeschlossen waren.

Zusammen mit dem Hotel Riffelalp, das damals als eines der am besten ausgestatteten Grandhotels in dieser Höhenlage einen ganz besonderen Ruf genoss, ging auch das gesamte Inventar verloren. Der Verlust an wertvollen Möbeln, Kunstwerken, einzigartigen Gemälden und seltenen Stichen war immens. Von dem einst so stolzen Hotel, das im Inneren grösstenteils aus Holz gebaut war, blieben nur die verkohlten Aussenmauern übrig. Nachdem schon ein paar Tage zuvor, am 9. Februar 1961, das Grand Hotel Rigi Kaltbad mit seinen 240 Betten abgebrannt war und dabei elf Personen zu Tode kamen, hat sich mit dem Hotel Riffelalp innerhalb von nur einer Woche der zweite grosse Hotelbrand in der Schweiz ereignet. Der Verwaltungsrat der Seiler Hotels AG bestätigte einige Monate später, dass er gewillt war, das Hotel Riffelalp in naher Zukunft wieder aufzubauen.

Im März 1963 wurde das idyllische Zermatt von einer ganz anderen Tragödie heimgesucht: Mitten in der Hochsaison brach eine Typhus-Epidemie aus, die im Dorf über 400 Infektionen und sogar drei Todesfälle forderte. Ein «Hygienekommando», bestehend aus dreissig Sanitätssoldaten der Armee, wurde eiligst nach Zermatt beordert; sie errichteten dort ein Notspital und führten serologische und bakteriologische Untersuchungen durch. Ende März 1963 verfügten die Behörden die sofortige Schliessung sämtlicher Hotels, Pensionen und Ferienwohnungen, sodass bis am 2. April fast 10 000 Gäste den Ort überstürzt verlassen mussten. Da auch zahlreiche ausländische

Vorangehende Doppelseite: Seltene Aufnahmen von den wenigen, noch erhaltenen Bildern vom Interieur und Gästen des Hotel Riffelalp mit ihren populären Racletteanlässen für alle Gäste unter freiem Himmel.

Besucherinnen und Besucher von der Krankheit betroffen waren, erregte die Epidemie weit über die Landesgrenzen hinaus grosses Aufsehen und verursachte nicht nur für das Dorf Zermatt, sondern für den gesamten Schweizer Ferientourismus einen erheblichen Imageschaden. Die Ursache der Infektionen wurde von den zuständigen Ämtern auf verunreinigtes Trinkwasser zurückgeführt, jedoch konnte die genaue Quelle nie ermittelt werden. Die Behörden und Hotelbesitzer reagierten kurz darauf mit einer gross angelegten Kampagne, um das ramponierte Image des Landes wieder aufzupolieren: Den in Zermatt Erkrankten wurden drei kostenfreie Ferienwochen in einem Hotel ihrer Wahl zugesprochen, zudem wurden ihnen teilweise sogar Genesungskosten und Verdienstausfälle erstattet.

Die Zermatter Typhus-Epidemie führte letztlich zu einem Umdenken hinsichtlich verbesserter Hygienemassnahmen bei der Lebensmittelversorgung und einer einwandfreien Wasserversorgung. Die Gemeinde Zermatt setzte hierfür ein Investitionsprogramm über 5 Millionen Franken auf. Dieses umfasste die Errichtung einer neuen Kehrichtverbrennungsanlage, die Erneuerung der Frischwasserzufuhr sowie die Modernisierung von Abwasserleitungen und Kläranlagen. «In gewisser Hinsicht ist es von Vorteil, dass wir noch nicht genau wissen, was die Epidemie verursacht hat», kommentierte Kurdirektor Constant Cachin in der NZZ. «So waren wir gezwungen, alle denkbaren potenziellen Infektionsquellen zu beseitigen.»[203]

Vom einst so stolzen Hotel Riffelalp blieben nur die verkohlten Mauern übrig.

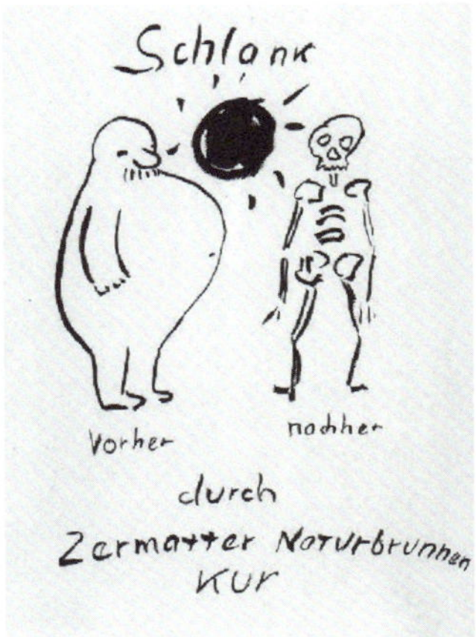

Karikatur von-Friedrich Dürrenmatt zur Typhusepidemie in Zermatt.

Folgende Doppelseite: Immer am 1. August fanden auf der Riffelalp ein grosses Picknick und Feste zum Nationalfeiertag für alle Gäste der Seiler Hotels statt.

Das Ende des Hotel Victoria

Yvonne und Theodore Seiler.

Angela und Bernard Seiler.

Am Weihnachtsabend 1966 verstarb Franz Seiler in seinem 70. Altersjahr in Zürich. Nach seinem Tod übernahm Xanders jüngster Sohn Theodore E. Seiler (1908–1981), bis anhin Bankier in Rio de Janeiro, New York und zuletzt Generaldirektor des Schweizerischen Bankvereins in Zürich, das Unternehmen als Präsident und Delegierter des Verwaltungsrates. An seiner Seite war bis ins Jahr 1970 sein Neffe Bernard Seiler als Generaldirektor, ebenfalls langjähriges Mitglied des Verwaltungsrates. Wiederum stand die Bewältigung der schwierigen Finanzlage im Vordergrund, denn der Renovationsbedarf der schon in die Jahre gekommenen Hotels war beträchtlich. Gleichzeitig hatte sich die Bettenbelegung in den letzten Jahren in Zermatt auch in den anderen Hotels verschlechtert. Sie lag im Winter noch bei knapp siebzig, aber im Sommer bereits bei unter fünfzig Prozent Auslastung. Theodore Seiler entschied deshalb im Jahr 1968 schweren Herzens, sich vom Grand Hotel Victoria zu trennen. Er begründete seinen Entschluss an der Generalversammlung der Seiler Hotels Zermatt AG vom 27. Mai 1968 wie folgt:

> «Wie ich soeben betonte und wie Sie auch aus unserm Geschäftsbericht ersehen haben, war es uns seit Jahren unmöglich, dieses Haus auf eine rentable Basis zu bringen. Erstens bedingte es infolge seines Alters jährlich substantielle Unterhaltskosten. In dieser Hinsicht mag es interessieren, dass dieses Hotel 1899 von Albert de Preux gebaut wurde und 1904 in den Besitz von Alexander Seiler und Bruder überging, die es 1904 und 1905 von 90 auf 200 Betten vergrösserten durch Anbau des Ostflügels. Der Zerfall ging trotz Unterhalt weiter. Zweitens hatte dieses Hotel nur 19 Privatbäder. Wie Sie wissen, ist es heute sehr schwer, Zimmer ohne Bad zu verkaufen, selbst zu billigen Preisen. Wir hatten seit Jahren nach einer Lösung gesucht, die uns erlaubt hätte, diesen Besitz zu behalten und auf eine wirtschaftliche Basis zu bringen, ohne eine namhafte Schuldenlast auf uns nehmen zu müssen. Eine radikale Renovierung und Modernisierung oder ein Abbruch und Neubau wären mit Kosten, die in die Millionen gegangen wären, verbunden gewesen. Die Aufbringung der benötigten Gelder zusätzlich zu den bereits bestehenden hohen Verpflichtungen der Gesellschaft wäre auf Basis der gegenwärtigen finanziellen Struktur ohne Reorganisation unmöglich gewesen und hätte von unsern Aktionären weitere Opfer und Risikofreudigkeit erheischt. Dazu kamen noch andere Probleme wie der anhaltende Personalmangel, steigende Löhne, gedrückte Preise usw. Last but not least mussten wir auch in andern Häusern mit dringenden Neuinvestitionen im Betrag von einigen Millionen Franken rechnen, die nicht durch Selbstfinanzierung hätten aufgebracht werden können.»[204]

Werbeplakat für den Winterbetrieb.

Kurz vor Abschluss des Betriebsjahres 1969 waren die Verhandlungen über den Verkauf des Hotels Victoria, das für 5 Millionen Franken an ein Oberwalliser Baukonsortium gehen sollte, abgeschlossen. Das 1905 von Xander Seiler im luxuriösen Belle-Époque-Stil eröffnete Grand Hotel Victoria wurde 1971 abgerissen und musste einem modernen Neubau mit Shoppingcenter und Eigentumswohnungen weichen.

Das Hotel Victoria um 1960 mit der grossen Seilerwiese «Obere Matten», welche einige Jahre vom Kurverein gemietet und als Eislaufplatz betrieben wurde.

Die Wintergäste der Seiler Hotels geniessen den Service am Rand des Eisfelds.

Obere Matten für ein «Linsenmus»

Weiteres Ungemach drohte den Seiler Hotels ausgerechnet durch den von Alexander Seiler junior 1907 gegründeten Zermatter Kurverein, welcher die 17000 Quadratmeter grosse, unbebaute Seilerwiese «Obere Matten» zwischen den Hotels Victoria und Mont Cervin für die Errichtung eines öffentlichen Sportzentrums mit grossem Schwimmbad zu einem «Spottpreis» erwerben wollte. Bereits im Jahr 1960 gab es eine erste Kaufanfrage des Kurvereins, welcher das Gelände bis anhin gemietet hatte. Am 13. Februar 1962 bekräftigte der damalige Verwaltungsratspräsident Franz Seiler, dass ein Verkauf des Grundstücks durch die Seiler Hotels unter keinen Umständen infrage komme. Der Kurverein drohte danach offen mit einem Enteignungsverfahren und schritt in diesem Sinne auch zur Tat. Die Seiler Hotels verurteilten das Vorgehen als Angriff auf ihr Privateigentum.

«Trotzdem der Staatsrat des Kanton Wallis das Gesuch zur Enteignung unseres gesamten Besitzes von zirka 17 000 m² abgelehnt hat, und lediglich

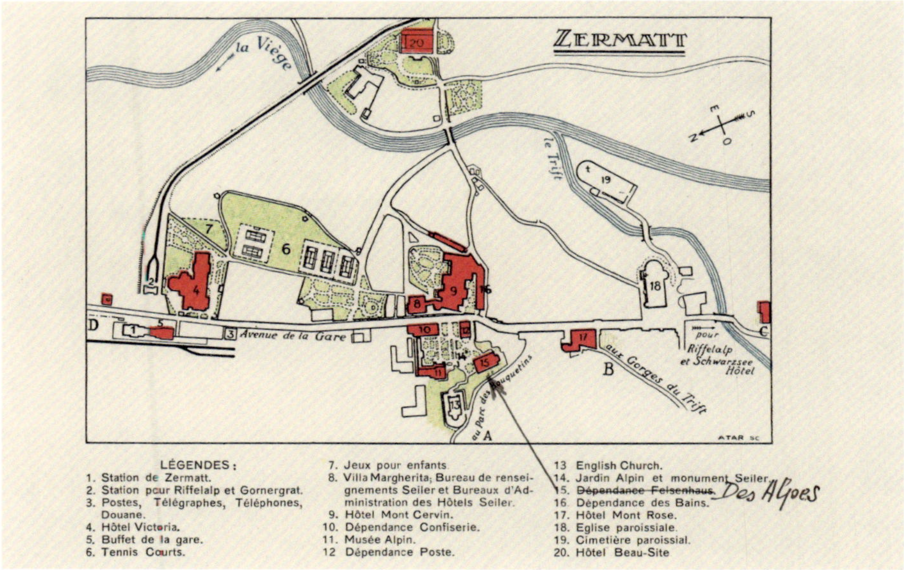

Lageplan der Immobilien der Seiler Hotels Zermatt um 1930. Das umstrittene Gebiet mit den Tennis- (Nr. 6) und Kinderspielplätzen (Nr. 7) erstreckte sich vom Hotel Victoria bis zum Hotel Mont Cervin.

> die Möglichkeit der Expropriation einer kleineren Parzelle für die Errichtung eines öffentlichen Schwimmbades zur Prüfung offen liess, beharrt der Kurverein auf seinem ursprünglichen Unterfangen, unser ganzes Terrain und zusätzlich noch zirka 4000 m² im Besitz von anderen Eigentümern, auf diesem Weg für ein ‹Linsenmus› zu erwerben.»[205]

Die Preisvorstellungen lagen denn auch weit auseinander. Während der Kurverein nach zähen Verhandlungen 400 Franken pro Quadratmeter offerierte, waren die Eigentümer der Meinung, dass erst bei Preisen in der Grössenordnung zwischen 2000 und 3000 Franken pro Quadratmeter verhandelt werden könne.

Am 6. Juli 1968 stellte der Kurverein, gestützt auf einen Entscheid des Staatsrates vom 22. März 1968, ein neues Gesuch um Enteignung der «Oberen Matten», diesmal aber für eine kleinere Fläche von 10 285 Quadratmetern, auf der ein gedecktes Schwimmbad mit den dazugehörenden Einrichtungen erstellt werden sollte. Der Staatsrat bewilligte jedoch am 30. April 1969 die Enteignung von «nur» 7185 Quadratmetern. Gegen diesen Entscheid erhoben die Seiler Hotels mit den drei anderen betroffenen Bodeneigentümern eine staatsrechtliche Beschwerde beim Bundesgericht, welche am 17. Dezember 1969 abgewiesen wurde. In der Folge ging es darum, einen möglichst fairen Preis für beide Seiten auszuhandeln. Nachdem sich die Parteien erwartungsgemäss nicht über den Bodenpreis einigen konnten, schätzte am 12. Dezember 1970 eine erste kantonale Schatzungskommission den Quadratmeterpreis auf 750 Franken. Eine zweite Schatzungskommission erhöhte am 18. August 1971 den Preis auf 1100 Franken. Gegen diesen Entscheid rekurrierte wiederum der Kurverein mit einer Nichtigkeitsbeschwerde an den Staatsrat und einer staatsrechtlichen Beschwerde beim Bundesgericht. So ging es hin und her, bis sich die Parteien schliesslich erst im Jahr 1976, nach mehr als zehn Jahren

Menukarte der Seiler Hotels, 1948.

Disput, auf 1456 Franken einigten. Die Seiler Hotels setzten dem Kurverein daraufhin eine Frist bis zum 31. Dezember 1976 zur Bezahlung von 7 264 318.80 Franken für ihr 5100 Quadratmeter grosses Grundstück.[206] Der Kurverein war allerdings nicht in der Lage, die vereinbarte Summe fristgerecht zu überweisen. Schliesslich sprang 1978 die Gemeinde Zermatt als neuer Käufer ein. Ein Schwimmbad entstand dort allerdings nie. Dafür bauten die Seiler Hotels im Hotel Mont Cervin schon 1969 ihr eigenes Schwimmbad, welches auch den nicht im Hotel wohnenden Gästen zur Verfügung stand. Die Gesamtkosten für den Kauf des expropriierten Geländes Obere Matten beliefen sich für die Gemeinde Zermatt auf rund 11 Millionen Franken.

Wiederaufbau der Riffelalp

Im Jahr 1982 traten Christian Seiler, der Sohn von Joseph, als Delegierter des Verwaltungsrats und Roberto Seiler, der Sohn von Theodore, als Präsident gemeinsam als Vertreter der vierten Generation und als Hauptaktionäre in die Familienunternehmung ein. Sie führten die Hotelgruppe erfolgreich ins 21. Jahrhundert und prägten die Unternehmung während rund drei Jahrzehnten mit verschiedenen Projekten, die zum Widererstarken der Hotelgruppe führen sollten. Im Jahr 1921 verfügte die Seiler Hotel Zermatt AG über 1230 Betten. Mit dem Verkauf der Hotels Beausite und Des Alpes sowie dem Ende des Pachtvertrags mit dem Hotel Bahnhof sank diese Zahl auf 1020. Durch den Einbau von Bädern und die Errichtung von grösseren Suiten verringerte sich die Anzahl Betten stetig weiter. 1960 verfügte die Gesellschaft noch über 780 Betten. Durch den Totalverlust des Hotels Riffelalp 1961 und den Verkauf des Hotels Victoria 1968 verminderte sich die Bettenzahl weiter auf nur noch 330. Der Schrumpfungsprozess der Bettenkapazität sollte jedoch ab 1970 wieder gestoppt werden, denn nun arbeitete man mit Hochdruck an den Plänen für den Wiederaufbau der Riffelalp. Man hatte bereits einen Partnervertrag mit einer französischen Gesellschaft für das neu zu erstellende Hotel Riffelalp in Aussicht, da fusionierte diese mit dem Club Méditerranée, der seinerseits kein grosses Interesse für das Vorhaben bekundete. Das schon recht fortgeschrittene Projekt, auf Riffelalp ein touristisches Zentrum mit etwa 1500 Betten zu errichten, wurde vom Architekten und Städteplaner Walter Hunziker ausgearbeitet und sah vor, auf dem grossen Gelände eine in drei Einheiten aufgeteilte Siedlung zu errichten, durch die eine Skipiste führen sollte. Die gewaltigen finanziellen und technischen Probleme, auch im Zusammenhang mit Fragen der Umweltverträglichkeit, liessen das Projekt jedoch bald wieder in weite Ferne rücken, abgesehen davon, dass eine Baubewilligung für eine so grosse Überbauung auf der Riffelalp kaum denkbar war.

Roberto (links) und Christian Seiler führten die Hotelgruppe ab dem Jahr 1982 erfolgreich ins 21. Jahrhundert.

1981 wurde deshalb ein redimensioniertes, vom Zermatter Architekten Roman Mooser entwickeltes Bauprojekt ausgearbeitet, welches dann auch bewilligt und gebaut werden konnte. Zwischen 1986 und 1988 wurden die

Zwischen 1986 und 1988 wurden die beiden Dependancen umgebaut. Daraus entstanden das Berghotel Riffelalp (links) mit vierzig Hotelbetten sowie die Alpenresidenz Augstkumme mit Apartments und Ferienwohnungen (rechts).

beiden Dependancen umgebaut. Daraus entstanden das Berghotel Riffelalp mit vierzig Hotelbetten sowie die Alpenresidenz Augstkumme mit Apartments und Ferienwohnungen.

Der finanzielle Aufwand belief sich auf 6 Millionen Franken pro Haus. Das neue Angebot richtete sich an eine wachsende Zahl naturverbundener Gäste, die weitab vom Gedränge und Lärm im Dorf auf der Riffelalp vor allem ihre Ruhe suchten. Fast vierzig Jahre nach dem Brand, am 1. Dezember 2000, konnte dank einer Investition von 55 Millionen Franken durch die Sandoz-Familienstiftung die Eröffnung des neu errichteten Fünfsternehotels Riffelalp Resort 2222 gefeiert werden. Zur grossen Freude der Gäste nahm am 21. Juni 2001 auch das legendäre Riffelalp-Tram, die höchst gelegene und kürzeste Trambahn Europas, ihren Betrieb wieder auf.

Einen Wermutstropfen gab es dennoch: Ein erster Teil der Versicherungsgelder für das abgebrannte Hotel Riffelalp war bereits 1962 zur Renovierung anderer Hotelbetriebe verwendet worden. Der zweite Teil der Auszahlung war jedoch direkt an die Baukosten für den Wiederaufbau innerhalb einer angemessenen Frist gebunden. Aufgrund der langen Verzögerung ging dieser Teil der Versicherungssumme in Höhe von rund 1,6 Millionen Franken verloren.

Wesentlich zum Wiedererstarken der Seiler'schen Hotelgruppe in Zermatt trug jedoch das 1982 neu gebaute Hotel Schweizerhof bei. Dieses moderne Viersternehotel mit 180 Betten, mehreren Restaurants, Kongressräumen, Diskothek und einem Fitnessclub mit Schwimmbad wurde von einer Investorengruppe, angeführt durch Bernard Seiler, erbaut. Die Seiler Hotels pachteten den modernen Schweizerhof und ergänzten damit in perfekter Weise ihre beiden Traditionshäuser Mont Cervin und Monte Rosa. Im Jahr 1988 folgte die Pacht des Viersternehotels Nicoletta. Mit der Pacht des von Christian Constantin erbauten Hotels La Porte d'Octodure in Martigny im Jahr 1985 und des Restaurants Les Iles in Sitten im Jahr 1986 versuchten die Seiler Hotels erstmals auch ausserhalb des Vispertals Fuss zu fassen, ein Engagement, welches allerdings wenig erfolgreich war und nur bis ins Jahr 1999 andauerte.

Die Seiler Hotels um 1990.

Im Jahr 1978 heiratete Emeline Seiler, die Tochter von Theodore, den Berner Hotelier Jean-Jacques Gauer. Dieser führte nicht nur das gauersche Stammhaus, den 1858 gegründeten Schweizerhof Bern mit 160 Betten, sondern weitere neun Hotels in Bern, im Wallis und am Genfersee sowie das berühmte «American Colony» in Jerusalem und vier Hotels auf den Mittelmeerinseln Korfu und Mallorca mit total 2400 Betten und 850 Angestellten. Eine engere Zusammenarbeit der beiden Hoteliersfamilien lag auf der Hand. 1989 wurde Jean-Jacques Gauer in den Verwaltungsrat der Seiler Hotels Zermatt AG berufen und bald entstand die neue Marke «Seiler & Gauer – Swiss Hotel Tradition», die das gemeinsame Marketing und den Verkauf für die gesamthaft fast 3000 Betten übernehmen sollte. Bedauerlicherweise musste die vielversprechende Idee nach wenigen Jahren wieder aufgegeben werden, da in der Familie Gauer in Bern 1994 ein heftiger Streit um das väterliche Erbe ausgebrochen war, welcher letztlich im Jahr 2000 zum Verkauf des familieneigenen Hotels Schweizerhof Bern führte.

1996 zog sich Jean-Jacques Gauer mit seiner Familie an den Genfersee zurück und übernahm die Direktion des renommierten Luxushotels Lausanne Palace & Spa, welches er bis ins Jahr 2016 äusserst erfolgreich leitete. Bereits 1990 wurde Gauer als Nachfolger von Ernst A. Scherz, dem Besitzer des Gstaad Palace, zum Präsidenten der exklusiven Vereinigung «Leading Hotels of the World» gewählt, einer Allianz der weltweit besten Hotels, die heute rund 450 Häuser umfasst. Er bekleidete das prestigeträchtige Amt fast zwanzig Jahre lang. Aktuell leitet Gauer die sich seit 1976 im Familienbesitz befindliche Auberge du Raisin sowie drei weitere Gastrobetriebe im idyllischen Cully am Ufer des Genfersees. Seit Januar 2021 amtet er zudem als Präsident der Association Romande des Hôteliers (ARH), der rund 220 Betriebe in der Westschweiz angehören.

Jean-Jacques und Emeline Gauer-Seiler, ca. 1985.

Die vielversprechende Idee einer gemeinsamen Marke «Seiler & Gauer – Swiss Hotel Tradition» musste kurz nach der Lancierung wieder aufgegeben werden.

Treue Mitarbeitende in Zermatt und Gletsch

Die Seiler Hotels zeichneten sich nie durch übermässigen Prunk und Luxus aus, sondern eher durch behaglichen Komfort, Stil und vor allem tadellosen Service, der durch qualifiziertes Personal mit hohem Engagement geleistet wurde. In der 160-jährigen Geschichte der Seiler Hotels prägten insgesamt etwa 70 000 Mitarbeitende das Gesicht der Hotelgruppe allein in Zermatt. Viele von ihnen blieben dem Unternehmen über Jahrzehnte hinweg treu, einige sogar ein Leben lang. Unübertroffen sind dabei die 66 Saisons, welche Antoinette Walker (1874–1956) aus Mörel auf der Riffelalp verbracht hat. Bereits im Alter von 14 Jahren trat sie 1889 ihre erste Stelle als Zimmermädchen an. Sie blieb dem Unternehmen während 65 Jahren treu und gehört damit untrennbar zur Geschichte des Hotel Riffelalp.[207]

Eine bemerkenswert lange Karriere hatte auch das Ehepaar Wolfgang und Claire Pinkwart hinter sich gebracht. Zwischen 1969 und 2007 standen

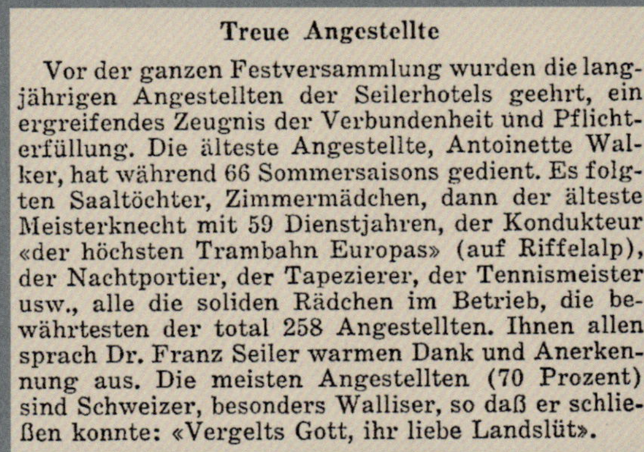

Treue Angestellte

Vor der ganzen Festversammlung wurden die langjährigen Angestellten der Seilerhotels geehrt, ein ergreifendes Zeugnis der Verbundenheit und Pflichterfüllung. Die älteste Angestellte, Antoinette Walker, hat während 66 Sommersaisons gedient. Es folgten Saaltöchter, Zimmermädchen, dann der älteste Meisterknecht mit 59 Dienstjahren, der Kondukteur «der höchsten Trambahn Europas» (auf Riffelalp), der Nachtportier, der Tapezierer, der Tennismeister usw., alle die soliden Rädchen im Betrieb, die bewährtesten der total 258 Angestellten. Ihnen allen sprach Dr. Franz Seiler warmen Dank und Anerkennung aus. Die meisten Angestellten (70 Prozent) sind Schweizer, besonders Walliser, so daß er schließen konnte: «Vergelts Gott, ihr liebe Landslüt».

Unübertroffen sind die insgesamt 66 Saisons, welche Antoinette Walker (1874–1956) aus Mörel auf der Riffelalp verbracht hat. *Der Bund*, Nr. 415, 6. September 1955.

sie während fast vierzig Jahren als treue Direktionsmitglieder im Dienste der Seiler'schen Hotelgesellschaft.

Neben Cäsar Ritz, der in jungen Jahren im Hotel Monte Rosa als Kellner Erfahrung gesammelt haben soll, war der spätere FIFA-Präsident Joseph Blatter der wohl prominenteste Mitarbeitende der Seiler Hotels. Im Jahr 1955, im Alter von 19 Jahren, trat der junge Sepp eine Stelle als Telefonist im Hotel Victoria an:

> «1955 war ich im damaligen Seiler Hotel Victoria als Telefonist und Conducteur engagiert. Meine Aufgabe bestand darin, das Telefon zu bedienen sowie die Gäste mitsamt Gepäck zum gegenüberliegenden Bahnhof zu begleiten oder dort abzuholen. Damals war Franz Seiler der respektgebietende Patron der Seiler Hotels, und immer wenn er ins Hotel kam, sind die Mitarbeiter in Achtungsstellung gegangen. Umso mehr ist mir seine Reklamation in die Knochen gefahren, als er einmal spätabends ins Hotel telefoniert und niemand abgenommen hatte. Ich war zu dem Zeitpunkt wohl in irgendwelche Studien vertieft, und da sich das Telefon lediglich durch ein Lämpchen bemerkbar machte, blieb es unbemerkt [...]. Bei Grossanlässen habe ich manchmal auch im Service ausgeholfen. Eines Tages musste ich den Gästen Suppe servieren und ignorierte die Anweisung des Oberkellners, jeweils nur einen Teller zu tragen. Ich dachte effizient und balancierte zwei Teller aufs Mal, was unglücklicherweise damit endete, dass ich einem Gast die Suppe übers Jackett leerte. Dieser hatte keinen anderen Anzug im Gepäck und war sehr verärgert. Noch erzürnter war der Oberkellner, der mich hinter den Kulissen herbeirief und mir einen Tritt in den Hintern verpasste.»[208]

Sepp Blatter mit Profifussballer Stephan Vinicius Seiler, einem Vertreter der fünften Generation. Er wurde 2022 mit dem FC Zürich Schweizer Fussballmeister.

Am 27. September 1963 berichtete auch der *Walliser Bote* ebenfalls über die vielen treuen Angestellten der Familie Seiler in Gletsch:

> «Unter den 107 Saisonangestellten der beiden Hotels haben 21 ein Dienstalter erreicht, das teilweise bis ins dritte und vierte Jahrzehnt oder jedenfalls weit über das heute in der Hotellerie übliche Zeitmaß hinausgeht. Wer die Gefeierten an diesem Abend im schönen Speisesaal von Gletsch, wo antikes Walliser Kunstgut bodenständige Tradition ausstrahlt, in der Tafelrunde um die verehrte Hausmutter Frau Elisabeth Seiler besammelt und zum Empfang der

Jubiläumsuhr mit der Ehrenurkunde schreiten sah, erblickte in den Gesichtern, welche innere Genugtuung eine langjährige Diensttreue zu geben vermag. In vorderster Reihe traten hervor: Vittorio Franzetti, Maler (36 Jahre), Berta Steinmann, Chefköchin (32 Jahre), Germaine Gillioz, Zimmermädchen (31 Jahre), Simon Kalbermatten, Hotelkondukteur (31 Jahre), Pietro Passioni, Kellermeister (25 Jahre), Alfred Senggen, Winterwächter (24 Jahre), Irma Passoni, Kaffeeköchin (20 Jahre), Leny Rabanser, Lingerie-Gouvernante (15 Jahre), Alois Müller, Senne (12 Jahre), Marco Fasola, Küchenchef (10 Jahre) und Anna Eyer, Zimmermädchen (10 Jahre).»

Simon Kalbermatten arbeitete während 52 Jahren als Concierge in Gletsch.

1982 feierten Germaine Gillioz und Simon Kalbermatten sogar ihr fünfzigjähriges Arbeitsjubiläum im Hotel Glacier du Rhône.

Das Ende einer Epoche in Gletsch

Während das Dorf Zermatt innerhalb weniger Jahre ein weltbekannter Wintersportort wurde, war eine vergleichbare Entwicklung im abgelegenen Talkessel von Gletsch beim Rhonegletscher aus verschiedensten Gründen nicht möglich. Der Ort selbst ist lawinengefährdet, ebenso die meist von September bis Juni gesperrten Zufahrtsstrassen. Das Tal ist von geölldurchsetzten und somit für den Skisport kaum tauglichen Hängen umgeben. Zudem war der Verkehrsknotenpunkt Gletsch immer in erster Linie eine Transitstation für Durchreisende, aber kein eigentliches Ferienziel. Die durchschnittliche Aufenthaltsdauer der Gäste in Gletsch betrug denn auch lediglich ein bis zwei Tage. Ein Winterbetrieb der Furkaeisenbahn, die ab 1914 von Brig nach Gletsch fuhr, wurde nicht nur aus wirtschaftlichen Gründen, sondern auch aufgrund der erheblichen Lawinengefahr auf dem letzten Teilstück nie ernsthaft in Erwägung gezogen. Daher war den beiden Hotels Glacier du Rhône und Belvédère nur eine sehr kurze Betriebsdauer von rund hundert Sommertagen vergönnt, was sich aus unternehmerischer Sicht in Anbetracht der zunehmenden Fixkosten als letztlich entscheidendes Hindernis erwies. In weiser Voraussicht wandelte Hermann Seiler im Jahr 1956 sein Familiengeschäft in eine Aktiengesellschaft um. Dabei wählte er nicht etwa den erwartbaren Namen «Seiler Hotels Gletsch AG», sondern «Immobilien Gletsch AG», denn er hatte eine allfällige künftige nichtgastgewerbliche Nutzung bereits im Blick.

Interessant ist die Tatsache, dass die Hotelgesellschaft in Gletsch Ende der 1940er-Jahre zusätzlich auch zu einer «Elektrizitätsgesellschaft» wurde, denn im Sommer 1930 baute die Familie Hermann Seiler ein neues Kleinwasserkraftwerk in den früheren Kutschenremisen, welches die Hotelsiedlung weitgehend energieautark machte. Ende der 1940er-Jahre wurde dann der hoteleigene Totensee in den Grimselsee abgeleitet und die Stromproduktion den Kraftwerken Oberhasli (KWO) übertragen. In der Folge konnten auch die nahen Gemeinden im Obergoms von der Hotelgesellschaft mit

Speisesaal in Gletsch 1984.

Industriestrom versorgt werden, was die regionale Entwicklung förderte. Die höchst willkommenen Erträge aus dieser Stromproduktion dienten als wichtiges Nebeneinkommen für den Hotelbetrieb. Jahrzehnte später wurde das Konzept der sogenannten Umwegrentabilität für manche Hotels mit Landressourcen strategisch bedeutend.

Hermann Seilers zweitältester Sohn Eduard (1908–1976), seit 1948 Mitglied des Verwaltungsrats, ab 1967 Vizepräsident und ab 1974 auch Delegierter der Seiler Hotels Zermatt AG, übernahm 1961 nach dem Tod seines Vaters auch das Verwaltungsratspräsidium der «Immobilien Gletsch AG». Bereits seit 1929 hatte der damals erst 21-jährige Student Eduard die Hotels am Rhonegletscher jeweils während seiner Sommersemesterferien operativ geleitet. In dieser Funktion kreierte er verschiedene neue Angebote, darunter nationale Gletschersternfahrten und Auto-Ski-Meetings, die bis in die 1950er-Jahre stattfanden. Des Weiteren gründete er eine dem Hotel angeschlossene Bergsteigerschule, organisierte sommerliche Skitouren auf dem Rhonegletscher, führte Besichtigungen der hoteleigenen Antiquitätensammlung durch und organisierte Ausflüge zu den Grimsel-Stauwerken sowie zum abends beleuchteten Abbruch des Rhonegletschers. Allen Anstrengungen zum Trotz wurden verschiedene Rationalisierungen der Hotelbetriebe am Rhonegletscher notwendig, um sie an die stark veränderten Reisegewohnheiten mit den sinkenden Übernachtungszahlen anzupassen, denn die Reise über die verschiedenen Alpenpässe war nun bequem in wenigen Stunden zu bewältigen. Eine Übernachtung war nicht mehr naheliegend oder notwendig.

Die idyllisch am Ufer des Zürichsees gelegene Ermitage in Küsnacht.

Eduard Seiler gründete noch während des Zweiten Weltkriegs das Restaurant Ermitage in der Berner Altstadt. Ende der 1940er-Jahre schuf er ein weiteres Restaurant namens «Ermitage» in Küsnacht am Ufer des Zürichsees, das er 1960 zu einem charmanten kleinen Hotel mit eigener Bootsanlegestelle ausbaute. Die Ermitage war ein idyllisch gelegener Gastbetrieb mit exzellenter Küche. Sie zog eine vielfältige Klientel an, von Jachtbesitzern bis hin zu Bewohnerinnen und Bewohnern der umliegenden Gemeinden, die die Ruhe am See dem Trubel der nahe gelegenen Stadt vorzogen. In den 1970er-Jahren war die «Ermitage» Mitglied der Vereinigung Relais & Châteaux und Eduard Seiler Vizepräsident der Schweizer Sektion.

In Anerkennung seiner bedeutenden Beiträge für den Aufbau, die Organisation und Vermarktung der Zermatter Wintersaison sowie für die anderen Hotel- und Restaurantbetriebe in Gletsch, Bern und Küsnacht am Zürichsee, würdigte die *Neue Zürcher Zeitung* in ihrer Ausgabe vom 25. Februar 1968 die unternehmerischen Leistungen von Eduard Seiler anlässlich seines 60. Geburtstags: «Als Glied der berühmten Hoteldynastie hat er auch in der Hotellerie seine grossen Fähigkeiten und reichen Erfahrungen unter Beweis gestellt.» Tragischerweise verstarb Eduard 1976 bei einem Autounfall auf dem Weg zur Generalversammlung nach Zermatt. Sein Bruder Stephan Seiler (1917–1997) übernahm daraufhin das Verwaltungsratspräsidium der Immobilien Gletsch AG. Seit den 1960er-Jahren waren auch seine beiden Schwestern Rosemarie Seiler (1920–2014) im «Glacier du Rhône» und Marianne Seiler (1912–2005) im «Belvédère» massgeblich an der operativen Leitung der Hotels beteiligt.

Seit den 1940er-Jahren stellte man sich immer wieder die Frage, ob der Kanton Wallis ein ziemlich kontrovers diskutiertes Stauseeprojekt umsetzen sollte, welches das gesamte Talbecken, zusammen mit der Siedlung Gletsch, unter Wasser setzen würde. Diese Debatte zog sich über vier Jahrzehnte bis in die 1980er-Jahre hin.

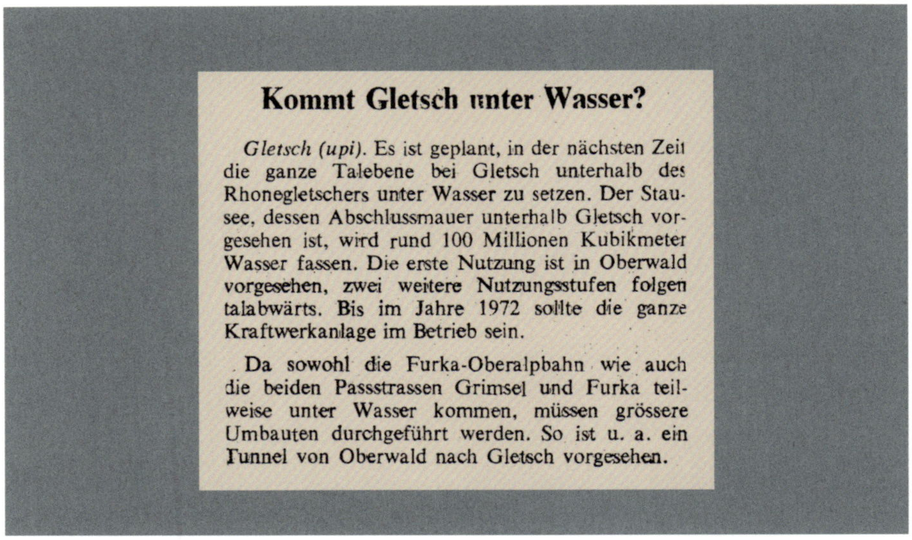

Kommt Gletsch unter Wasser?

Gletsch (upi). Es ist geplant, in der nächsten Zeit die ganze Talebene bei Gletsch unterhalb des Rhonegletschers unter Wasser zu setzen. Der Stausee, dessen Abschlussmauer unterhalb Gletsch vorgesehen ist, wird rund 100 Millionen Kubikmeter Wasser fassen. Die erste Nutzung ist in Oberwald vorgesehen, zwei weitere Nutzungsstufen folgen talabwärts. Bis im Jahre 1972 sollte die ganze Kraftwerkanlage im Betrieb sein.

Da sowohl die Furka-Oberalpbahn wie auch die beiden Passstrassen Grimsel und Furka teilweise unter Wasser kommen, müssen grössere Umbauten durchgeführt werden. So ist u. a. ein Tunnel von Oberwald nach Gletsch vorgesehen.

Neue Zürcher Nachrichten vom 26. November 1964, Ausgabe 2.

Die Inbetriebnahme des Furka-Basistunnels am 25. Juni 1982 führte dazu, dass der Zugverkehr nach Gletsch gänzlich eingestellt wurde. Als Folge machten die roten Züge der Furka-Oberalpbahn nicht mehr am Bahnhof Gletsch halt, was sich erschwerend auf den Waren- und Personenverkehr der beiden Hotelbetriebe auswirkte. Inzwischen hatte auch der Rhonegletscher als touristischer Magnet durch seinen steten Rückzug stark an Attraktion eingebüsst. Diese Entwicklung war seit Langem absehbar gewesen. Schon im Jahr 1954 hatte man resigniert festgestellt, dass die Gletscherzunge seit der ersten Messung vor mehr als hundert Jahren rund zwei Kilometer an Boden und fast achtzig Meter an Eisdicke verloren hatte.

Am 6. Oktober 1955 schrieb das *Oberländer Tagblatt:*

> «Unter den Attraktionen des Fremdenverkehrslandes Schweiz nimmt zwar der Rhonegletscher nicht mehr die beherrschende Stellung ein, die ihm einst zukam – er wird aber immer noch eifrig bestaunt von allen Gästen unseres Landes, die der Weg über die Furkastrasse führt. Freilich, er darf sich heute immer noch sehen lassen, doch hat er viel von seiner Pracht eingebüsst, seit er sich endgültig auf den Rückzug begeben hat und anscheinend keine Anstrengungen unternimmt, um Schritt für Schritt seine frühere Mächtigkeit wieder zu erreichen. Wer heutzutage von Gletsch heraufkommt, wird vorerst auf eine Steinwüste stossen, auf eine Moränenlandschaft, die dem Kundigen allerlei zu sagen hat, dem nach Gletscherluft Begierigen aber eine Enttäuschung bereitet.»

Das berühmte Hotel Belvédère in der engen Kehre der Furkastrasse ist seit 2015 dauerhaft geschlossen und steht zum Verkauf, Foto: Tom Jueneman.

Auch deshalb zog es nun ein Grossteil der Gäste vor, lieber unten im Hotel Glacier du Rhône einen kurzen Rasthalt einzulegen, denn dieses war seit der Teerung und Verbreiterung der Passstrasse in den 1960er-Jahren viel rascher und auch bequemer zu erreichen. Der Betrieb im Hotel Belvédère musste ab 1982 gänzlich eingestellt werden, weil es auch zunehmend schwierig wurde, genügend qualifiziertes Personal für das abgelegene Berghotel zu finden. Noch im Jahr 1964 erlaubte es der erzielte Umsatz der Familie Seiler, in Gletsch insgesamt 101 Angestellte zu beschäftigen. 1981 waren es 77 und ab

1982 noch etwa 60 Mitarbeitende. Eduard Seiler hatte die betriebswirtschaftliche Analyse der Familie Seiler bereits zwanzig Jahre vor dem Verkauf im *Walliser Boten* vom 15. Juli 1964 so zusammengefasst: «Nun steht aber als Regel fest, dass unter den jetzigen Kostenverhältnissen und Reisegewohnheiten neue Einsätze von Kapital und Arbeitskräften für den alpinen Fremdenverkehr sich nur dann noch lohnen, wenn auf eine auskömmliche Wintersaison abgestellt werden kann.» Auch aus der Warte der im Tourismusbereich spezialisierten Finanzfachleute galt eine Betriebszeit von sieben bis acht Monaten als kritisches Minimum für eine rentable Hotelbetriebsführung, damit die Jahresfixkosten gedeckt werden können.[209]

1860 reichte der Rhonegletscher noch bis wenige Meter vor das Hotel. Ab 1990 war die ehemalige touristische Hauptattraktion vom Tal aus praktisch nicht mehr sichtbar.

Angesichts dieser Einschätzung, welche in den folgenden Jahrzehnten von verschiedenen Hotelfachleuten mannigfach bestätigt wurde, stimmte die Familie Seiler 1984 einem Kaufangebot des Kantons Wallis zu. Im Juni 1984 übernahm der Kanton durch einen Grossratsbeschluss für 4,5 Millionen Franken das schuldenfreie Unternehmen. Das ehemals grösste private Grundstück der Schweiz umfasste rund 37,5 Millionen Quadratmeter Alpweiden, Geröllhalden und Gletscher sowie die beiden Hotels Belvédère und Glacier du Rhône. Auch die Wasserrechtskonzessionen für den Totensee, eine 23 174 Quadratmeter grosse Liegenschaft im «Furri» nahe Oberwald und ein Anteil von drei Vierteln an der Gletschergrotte beim Belvédère gingen mit dem Verkauf an den Kanton über. Auch wenn das Argument im Vordergrund stand, dass die «Wiege des Rottens» wieder der Öffentlichkeit gehören

Werbeplakat Gletsch, ca. 1920.

sollte, bestritt Staatsrat Hans Wyer (1927–2012) nicht, dass die Übernahme auch energiepolitisch motiviert gewesen war. Mit dem Kauf hielt sich der Kanton Wallis alle Optionen für die Zukunft offen. «Ein bisschen Wehmut schwingt schon mit», gestand Rosemarie Seiler den Journalisten, als sie am Bettag 1984 die Türen des historisch bedeutenden, hochalpinen Hotels Glacier du Rhône zum letzten Mal schloss. Das Ende der Saison 1984 bedeutete denn auch das Ende einer 130-jährigen Epoche der Gastgeberfamilie Seiler am Rhonegletscher.

Nachdem die Kantonsbehörden schliesslich doch beschlossen hatten, das Stauseeprojekt in Gletsch ganz fallen zu lassen, entschied der Kanton im Jahr 1989, das Hotel Glacier du Rhône sanft zu renovieren und genehmigte dafür Kredite in Höhe von insgesamt 4,6 Millionen Franken. Diese konnten aber in der Folge weder verzinst noch amortisiert werden. Zwölf Jahre nach dem Erwerb des schuldenfreien Eigentums durch den Kanton titelte die NZZ vom 15. Mai 1996 mit Bezug darauf: «Konkurs als letzter Ausweg?» Von der Walliser Regierung erhielt der Verwaltungsrat der Immobilien Gletsch AG Ende der 1980er-Jahre den Auftrag, einen Käufer für das Hotel Glacier du Rhône zu finden, ein Unterfangen, das ohne Erfolg blieb. Im Sommer 2022 wurde das Hotel zum ersten Mal in seiner Geschichte nicht geöffnet. Das historische Gebäude wird zur Zeit vom Kanton saniert und umgebaut. Eine Wiedereröffnung ist auf den Sommer 2026 geplant. Das Hotel Belvédère wurde im Jahr zuvor für 500 000 Franken an die Familie Carlen verkauft, die dort in unmittelbarer Nähe schon seit Generationen den grossen Bazar und die Gletschergrotte in Pacht betrieb. Ab 1990 führte die Besitzerfamilie Carlen das «Belvédère» in reduziertem Umfang mit vierzig nostalgisch eingerichteten Zimmern. Im Jahr 2011 wurde das Hotel Belvédère erstmals wieder zum Verkauf ausgeschrieben, und seit 2015 ist das auch durch den 1964 gedrehten James-Bond-Film «Goldfinger» weltweit berühmt gewordene Haus dauerhaft geschlossen. Es steht nach wie vor zum Verkauf. Auch der Betrieb der beliebten Eisgrotte beim «Belvédère» muss wegen der unaufhaltsamen Gletscherschmelze im Jahr 2024 vermutlich ganz eingestellt werden. Nur Dank grossflächigen Abdeckungen mit weissem Vlies war es möglich, die Grotte im Gletschereis noch über einige Jahre hinweg notdürftig zu erhalten.

Abschied einer 170-jährigen Familientradition auch in Zermatt

Christian und Nicole Seiler.

2011 trat Christian Seiler nach fast vierzigjähriger Tätigkeit aus dem Verwaltungsrat der Seiler Hotels Zermatt AG zurück. Zu dieser Zeit arbeiteten in den drei Seiler Hotels Mont Cervin Palace, Monte Rosa und Schweizerhof mit ihren 469 Betten rund 400 Mitarbeiter. Ihre Mehrheitsbeteiligung am Seiler'schen Hotelunternehmen, welches sich seit 1962 Seiler Hotels Zermatt AG nannte, verkauften die Hauptaktionäre 2007 an die Jelmoli Holding AG, von

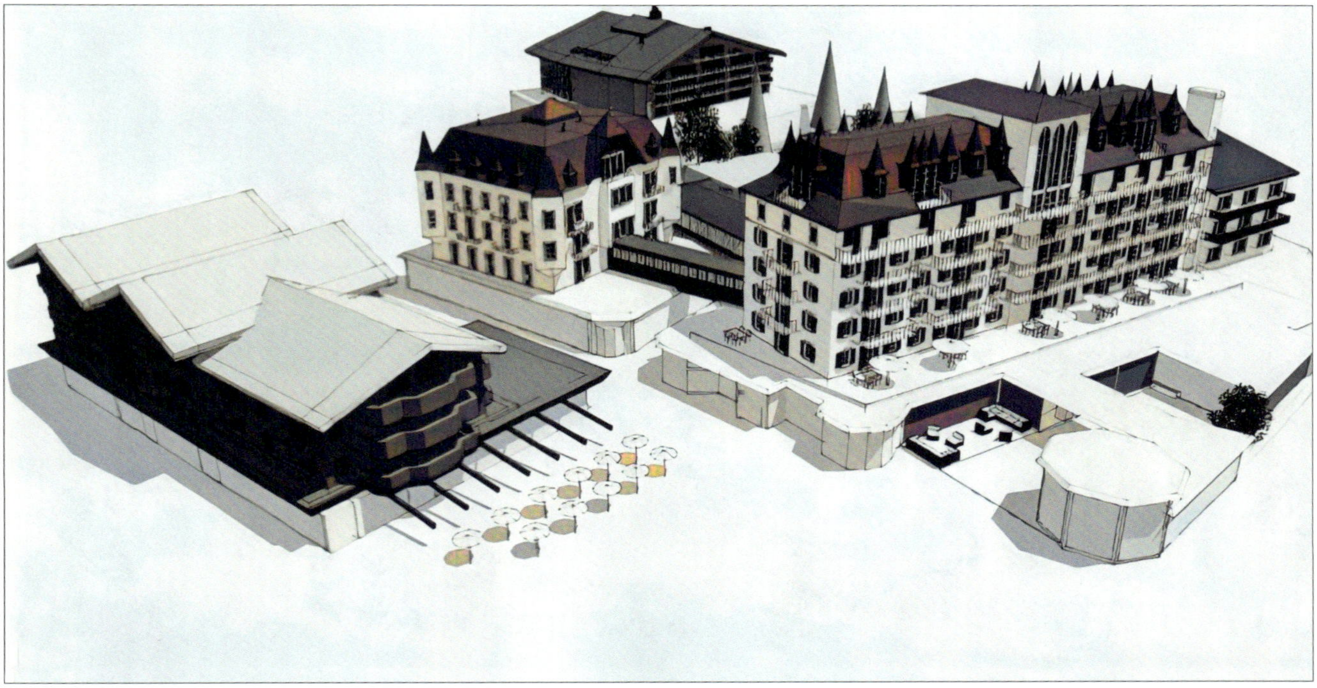

Das heutige «Mont Cervin Palace» mit all seinen Nebengebäuden bietet Platz für 315 Hotelgäste (Projektzeichnung).

wo sie über Umwege an die Credit Suisse ging. 2012 konnte eine von Christian und Roberto Seiler angeführte Investorengruppe die Seiler Hotels Zermatt AG als reine Hotel-Betriebsgesellschaft zurückkaufen. 2015 kam auch die Immobilie des Hotel Monte Rosa wieder in Familienbesitz. Doch bereits vier Jahre später erwarb die Freiburger Luxushotel- und Spitalgruppe Aevis-Victoria im Namen ihrer Tochtergesellschaft Swiss Hotel Properties SA die Seiler Hotels Zermatt AG sowie die dazugehörigen Immobilien. Als mit André Seiler (*1974), dem Sohn von Christian, 2022 der erste Vertreter der fünften Generation die Direktion der Seiler Hotels abgab, endete die 170-jährige Familientradition auch in Zermatt. Die ehemaligen Seiler Hotels in Zermatt sind heute im Besitz der Aevis-Victoria und werden von der Firma Michel Reybier Hospitality geführt, die in der Schweiz, in Frankreich und Grossbritannien verschiedene Erstklasshäuser betreibt.

André und Anne-France Seiler.

«Et pour faire les honneurs de ce site ravissant, on ne trouvera pas d'aubergistes plus hospitaliers, plus prévenants et, ajoutons, plus intéressés que M. Alexandre Seiler et les siens.
Chez lui on est chez soi – c'est précieux en voyage.»

Gazette du Valais, 23. Juli 1884.

Anhang

Anmerkungen

1 Garbeley 1946.
2 Taufbuch Niederwald 1793–1856, 1820.
3 Lambrigger 1990.
4 Schwick 1975.
5 Stebler 1903; Lutz 1827–1835, S. 171f.
6 Bourrit 1782, S. 197.
7 Kasthofer 1822, S. 205f.
8 Wyttenbach 1777, S. 87f.
9 Arnold 1985, S. 495.
10 Ebd., S. 497.
11 Küttner 1785, S. 105.
12 Braunschweiger 1793, S. 142.
13 Ebd., S. 141ff.
14 Hofmann 1992; Flückiger-Seiler 2015a.
15 Desor; Agassiz 1844, S. 115.
16 Saussure 1786–1796, S. 109.
17 Emonet 1908.
18 Anthamatten 1991, S. 14.
19 Wilczek 1920.
20 Lehner 1957, S. 17.
21 Flückiger-Seiler 1991, S. 14f.
22 Seiler 1930a.
23 Schwick 1975, S. 55.
24 Briger Anzeiger, 28.9.1932.
25 Schwick, 1975.
26 Desor; Agassiz 1844, S. 154.
27 Ebd.
28 Flückiger-Seiler 2015c.
29 Coolidge 1889.
30 Ebd., S. 297f.; Cole 1859, S. 31ff.
31 Flückiger-Seiler 2015c, S. 143–149.
32 Courrier du Valais, 22.8.1853.
33 Vulpius 1863, S. 230f.
34 Coolidge 1889, S. 304.
35 Flückiger-Seiler 2015c, S. 162.
36 Archiv Seiler Hotels Zermatt (1. Rechnungsbuch).
37 Ebd.
38 Eidgenössische Zeitung, 26.9.1854.
39 Courrier du Valais, 31.8.1854.
40 Ruden 1870, S. 150ff.
41 Seiler 1930b, S. 16.
42 Anthamatten 1991, S. 34f.
43 Coolidge 1889, S. 306.
44 Archiv Seiler Hotels Zermatt (1. Rechnungsbuch).
45 Baedeker 1856.
46 Seiler 2012.
47 Neue Zürcher Zeitung, 17.9.1860.
48 Flückiger-Seiler 2015b, S. 46.
49 Ebd..
50 Wolf 1886, S. 97.
51 Whymper 2018, S. 97.
52 Jung 2020, S. 182.
53 Seeländer Bote, 20.7.1858.
54 Julen 1991, S. 100f.
55 Seiler 1930b, S. 27.
56 Hallenbarter 1928.
57 Der Bund, 4.8.1862.
58 Jahrbuch des Schweizer Alpen-Clubs 1866, S. 545.
59 Desor; Agassiz 1844, S. 118.
60 Tschudi 1880.
61 Rey 1905, S. 180.
62 Perrig-Seiler 1944.
63 Wundt 1930, S. 25.
64 Seiler Kenzelmann 2016.
65 Elisabethenverein 1911.
66 Courrier du Valais, 25.5.1851.
67 Baedeker 1844.
68 Echo, 1871, S. 84.
69 Baedeker 1862.
70 Le Confédéré, 24.2.1867.
71 Der Bund, 11.9.1861.
72 Der Bund, 2.9.1862.
73 Le Chroniqueur, 12.9.1865.
74 Baedeker 1867.
75 Der Bund, 11.9.1900.
76 Thioly 1860, S. XXX.
77 Thuner Wochenblatt, 1859.
78 Der Bund, 15.9.1859.
79 Julen 1991, S. 101.
80 Whymper 1871.
81 Whymper 1880, S. 96.
82 Taugwalder; Jaggi 2013, S. 28.
83 Senger 1972.
84 Flückiger-Seiler 2015c, S. 171.
85 Coolidge 1889, S. 321.
86 Jung 2020, S. 522.
87 Taugwalder; Jaggi 2013.
88 Whymper 1871.
89 Taugwalder; Jaggi 2013, S. 86.
90 The Times, The Matterhorn Centenary, 1965, S. 21.
91 Vgl. Whymper 2018, S. 393.
92 Zit. nach Grosjean 1965.
93 Jung 2020, S. 71f.
94 Ebd., S. 83.
95 Anthamatten 1991, S. 52.
96 Zermatt Tourismus (31.1.2024).
97 Gazette du Valais, 23.8.1855.
98 Schweizer Alpen-Zeitung, 1882.
99 Arengo-Jones 2018, S. 177.
100 Appenzellische Gemeinnützige Gesellschaft 1870, S. 111f.
101 Baedeker 1868.
102 Truffer 2004.
103 Zit. nach Flückiger-Seiler 2015c, S. 154f.
104 Neue Zürcher Zeitung, 16.7.1884.
105 Gazette du Valais, 23.7.1884.
106 Walliser Bote, 23.8.1890.
107 Baedeker 1867.
108 Flückiger-Seiler 2015c, S. 193.
109 Wundt 1930, S. 120.
110 Kämpfen 1942, S. 91f.
111 Ebd., S. 96.
112 Baedeker 1885.
113 Baedeker 1871.
114 Der Bund, 23.7.1887.
115 Baedeker 1867.
116 Baedeker 1873.
117 Tschudi, 1880.
118 Gattlen 1987.
119 Flückiger-Seiler 2008.
120 Neue Zürcher Zeitung, 26.4.1892.
121 Cérésole 1891, S. 31.

122 Kämpfen 1942, S. 96
123 Ebd., S. 147f.
124 Ebd., S. 145.
125 Gazette du Valais, 30.7.1876.
126 Kämpfen 1942, S. 158.
127 Taugwalder, 18. Juli 1876 (31.1.2024).
128 Twain 1880.
129 Ebd., S. 84.
130 Kämpfen 1942, S. 155.
131 Ebd., S. 171.
132 Ebd., S. 173.
133 Flückiger-Seiler 2015c, S. 231.
134 Baedeker 1879, S. 25.
135 Der Bund, 14.2.1882.
136 Baedeker 1873, S. 27.
137 Walliser Bote, 1.11.1879.
138 Baedeker 1879.
139 Meyers Reisebücher 1881.
140 Kämpfen 1945, S. 57.
141 Kämpfen 1942, S. 224f.
142 Der Bund, 5.2.1889.
143 Niesner 2016.
144 Flückiger-Seiler 2015c, S. 192f.
145 Hallenbarter 1928, S. 14.
146 Kämpfen; Budry, 1943, S. 41f.
147 Der Bund, Band 42, Nummer 30, 1. Februar 1891 Ausgabe 02
148 Walliser Volksfreund, 5. Mai 1970.
149 Flückiger-Seiler 2015c, S. 230.
150 Intelligenzblatt für die Stadt Bern, 4.9.1894.
151 Flückiger-Seiler 2015c, S. 204.
152 Julen 1991, S. 131.
153 Kronig 1927, S. 293.
154 Julen 1991, S. 131.
155 Der Bund, Band 47, Nummer 245, 3. September 1896, Ausgabe 2.
156 Der Bund, Band 62, Nummer 200, 30. April 1911
157 Gazette du Valais, 5.1.1895.
158 Hallenbarter 1928, S. 26ff.
159 Walliser Bote, 2.8.1897.
160 Der Bund, 23.8.1898.
161 Walliser Bote, 1.6.1898.
162 Der Bund, 14.7.1905.
163 Rey 1905, S. 179f.
164 Neue Zürcher Zeitung, 1896.
165 Neue Zürcher Zeitung, 1902.
166 Der Bund, 28.9.1902.
167 Täglicher Anzeiger für Thun und das Berner Oberland, 5.9.1903.
168 Ebd.
169 Geschäftsblatt für den oberen Teil des Kantons Bern, 30.9.1903.
170 Zürcherische Freitagszeitung, 17.5.1907.
171 Staatsarchiv Wallis, CH AEV, Türkenbund, 1979/77.
172 Kämpfen; Budry 1943, S. 4.
173 Intelligenzblatt für die Stadt Bern, 20.8.1903.
174 Kämpfen 1945, S. 174f.
175 Briger Anzeiger, 14.12.1904.
176 Cattani 1852, S. 22.
177 Eidgenössische Zeitung, 15.5.1840.
178 Briger Anzeiger, 12.12.1908.
179 Briger Anzeiger, 12.12.1908.
180 Walliser Volksfreund, 25.6.1962.
181 Täglicher Anzeiger für Thun und das Berner Oberland, 11.8.1907.
182 Schmid 1928, St. Johann-Kalender, Gletsch-Sitten.
183 Schweizer Hotelrevue, 1936.
184 Emonet 1908.
185 Neue Zürcher Nachrichten, 26.2.1907.
186 Briger Anzeiger, 19.2.1908.
187 Neue Zürcher Zeitung, 22.9.1908.
188 Briger Anzeiger, 12.10.1906.
189 Stiftung Geo Chavez (31.1.2024).
190 Walliser Bote, 7.1.2006.
191 Kämpfen 1945, S. 218f.
192 Walliser Bote, 28.11.1903.
193 Kämpfen 1945, S. 75.
194 Ebd.
195 Allgemeine schweizerische Militärzeitung, 29.1.1929.
196 Williams 1964, S. 142.
197 Anthamatten 1982.
198 Briger Anzeiger, 6.12.1957.
199 Flückiger-Seiler 2015c, S. 237.
200 Zschokke-Seiler 1974, S.15.
201 Neue Zürcher Zeitung, 10.6.1945.
202 Neue Zürcher Zeitung, 24.8.1964.
203 Neue Zürcher Zeitung, 10.3.1964.
204 Walliser Bote, 12.6.1969.
205 Ebd.
206 Walliser Bote, 19.2.1977.
207 Zschokke-Seiler 1974.
208 Schweitzer 2004, S. 38.
209 Jürg Lamparter, Leiter Sanierungsprojekte im Tourismusbereich der UBS AG, in: Finanz und Wirtschaft, 30.9.1998.

Bibliografie

Archivbestände

Archiv Seiler Hotels Zermatt
Forschungsinstitut zur Geschichte des Alpenraums, Brig
Grundbuchamt Zermatt
Privatbestand Familie H. Seiler: Alle zitierten Quellen (private Briefe, persönliche Dokumente, Informationen etc.) stammen, wenn nicht anders vermerkt, aus dem Familienarchiv Hermann Seiler.
Staatsarchiv des Kantons Wallis, Sitten
Taufbuch Niederwald 1793–1856, 1820

Gedruckte Quellen

Appenzellische Gemeinnützige Gesellschaft (Hrsg.): Eine Monterosafahrt 19.–26. Juli 1869, in: Appenzellisches Jahrbuch 1870, S. 102–141.
Baedeker Reiseführer 1844 / 1854 / 1856 / 1857 / 1862 / 1867 / 1868 / 1873 / 1879 / 1881 / 1889 / 1891 / 1892 / 1893.
Baedeker, Karl: Die Schweiz nebst den angrenzenden Theilen von Oberitalien, Savoyen und Tirol. Handbuch für Reisende, Leipzig 1885.
Beck, Jules: Ueber Photographie in höheren Alpenregionen, in: Jahrbuch des Schweizer Alpenclubs, 4. Jg., 1867–1868, S. 536–550.
Botschaft des Bundesrathes an die Bundesversammlung, betreffend Konzession einer Eisenbahn von Zermatt auf den Gornergrat und auf das Matterhorn, 30.1.1892, in: Bundesblatt, 1892, 545.
Bourrit, Marc-Théodore: Beschreibung der penninischen und rhätischen Alpen, Zürich 1782.
Braunschweiger, N.: Promenade durch die Schweiz, Hamburg 1793.
Cattani, Carl: Das Alpenthal Engelberg und seine Berg-, Wasser-, Milch- und Molkenkuren, Luzern 1852.
Cérésole, Alfred: Zermatt et ses environs, Zürich 1891.
Cole, Henry Warwick: A Lady's Tour around Monte Rosa, London 1859.
Coolidge, William Augustus: Swiss Travel and Swiss Guide Books, London 1889.
Desor, Édouard; Agassiz, Louis: Agassiz geologische Alpenreisen, Frankfurt 1844.
Das Neue Universum, Bd. 20, Stuttgart, Berlin, Leipzig 1899.
Jahrbuch des Schweizer Alpenclubs, Ausgabe 1866.
Kasthofer, Karl: Bemerkungen auf einer Alpenreise über den Susten, Gotthard, Bernardin und über die Oberalp, Furka und Grimsel, Aarau 1822.
Lutz, Markus: Vollständige Beschreibung des Schweizerlandes, Aarau 1827–1835.
Meyers Reisebücher: Schweiz, 10. Aufl., Leipzig 1881.
Ruden, Joseph: Familien-Statistik der löblichen Pfarrei von Zermatt, Ingenbohl 1870.
Saussure, Horace Bénédict de: Voyages dans les Alpes, Chapitre VIII, 1786–1796.
Schmid, Emil: St. Jodern-Kalender: Gletsch, Sitten 1928.
Seylaz, Louis: Schweizer Alpen Club SAC. Ein Beitrag zur Geschichte des Alpinismus. Rund ums Eggishorn, 1858.
Stephen, Leslie: Alexander Seiler: Reminescences, in: The Alpine Journal, London 1891, S. 491–493.
Thioly, François: Voyages en Suisse et Ascension du Mont Rose, Genf 1860.
Tschudi, Iwan von: Der Tourist in der Schweiz. Erste Hälfte: Nord- und Westschweiz, Ur- und Südschweiz und das angrenzende Süd-Deutschland, 22., neu bearb. Aufl., St. Gallen 1880.
Twain, Mark: A Tramp Abroad, London 1880.
Twain, Mark: Ein Bummel durch Europa. Aus dem Amerikanischen von Ana Maria Brock, Neuauflage, Zürich 2010.
Vulpius, Friedrich Wilhelm: Reisen ins Wallis im Sommer 1852, in: Österreichische Botanische Zeitschrift, Vol. 13, Nr. 7, Wien 1863, S. 228–235.
Weilenmann, Johann Jakob: Aus der Firnenwelt. Gesammelte Schriften, Leipzig 1872.
Whymper, Edward: The Ascent of the Matterhorn, London 1880.
Whymper, Edward: The Valley of Zermatt and the Matterhorn. A guide, London 1899.
Whymper, Edward: Scrambles amongst the Alps in the Years 1860–1869, Neuauflage, London 2018.
Wolf, Ferdinand Otto: Die Visperthäler, Zürich 1886.
Wundt, Theodor: Zermatt und seine Berge, Zürich 1930.
Wundt, Theodor: Das Matterhorn und seine Geschichten, Berlin o. J.

Literatur

Anthamatten, Gustav: Zermatt – Dorf und Kurort im Spiegel einer Familie. Zermatt 1982.
Anthamatten, Gustav: Alexander Seiler 1820–1891. Gedenkschrift zum 100. Todestag, Zermatt 1991.
Arengo-Jones, Peter: Queen Victoria in der Schweiz, Zürich 2018.
Arnold, Renato: Gasthof- und Wirtshauswesen im Wallis, Brig 1985.
Besson, Françoise: Travel Writing and Environmental Awarness, Cambridge 2023.
Dangar D. F. O.; Blackeney T. S.: The Matterhorn: a Diary of Events after the Disaster of 1865, in: The Alpine Journal, Bd. 70, 1965, S. 199–204.
Elisabethenverein (Hrsg.): Festschrift zur 50-Jahr-Jubiläumsfeier des Elisabethenvereins Brig, Brig 1911.
Emonet, Jules: L'industrie hôtelière dans le canton du Valais, in: Zeitschrift für Schweizerische Statistik und Volkswirtschaft/Journal de Statistique et Revue économique suisse, 1908, II, S. 89–100.
Eschmann, Ernst: Männer und Taten. Aus dem Leben berühmter Eidgenossen, Stuttgart 1930.

Flückiger-Seiler, Roland: Vom Basislager für Erstbesteigungen zum Aussichtshotel im Gebirge – Walliser Hotelbauten auf 1500 bis 2500 Meter über Meer. Gesellschaft für Schweizerische Kunstgeschichte, Bern 1991.
Flückiger-Seiler, Roland: Hotelpaläste zwischen Traum und Wirklichkeit, Zürich 2003.
Flückiger-Seiler, Roland: Hotelträume zwischen Gletschern und Palmen, Zürich 2001.
Flückiger-Seiler, Roland: Alpine Hotels zwischen Rhonequelle und Furkapass, Brig 2008.
Flückiger-Seiler, Roland: Das Hotel Jungfrau am Eggishorn, Zürich 2013.
Flückiger-Seiler, Roland: Berg-Hotels – Zwischen Alpweiden und Gipfelkreuz, Zürich 2015a.
Flückiger-Seiler, Roland: Von innovativen und visionären Berg-Hoteliers, in: Hotelier, Nr. 10, 2015b, S. 46f.
Flückiger-Seiler, Roland: Streiflichter zur Hotel- und Tourismusgeschichte von Zermatt, Zürich 2015c.
Fux, Adolf: Auf alten und neuen Wegen nach Zermatt, in: Die Alpen, Nr. 41, 1965, S. 81–89.
Garbeley, A. A.: Seiler Familiengeschichte, Reckingen 1946.
Gattlen, Anton: Druckgraphische Ortsansichten des Wallis 1850–1899, Brig 1987.
Grosjean, Georges: Die Erstbesteigung des Matterhorns am 14. Juli 1865, in: Schweizer Alpen-Club (Hrsg.): Die Alpen, Bd. 41, 1965, S. 89–101.
Grunder, Ernst: Jahrbuch für die Schweizer Jugend. Berge und Menschen, Bern 1935.
Guex, Delphine: Tourisme, mobilités et développement régional dans les Alpes Suisses. Mise en scène et valeur territoriale. Montreux, Finhaut et Zermatt du XIXe siècle à nos jours, Neuchâtel 2016.
Hallenbarter, Leo: Frau Alexander Seiler-Cathrein. Ein Lebensbild, Einsiedeln 1928.
Hofmann, Hans: Gletsch. Begegnungen an der jungen Rhone, Chur 1992.
IG Xaver Imfeld (Hrsg.): Xaver Imfeld. Meister der Alpentopografie, Sarnen 2006.
Julen, Georg: Burgergeschichte von Zermatt – Prato Borni, Zermatt 1991.
Jung, Joseph: Alfred Escher 1819–1882. Aufstieg, Macht, Tragik, 6. Aufl., Zürich 2017.
Jung, Joseph: Alfred Escher. Visionär – Grossbürger – Wirtschaftsführer, Schweizer Pioniere der Wirtschaft und Technik, Bd. 114, hrsg. vom Verein für wirtschaftshistorische Studien, Zürich 2019.
Jung, Joseph: Das Laboratorium des Fortschritts. Die Schweiz im 19. Jahrhundert, Zürich 2020.
Jung, Joseph (Hrsg.): Alfred Escher Briefe, 6 Bde., Zürich 2008–2015.
Kämpfen, Werner: Ein Burgerrechtsstreit im Wallis, Zürich 1942.
Kämpfen, Werner: Alexander Seiler der Jüngere, Einsiedeln 1945.
Kämpfen, Werner; Budry, Paul: Kleines Zermatter Brevier. Brig und Lausanne: Visp-Zermatt-Bahn, Brig 1943.[2]
Kronig, Stanislaus: Familienstatistik und Geschichtliches über Zermatt, Ingenbohl 1927.
Küttner, Carl Gottlob: Briefe eines Sachsen aus der Schweiz an seinen Freund in Leipzig, Leipzig 1785.
Lambrigger, Josef: Die Pfarrherren von Ernen 1214–1990, Brig 1990.
Lehner, Karl: Kleine Zermatter Chronik, Zermatt 1957.
Museum für Kommunikation (Hrsg.): Reisepost. Unterwegs mit Kutsche und Postauto, Bern 2006.
Niesner, Stefanie: Ingenieur versus Berg – Der Kampf ums Matterhorn. Eine kritische Betrachtung der Konzessionsanträge für das nicht verwirklichte Projekt einer Matterhornbahn im Vergleich mit der Jungfraubahn, in: historioPLUS 3, 2016, S. 28–57.
Perrig-Seiler, Amanda: Une mère valaisanne. Mme Perrig-Seiler 1868–1943. St-Maurice 1944.
Rey, Guido: Das Matterhorn, Leipzig 1905.
Schweitzer, Claus: 150 Jahre im Dienste der Gastlichkeit. Seiler Hotels Zermatt AG, Zermatt 2004.
Schwick, Josef: Blitzingen, Chronik und Geschichte, Blitzingen 1975.
Seiler-Kenzelmann, Chantal: Der Elisabethenverein von Brig, hrsg. von Marie-Claude Schöpfer, Brig 2016 (Schriften des Stockalper-Archivs in Brig 46).
Seiler Hotels Zermatt AG (Hrsg.): Zermatt. Dorf und Kurort im Spiegel einer Familie, Zermatt 1982.
Seiler, Eduard: Die geschichtliche Entwicklung der Hotels Seiler, Vortrag, 8./9. September 1930, in: Seiler Hotels AG (Hrsg.): Hotels Seiler Zermatt 1855–1930, Zermatt 1930a, S. 11–21.
Seiler, Franz: In memoriam, Ansprache, 8./9. September 1930, in: Seiler Hotels AG (Hrsg.): Hotels Seiler Zermatt 1855–1930, Zermatt 1930b, S. 23–31.
Seiler, Mark Andreas: Ein Gletscher – ein Hotel – eine Familie. Horizonte einer Walliser Hoteliersdynastie, Brig 2012.
Seiler, Rosemarie; Seiler, Mark Andreas: De Fonte Rhodani. Schrift Seiler Hotels, Gletsch 1980.
Seiler, Stephan: Alexander & Catharina Seiler. Von einfachen Herbergen zu stilvollen Grand Hotels in Zermatt und Gletsch. Schweizer Pioniere der Wirtschaft und Technik, Bd. 122, hrsg. vom Verein für wirtschaftshistorische Studien, Zürich 2023.
Senger, Max: Kennedys Matterhornversuch im Winter, in: Die Alpen, 1972, S. 202ff.
Stebler, Friedrich Gottlieb: Das Goms und die Obergomser, Zürich 1903.
Taugwalder, Hannes; Jaggi, Martin: Der Wahrheit näher. Die Katastrophe am Matterhorn 1865, Aarau 1990/2013.
Truffer, Bernard: Joseph Anton Clemenz. Ein Vispertaler Dorfmagnat im 19. Jahrhundert. Walliser Jahrbuch, Visp 2004.
Thurnherr, Bruno: Die letzte Hungerkrise der Schweiz 1816–1818, in: Heimatmuseum Küssnacht am Rigi, Küssnacht 2016.
Wilczek, E.: Jean de Charpentier (1786–1855), in: Bulletin de la Société Vaudoise des Sciences Naturelles, Lausanne, 53/1, 1920, S. 483–493.
Williams, Cicely: Zermatt-Saga. München 1964.
Wyttenbach, Jacob Samuel: Reise durch die Alpen und das Wallisland, in: Bernerisches Magazin der Natur, Kunst und Wissenschaften, Bern 1777.
Zschokke-Seiler, Emeline: Vierzig Jahre Riffelalp, Basel 1974.

Zeitungen

Allgemeine schweizerische Militärzeitung
Briger Anzeiger
Courrier du Valais
Der Bund
Die Ostschweiz
L'Echo des Alpes
Eidgenössische Zeitung
Finanz und Wirtschaft
Gazette de Lausanne
Gazette du Valais
Geschäftsblatt für den oberen Teil des Kantons Bern
Intelligenzblatt für die Stadt Bern
L'Ami du peuple valaisan
La Liberté
Le Chroniqueur
Le Confédéré
Le Jura
Morgenblatt für gebildete Leser
Neue Freie Presse
Neue Zuger Zeitung
Neue Zürcher Nachrichten
Neue Zürcher Zeitung
Oberländer Tagblatt
Oberwalliser Zeitung
Schweizer Alpen-Zeitung
Schweizer Hotelrevue
Seeländer Bote
Tagblatt der Stadt Biel
Täglicher Anzeiger für Thun und das Berner Oberland
The Times
Thuner Wochenblatt
Tribune de Genève
Walliser Bote
Walliser Volksfreund
Zuger Tagblatt
Zürcherische Freitagszeitung

Internetquellen

Cäsar Ritz Stiftung Niederwald (Hrsg.): Cäsar und Marie-Louise Ritz. www.caesarritz-stiftung.ch/index.php/caesar-und-marie-louise-ritz (Stand 18.10.2023).
www.e-newspaperarchives.ch
Historisches Lexikon der Schweiz www.hls-dhs-dss.ch (Stand 9.11.2023).
Plattform Auswanderung Wallis (Hrsg.): 1819, erste Auswanderung nach Brasilien. www.emigration-valais.ch (Stand 18.10.2023).
Randell, Sara (Hrsg.): 150 Jahre Erstbesteigung des Matterhorns. Newsletter Nr. 1–11, in: Matterhorn 2015. www.matterhorn2015.ch (Stand 3.11.2023).
SAC (Hrsg.): Über uns. www.sac-cas.ch/de/der-sac/ueber-uns (Stand 17.11.2023).
Stiftung Geo Chavez: www.geochavez.ch/stiftung (31.1.2024).
Verein Alts-Zermatt (Hrsg.): Bücher – Dokumente – Publikationen, Brief von Peter Taugwalder, 18. Juli 1876. www.alts-zermatt.ch/geschriebenes (Stand 9.11.2023).
Wegwandern.ch (Hrsg.): Grand Hotel Glacier du Rhône, Gletsch (Obergoms). www.wegwandern.ch/grand-hotel-glacier-du-rhone-gletsch-obergoms (Stand 19.10.2023).
Zermatt Tourismus (Hrsg.): Englische Kirche Zermatt – seit 1870, o. J.
www.zermatt.ch/Historie/140-jahre-englische-kirche (Stand 19.10.2023).

Bildnachweis

Die Bilder im Buch stammen aus dem Archiv der Familie H. Seiler, mit Ausnahme von:

S. 16/17: Wikimedia Commons, Blitzingen
S. 19: Mit freundlicher Genehmigung von Franco Werlen, Basel
S. 23/28: Wikimedia Commons,
S. 31: Mit freundlicher Genehmigung von Philipp und Peter Oechslin, Goldapfel AG Einsiedeln
S. 32: Wikimedia Commons, Bibliothèque nationale et universitaire Strasbourg
S. 36: Aus Nuber, Dr. Winfried, Munderkingen Chronik; Bd. 2; Bad Buchau 2023
S. 57/59 oben: Gattlen, Anton: Zermatt. Druckgraphische Ansichten, Visp 1999
S. 78: Nachlass Peter Abgott Gsponer, Visperterminen/Zermatt
S. 82: Mit freundlicher Genehmigung des Forschungsinstituts zur Geschichte des Alpenraums, Brig
S. 87: Mit freundlicher Genehmigung von Mark Andreas Seiler, Blitzingen
S. 89 links: ETH-Bibliothek Zürich, Bildarchiv, Fotograf: Unbekannt, Ans_11571-02, Public Domain Mark
S. 98: Royal Collection Trust, Arrival of Princess Alexandra: the drive westwards from Temple Bar, 7 March 1863
S. 122: Wikimedia Commons, Bassano 1882, National Gallery, London
S. 143: ETH-Bibliothek Zürich, Bildarchiv, Fotograf: Held, Leonz, Hs_1458-GK-B001-1888–0002, Public Domain
S. 151/153 unten: Mit freundlicher Genehmigung von Diether Demont, Brig
S. 161: Wikimedia Commons
S. 165: Mit freundlicher Genehmigung von Mark Andreas Seiler, Blitzingen
S. 174/175: ETH-Bibliothek Zürich, Bildarchiv, Fotograf: Unbekannt, Dia_282-1864, Public Domain Mark
S. 195: Schweizerisches Bundesarchiv Bern, BAR E53#1000/893#7467*
S. 201 unten: Cäsar Ritz Stiftung, Niederwald
S. 209: Wikimedia Commons
S. 253: ETH-Bibliothek Zürich, Bildarchiv, Fotograf: Unbekannt, Hs_0494b-0115-046-AL, CC BY-SA 4.0
S. 258: Staatsarchiv Kanton Wallis, Sitten, CH AEV, Türkenbund, 1979/77, 1/1
S. 278: Wikipedia commons
S. 292/293/294: Mit freundlicher Genehmigung der Geo Chavez Stiftung, Brig
S. 315: Wikimedia Commons

Autor

Stephan Seiler, ein Urenkel des Hotelgründers, wurde 1960 in St. Gallen geboren. Er besuchte das Gymnasium Stella Matutina in Feldkirch und St. Antonius in Appenzell, danach die Handelsschule und von 1981 bis 1984 die Hotelfachschule Lausanne. Nach verschiedenen Stationen in der gehobenen Hotellerie in Zürich und in Bern zog es ihn 1986 nach Südamerika, wo er in Brasilien und Ecuador für die Schweizer Caspar-Manz-CEM-Hotelgruppe und später auch für andere renommierte Luxushotels tätig war. Seit seiner Rückkehr in die Schweiz im Jahr 1999 ist er verantwortlich für die Verwaltung von medizinischen Fachgesellschaften und für die Organisation von zahlreichen internationalen Ärztekongressen im In- und Ausland. Er lebt in Wetzikon. Kontakt: sseiler@hispeed.ch

Dank des Autors

Ich bedanke mich ganz besonders bei Bruno Meier für die Aufnahme dieser Publikation im Verlag Hier und Jetzt, beim Team von Hier und Jetzt für die Begleitung des Projekts und bei Nina Seiler für die Erstellung des graphischen Layouts; bei Mark Andreas und Christian Seiler für die wertvollen Anmerkungen zum Thema Gletsch; bei Diether Demont für Bilder und Anmerkungen betreffend Familie Cathrein; bei Marie Theres Krähenmann, Joseph Seiler, Christian Perrig, Emeline Gauer, Franco Werlen, Heinrich Heinen und vielen anderen Familienmitgliedern für diverse Ergänzungen zum Seiler'schen Stammbaum. Dieser beginnt im Jahr 1565, enthält fast 3000 Personen und ist online einsehbar unter www.myheritage.ch/site-264905891/seiler.

Donatoren

Herausgeber und Autor danken der Familie Seiler und deren Freunden für die grosszügige finanzielle Unterstützung: André Darbellay Bonvins (Sion), Andrea Seiler (Weinfelden), Familie Catherine Morris-Seiler (USA), Christian Seiler (Zürich), Christian und Nicole Seiler (Zermatt), Dominique und Alexia Seiler (Täsch), Egeli Informatik (St. Gallen), Eliane und Werner Egeli-Seiler (Teufen), Emeline Seiler-Gauer (Cully), Erbengemeinschaft Elias Perrig-Seiler (Brig), Familie Claudia Huguenin Le Lay (USA), Hotels Mont Cervin und Monte Rosa Zermatt, Joseph Seiler (Rio de Janeiro), Marie Theres Krähenmann-Stoffel (Winterthur), Marina Seiler (Mörschwil), Mark Andreas Seiler (Blitzingen), Monika Sigrist-Seiler (Steffisburg), Nancy Huguenin-Moehl (Gruyère), Philippe Chappuis (Niederhasli), Roberto Seiler (Zermatt), Roman Mooser (mls Architekten Zermatt), Sabine Keller-Seiler (Basel), Stephan Seiler jr. (Dübendorf), Stephan und Celia Seiler (Wetzikon), Tobias Bauer-Seiler (Bern).

Impressum

Der Verlag Hier und Jetzt wird vom Bundesamt für Kultur mit einem Strukturbeitrag für die Jahre 2021–2024 unterstützt.

Dieses Buch ist nach den aktuellen Rechtschreibregeln verfasst. Quellenzitate werden jedoch in originaler Schreibweise wiedergegeben. Hinzufügungen sind in [eckigen Klammern] eingeschlossen, Auslassungen mit [...] gekennzeichnet.

Umschlagbild Vorderseite: Zermatt um 1890, Archiv Seiler Hotels, Zermatt,
Rückseite: Gedenkmünze Rhonegletscher, 2024
Gestaltung und Satz: Nina Seiler, Zürich
Druck und Bindung: Beltz Grafische Betriebe, Bad Langensalza
Produktion: Hier und Jetzt

www.hierundjetzt.ch
ISBN 978-3-03919-606-7